윤석열 몰락의 기록
대통령이 대한민국을 공격했다!

趙甲濟

"무능한 통치자는 만참(萬斬)으로도 모자라는 역사의 범죄자다."
— 金聲翰, 〈7년전쟁〉

조갑제닷컴

차 / 례

머리글 | 윤석열의 自爆과 이재명의 復活 사이,
　　　　한국현대사의 결정적 장면들! 10

제1장 대통령이 대한민국을 공격했다!

윤석열 自爆계엄의 정신세계 28

對談 정통보수 조갑제와 혁신보수 이준석, 보수의 앞날을 이야기하다 44

윤석열 몰락은 '청와대 거부'에서 시작되었다 64

한국은 음모론의 거대한 실험장이 되었다 84

윤석열 탄핵심판 관찰기 106

막간의 삽화 대왕고래 프로젝트 대소동의 결말 121

김건희와 呪術(주술) 127

6·3 대선의 위대한 균형감각 141

이재명 대통령 취임사 분석 144

제2장 이재명 후보·대통령과 나눈 다섯 시간 대화

이재명 후보와 나눈 세 시간 대화 164

이재명 대통령과의 두 시간 오찬 대화 178

제3장 헌법재판소의 결단 – "윤석열을 파면한다"

헌법재판소 결정문의 핵심 정리 186

대한민국에 '역동적 중심세력(Vital Center)'이 건재! 217

제4장 조갑제 리얼 타임 방송 인터뷰

'계엄의 밤' 한동훈이 국민의힘 살렸다 (TV조선 유튜브) 222

무능한 통치자는 만참(萬斬)할 역사의 범죄자 (SBS 라디오) 224

부정선거론, 국민주권에 대한 정면도전 (CBS 라디오) 231

'윤석열 인간방패' 40여 명 의원, 블랙리스트 오를 것! (BBS 라디오) 241

윤석열 체포 못하면 대한민국 해산해야 (SBS 라디오) 250

"윤석열 지지율 폭등…그래도 파면 확실" (YTN 라디오) 259

윤석열이란 썩은 새끼줄 잡고 인수봉 오르려는 국민의힘!
(CBS 라디오) 266

국회·선관위에 군대를 투입한 건 尹이 건국 이후 처음
(CBS 라디오) 280

한동훈 만났다…'그날' 역할에 자부심 있더라 (SBS 라디오) 295

보수의 헌재·선관위 공격은 自我부정 (JTBC 뉴스룸) 305

윤석열 구속취소, 석방, 마른하늘에 날벼락 (CBS 라디오) 310

"8-0 파면 확신, 헌재의 헌법수호 의지 의심 말라" (SBS 라디오) 317

'계엄 가해자' 윤석열만 승복하면 돼 (CBS 라디오) 328

조갑제가 본 '전원일치 파면'…"헌법의 칼로 윤석열 응징한 것"
(JTBC 뉴스룸) 336

헌재의 '국민신임 배반?' 尹은 반역자란 뜻 (SBS 라디오)　340

한덕수 출마는 원천적 불공정 게임! (MBC 라디오)　351

"김문수-한덕수 단일화 대소동…대선 포기한 것" (SBS 라디오)　361

"보수, 추하게 져서는 안 돼…당당하게 져야" (CPBC 라디오)　374

"이준석에 단일화 스토킹…말 꺼낸 김문수가 사퇴해야"
(SBS 라디오)　388

제5장 趙甲濟는 누구인가?

"부당한 지시 응하지 않은 '적법 항명'…여기서 희망을 본다"
(문화일보)　402

巨與+이재명 대통령 = 독재 (국제신문)　411

"자유를 파괴하는 자유를 허용하는 나라, 자유 누릴 자격 없다"
(법률방송뉴스)　416

"언론이 단어 하나 잘못 쓰면 나라가 혼란에 빠진다" (주부생활)　427

"失政에도 박수만 쳤던 보수 주류…윤석열 실패의 공범" (한국일보)　434

제6장 국민의힘, 추하게 진 다음 극우화로 질주!

국민의힘은 최악의 선택을 했다!　442

김문수 수락 연설문의 충격!　444

윤석열 결국 출당, 제명 못 시키고 자진 탈당　447

이준석 "윤석열과 함께 김문수도 같이 물러나라"　450

이준석 긴급 기자회견 "비상계엄·음모론 세력 김문수로는 이길 수 없다"　455

김문수의 이준석에 대한 단일화 스토킹은 더럽게 지는 방법 460
"더럽게 진 국민의힘의 마지막 봉사는 자발적 해산" 463
왜 극우파는 부정직하고 머리가 나쁜가? 467

제7장 부정선거 음모론자들과 같이 살아야 하는 고통

대통령의 망상 472
계엄군 선관위 투입에 음모론자들 일제히 환호! 475
"대통령이 부정선거쟁이들의 수괴가 되어 친위 쿠데타 일으켜"(이준석) 477
망상으로 물든 12·12 담화, 거의가 악의적 거짓말! 479
선관위 반격 "尹, 자신이 당선된 대선 시스템에 대한 자기부정" 483
체포 당일 공개된 尹 자필편지 속 부정선거 망상 485
부정선거 증거 많다더니 "사실 확인 차원" 492
스카이데일리의 선관위 중국 간첩 99명 체포 가짜뉴스 494
음모론 전도사 황교안의 짜증나는 질문 498
윤석열·황교안을 고발한 KBS '추적 60분'은 괴기영화였다! 501
부정선거 음모론자들은 친일파보다 더 엄중하게 단죄해야 503
내 주변의 부정선거 음모론자들 507

에필로그 | 全국민 회고록 쓰기 운동 514

머리글

윤석열의 自爆과 이재명의 復活 사이, 한국현대사의 결정적 장면들!

"이건 自爆이다"

작년 12월4일 새벽 1시22분, 국회의 계엄 해제 결의 22분 뒤 나는 조갑제TV에 영상을 올리고 사태의 향후를 이렇게 전망했다. 원고 없이 즉석에서 한 말이다. 그로부터 적어도 8개월 이상이 지난 시점에서 이 책의 독자들은 내가 향후 사태를 정확하게 내다 보았는지를 채점할 수 있게 되었다.

〈조갑제TV 시청자 여러분 안녕하십니까? 2024년 12월4일 새벽 1시22분입니다. 22분 전에 국회가 윤석열 대통령이 선포한 비상 계엄령 해제 요구 결의안을 통과시켰습니다. 재석 190명, 찬성 190명으로 가결했습니다. 재적 의원 과반수입니다. 윤석열 대통령이 전날 밤 비상계엄을 선포한 지 약 2시간 30분 만입니다. 국회의장실은 계엄 해제 결의안 가결에 따라 계엄령 선포는 무효라고 밝혔습니다. 헌법 제77호 제5항은 국회가 재적의원 과반수의 찬성으로 계엄의 해제를 요구한 때에는 대통령은 이를 해제해야 한다고 명시하고 있습니다. 국회 본회의에서 비상계엄 해제 요구 결의안이 가결되자 국회 본관에 진입했던 계엄군 수십 명은 철수했습니다.

우원식 국회의장은 결의안 가결 이후 "국회 의결에 따라 비상계엄은 해제해야 한다. 국민 여러분은 안심하시길 바란다. 국회 경내에 있는 군경은 국회 밖으로 나가 달라"고 명령했습니다. 표결에 참석한 의원들은 손뼉 치며 환영했습니다. 표결 참석 의원들 중 국민의힘 의원들도 있는 것으로 보입니다. 한동훈 국민의힘 대표가 계엄령 선포가 나자마자 이것은 불법이라면서 국민들과 함께 막겠다며 국회로 왔습니다.

이렇게 비상계엄은 사실상 무효가 됐습니다. 윤석열 대통령이 해제한다고 발표하든 말든 이제 출동한 계엄군, 그리고 비상계엄 사령관으로 임명된 육군 참모총장도 사실상 무력화되어 버렸습니다. 이것으로 끝나는 게 아닙니다. 비상계엄령 해제를 국회가 사실상 명령한 건데 만약 여기에 불복하면 그때부터는 윤석열 대통령이 반란을 일으킨 게 됩니다.

국방부 장관이 여기에 가세를 했으니까 대통령과 국방부 장관이 공모를 해서 반란을 일으켰다는 심각한 상황에 처하지 않으려면 윤석열 대통령이 즉각 성명을 발표해야 됩니다.

"국회의 결의에 따라서 해제한다."

그걸로 끝나는 게 아닙니다. 이 비상계엄령 선포 자체가 위법한 것일 가능성이 많습니다. 그 절차에서 (정상적인) 국무회의 의결을 안 거친 것 같아요. 헌법 77조가 딱 명시적으로 이야기하고 있습니다. 전쟁 또는 준전시(準戰時), 그와 흡사한 비상 상황, 어디에 폭동이 일어났다든지 내란 상태라든지 이런 것 아니면 비상계엄령 선포가 안 되는 겁니다.

그런데 어떻게 비상계엄령을 선포할 수 있었느냐, 누가 건의를 했느냐가 앞으로 문제가 될 것이고 이 행위로 인해 윤석열 대통령 탄핵 소추안이 발의될 가능성이 매우 높습니다. 이렇게 함으로써 윤석열 대통령이 스스로 자폭한 거 아니냐, 자멸의 길을 밟은 것 아니냐 하는 생각이 듭니다.

하야(下野)를 하든지 탄핵 당하든지 그걸로 끝나는 게 아니고 더 꼬이게 되면 군사 반란, 즉 12·12 사건과 같은 군사반란 사건으로 규정될 가능성도 있습니다. 그러니까 앞으로 유혈사태가 없어야 되고 그것은 윤석열 대통령, 국방부 장관 두 사람만의 문제가 아니라 그 밑에 있는 지휘관들이 지금 자신들이 임무를 수행하는 게 헌법에 맞는 거냐 하는 것을 잘 살펴야 됩니다.〉

'민주적 방식으로 내란 진압할 것'

나는 계속해서 이렇게 말했다.

〈反헌법 세력에 줄을 서면 어떻게 되는지는 이미 몇 차례의 우리나라 재판을 통해 증명된 바가 있습니다. 더구나 이번 포고령에 이미 사표 내고 나간 전공의들을 언제까지 복귀하지 않으면 처단하겠다는 내용도 있었습니다. 이것은 명백한 헌법 위반입니다. 개인의 자유, 직업 선택의 자유를 위반한 겁니다.

국민의힘이 앞으로 어렵게 됐습니다. 국민의힘 의원 중에서 이번 투표에 참석하지 않은 사람은 反헌법 세력으로 몰릴 가능성이 많습니다. (한동훈 대표의 지도로) 국민의힘은 사실상 윤석열 대통령을 거부한 거죠. 당 대표가 윤석열 대통령의 계엄령 선포에 "군경이 협조하면 안 된다, 그것은 부역 행위가 된다"라고 이야기를 했습니다. 다른 사람도 아니고 법률에 밝은 한동훈 대표가 그렇게 말했다는 것은 이미 당 대표가 윤석열 대통령을 범법자로 본다는 겁니다.

이재명 민주당 대표의 비판보다는 한동훈 대표의 이 비판이 결정적입니다. 여당 대표도 윤석열의 비상계엄령 선포를 불법적인 것으로 보고 일종의 반란 행위로 본다 이겁니다.

어쨌든 (비상계엄은) 사실상 2시간 만에 끝나버린 겁니다. 이제 수습이 잘 돼야 됩니다. 여기에 윤석열 대통령이 깨끗하게 단념하고 빨리 승복하는 성명을 발표하는 게 최소한의 희생으로 끝내는 겁니다. 제가 여러 번 이야기를 했습니다. 김건희 여사 문제보다 더 심각한 것은 의료대란이다. 아마 윤석열 대통령도 그렇게 생각한 것 같아요. 그러니까 계엄 포고령에 난데없이 떠나간 전공의들이 과거 직장으로 돌아가지 않으면 가만두지 않겠다고 이걸 끼워 넣은 것 아닙니까? 결국 의료대란 일으켰다가 윤석열 대통령이 이 지경에 서게 된 겁니다. 의료대란을 부추겼던 우리나라 언론들은 반성해야 됩니다.〉

나는 "그러나 민주적 방식으로 대통령의 내란적 행위를 만약 진압하게 된다면 그것 또한 한국의 민주주의가 더 성숙하는 계기가 되지 않겠습니까? 감사합니다"라고 맺었다. 이 책은 대한민국을 공격하여 '공화국의 敵'이 된 대통령을 대한민국이 헌법의 힘으로 어떻게 단죄하였는지 그 과정을 다룬 것이다.

6개월간 약 100회의 방송 출연과 신문 인터뷰

그날의 계엄선포 그 자체는 충격적이었지만 윤석열 당시 대통령이 어떤 식으로든 사고를 치고 말 것이란 느낌이 강했고 파국을 향해 달려가는 그 흐름 속에서 추이를 지켜보며 기사를 써왔던 나로선 어쩌면 예정된 사고란 생각도 들었던 것이다.

나는 윤석열의 파멸을 예약한 세 사건을 비판적 관점에서 줄기차게 제기해 왔었다. 청와대 대통령실 이전에서 드러난 윤석열의 무도함과 反역사성, 대선(大選) 1등 공신 이준석 대표 몰아내기에서 폭로된 정치적 미숙성, 과학을 무시한 의과대학 증원 2000명이 부른 정책 실패, 이것들의 누적으로 발생한 작년 총선 참패, 그 뒤에도 계속된 윤석열의 폭주! 과거의 일을 분석하는 것은 쉽지만 미래를 예측하기란 어렵다. 그럼에도 나는 의료대란을 취재하면서 갖게 된 분노를 근거로 삼아 '윤석열은 이것 하나만으로도 탄핵감'이라고 썼고, 억울하게 죽어나가는 초과 사망자가 수천 명에 이르는 사태의 책임을 져야 할 것이라고 예언했었다.

12월4일 이후 나를 찾는 언론이 갑자기 많아졌다. 내가 부탁한 것도 아닌데 여기저기서 출연, 인터뷰 요청이 쏟아졌다. 내가 한국 언론계에선, 특히 보수성향 기자들 중에선 가장 일관성 있게 윤석열의 실정(失政)을 비판하고 파국을 전망해 온 것이 나를 불러낸 이유였다. 계엄에서 대선까지 6개월 동안 나는 약 100회의 방송 출연과 신문·잡지 인터뷰를 했다. 하루 네 번 방송에 출연한 적도 있다. KBS, MBC, SBS, CBS, MBN, JTBC, YTN, TV조선, 채널A, 월간조선, 한국일보, 문화일보, 국제신문, 주부생활, 법률방송뉴스, 시사저널 등을 돌아다니면서 남긴 말과 글들은 한국 현대사의 결정적 순간에 대한 기자 조갑제의 기록물일 것이고 이를 책으로 정리한 것이다.

무능한 통치자는 萬斬으로도 부족한 역사의 범죄자이다

1. 2024년 12월4일, 나는 비상계엄의 본질은 反국가세력 척결과는 아

무 관계 없는 윤석열의 망상적, 발작적 군대 동원이라고 규정했다. 그날 다른 많은 사람들과 마찬가지로 이재명 대표가 대통령이 되는 길을 윤석열이 열어젖힌 것이라고 직감했다.

2. 뒤늦게 윤석열이 부정선거 음모론을 계엄사태의 이유로 들고 나왔을 때 나는 한국보수의 다수가 결국 이 음모론에 감염되어 파멸의 길을 걷게 될 것이라고 주장했다.

3. 그때까지 비판적으로 보았던 한동훈 국민의힘 대표의 계엄저지 및 윤석열 정리 노력을 높게 평가하기 시작했다. 反윤석열 편에 선 한동훈·이준석 두 사람이 보수의 구명정 역할을 할 것이라고 내다보았다.

4. 윤석열 비호 광장세력의 등장과 국민의힘 당권파의 가세가 한때 탄핵기각의 기운을 드높였지만 나는 언론 인터뷰에서 헌법재판소의 8-0 파면 결정은 확실하다고 못 박았다. 이 무렵 나는 '8-0'이란 별명을 얻었다. 사실과 법리가 너무나 명확하여 초년생 법학도라도 도저히 탄핵기각문을 쓸 수 없을 것이라 확신했다.

5. 윤석열을 비호하는 국민의힘 의원들을 향해선 "썩은 새끼줄을 잡고 인수봉을 오르는 것과 같다"고 경고했다. 인수봉은 오고야 말 조기대선을 뜻했다. 윤석열 비호를 위해 광장과 거리로 나가는 이 아까운 시간의 낭비로 조기대선에서 필패(必敗)할 것이라고 예언했다.

6. 이 무렵 내가 자주 인용한 말이 있었다. 김성한(金聲翰) 선생의 소설 '7년 전쟁' 다섯 권 첫 페이지에 들어갔던 문장이었다.

〈무능한 통치자는 萬斬으로도 부족한 역사의 범죄자이다.〉

7. 윤석열이란 공동의 적, 즉 공화국의 적을 상대로 싸우는 꼴이 되니 진보진영 인사들도 나를 찾았다. 윤석열이 저지른 헌법파괴와 부정선거 선동을 반대하는 데 있어서는 합리적 보수, 중도, 진보가 연합전선을 형

성하게 된다. 1985년 2·12 총선으로 민주화가 대세(大勢)가 되면서 직선제 개헌을 두고 국민들이 한 마음이 되었던 시절과 비슷한 분위기가 조성된 것이다.

김문수 후보 선출로 선거는 끝!

8. 한반도에는 남북분단, 남한엔 좌우분단이 있다는 사실을 새삼 절감했다. 세로로 그어진 좌우 장벽을 사이에 두고 양쪽은 소통이 드물다. 서로를 이념적으로 미워하니 서로를 알려고도 하지 않는다. 그러는 사이 진보진영은 조직적으로 발전했고 보수진영은 정체했음을 알게 되었다. 도덕적 우열(優劣)을 떠나 민주당은 국민의힘보다 능력면에서 조직면에서 우수하다. 보수진영엔 오연호의 오마이뉴스, 김언호의 한길사 같은 출판 언론사가 없다(진보 진영엔 나처럼 내부 비판을 하는 이들이 적은 것 또한 사실이다). 보수 지도층은 좌파가 시장경제의 생리를 보수보다 더 잘 활용하여 성공적인 세력화를 하고 있다는 사실 자체를 인정하지 않으려 한다. 광우병 선동, 천안함 선동, 그리고 부정선거음모론도 좌파에서 만든 것이지만 보수의 음모론과는 본질적으로 다르다. 좌파는 거짓말인 줄 알면서 우파를 공격하는 방편으로 선동하지만, 보수는 거짓말을 진실로 믿고 주로 자기편을 공격하니 분열의 바이러스를 퍼트리는 격이었다.

9. 지난 3월7일 지귀연 판사가 윤석열 대통령에 대하여 이상한 '시간 계산법'으로 구속취소를 결정하고 검찰이 즉시항고를 하지 않아 다음날 석방되었을 때 나는 자유인이 된 그의 행각으로 국민의힘이 치명적 부담을 지게 될 것이라고 예언했다.

10. 국민의힘은 4월4일 헌법재판소의 윤석열 파면 결정이 나왔을 때

윤석열과의 관계를 깔끔하게 정리하였어야 했다. 지난 5월3일 국민의힘이 윤석열 세력의 황태자 격인 김문수를 후보로 선출하였을 때 이재명 당선은 결정된 것이나 다름없었다. 수백만 표 차로 이재명 후보가 당선될 것이란 공언(公言)은 예언도 아니었다.

11. 대선에서 약 300만 표 차로 패배한 국민의힘은 "졌지만 잘 싸웠다"면서 변화를 거부, 본격적으로 지지율이 빠지기 시작했다. 이재명 대통령이 출범 직후부터 일머리를 아는 지도자의 이미지를 심는 사이 국민의힘은 윤석열의 그림자에서 헤어나지 못하고 '토호당', '웰빙당'의 조개껍질 속으로 다시 들어가 버렸다. 한동훈 전 대표의 말대로 국민의힘은 '윤 어게인당이냐, 보수 어게인당이냐'를 놓고 저질 게임을 하고 있다.

선거에서 지고 더 망가져

한국현대사의 주류였던 보수세력이 윤석열의 불법 비상계엄을 편들고 탄핵에도 반대하며 부정선거음모론에 편승한 사건을 계기로 한국 사회에 커다란 변화가 일어나고 있다.

1. 대한민국을 위하여 싸우는 세력이었던 보수가 졸지에 대한민국과 싸우는 세력으로 돌변했다. 윤석열의 불법 계엄과 부정선거 선동을 편들다가 대한민국을 민주공화국이게 하는 사실, 헌법, 자유를 공격하는 세력이 되어버린 것이다. 헌법기관인 선거관리위원회와 헌법재판소를 공격하고 합헌 권력을 상대로 국민 저항권 운운하니 공화국의 적, 즉 반역세력화된 것이다. 보수는 헌법 수호 세력이어야 하는데 좌파가 오히려 호헌(護憲)을 외치고 극우는 헌법에 도전한다. 극우의 개념은 '헌법을 무시하는 폭력성'인데 건국 이후 처음으로 그런 세력이 등장하고 국민의힘이 여

기에 가담한 것이다. 보수의 자살이 극우이고 윤석열의 자식이 극우이다.

2. 대한민국 건국 이후 한국 보수는 최악의 조건에서 최소한의 희생으로 최단기간에 최대의 업적을 남기면서 좋은 제도들을 만드는 데 성공, 위대한 문명(文明) 건설의 챔피언이 되었다. 세계적 명성(名聲)을 얻었던 한국 보수세력이 이재명(李在明)만 욕하면 무슨 짓을 해도 용서 받는다는 안이한 생각으로 윤석열과 음모론을 따라가다가 무능, 무법, 무책임 집단으로 찍혀 버렸다. '독재'라느니 '부패하다'는 비판은 있었지만 무능집단이란 비판은 들어본 적이 없던 보수가 '윤석열 같은 자들'이 되어버린 것이다. 친위쿠데타는 실패하기가 불가능한데 무능한 국군통수권자로 해서 2시간 만에 끝났다. 이런 무능 이미지가 고착되면 한국의 보수세력은 '역사의 패배자'를 넘어 '역사의 낙오자'가 될 것이다.

3. 지난 6월27일 한국갤럽 여론조사에 의하면 "앞으로 경제가 좋아질 것이다" 52%, "나빠질 것이다"가 25%였다. 낙관론은 8년 만에 최고치, 비관론은 최저치였다. 이재명 대통령 직무 긍정률은 64%, 부정률은 21%였다. 경제발전은 보수의 主특기였는데 진보에 빼앗기고 있었다.

4. 국민의힘 지지율은 23%, 민주당 지지율은 43%로서 지난 5년간 최대 격차 상태가 이어지고 있다. 민주당 지지율은 대구·경북을 제외한 全지역, 70대를 제외한 全연령층, 그리고 全직종에서 국민의힘을 앞서고 있다. 이재명 긍정률은 全지역, 全연령층, 全직종에서 부정률을 앞선다. 윤석열의 불법계엄과 부정선거음모론을 편든 이들의 이재명 비판은 논리적으로 설득력을 갖지 못하는 상태가 계속되고 있다. 윤석열을 부정한 사람만이 이재명을 비판할 자격증을 갖게 된 형국이다.

5. 보수는 줄어들고 분열되었다. 약 28%가 보수, 약 32%가 중도, 약 29%가 진보이다. 보수가 대단결 해보았자 국민의 4분의 1 정도이다. 그

나마 보수의 52%만이 국민의힘을 지지한다. 중도의 41%는 민주당 지지, 18%만이 국민의힘 지지, 진보의 73%가 민주당 지지, 4%만이 국민의힘 지지이다.

중심을 놓치고 변두리로 밀려나다

6. 국민의힘 지지 기반은 대구·경북과 70대 이상으로 축소·고립되고 민주당 지지기반은 대한민국의 중심계층으로 확대되었다. 국민의힘은 중도층, 중산층, 젊은층, 생활인층에서 지지기반을 상실, 변두리 세력화되었다. 한국보수는 중심성을 잃었다. 이는 역사의 주류(主流)에서 밀려나고 있다는 뜻이다.

7. 한국보수는 부정선거음모론을 믿거나 방조한 세력과 반대한 세력으로 갈려 노선투쟁을 하고 있다. 맨정신 보수는 대한민국을 위하여 싸우는데 음모론 보수는 대한민국, 즉 헌법과 사실을 상대로 싸우므로 타협이 불가능한 권력투쟁의 양상이다. 맨정신 보수는 좌파보다 음모론 보수를 더 위험한 존재로 본다. 그들이 보수의 3대 가치인 사실, 법치, 자유를 부정하기 때문이다.

8. 국민의힘이 윤석열 세력에 의하여 장악된다면 내년 지방선거를 앞두고 극심한 분열로 중장기적으론 분당, 해산, 소멸의 단계로 접어들지 모른다.

9. 계엄과 탄핵사태를 거치면서 한동훈과 이준석이란 '보수의 구명정'이 나타났다. 헌법과 사실을 존중하는 한동훈·이준석 세력이 보수의 주도권을 잡는다면 음모론 보수는 장외(場外) 극우세력화될 것이고 건강한 보수정치 재기(再起)의 실마리를 잡을 수 있을 것이다.

10. 보수 정치의 정상화 이상으로 중요한 것은, 윤석열을 따라가다가 함께 파산한 보수언론과 보수지식인들의 반성이다. 윤석열의 몰락을 부른 3대 실수는 청와대 대통령실 이전, 이준석 몰아내기, 의료대란인데 대부분의 보수언론과 지식인들은 비판기능을 상실, 박수부대와 팬클럽 역할을 하다가 같이 무너졌고 상당수는 부정선거음모론에 빠지거나 이를 방조하여 지식인의 자격을 상실했다. 대한민국의 정통성과 헌법가치 수호를 삶의 중심에 두었던 보수 지도층이 부정선거음모론에 넘어가 지성(知性)을 포기, 선동세력화한 것은 한국 현대사의 한 비극적(또는 희극적) 장면으로 기록될 것이다.

11. 한국보수가 막다른 골목으로 몰린 근본 원인은 따로 있다. 한미동맹에 사대주의적으로 의존, 자주국방 의지를 포기함으로써 정치의 주제에서 안보를 빼버리니 이권(利權)투쟁에 몰두하는 웰빙세력이 되었고 좌파에 대한 도덕적 우위(優位)를 상실했다. 한국어를 표기하는 두 수단인 한자(漢字)를 버리고 한글專用을 채택함으로써 한국어를 암호나 소리로 전락시키고 어휘력의 감퇴, 문해력의 붕괴, 이에 따른 필연적 결과로 국민 교양의 약화를 가져왔다. 이 두 요인이 동시에 진행되어 국가 엘리트층과 국민교양이 약해지면서 보수의 정신적 기반이 무너졌다. 보수는 도덕적이지도 전략적이지도 못하고 유능하지도 못하다. 윤석열 사태를 계기로 보수는 '교양 없는 사람들'이란 말까지 듣고 있다.

新羅정신

12. 앞이 막히면 뒤를 돌아보면서 출구를 찾을 필요가 있다. 중세 유럽의 르네상스가 가톨릭 신정(神政)체제를 극복하기 위한 고민으로 그리

스 로마시대로 거슬러 올라가 영감(靈感)을 찾으려 했던 것처럼 한국보수는 민족사의 제1전성기이자 고대 동아시아의 황금기를 만든 신라의 삼국통일을 연구할 필요가 있다. 막다른 골목을 뚫을 수 있는 신념과 용기와 상상력을 신라정신에서 찾는 노력은 역사에 길을 묻는 방법이기도 할 것이다.

13. 보수는 동서고금(東西古今)을 관통하는 원리를 갖고 있다. 방법론적으로는 실사구시(實事求是)이고 죽은 사람과 살고 있는 사람과 태어날 사람을 이어주는 인생관, 그리고 삶에 대한 긍정이다. 보수는 生을 즐겨야 한다. 實事求是, 즉 현실과 사실에 기초하여 올바른 방향을 찾으면 된다는 동양적 실용주의의 귀납적 논리는, 사실, 법치, 자유를 3대 가치로 하는 서구 보수주의와도 통하는 보편성을 지닌다.

한국보수는 신라통일까지 정신의 뿌리를 찾아 올라가야 하고 동아시아 문화권 및 유럽과도 연결되어야 한다(신라는 초원의 길을 통하여 로마 문화권과 연결되어 있었다). 이런 깊고 넓은 시야(視野)를 가지는 것은 공상(空想)이 아니다. 김춘추(金春秋)·김유신(金庾信)·김법민(金法敏)이 주도한 신라의 삼국통일 이후 한반도에 강력한 정권이 들어서니 당(唐)과 일본도 개입할 이유가 사라져 그 후 약 250년간 신라, 당, 일본은 불교문화를 공유하고 교류하면서 황금기를 만들었고 그 증거는 세 나라의 박물관을 채우고 있다.

14. 최초의 민족통일국가 신라의 주체세력이 가졌던 국제적 안목과 당당한 인생관과 예술적 경지는 경주에 가면 만날 수 있고 교감할 수 있다. 인간의 기술은 세월과 함께 발전하지만 인간의 정신력은 오히려 쇠퇴하는 경우가 있다. 야성과 지성을 겸했던 자주인으로서 신라인은 조선인이나 한국인보다 인성(人性)에서 뛰어난 면이 많다. 경주박물관에 가면 만

날 수 있는 신라인의 해학(諧謔), 당당한 표정, 균형 있는 아름다움은 한국보수의 품격을 생각하게 한다.

15. 한국 보수세력은 민족사의 정통성을 지켜가는 주인공이다. 정통성의 대상을 대한민국 건국 이후에 한정시키는 것은 보수의 뿌리를 너무 얕게 두는 것이다. 신라 지도부는 세계 최강의 제국이던 당과 손잡고 백제, 고구려를 멸망시킨 뒤 그 당이 신라마저 먹으려 할 때는 7년간의 대당(對唐)결전을 통하여 한반도에서 당을 밀어내고 1300년 이상 이어지고 있는 민족의 보금자리를 만들었다. 세계 역사에 유례가 없는 이런 영웅적 통일정신은 민족사에서 두 번째 황금기를 만들고 있는, 대한민국 건국과 호국, 그리고 근대화와 민주화로 이어지고 있다. 그 연장선상에서 한반도의 자유통일, 그 후에 펼쳐질 동북아의 공동번영(신라통일 이후와 같은), 이런 거대한 비전으로 유권자를 설득할 수 있는 당당한 보수세력이 생겨야 한다. 안보는 표가 된다는 것을 보여주는 사람이 보수를 이끌어야 한다는 뜻이다.

국민 행복도 총구에서 나온다

16. 박정희의 근대화 전략은 自助-自立-自主-自由였다. 自助정신으로 自立경제를 만들고 거기에 근거하여 自主국방력을 건설, 自由통일한다는 대전략이었다. 한국인은 자립경제에 의한 자주국방력 건설까지는 성공했으나 그것을 감당할 수 있는 정신력 배양에 실패하였다. 그리하여 북한의 수십 배 경제력을 갖고도 김정은의 핵 위협에 벌벌 떠는 나라가 되고 말았다. 이 책임은 전적으로 한국보수에 있다. 자주국방을 위한 돈과 희생을 아깝게 여기고 오로지 안락한 삶을 추구하는 이기적 자세에서 한국인

의 불행이 나온다. 자주국방하면서 위험하게 사는 이스라엘은 올해 세계 행복도 조사에서 147개국 중 8등이고, 자주국방을 피하고 약삭빠르게 살려는 한국인의 행복도는 58등이다. 권력은 총구에서 나오기도 하지만 한국과 이스라엘 같은 나라에선 행복도 총구에서 나온다. 한국보수가 이 지경에 처한 것은 위험을 피하고 안전하게 살기 위하여 정의, 용기, 애국심 같은 고귀한 가치를 포기한 데 대한 저주일지 모른다. 윤석열이 발작적 계엄을 한 진짜 이유는 김건희 보호로 보이는데 주한미군도 한미동맹도 없는 나라였다면 과연 그런 불장난을 하려고 했을까?

17. 박정희 대통령은 시위 관련 정보가 많이 올라오자 냉소적으로 이렇게 말했다.

"주한미군이 있는 한 데모는 계속될 거야."

좌파든 우파든 데모를 아무리 격렬하게 해도 북한의 위협은 미군이 다 막아줄 것이란 비겁한 생각으로 左도 右도 타락했고, 그중의 한 사람이 최고사령관 윤석열이었다는 이야기이다.

사실·법치·자유는 불멸의 가치

18. 대한민국이 민주주의의 힘으로 윤석열의 亂을 평화적으로 진압하고 새 정부를 출범시킨 점은 높게 평가될 것이다. AI시대의 도래와 트럼프의 미국이 부른 국제적 혼란은 한국의 左右구도를 낡은 것으로 만들고 있다. 음모론 보수세력이 중국을 부정선거 배후로 규정하여 反中선동을 해대는 것은 좌파가 反日종족주의 선동을 하던 것보다 더 유치하다. 탄핵과 대선을 통하여 기존의 좌우 구분법이 통하지 않는 여론의 구조가 만들어지고 있음을 확인했다. 공산주의냐 자유민주주의냐가 아니라 상식

과 사실을 기준으로 맨정신파와 음모론파로 나누는 것이 낫겠다.

19. 계엄사태의 가장 비참한 희생자는 음모론과 윤석열 편에 서서 많은 글과 말을 남긴 노년의 지식인들일 것이다. 이들의 글과 말은 움직일 수 없는 증거로 남아 일제(日帝) 말기 변절하여 친일파로 낙인찍혔던 지식인들처럼 평생 그들을 괴롭힐 것이다. 이들이 반성하고 재기할 수 있는 구조 프로그램을 만들어야겠다는 생각마저 든다.

결국은 文解力의 문제이다!

20. 계엄과 탄핵사태에 즈음하여 윤석열이 발표한 말과 글은 세종대왕이 한글을 창제한 이후 공직자가 쓴 최악의 문장으로 꼽힐 것이다. 지난 대선의 TV토론 수준도 한글전용이 반신불수로 만든 한국어의 수준과 비슷했다. 한글전용이 한 세대 이상 이어지니 어휘력의 쇠퇴와 문해력의 약화로 치닫고 이것이 국민들의 분별력 약화로 나타나고(부정선거음모론은 그 현상) 국가 엘리트층의 저질화는 한 오만한 권력자의 망상적, 발작적 군대 동원으로 귀결되었다.

그런데 현대사의 결정적 장면을 만든 윤석열의 비상계엄, 그 진짜 이유는 뭘까? 反국가세력 척결일까, 부정선거 발본색원(拔本塞源)일까? 아니면 부인 보호용일까, 그것도 아니면 부인에게 잘 보이려는 성의 표시일까? 어떻게 하면 계엄이 실패할 수 있도록 하느냐에 최선을 다했다는 것이 윤석열 헌재(憲裁) 증언의 핵심인데 그렇다면 이 모든 것은 한 편의 사이코드라마였다는 이야기가 된다.

21. 이승만 대통령은 정부수립 연설에서 "민주주의는 더디지만 종국에 가서는 선이 악을 이긴다고 믿고 밀고 나가는 수밖에 없다"고 했다. 한

국의 민주주의는 윤석열 문제를 해결하는 과정에서 실수를 견디는 저력을 보였다. 이재명 대통령이 최강의 권력자가 될 수 있는 조건 속에서 윤석열의 실패를 거울삼아 자제(自制)의 미덕(美德)을 발휘할 수 있을지 주목된다.

22. 국민의힘 전 비대위원장 김용태 의원은 지난 6월30일 퇴임 기자회견에서 "보수가 그토록 비판했던 이재명 후보를 국민들이 선택한 것은 국민들이 몰라서가 아니라 국민의힘에 대한 분노가 그 이상으로 높았기 때문이다"고 했다. 그는 "우리가 아무리 맞는 말을 해도 신뢰를 받지 못한 것은 윤석열의 유산으로부터 자유롭지 못하기 때문이다"고 덧붙였다. 그의 말을 줄이면 지은 죄가 너무 많아 아무리 이재명을 비판해도 안 먹히더란 고백이다. 친위쿠데타를 비호하고 부정선거론을 퍼뜨린 사람들은 그 누구도 비판할 자격이 없다는 이야기이다. 국민의힘만 그런 게 아니라 언론과 지식인들에게도 해당되는 말이다. 국민의힘은 민주당을 비판할 수 있는 논리적 근거를 상실했으므로 존재 이유가 사라졌다는 것이다. 이승만-박정희-전두환-노태우-김영삼-이명박-박근혜로 이어져온 보수정치의 맥은 보수배신자 윤석열에서 일단 끊어졌지만 보수층은 건재(健在)하고 사실-법치-자유의 가치는 불멸(不滅)의 정신이므로 음모론에서 벗어나기만 하면 재기(再起)할 것이다. 이 책이 그런 과정에서 한 몫 하기를 기대한다.

2025년 8월

趙甲濟

• 제 1 장 •

대통령이 대한민국을 공격했다!

윤석열 自爆계엄의
정신세계

계엄 전날의 불길한 예언

윤석열의 자폭적인 비상계엄령 선포 하루 전 나는 그 전주(前週) 한국갤럽 여론조사를 읽다가 이상한 수치의 흐름을 발견했다. 윤석열 대통령 국정 긍정률은 19%, 부정률은 72%였는데, 의료대란으로 "아프면 제대로 치료를 받을 수 있을까" 불안해 하는 이들은 79%, "걱정 안된다"는 19%였다. 의료사태에 대하여 정부가 "잘하고 있다"는 응답은 18%, "잘못하고 있다"는 66%였다.

세 항목의 긍정과 부정이 19-72/19-79/18-66으로 비슷하게 분포했다. 이는 사람들이 의료사태를 기준으로 윤석열의 국정(國政)운영을 평가하고 있다는 이야기였다. 진료불안감은 핵무기 사용에 대한 한국인의 불안감을 웃돌았다. 가장 많은 한국인에게 가장 심각한 불안감을 드리우고 있는 것은 김건희 문제도, 이재명 재판도, 국회파행도 아닌 의료대란임을 보여준 통계였다. 인명손실 측면에서 한국전 이후 가장 큰 사건이고 윤석열 대통령은 김일성과 경쟁중이었다.

그런데 윤석열, 국민의힘은 의료대란이 없는 것처럼 애써 외면하려고 했다. 의정(醫政)협의체가 전날 와해되었는데도 애석해하는 것 같지도 않았다. 시간이 흐르면 자연치유 될 것이라고 생각하는 모양이었다.

나는 조갑제닷컴에 이런 경고성 글을 올렸다.

〈10층 집에 불이 났는데 아래로부터 6층까지 타 들어 와도 "나는 10층에 사니까"라면서 탈출계획을 세우지 않는다. 머지 않아 뛰어내려도 살 수 없는 지경에 이를 것이다. 의료대란이란 불을 질러 놓고 불을 끄지 않는 집주인은 아들(한동훈 이하 국힘당원)이 불을 끄겠다는 것도 말린다. 아들은 아버지가 무서워 탈출도 하지 못한다.

일가족이 불타 죽은 시신(屍身)으로 발견될 때, 소방수들은 불이 2층까지 왔을 때 3층에서 뛰어내렸으면 살았을텐데 하고 안타까워할 뿐이다. 시한폭탄(時限爆彈)은 돌아가고 있다.〉

그 시한폭탄은 바로 다음날 터졌다.

이게 뭐지?

운명적인 2024년 12월3일 밤 부산에 사는 지인(知人)이 전화를 걸어왔다.

"조 사장 보셨죠?"

"뭘요?"

"윤 대통령이 비상계엄령을 선포했어요. 이제 다 잡아들일 것 같아요."

그의 목소리엔 힘이 넘쳤다. 나는 순간 가짜뉴스라고 생각했다. 그게 아닌 것으로 밝혀졌을 때 "이게 뭐지" 하고 곧 쓴 웃음이 나왔다.

그날밤 전개된 드라마엔 긴박감이나 절박함도 비장감도 없었다. 나는 계엄이 해제될 때까지 6건의 동영상을 조갑제TV에 순차적으로 올렸다.

첫 영상은 제목이 〈긴급뉴스! 윤석열 비상계엄 선포! 한동훈은 "막겠다". 국회가 해제결의할 듯, 전시나 준전시 때만 가능〉이었다. 이어서 사태 진전에 따라 올린 속보 영상 제목이다.

〈한동훈 대표, 계엄령 선포 잘못 된 것, 국민과 함께 막겠다! 민주당과 국힘당이 계엄해제 결의하나?〉

〈한동훈, 군경에 경고 "反헌법적 계엄에 동조 부역 말라". 무장 계엄군, 국회 본관 진입. 유혈사태 막아야〉

〈국회, 계엄령 해제 결의, 윤석열 무력화! 거부하면 군사반란! 탄핵요구 거셀 듯〉

〈"미치광이 윤석열이 계엄령 해제 지체하면 우리 군이 내란죄로 체포해야"(천하람). 공수부대의 국회본관 진입은 심각한 사태. 윤석열은 이렇게 될 줄 몰랐단 말인가〉

〈윤석열 6시간 만에 항복! 계엄령 해제! 윤석열은 재기불능〉

이 6시간이 그와 국민의힘, 그리고 한국보수의 운명을 결정한 것이다.

역대 최악의 공문서

상황이 일단락 된 뒤에야 윤석열 대통령의 계엄선포 담화문을 읽어보았다. 건국 이후 최악의 공문서로 기록될 것이다. 헌법 이전에 문법(文法)과 교양어를 어지럽힌 거짓, 과장, 왜곡, 저속, 격분의 낱말들이 무질서하게 나열되어 있었다. 홧김에 저지른 비상계엄령이었음을 알 수 있었다.

늘 냉철하고 느긋해야 할 세계 7대 강국의 지도자가 "피를 토하는 심정으로" 계엄령을 선포했으니 지리멸렬할 수밖에 없었다. "판사를 겁박하고 다수의 검사를 탄핵하는 등 사법 업무를 마비시키고, 행안부 장관 탄핵, 방통위원장 탄핵, 감사원장 탄핵, 국방장관 탄핵 시도 등으로 행정부마저 마비시키고 있습니다"의 '마비'는 과장이 심하여 거짓말로 분류한다.

"국가 본질 기능과 민생 치안 유지를 위한 모든 주요 예산을 전액 삭감하여 대한민국을 마약 천국, 민생 치안 공황 상태로 만들었습니다"도 과장이 지나쳐 거짓말이 된 경우이다.

"국정은 마비되고 국민들의 한숨은 늘어나고 있습니다"의 '마비'는 거짓말이다. 가장 신중한 어휘 선택을 해야 할 대통령이 극단적 과장법을 쓴 것이다. '국정마비'가 사실이라면 그 국정의 책임자인 대통령이 물러나야 한다는 논리가 성립됨을 무시한 글이었다.

"민주당의 입법독재는 예산탄핵까지도 서슴지 않았습니다"는 운동권 말투이다.

"이는 자유대한민국의 헌정질서를 짓밟고, 헌법과 법에 의해 세워진 정당한 국가기관을 교란시키는 것으로써, 내란을 획책하는 명백한 反국가 행위입니다"의 '내란'은 엄청난 확대해석이다.

"지금 우리 국회는 범죄자 집단의 소굴이 되었고, 입법독재를 통해 국가의 사법·행정 시스템을 마비시키고, 자유민주주의 체제의 전복을 기도하고 있습니다"에 나오는 '소굴' '마비' '전복'은 개별적으로 쓰면 과장이지만 이어놓으면 증폭 되어 거짓말이다. 윤 대통령은 이를 계엄선포의 사유로 삼은 셈인데, 이게 헌법 77조가 규정한 '전시(戰時) 사변 또는 이에 준하는 국가 비상사태'로서 군대를 동원해야 할 현존하는 명백한 위험인가?

길지 않은 연설문에 거짓·과장·왜곡을 잡아내니 20건이 넘었다. 이런 문장력은 그가 걸어온 서울법대와 검찰의 교육실패 사례이기도 할 것이다.

의사들에게 품은 꽁하는 심정

윤석열 대통령이 작성에 관여한 것으로 보이는 계엄사령부 포고령 제1호에도 격분(激憤)의 흔적이 묻어 있다. 시작은 비장하다.

"자유대한민국 내부에 암약하고 있는 반국가세력의 대한민국 체제전복 위협으로부터 자유민주주의를 수호하고, 국민의 안전을 지키기 위해 2024년 12월3일 23:00부로 대한민국 전역에 다음 사항을 포고합니다."

문제는 내용이다. 1항은 "국회와 지방의회, 정당의 활동과 정치적 결사, 집회, 시위 등 일체의 정치활동을 금한다"고 했는데 국회 활동은 계엄령으로 통제할 수 없다. 이 포고령에 따라 계엄군을 국회 안으로 진입시킨 행위는 내란죄의 구성요건인 '국헌문란을 위한 폭동'으로 간주될 것이다.

2항은 "자유민주주의 체제를 부정하거나, 전복을 기도하는 일체의 행위를 금하고, 가짜뉴스, 여론조작, 허위선동을 금한다"인데 윤석열 대통령은 그 순간 2020년 4월 총선 이후 나라를 어지럽혀온 가장 큰 가짜뉴스인 부정선거 음모론에 넘어가 과천 중앙선관위로 계엄군을 보내고 있었다. 그리하여 음모론자들이 사주한 계엄령이 되고 있었던 것이다.

5항은 "전공의를 비롯하여 파업 중이거나 의료현장을 이탈한 모든 의료인은 48시간 내 본업에 복귀하여 충실히 근무하고 위반시는 계엄법에 의해 처단한다"인데 사실오인에 기초한 협박이었다. 전공의는 사직한 것이지 파업(직을 유지하면서 일을 하지 않는 행위)을 하지 않았는데 파업 중이라고 오판, '처단' 운운했다.

'처단'은 '처벌'과 '처형' 중간쯤 되는 엄벌 표현으로서 왕조 시대에 어울리는 용어이다. 여기서 윤 대통령이 의료대란으로 스트레스를 받고 있었고, 의사들에게 꽁하고 있었음을 짐작할 수 있다. 여기에 부정선거쟁이들의 음모론을 믿고, 선관위에서 확보한 서버를 만져서 국회가 부정선거 당선자들로 구성되어 있음을 밝혀내 판을 뒤집을 수 있다는 망상이 더해진 것이 너무나 충동적인 계엄선포로 이어진 모양새이다.

흥분상태

여러 사람들의 운명을 결정한 그날 밤 그는 흥분상태였다. 계엄 국무회의 때도 윤석열 대통령의 얼굴은 달아올라 있었다고 한다. 이상민 당시 행정안전부 장관이 지인(知人)에게 전한 상황은 이렇다(동아일보 보도).

〈국무위원들이 한두 어명씩 모여서 대통령한테 가서 설득을 하며 시간을 끌었다. 대통령은 원래 비상계엄 선포를 밤 10시에 발표 예정이었어서 장관들이 안 오면 안 오는 대로 하려고 하니까 의사정족수(11명)를 못 채우면 안 된다고 설득을 하며 시간을 끌었다. 평상시에도 국무회의 하면서 대통령 앞에 있는 장관들이 고양이 앞에 있는 쥐처럼 단 한 사람도 대통령이 있는 자리에서 찬성한다, 반대한다 이런 얘기를 못 한다. 그래서 (계엄 당일에도) 소수의 인원만 대통령 방에 가서 얘기하고 그런 식으로, 대통령이 얼굴이 달아올라 있어 감정적으로 격해 있으니 저 정도면 아무도 못 막는다. 그래서 국무위원들이 차라리 좀 안 왔으면 하는 마음도 있었다. 나는 계엄을 선포할 만한 적정한 시기가 아니고 요건이 안 됐다고 얘기를 했다. 국민들이 계엄을 납득하겠냐고 했다. 대통령이 11명이 됐는지 숫자를 딱 셌다. 전체가 모여서 회의한 건 10~20분도 안 된다. 대통령이 '국무위원은 (계엄에 대해) 입장이 그럴 수 있지만 대통령은 최후의 책임을 져야 하기 때문에 국무위원하고 보는 관점이나 책임감이 다를 수 있다. 나는 하겠다'고 말했다.〉

"문을 부수고 들어가 의원들을 끌어내라"

국회 민주당 선관위 등 시설을 확보하라는 지시를 미리 받았던 곽종근 육군 특수전사령부 사령관(중장)은 12월4일로 넘어가는 자정 무렵 대통령의 분노에 찬 전화를 받았다. 그는 2024년 12월10일 국회 국방위원회에 출석, 이렇게 증언했다.

"계엄 당일 윤석열 대통령이 직접 전화를 걸어 (본회의장) 문을 부수고 의원들을 끌어내라 했습니다. 대통령께서 비화폰으로 직접 제게 전화를 해 '의결 정족수가 다 안 채워진 것 같다. 빨리 문을 부수고 들어가서 안에 있는 인원들을 끄집어 내라'고 지시했습니다."

그는 두 차례 윤 대통령과 통화했으며 세번째 전화는 받지 않았다고 했다. 곽 당시 사령관은 "지시를 듣고 '이것을 어떻게 해야 하나'하며 현장에 있는 지휘관들과, 공포탄을 써서 들어가야 되나, 전기를 끊어서 (계엄 해제를) 못하게 해야 하나 이런 부분 논의했다"면서 "지시사항을 이행하더라도 너무 많은 인원들이 다치기 때문에 그것은 옳지 않다 판단하고 (진입을) 중지시켰다"고 했다. 그는 "국회와 선관위 셋, 민주당사, '여론조사 꽃' 등 6개 지역을 확보하고 경계하라는 임무를 받은 시점은 12월1일 정도였다"면서 김용현 국방장관에게서 유선 비화폰으로 임무를 받고는 "이걸 어떻게 해야 하나" 고민했다고 증언했다

비상계엄이 성공했으면 합동수사본부장을 맡게 되어 있었던 여인형 방첩사령관은 YTN과의 전화 인터뷰에서 흥미로운 장면을 남겼다.

〈Q. 계엄령 선포 직후 김용현 전 국방부 장관이 전군 지휘관 화상회의를 주재했는데, 거기에는 참석했나?

A. 그것도 중요한 얘기인데 화상회의도 참석 못 했다. 왜냐하면 (화상) 연결하는 기술자들이 다 퇴근해버려서 연결이 안 됐다.〉

모든 수사기관을 통제하게 될 계엄사 합동수사본부가 이 모양이었으니 도대체 윤석열, 김용현은 계엄령 준비를 어떻게 하고 어떻게 지휘를 했는지 기가 찬다. '역시 군대 안간 대통령이 작전을 하면 이렇게 되는구나' 하는 생각이 들 정도였다. 윤석열이 국군통수권자로서 보여준 가장 큰 결점은 충동적 결정과 함께 이런 무능함이 아닐까? "무능한 통치자는 만참(萬斬)으로도 모자라는 역사의 범죄자다"는 말이 생각난다(金聲翰, 〈7년 전쟁〉).

이준석 개혁신당 의원은 "이번 친위 쿠데타는 옳고 그름 이전에 쿠데타를 한다는 자들의 수준이 프리고진만도 못한 상황이 계속되고 있다"고 평했다.

대통령의 격분과 무능함은 잘 어울리지 않는 조합인데 이게 사실이었다. '무능한 격분'.

처음엔 悲劇으로, 두 번째는 笑劇으로

1851년 12월2일 나폴레옹의 조카인 루이 보나파르트 프랑스 대통령은 삼촌이 52년 전에 그러했던 것처럼 친위쿠데타를 일으켜 의회를 해산하고 독재자가 되더니 다음 해엔 나폴레옹 3세 황제로 등극했다. 이 과정을 지켜보던 칼 마르크스는 〈루이 보나파르트의 브루메어의 18일〉이라는 책을 썼다. 여기서 브루메어는 '안개'라는 뜻인데 프랑스 혁명력(革命曆)의 제2월을 가리킨다. 1799년 브루메어 18일에 나폴레옹이 쿠데타를 일으켜 독재자가 된 것이다. 이 책에서 마르크스는 유명한 말을 남겼다.

〈헤겔은 말하기를 세계사의 대사건과 인물들은 다른 모습으로 다시 출현한다고 했다. 그는 하나 덧붙이는 것을 잊었다: 처음엔 비극으로, 다음엔 웃음거리(farce)로서.〉

마르크스는 세 번째는 어떻게 된다고 쓰지는 않았다. 역사에 재탕은 있지만 삼탕은 없을 것이라고 생각한지 모른다. 그의 말을 한국 현대사에 비유적으로 적용하면 이렇게 되나? 계급투쟁론자의 시각에선 1961년 박정희의 군사혁명, 그 첫번째 되풀이인 1980년의 전두환 쿠데타는 비극이고, 두번째 되풀이인 윤석열의 계엄자폭(自爆)은 코미디이다. 윤석열 대통령의 충동적 계엄선포는 6시간 만에 헌법적 절차에 의하여 무혈(無血)진압되었다. 앞선 두 번의 쿠데타는 계급투쟁론자들의 희망과는 달리 새로운 권력을 만드는 데 성공했고 세계사의 대세(大勢)를 타고 나름대로의 역사적 역할을 수행하였지만 윤석열판 친위쿠데타는 시대착오적이었다.

계엄령 선포에 접한 국민들이 보여준 첫 느낌은 공포가 아니라 "이게 뭐지"하는 궁금증이었다. 그날 밤을 드라마 보듯이 즐긴 이들도 많다. 윤 대통령은 야당이 하도 괴롭히니 경고 차원에서, 국민들에게 그 심각성을 알리려고 비상계엄을 택했다는 초현실적 발언도 했다. 계엄령을 리얼리티 쇼로 생각했다는 놀라운 고백이었다. 아무리 그래도 그렇지, 관심을 끌기 위하여 알몸으로 스트리킹을 하는 정도를 넘어서 사는 집에 불을 질러서야 되겠나. 그래서 양상훈 조선일보 주필은 '윤석열 계엄테러', '자폭테러'라는 말을 썼다.

"감옥이 아니라 병원에 가야 할 사람"

조선일보 김윤덕 기자가 반세기 한국학 연구자로 살아온 베르너 사세 함부르크 대학교 명예교수를 만난 날은 계엄이 선포된 날이었다. 사세 교수는 2024년 '이미륵상' 수상자여서 인터뷰를 하기 위해서였다. 그는 "전생(前生)에 한국인이었고, 현생(現生)은 독일로 유배온 것"이라고 했을 만큼 한국을 사랑한다. 69세였던 2010년 무용가 홍신자와 결혼해 화제가 되기도 했었다. 그날 밤 늦게 비상계엄이 선포됐다 해제되는 통에 사흘 뒤 다시 만난 사세는 김 기자에게 "누가 농담하는 줄 알았다(웃음). 처음엔 놀랐지만 몇 시간 만에 여야 의원들이 모여 계엄을 해제시키는 모습에 감동을 받았다. 국회도 국민도 대통령의 잘못된 판단을 따르지 않았다"고 했다.

"한국은 민주주의에 대해 자부심을 가져도 좋다. 스트롱맨들이 장악한 전 세계에 대통령은 제왕이 아니라는 것을 보여주었기 때문이다."

그는 윤석열 대통령에 대하여 "민주주의가 무엇인지 모르는 사람이다.

나는 대통령이 감옥이 아니라 병원에 가야 한다고 생각한다. 내가 볼 때 그는 마음이 아픈 사람이다"라고 했다.

"대통령은 정치를 하는 사람이고, 정치에서 가장 중요한 것이 타협이다. 그러나 윤 대통령은 정치력을 전혀 발휘하지 못했다. 반대 혹은 비판적 의견을 가진 사람들과는 대화조차 하지 않았고, 만나지도 않았다. 대통령만이 아니라 한국 사회 전반에 뿌리내린 심각한 문제다. 한국 사회에는 철학이 없다. 역사와 전통에 대한 관심도 없다. 오로지 경쟁만 부추기는 한국의 교육이 돈과 권력만 좇는 지식인, 정치인을 낳았다. 그들이 학벌 좋고 지식은 많은 엘리트인지는 몰라도 타인과 공동체를 생각하는 가슴(마음)은 없다. 나치도 전부 지식인들이었다."

그는 이 인터뷰에서 한국인의 한글 우상숭배를 비판하고 한자(漢字)를 버린 비극상을 이렇게 지적했다.

"절에 가면 외국인이나 한국인이나 다같이 바보가 된다. 심지어 그곳에 적힌 한문(漢文)이 무슨 뜻인지 궁금해하지도 않는다. 1500년 동안 한국의 문화이자 언어였던 한문을 한국인이 모른다. 한국의 단편시 '시조(時調)'는 정말 아름다운 문학인데 한국인 스스로 고리타분하다며 외면한다. 세계로 퍼져나가며 유럽 시인들에게 영감을 준 일본 하이쿠(俳句)와 대비된다."

나는 지난 30년간 한미동맹과 한글전용으로 국민교양은 약해지고 국가엘리트가 실종상태라고 주장해왔다. 한미동맹에 의존, 자주국방 의지를 포기함으로써 국민들의 정신이 노예화되고, 한자를 배척, 교양어로서의 한국어를 반신불수로 만든 것이 언젠가는 국가적 위기로 폭발할 것이란 예언을 해왔는데 이번 계엄 주역들이 보여준 행태가 그런 사례가 될지 모르겠다. 자주국방과 교양어를 포기한 보수는 가짜다.

이준석 밀어내기와 부정선거론자들

 윤영관 전 외교통상부 장관은 동아일보 기고문에서 계엄사태의 외교상 피해에 대하여 '국제정치가 가장 불안한 시기에 벌어진 최악의 실책'이라고 했다. 트럼프 당선으로, 제2차 세계대전 이후 규범에 기반한 국제질서를 주도해 온 미국이 뒤로 빠지려는 순간이고 어떻게 대응할지 세계의 수많은 정치 지도자들이 전전긍긍하고 있는 바로 그때 윤석열發 계엄 사태가 터져 나왔다.
 그는, 이런 난제(難題)의 대응책 마련을 위해 정부 내에 전략팀이 만들어져 치밀하게 시나리오를 짜고 준비를 해 나가야 할 때이고, 한·미 대통령 간의 개인적 인간관계도 튼튼히 하여 어려움을 막을 외교적 노력도 기울여야 할 때인데 계엄 선포로 그 같은 대응은 꿈같은 이야기가 되어 버렸다고 개탄했다. 윤 전 장관은 '차기 대선까지 최소한 5~6개월의 리더십 공백 상태가 생겨 버린 것'이라고 했다.
 나는 윤석열 대통령의 3대 실책을 지속적으로 비판해오면서 "언젠가 한국전 이후 최악의 사고가 터질 것이다"고 되풀이 경고해왔다. 청와대 졸속 이전으로 중도층이 돌아서면서 윤석열 대통령은 역대 대통령들 중 지지율이 최저 상태로 출발했다가 2022년 6월1일 지방선거에서 압승, 50%대로 회복했다.
 그 한 달 뒤 대통령이 진두지휘하여 대선과 지방선거를 승리로 이끈 이준석 국민의힘 대표를 제거하는 공작에 돌입, 석 달 간 지저분한 소송전을 벌이는 사이 2030 세대와 중도층이 이탈, 지지율은 20%로 내려앉았다. 지지기반의 구조적 변화가 일어나 지난 총선까지 이어졌다. 윤석열, 이준석 두 사람 사이가 벌어진 데는 부정선거론자들의 이간질이 컸다. 견제 역할을 하던 이준석 의원이 빠지니 윤 대통령은 음모론 유튜브에 더욱 노출되었고 그 망상이 이번 계엄령 선포의 주요 동기가 되었다.

용산 상공에서 터진 핵폭탄

2024년 2월6일 의대증원 2000명 폭탄은 의료대란으로 악화되고 의사들의 집단반발로 수도권에서 국민의힘은 수십 석을 날렸다. 그래놓고도 윤 대통령은 의료대란 수습을 거부, 지지율은 17%까지 떨어졌다가 계엄사태를 불렀다. 계엄사태를 전후한 시간대에서 보여준 윤 대통령의 흥분 상태, 스트레스, 주술, 음모론은 정치적 핵폭탄이 되어 용산 상공에서 폭발했다. 합참의장 11명이 연명(延命)으로 대통령실의 용산 이전을 반대한 이유는 대통령실, 국방부, 합참본부가 고층건물군(高層建物群)을 이루며 모여 있으면 한 방에 가는 수가 있다는 점이었다. 윤석열 대통령의 자폭 테러는 국가 및 전쟁 지도부를 한 방에 날린 셈이고, 정치·경제·안보·외교에 미친 영향은 가히 핵폭탄 급이었다. 김용현 당시 경호처장은 청와대 이전을 주도한 사람인데 이번 계엄 사태 때도 윤석열 대통령과 콤비를 이뤘다.

윤 대통령은 청와대에 들어가기 싫어하는 이유를 '제왕적 권력의 상징'이기 때문이라고 했었다. 국민의힘 대선후보 경선 토론회에 나올 때 손바닥에 '王' 자를 쓴 채였던 그가 할 말은 아니었지만 계엄령 선포 과정을 보면 "윤석열이 진짜 자신을 왕(王)이라고 생각하는구나" 하는 느낌을 갖게 된다.

자신이 대한민국 헌법 위에 있는 안하무인적 존재라고 생각하고, 계엄령 선포를 신성불가침의 권리로 여긴다는 놀라운 토로를 부끄럼 없이 했다. 그래서 윤석열에 대한 내란죄 수사나 탄핵은 대한민국은 민주공화국임을 확인하는 과정일 수밖에 없었던 것이다.

2024년 12월12일 윤 대통령은 對국민담화에서 "제가 비상계엄이라는 엄중한 결단을 내리기까지 그 동안 직접 차마 밝히지 못했던 더 심각한 일들이 많이 있습니다"고 하더니 선관위의 전산 시스템에 문제가 많아 이번에 국방장관에게 선관위 시스템을 점검하도록 지시한 것이라고 했다. 전산 시스템을 점검하기 위하여 비상계엄령을 펴고 국군 정예부대원 등 300명을 국회보다 먼저 투입하였다는 충격적인 고백이었다. 지난 63년 동안 단 한번도 사고를 낸 적이 없어 세계적으로 인정받는 선관위 시스템을 점검하기 위하여 왜 계엄령이 필요했을까? "감옥보다 먼저 병원에 가야 할 사람"이란 독일 교수의 말이 문제의 핵심이다.

중앙선거관리위원회가 즉각 반박했다. 선관위는 입장문을 내고 "선거 과정에서 수차례 제기된 부정선거 주장은 사법기관의 판결을 통해 모두 근거가 없다고 밝혀졌다"며 "부정선거에 대한 강한 의심으로 인한 의혹제기는 자신이 대통령으로 당선된 선거관리 시스템에 대한 자기부정과 다름없다"고 했다.

부정선거가 있었다면 2022년 3월9일 대선에서 윤석열 후보가 어떻게 20여만 표 차이로 아슬아슬하게 당선될 수 있었느냐는 지적이다. 선관위는 "대통령의 이번 담화를 통해 헌법과 법률에 근거가 없는 계엄군의 선거관리위원회 청사 무단 점거와 전산서버 탈취 시도는 위헌·위법한 행위임이 명백하게 확인됐다"며 "이번 사건이 민주주의를 위협하는 중대한 사안으로 관계 당국의 진실 규명과 함께 그에 따른 법적 조치를 취할 것을 다시 한번 촉구한다"고 했다. 한 외신 기자는 이런 계엄 사유는 역사상 처음일 것이라고 평했다.

윤석열의 정신세계를 지배한 3대 중독

중앙일보 김정하 논설위원이 2024년 12월13일자 칼럼에서 '정권 망친 윤 대통령의 3중 중독'이란 제목으로 권력 중독, 유튜브 중독, 알코올 중독을 거론했다. 그는 전날 윤석열 대통령의 담화는 '확신범'의 면모를 선명히 드러냈다고 했다. 국회에 병력을 보낸 데 대해 윤 대통령은 "국회를 마비시키려 한 게 아니라 거대 야당의 망국적 행태를 상징적으로 알리기 위해서"라고 해명했다. 김 위원은 "군 투입이 애들 장난인가"라면서 윤 대통령의 정신세계가 왜 이렇게 됐을까라고 묻고 답했다. 이번 사태는 세 가지 중독 때문에 발생한 듯하다는 것이다.

첫째는 권력 중독이다. 윤 대통령은 검사 시절 한 번 찍은 표적은 어떻게든 구속하는 칼잡이로 유명했는데 거물급을 줄줄이 잡아넣으면서 그는 자신의 검사 권력에 대한 강한 확신이 생겼을 것이다. 뇌신경학자 이언 로버트슨에 따르면 권력감은 도파민(행복감을 주는 신경전달물질) 분비를 촉진해 뇌의 중독 중추를 활성화한다. 로버트슨은 "권력은 코카인과 같은 작용을 한다. 다른 사람에게 공감하지 않고 오만하게 만든다. 권력은 시야를 좁게 만든다"고 분석했다.

김 위원은 권력에 깊이 중독된 윤 대통령은 자신이 모든 것을 통제할 수 있다는 착각에 빠졌을 것이고 그래서 토론도 없이 무작정 청와대를 옮겼고, 껄끄러운 여당 대표를 내쫓았고, 대책도 없이 의대 정원을 2000명이나 늘렸다는 것이다. 그런데 2024년 4월 총선 참패 후 거대 야당이 사사건건 자신의 권력 행사를 방해하니 울화가 쌓여 폭발 지경이 된 듯하다. 권력 중독자에게 대화와 타협은 머릿속에 없는 개념이다. 윤 대통령은 비상계엄 선포를 흔한 구속영장 청구 정도로 인식했을 것이다. 이런 권력중독 증상이 특수부 검사 경력에서 나왔을 것이란 점에 유념할 필요가 있다.

둘째는 유튜브 중독. 김 위원은 유튜브에 중독되면 음모론이 지배하는 망상의 세계에 빠진다면서 이번에 계엄 선포 직후 계엄군이 선관위에 진입해 서버 확보에 나선 것은 윤 대통령이 '부정선거 음모론'을 얼마나 신봉했는지 보여준다고 했다. 윤 대통령은 2022년 김진표 국회의장을 만났을 때도 이태원 참사에 대해 "특정 세력에 의해 조작된 사건일 가능성도 배제할 수 없다"고 말했었다.

김 위원이 지적한 셋째 중독이 충격적이다. 윤 대통령은 수십 년간 폭음을 해왔다.

"술은 뇌의 전두엽을 망가뜨린다. 전두엽은 충동을 억제하고 이성적 판단을 담당하는 부위다. 술 때문에 전두엽 기능이 저하되면 감정을 조절하지 못하고 툭하면 흥분하고 격노한다. 나중에 증상이 심해지면 술을 안 마신 상태에서도 그렇게 된다."고 했다.

김 위원의 지적은 아프다.

"윤 대통령은 진작에 알코올 중독 상담을 받았어야 했다. 그랬으면 계엄 선포와 같은 비극적 사태는 없었을 것이다. 술로 인한 판단력 저하가 자신의 인생과 정권을 파멸로 몰고 갔다. 쓰고 나니 뜨끔하다. 새해부턴 술을 줄여야겠다."

언론도 진작 이런 점을 보도했어야 했다. 윤석열의 실패, 30% 정도의 책임은 팬클럽이 되어버린 보수 지식층에 있는 것이 아닐까? (월간조선 2025년 1월호 게재)

對談

정통보수 조갑제와 혁신보수 이준석, 보수의 앞날을 이야기하다

12·3 비상계엄 선포와 12·14 윤석열 대통령 탄핵소추로 한국 보수는 크나큰 위기에 빠졌다. 위기의 한국 보수에 활로는 있을까. 《월간조선》이 야당의 대통령 탄핵소추안 발의 후 긴급하게 마련한 '정통보수' 조갑제(趙甲濟) 前 월간조선 편집장(조갑제닷컴 대표)과 '혁신보수' 이준석(李俊錫) 개혁신당 의원의 대담은 서울 광화문 조갑제닷컴 사무실에서 이뤄졌다. 대담 일시는 탄핵소추안 의결을 이틀 앞둔 2024년 12월12일 오전 10시. 때맞춰 윤석열 대통령이 계엄의 정당성을 주장하는 29분짜리 對국민담화를 발표하고 있었다.

| 趙 | 오늘은 역사적인 날입니다. 1979년 12월12일 군사 변란이 일어난 지 45주년이 되는 날이고, 윤석열 대통령이 對국민담화를 했어요. 사실상 대통령으로서의 마지막 담화라고 봐야겠죠. 자신을 폭로하면서 끝을 내는 분위기입니다.

| 李 | 저도 (담화를) 들으면서 왔는데요. 계엄 후 열흘간 어떤 고민을 했

는지 흔적이 보였습니다. '변명'과 '아집', 두 단어로 표현하겠습니다. 제가 그동안 윤 대통령을 돈키호테, 벌거숭이 임금님, 엄석대 등에 비유하면서 비판해 왔는데, 이젠 그 여러 가지의 결합체가 됐습니다. 특히 지금, 오늘 보여준 모습은 돈키호테로, 스스로 허상(虛像)을 만들어 그 허상과 싸우는 모습입니다. 더 심각한 건 개인 차원이 아니라 국가권력을 동원해 허상과 싸우려다 자멸한다는 거죠.

"계엄의 출발은 망상과 자기확신"

| 趙 | 제일 충격적인 내용은 선관위에 계엄군이 진입한 것을 '부정선거 의혹을 점검하기 위해서'였다는 겁니다.

| 李 | 국방장관을 시켜 선관위를 점검해 보라고 했다? 애초 업무 분담상 말이 안 된다는 생각을 해야 되거든요. 사람의 뇌구조 상 말이 되는 얘기가 있고 안 되는 얘기가 있는데 그 필터링을 못 하는 겁니다.

| 趙 | 이 대담은 역사적으로 의미가 있다고 생각해요. 윤 대통령의 실체를 가장 근접한 자리에서 가장 정확하게 알았던 사람이 바로 이준석 의원입니다. 대통령의 실체를 다른 사람들이 모를 때 이야기하다가 뭇매를 맞았죠. 오늘은 그 실체가 적나라하게 드러났습니다.

윤 대통령이 계엄 선포 발상을 한 것은 부정선거 광신도들의 이야기를 듣고, 선관위를 '점거'해서 자료를 확보하면 22대 총선 결과를 뒤엎을 수 있는 자료가 나올 것이라는 망상에서 출발한 것 아닙니까. 이 사태의 배경이 되는 상징적인 단어들이 '주술, 망상, 음모론'입니다. 나는 윤 대통령이 마음이 아픈 사람이기도 하지만 정신이 혼미한 사람 같아요. 팔다리 다치면 정형외과 가고 마음이 아프면 정신과에 가면 되지만, 영혼이 망가진 사람은 구제하기 힘들어요.

| 李 | 망상과 더불어 윤 대통령이 거물 수사를 주로 했던 특수부 검사였다는 점을 주목해야 합니다. 병력을 동원해 선관위를 치겠다는 건 결과를 정해 놓고 움직이는 겁니다. 결과에 대한 확신이 없었으면 멈칫했겠지만, 유튜브와 몇 명의 참소(讒訴)를 듣고 확신에 차서 병력을 동원한 거죠. 그렇다면 검사 윤석열이 했던 수사는 무엇이었겠습니까. 예를 들자면 박근혜 대통령에 대한 수사에서 처음으로 '공동지갑론'이라는 새로운 개념을 내놓았잖아요.

| 趙 | '경제공동체'라고 했죠.

"컬트집단이죠"

| 李 | 예전에도 대통령 측근 또는 친족이 비리에 연루된 건 많았습니다. 김영삼·김대중 대통령은 아들이, 노무현·이명박 대통령은 형에게 문

제가 있었고요. 결국 친족을 수사해 감옥에 보내고 대통령은 정치적으로 사과하는 수순이었죠. 친족이나 측근 문제를 대통령 본인에게 물을 수가 없었기 때문입니다.

그런데 박근혜 대통령의 경우 측근의 비리를 대통령에게 직접 씌우기 위해 국정농단 특검이 내놓은 것이 경제공동체론입니다. 박근혜 대통령을 감옥에 넣어 불명예를 안겨야 본인이 검사로서 성과를 내는 것이라고 생각해 자기확신적인 수사를 한 겁니다.

윤석열 검사를 스타 검사로 만들어준 '저인망식 수사' 방식은 권력층에 대한 국민의 반감을 교묘하게 이용한 것이죠. 윤석열 검사가 지향점을 찍어주면 임무를 수행한 인물 중 하나가 한동훈 검사고요. 굳이 말하자면 윤석열−한동훈 조(組)의 수사방식이라고 봅니다. 그런 고무줄 잣대에 따른 수사로 정권이 무너지거나 새로 만들어졌습니다. 대한민국 정치의 비극이라고 생각합니다.

│趙│ 계엄을 아무리 이해하려 해도 이해가 안 되는 부분이, 일부 세력과 유튜브에서 주장하는 부정선거 음모론에 빠져 병력을 보내 선관위를 장악하려고 한 겁니다. 음모론은 일종의 판타지 아니에요? 리얼리티 쇼도 아니고… 대한민국에 대한 인식이 국제적으로 나빠지는 데 결정적인 기여를 한 부분이라고 봅니다. 권력을 장악하기 위해 국회를 무력화(無力化)시키는 건 정치적으로 있을 수도 있는 일이지만, 가장 고급 정보를 보고받는 대통령이 가장 저질의 음모론에 빠져 병력을 동원하는 일은 세계 역사상 없습니다.

│李│ 공적인 권력 중 가장 막강한 권력이 정보에 대한 권력이죠. 대통령의 중요한 무기는 국정원, 경찰, 검찰, 해외 정보기관 등에서 들어오는 수많은 정보들인데 그런 공적인 채널을 다 버리고 돈벌이에 혈안이 된 유튜

브에 의존하다니, 이건 국가도 아니라는 생각이 듭니다.

│趙│ 컬트(cult·광신도적인 추종) 집단이죠.

│李│ 맞아요. 어떤 권력자든 비선(秘線)을 들이는 순간부터 문제가 됩니다. 보통 비선이라 함은 그래도 사직동팀이라든지 하는, 정보능력 있는 사람들이 조직화된 건데요. 지금은 뭐 하다 온 사람인지도 모르는 극우 유튜버들에게 휘둘린 것 아니겠습니까.

│趙│ 대통령이 되기 전에도 그랬습니까?

│李│ 윤 대통령과의 대화를 반추해 보면, 대화의 마지막 결론을 본인의 발언으로 끝내야 된다는 강박관념이 굉장히 센 사람입니다. 그러려면 지적(知的) 우월성이 있어야 되는데 그게 안 되니까 꼬이는 거예요. 특수부 검사 시절처럼 별건(別件)수사로 쥐어짜 낸 정보, 개인 사찰 정보와 비리 정보, 이런 것만 듣고 사람이나 현상을 판단하는 것 같아 의아했는데, 대통령이 되고 나서는 극우 유튜브에까지 휘둘리다니요.

│趙│ 김건희 여사가 이번 계엄 사태에도 영향을 끼쳤다고 봅니까?

│李│ 지금 제가 확인한 정보는 없습니다만, 관저에서 의사 결정을 할 때는 그분의 의견이 많이 들어가는 건 알고 있습니다. 의사소통 방식이 좀 특이하더라고요.

음모론에 휘둘리는 대통령

│趙│ 지금 이준석 의원의 존재가 특히 중요합니다. 윤 대통령이 음모론에 약하다는 걸 (대선 후보 시절) 처음으로 간파해 말리려 하다가 결국 2022년 7월에 당대표에서 밀려났죠.

│李│ 그랬죠. 당시 제 입장에선 분명히 논리적인 지적들을 했는데 대통

령이 사석에서 저에 대해 육두문자를 사용했다는 얘기를 듣고 이해를 할 수 없었습니다. 저는 대통령이 정치를 처음 하니 잘 모르는 부분들이 있어 제가 조언하고 지적해 준다고 한 건데요.

|趙| 예를 들면 어떤 일이 있었습니까?

|李| 대선 전 김건희 여사의 석사논문 표절 논란이 있었잖아요. '회원유지'를 영어로 'member Yuji'라고 썼던 그 논문요. 논란이 확산되니 윤석열 후보가 제게 "당 차원에서 방어를 해달라, 당 의원 중 교수 출신들을 모아 논문에 문제가 없다고 기자회견을 열어달라"고 했습니다. 그래서 제가 "상식 선에서, 교수들이 모여 얘기하면 진실이 바뀌느냐, 이게 그렇게 전문가적 판단이 필요한 문제냐?"고 되물었어요. 또 국회의원은 각각이 헌법기관이고 권위 있는 사람들인데 이 사람들을 효과 없는 이벤트를 위해 모이게 해서 멍텅구리로 만들면 안 된다고 했습니다. 그랬더니 나중에 저에 대해 화를 내고 소리를 질렀다고 하더라고요.

문제는 그게 끝이 아니었어요. '윤핵관'들이 밀어붙여 만들었다는 해명 회견 교수 명단이 왔는데, 정상적인 정교수는 한 명도 없었습니다. 그렇게 윤 대통령 주변엔 권력을 추종하는 사람들만 남는 과정이 여러 번 되풀이된 겁니다.

|趙| 그러니까 이 의원은 국민의힘 대표 시절을 포함해 약 2년간 외로운 시기를 보낸 거네요. 음모론과 싸우고 음모론을 뒷받침하는 권력과 싸우고. 뿐만 아니라 이준석 대표를 '싸가지 없다'며 비판하는 보수 언론까지, 그걸 어떻게 견뎠어요?

|李| 저는 과학을 전공했기 때문에 탐구에 따른 결과로 명확하게 논증(論證)을 하고 싶었습니다. 부정선거에 대한 입장도 마찬가지로 나름 탐구를 해서 원천적으로 불가능하다는 사실을 인지했기 때문에 확고하게

견딜 수 있었고요. 안타까웠던 건 중진의원들이 "부정선거는 아닐지 몰라도 부실선거는 맞을 수도 있지 않느냐"며 비겁하게 행동한 것입니다. 그런 식으로 퇴로를 열어주면 문제는 여러 번 창궐할 거라고 얘기했는데, 그분들은 지금도 변하지 않습니다.

│趙│ "부정선거는 안 믿지만 많은 국민들이 의혹을 가지니 선관위를 조사해야 한다"는 논리를 펴는 사람들도 많죠.

│李│ 이런 상황에 대해 저는 야만, 非문명이라는 단어를 사용합니다. 자극적일 수 있지만 그렇게 정의할 수밖에 없어요. 야만의 반대인 문명이란 본능이나 약육강식 같은 자연 원칙에서 탈피하는 겁니다. 사회적 원칙을 합의해서 사회를 운영하는 게 문명인데 그 질서를 버리고 선동의 시대로 돌아간다는 건 매우 옳지 않은 선택입니다. 선동 능력이 탁월한 사람이 권력을 갖는 건 히틀러 시대잖아요. 그런 야만은 절대 겪으면 안 됩니다.

│趙│ 문명 이야기에 덧붙이자면, 이번 계엄 사태는 우리가 건설한 대한민국 자유민주·시장경제라는 문명에 테러를 한 겁니다. 어떤 논리도 없는 야만적 테러를 자행해 쑥대밭이 돼버렸어요.

"종북 운동권만큼 위험한 세력이 정치검찰"

│趙│ 이 의원을 방송에서 많이 찾는 건 정확한 예측력 때문인 것 같은데요. 앞으로 1~2년 우리 정치와 사회는 어떻게 될 것 같습니까?

│李│ 내란 수사는 대한민국 시스템을 1년 이상 뒤흔들 겁니다. 당장 이번 내란에 병력이 동원됐던 육군 같은 경우는 누가 집권하든지 숙군(肅軍·군부 숙청) 과정을 거칠 것으로 보이고요. 권력기관의 개혁이나 개편은 국민 여론을 바탕으로 이뤄질 가능성이 높습니다.

趙 | 정치는 더불어민주당이 주도권을 갖게 될까요?

李 | 민주당은 170석 의석을 보유하고 있으니 민주당의 움직임을 주목할 수밖에 없는데요. 민주당에 어느 정도의 분열은 불가피하다고 확신합니다. 그런데 보수는 그런 현상을 절대 긍정적으로 받아들여서는 안 됩니다. 우리 정치 환경이 양당(兩黨) 체제이다 보니 양당은 절대 망하지 않는다고 확신하고 배짱 부리는 분들이 있는데요. 영국의 노동당이 양당 체제의 한 축이 된 것은 100년이 채 안 됩니다. 미국도 민주당과 공화당의 스탠스가 과거 남북전쟁 당시와는 반대가 되지 않았습니까. 대한민국도 산업화 세력과 민주화 세력의 대결구도가 허물어질 시기가 왔다고 생각합니다.

趙 | 보수는 어떻게 바뀌어야 한다고 생각합니까?

李 | 산업화 세력, 즉 보수 진영은 관료주의에 대한 애착을 버려야 합니다. 관료 사회가 대한민국 발전에 기능을 할 수 있는 시대는 지났어요. 또 그들의 편협한 시각으로는 국제사회에서 활약할 수 없습니다. 그들은 국내 산업을 키우고 자유의 가치를 세웠다고 하지만, 갈수록 관료들이 권력을 독점하는 경향을 보였습니다. 사실 정부의 의사결정권자라면 행정고시 합격 후 20년 이상 달려온 사람인데, 그동안 어떻게 승진을 하고 그 자리까지 올라갔겠습니까. 빈번한 정권 교체 와중에 줄서기 또는 재빠른 태세 전환에 성공한 사람 아니겠어요?

"관료주의를 主敵으로 삼아야"

趙 | 의료대란과 계엄 사태에서 느낀 건데, 관료들이 의사들을 '처단' 대상이라 할 정도로 정치인보다는 관료가 정권의 진짜 주인이고, 이들이 줄

기차게 권력을 유지하고 있다는 사실을 우리가 알게 됐습니다. 진짜 보수라면 관료주의를 주적으로 삼아야 되는 게 아닌가라는 생각도 했습니다.

|李| 급기야는 그 관료 중에서 가장 시야가 좁다고 할 수 있는 검찰의 고위관계자들이 정치권력을 독점하고 있는 상황이 왔습니다. 여기서 얼마나 빨리 탈피하느냐가 중요해요.

|趙| 이번 사태를 계기로 종북 운동권만큼 위험한 게 정치검찰 출신이라는 점이 밝혀진 거죠.

|李| 그렇습니다. 윤석열 검사의 패악(悖惡) 중 하나가 무수한 관료들의 행동을 직권남용으로 잡는 데 앞장섰다는 겁니다. 윤석열-한동훈 검사가 (국정농단 특검을 통해) 대한민국 직권남용의 큰 장(章)을 열었는데요. 관료들이 언제든 직권남용으로 감옥에 갈 수 있다는 인식이 생기면서 판단을 안 하기 시작했고, 어떤 문제도 해결할 수 없게 됐습니다. 역설적으로 대통령이 된 본인의 발목을 잡은 겁니다. 저는 공직자의 재량 범위가 더 넓어져야 한다고 생각합니다.

|趙| 윤석열과 함께 낡은 보수는 침몰할 텐데요. 그렇다고 보수가 망할 수는 없고 합리적 보수층은 아직 살아 있으니, 개혁신당이 보수의 구명정 역할을 할 것이라고 기대를 하고 있습니다.

反共자유민주주의는 불변

|李| 저는 이번 사태를 통해 보수가 생각해 온 안보의 개념을 재조정해야 한다고 생각합니다. 보수가 지금까지 이끌어 온 담론의 키워드는 주적·종북 등으로 단편적인 접근이 아니었나 합니다. 미국에서도 안보의 핵심 가치라고 여겨졌던 것들도 선거를 통해 시시각각 변합니다. 미국은 한

때 팍스 아메리카나(Pax Americana)가 지상(至上)과제였지만 몇십 년 후 지금은 미국 우선주의가 대두하고 있지 않습니까.

우리가 변화를 따라가지 못하고 좁은 의미의 안보관에 매몰돼 있었던 것 같습니다. 대통령 담화에서 보이는 안보관은 주적관, 즉 對北 안보를 넘어서지 못하는 편협성을 보여줬다고 생각해요. 솔직히 우리 안보에 지난 1년 동안 김정은이 가한 위협보다 이번에 윤 대통령이 가한 위협이 몇 배는 큽니다. 안보관의 전환이 필요합니다.

| 趙 | 그 부분이 전통·정통보수와 李 의원 같은 혁신보수의 차이 아닐까요. 오늘밤 김정은이 발작해서 핵미사일 발사 버튼을 누르려고 하면 북한에서는 말릴 사람이 없을 거고 한국에서는 막을 방법이 없는 겁니다. 이렇게 현존하는 명백한 위험이 있다는 점을 인정 안 할 수는 없죠?

| 李 | 당연합니다. 북한의 위협은 실존하고 이것을 최우선 위협으로 두는 건 맞는데, 문제는 윤 대통령이 모든 이슈를 북한의 위협으로 치환하고 변환해서 선동한다는 거에요. 부정선거론도 마찬가지입니다. 팩트가 없고 설명이 안 되니까 중국 간첩 등 공산세력을 들먹이지 않습니까. 부정선거를 할 수 있는 주체들이 많은데도 불구하고 공산세력을 운운하는 이유가 뭡니까? 그렇게 하면 보수 진영에서 폭발적으로 지지를 받을 걸로 생각하고 밀어붙이니까 오히려 논리가 더 저열해지는 거에요.

| 趙 | 지금 얘기는 결국 한국의 보수가 반공주의에 빠져 이렇게 됐다는 거죠. 하지만 나는 한국 보수에 지금도 유효한 이념이 반공 자유민주주의라고 봅니다. 반공을 뺀 자유민주주의는 다른 먼 나라에서는 가능하지만 한국에서는 반공이 반드시 필요합니다. 다만 반공은 자유와 민주에 의해 견제되는 균형 있는 이념이어야 하는데, 그런 의미에서 윤석열은 가짜 보수입니다. 보수는 철저하게 팩트에 기반을 둬야 되는 거 아닙니까? 팩트

를 이탈한 순간부터 보수가 아닙니다. 나는 정통보수가 주장하는 핵심, 즉 한반도의 대결 구도는 민족사의 정통성과 삶의 양식을 놓고 다투는, 타협이 절대로 불가능한 권력투쟁이라는 점은 변함이 없다고 봐요.

"北의 공작, 두려워할 수준 아니다"

| 李 | 과거 한 인터뷰에서 얘기한 적이 있는데요. 저는 1990년대에 통일 교육을 받았고 지금은 그런 교육이 완전히 바뀌어야 한다고 생각합니다. 그땐 북한의 사회상을 알고 이해하는 내용이 있었어요. 하지만 지금은 그게 의미가 없죠. 통일이 되든 북한이 급변하는 사태가 일어나든, 북한엔 우리가 받아서 인정하고 배울 것은 하나도 남아 있지 않으니까요. 이제 우리는 우리의 시스템을 북한에 전파하고 확장하는 교육을 해야 합니다. 윤석열 정부의 가장 큰 문제는 지금도 우리가 체제 경쟁에서 북한에 질 수도 있다는 위기감을 증폭시키려 한다는 겁니다.

| 趙 | 어떤 식으로 말입니까?

| 李 | 저들(북한)은 이미 체제 경쟁은 포기하고 협박 수단인 핵무기 하나 들고 있는 상황인데, 정부는 저들의 전지전능함을 광고하려고 하는 것 같거든요. 무엇이든 할 수 있는 존재이고 대한민국의 사회 혼란을 일으킬 수 있다는 식으로요. 그게 젊은 세대한텐 전혀 와닿지 않아요. 젊은 사람의 1%도 동조하지 않을 겁니다. 최근 간첩단 사건 보면 간첩선이나 공작금, 난수(亂數) 지령 등 과거처럼 치밀하고 규모 있는 방식은 없어요. 그냥 메일로 지령 보내고 비트코인으로 송금하고 그런 정도입니다. 북한의 공작은 우리가 두려워할 수준이 아니에요.

| 趙 | 보수가 대선에서 이길 가능성은 있다고 봅니까?

|李| 지난 총선 때 (국민의힘) 탈당 직전에 이런 말을 한 적 있어요. 제가 국민의힘에서 선거를 지휘한다면 120~130석 정도는 얻을 수 있다고요. 허언이 아니었어요. 3~4개월 뒤 보궐 대선이 치러지면 저는 한 20% 정도는 (보수에) 승산이 있다고 봅니다. 선결조건은 이재명 얘기, 종북 얘기 하지 않는 겁니다. 다음 대선까지 보수 입에서 일부러라도 '이재명'이라는 이름을 언급하면 안 됩니다. 오늘부터 모든 보수 진영 사람들이 '이재명'을 내려놓고 보수의 비교우위가 무엇인지 파악해 나아간다면 저는 20% 확률은 있다고 생각해요. '이재명이 대통령 되면 안 된다, 그러니 보수를 찍어라'라는 단순한 명제에 반응할 정도의 사람이면 어차피 (이재명을) 안 찍습니다.

보수, '안티 이재명'으로 대선 치르면 안 돼

|趙| 그렇죠.

|李| 하지만 비극적이게도 국민의힘이 존속하는 한, 독이 든 성배(聖杯)라고 할지라도 그 말을 외치며 선거판에 들어오는 사람이 있을 겁니다. 그런 사람이 선거를 망가뜨릴 거고요. 그러니 지금부터 '안티 이재명' 어젠다로 선거를 치르겠다는 생각은 버려야 합니다. 이재명 이야기, 종북 이야기 하지 않는 게 선결조건이에요. 지금 젊은 세대는 80% 이상이 대학에 가고, 그중 상당수는 경제학개론을 배웁니다. 세상이 어떻게 돌아가는지 다 알아요.

|趙| 다음 대선의 주제는 뭐가 될 것 같습니까?

|李| 호사가들이나 기성 언론에서 하는 말과는 다른 어젠다가 부상(浮上)할 겁니다. 우리 국민이 느끼는 절박함이 그저 윤석열의 과오를 치죄

(治罪)하는 것으로 그치진 않을 것 같거든요. 다음 대선 후보에 대해선 (국민이) 굉장히 엄격한 재능, 인성 자격 검증을 할 거라고 생각합니다.

|趙| 나는 대통령 후보로 나오는 사람들은 중립 기관에 의뢰해 정신감정, 건강검진을 받아 그걸 공개해야 한다고 예전부터 주장해 왔습니다.

|李| 지금까지 우리는 지나치게 간단한 기준에 의해 선거를 치러왔던 것 같습니다. 예컨대 박근혜 대통령은 가족이 없기 때문에 측근 비리에서 자유로울 것이라고 생각했죠. 하지만 사람은 외로운 존재입니다. 가족이 없다 해도 누군가를 곁에 들였습니다. 그게 최순실 사태의 본질이었습니다. 윤석열 대통령처럼 절대선(善)과 정의로움을 강조하는 사람은 역설적으로 같은 기준에 의해 무너지기 쉽습니다. 국민이 그런 점들을 평가 기준에 놓을 거라고 봅니다.

선을 넘은 소수자 정치

|趙| 미국 대선에서 트럼프 후보가 이기고 나서 놀라운 보도가 나왔더라고요. 백인 남성에 집중하는 트럼프 전략이 성공했는데, 한국에서도 비슷한 전략이 있었다는 내용이었죠. 트럼프가 이준석 대표의 '여가부 폐지' '극단적인 페미니스트 대응 전략' 등을 카피한 것 같다는데, 그 보도를 봤습니까?

|李| 봤습니다. 앞서 말씀드린 것처럼 종북의 허상을 쫓는 건 시대착오적 사고입니다. 민주화 세력 역시 똑같이 사고합니다. 평생 선악(善惡) 대립 속에서 살아왔어요. 독재는 악, 우리는 선이라는 생각으로요. 재벌 집을 털고 방화(放火)하는 사람도 선으로 포장된 것 아닙니까? 이들은 그 구도를 너무나 넓게 확장시켰습니다. 선악을 찾아야 하니 페미니즘을 선,

이에 동의하지 않는 사람을 악으로 나눠버린 거죠. 길거리에서 누가 죽으면 치안을 지적해야지, 여자라서 죽었다는 식으로 치환해 버리는 겁니다. 지성인들은 반감을 가질 수밖에 없어요. 한국은 그런 페미니즘이나 소수자 정치가 선을 넘어도 한참 넘은 상황이죠. 그게 이번 총선에서 정의당의 소멸로 나타난 것이고요. 미국의 인종 차별을 보면 우리의 젠더 갈등과는 차원이 다른, 실존하는 갈등이거든요. 누군가는 '백래시(backlash·반발)'라고 하지만, 그런 갈등이 일정 수준을 넘어서면 다른 분위기가 형성됩니다. 그것이 트럼피즘이 의존했던 본질이고요.

│趙│ 트럼프가 이긴 이유는 몇 가지 현안에 집중한 전략이 컸죠. 인플레이션과 이민 문제를 과장한 게 먹혔는데, 실생활 밀착 공약을 내건 겁니다. 우리 다음 대선도 선악 구도나 이념 대결이 아닌 국민 피부에 와닿는 공약으로 승부를 보는 선거판이 펼쳐지지 않을까요?

│李│ 젊은 세대가 바뀌었다고 느낍니다. 요즘 논란이 되는 금융투자소득세를 예로 들면요. 민주당 진성준 정책위의장이 "많이 버는 사람에게 과세해 나머지에게 혜택을 주는 일인데 젊은 세대가 왜 반대하겠느냐"며 밀어붙였어요.

하지만 젊은 세대는 단순히 가진 자의 것을 빼앗아 덜 가진 자에게 배분한다는 논리에 더 이상 움직이지 않습니다. 문재인 정부는 집 가진 자와 세입자 간 대립 구도를 만들었는데요. 결국 집값도 전월세 가격도 오르는 경험을 했고 이 경험이 지금 젊은 세대에 판단 기준이 된 겁니다. 민주당이 25만원을 준다고 해도 그닥 반응하지 않죠. 코로나 때 받은 100만원이 인플레이션으로 돌아왔다는 걸 알잖아요.

차기 대선에선 젊은 세대가 '산업화 對 민주화'라는 선악 구도로 투표하지 않을 거라고 확신합니다. 제가 22대 총선 때 동탄에서 당선된 것도 유권자가 시대상에 맞게 판단했기 때문입니다. 젊은 세대의 본질적인 고민을 이해하는 사람이 유리할 거라고 생각합니다.

보수는 민주당의 실력을 모른다

|趙| 어떻게 보면 대통령제는 위험하다고 할 수 있습니다. 과거엔 위대한 대통령이 나와서 역사를 바꿀 수 있었지만 지금은 대통령이 사고 치지 않도록 막는 제도가 필요한 것 같아요. 내각제는 어떻게 생각합니까?

|李| 대만의 5권분립[쑨원(孫文)이 정립한 대만의 정부 구조로, 입법·사법·행정 3권 외에 인사(고시)와 감찰 기능을 3권과 동등한 기관으로 만든 구조]을 진지하게 들여다볼 때가 됐습니다. 감찰권을 분리하는 것은 권력자가 수사기관을 장악해 사람을 잡아넣는 식의 통치 수단을 없애기 위해서입니다.

|趙| 윤 대통령의 의식구조를 보면 본인이 헌법 위에 있다고 생각하는 것 같아요. 계엄 포고령을 읽고 분석해 봤습니다. 거짓, 과장, 왜곡이 20건은 됩니다. 그 짧은 문건에요. 우리나라 역대 최악의 공문서입니다.

|李| 대통령도 바뀌어야 하고, 유권자 의식도 바뀌어야 합니다. 우리나라엔 아직 '나라님'이 모든 문제를 해결해 줄 거라고 기대하는 문화가 남아 있어요. 그런 나라님을 뽑는 권한을 놓지 않으려고 대통령제가 유지되고 있고요. 우리는 계속 '선출된 왕'을 뽑고 있는 겁니다. 보수 세력은 그 왕을 중심으로 무지성(無知性)으로 대동단결합니다. 그 구조를 깨려면 대통령을 반인반신(半人半神)의 위치에서 끌어내리는 시스템이 필요합니다. 5권분립같이 권력을 분산시키는 방법도 있지만, 유권자들이 대통령에 대한 절대자적 기대를 내려놓아야 합니다.

│趙│ 차기 대통령이 용산에서 계속 근무할 가능성은 적다고 보는데, 대안은 무엇일까요? 청와대로 돌아가거나 용산에 새 대통령실을 지어야 할 것 같아요. 그런데 만약 세종시에 짓겠다고 한 제2집무실을 제1집무실로 삼게 된다면 걱정이 듭니다.

│李│ 세종시로 옮기는 방향으로 갈 수밖에 없지 않을까요? 청와대에 다시 들어갈 수 있으면 나쁘지 않을 거라고 봅니다. 하지만 집무실이 한번 개방됐는데 그걸 다시 쓰려면 보안 문제 등 나름의 투자가 필요합니다. 용산 대통령실은 지속할 수 없는 시스템이었습니다. 고층 건물이 즐비한 개활지에 대통령실을 두는 것 자체가 위험하죠. 2022년 5월11일 대통령실에 찾아간 적이 있어요. 그때 경호차장에게 방탄이 되는지 물어봤습니다. 그런데 아직 안 됐다고 말하더군요. 방탄조차 되지 않았는데 어떻게 들어갑니까? 개념이 없는 사람들이었죠.

│趙│ 세종시로 집무실을 옮기면 곧 천도(遷都)하는 거잖아요. 천도는 대통령실을 (용산으로) 옮긴 것보다 100배는 더 중대한 문제예요. 민족사적 문제죠. 남북한 대결은 곧 평양과 서울의 대결인데, 세종으로 옮겨버리면 서울엔 한동훈 대표가 세종시로 이전하겠다고 약속한 국회의사당과 대법원밖에 남지 않아요. 한 국가조직의 정신과 영혼이 세종시로 옮겨가는 겁니다. 향후 통일까지 내다봤을 때 세종시 입지가 적당한 수도 자리라고 생각하지 않아요. 역사적 권위가 약한 곳이죠. '평양 對 세종' 구도에선 세종이 밀린다고 봐요. 어처구니없는 이번 계엄 사태도 공간이 의식을 지배했기 때문입니다. 가장 좋은 건 청와대로 돌아오는 거예요.

│趙│ 민주당 얘기도 하지 않을 수 없네요.

보수 진영 사람들은 사실 민주당의 '실력'에 대해 잘 모릅니다. 그저 '종북'으로 무시하기 일쑤였지요. 그런데 이번 과정을 쭉 지켜보니 민주당은 굉장히 유능한 집단입니다. 위기 대응 전략도 뛰어나고요. 이런 세력을 상대로 李 의원이 (대선과 총선에서) 이겼다는 게 대단하다는 생각이 듭니다.

|李| 예전엔 보수가 엘리트주의로 승부를 봤지만, 2012년 이후 그런 현상은 끝났습니다. 예전 같으면 4성장군 출신 국회의원은 보수 정당에 있어야 하지 않겠습니까? 이젠 그런 분이 민주당에 들어가도 이상하지 않아요. 민주당에는 외교관, 법조인, 김앤장 변호사 출신 등이 있는데 보수 정당에는 그런 사람을 데려올 수 없단 말입니다. 텃밭인 TK에서는 대통령실 행정관 출신이 공천받아 당선되고요. 다시 말하면 보수는 토호(土豪)화를 택했고, 민주당은 엘리트화를 택하면서 길이 완전히 갈린 겁니다. 민주당은 수도권에서의 절대우위를 바탕으로 누구든 영입해서 당선시킬 수 있는 역량을 갖췄습니다. 반면 국민의힘은 지지 기반이 TK인데 토호화의 길을 걸었기 때문에 인재 배출이 만무(萬無)하죠. 굳이 몇 명 영입할 수 있는 방법은 비례대표인데, 비례는 선거 경험이 없는 일회용에 가깝습니다. 국민의힘 안에 지금 자체적으로 의사 결정을 할 수 있는 사람이 3명은 있을까요?

국민의힘과 민주당의 '능력' 차이

|趙| 국민의 힘이 'TK 토호당'이라, 적합한 작명이에요.

|李| 보수 정당의 비겁함은 지난 (박근혜 전 대통령) 탄핵 때도 잘 드러났습니다. 당시 60여 명 의원이 탄핵에 찬성했고, 지금 목소리 높이는 중진들 모두 찬성했어요. 그런데 그분들이 지금은 말로는 탄핵 트라우마가 있다고 하면서 다선(多選)의원 하고 원내대표 맡고 있잖아요. 기득권 자

리에 오르니 후배들한테 "탄핵은 안 된다"니요. 탄핵의 짐은 무겁죠. 하지만 나눠 지면 질 수 있습니다. 그때 보수가 어려웠던 건 (탄핵의 짐을) 나눠 지지 않고 한 사람에게 옴팡지게 씌워서 희생양을 만든 거거든요. 그 비겁함이 지금도 반복되고 있습니다.

|趙| 중요한 지적을 했습니다. 윤석열 탄핵 반대 주장이 이들에게 훈장이 될지, 족쇄가 될지… 그게 보수 정치의 미래를 내다보는 중요한 기준이 될 것 같아요.

국가 생존전략으로 승부

|趙| 김종인 전 국민의힘 비상대책위원장이 "다음 대선에서 이준석 후보가 나와 정치 세대교체를 주장하면 우리나라에 희망이 있다"고 했어요. 2027년을 생각하고 한 말이었는데, 앞당겨질 듯합니다. 언제 만 40세 (대통령 피선거권 취득)가 되죠?

|李| 2025년 3월31일에 만 40세가 됩니다.

|趙| 그러면 3월31일 이후 대선이 치러지면 출마 가능합니까?

|李| 가능합니다. 보궐선거는 사유 확정 후 보통 60일 정도 시간을 두니까, 1월31일 이후에 윤 대통령 퇴진이 확정되면 나갈 수 있지요.

|趙| 1월30일 이전에 헌법재판소에서 파면(탄핵 인용) 결정이 나오면 (출마가) 불가능하고… 고민이 많겠네요.

|李| 정치인인 이상 역할은 해야 하겠죠. 다만 헌재 결정이 빨리 나오지는 않을 것 같습니다. 이번 내란 관련 형사적인 판단은 워낙 연루된 사람이 많아 장기간이 걸릴 거라고 보는데, 그러면 탄핵심판도 최소 한 달 반은 넘길 거라는 생각은 듭니다. 예전 12·12도 나중에 '반란군 지도부'의

대화 내용과 증언 등이 나오면서 실체적 진실이 알려졌잖아요. 지금도 우리가 보고 있는 것은 빙산의 일각일 겁니다. 배가 침몰하면 기생하고 있던 쥐떼들이 달려나오듯이, 증언할 사람이 굉장히 많을 겁니다.

| 趙 | 아직 출마 여부는 결심하지 않은 겁니까?

| 李 | 만약 (출마를) 한다면 '신(新) 40대 기수론'이 떠올라야 하지 않을까 생각합니다. 과거 (김영삼의) 40대 기수론이 민주화의 의미를 담고 있었다면, 신 40대 기수론은 국제사회의 변화에 맞춘 우리의 생존전략을 담고 있습니다. 야만을 배척하고 문명을 받아들여야 하는 이유를 어떻게 풀어내느냐가 답이겠죠.

저는 윤석열 정부에 대한 반발이나 안티 이재명 같은 이유로 출마하지 않습니다. 출마한다면 국가생존전략을 갖고 할 겁니다. 정치적인 혼란을 겪는 지금 포스코는 철강 생산량을 줄이기 시작했고, 롯데케미칼은 회사 문을 닫을 위기에 놓여 있습니다. 이 상황에서 민감하게 대처할 수 있는 후보가 나오지 않으면 한국은 무너질 겁니다. 이 모든 것을 생존의 문제로 받아들여야 합니다.

| 趙 | 강대국들 사이에서 생존하려면 생존 의지를 가진 국민이 있어야 하고, 그런 국민을 어떻게 만들어내느냐는 건 정치의 몫이라고 생각합니다.

'정통보수'와 '혁신보수'

2시간에 걸친 대담에서 조갑제 대표와 이준석 의원은 이번 계엄-탄핵 사태의 가장 큰 원인이 윤 대통령의 망상과 자기확신이었다는 데 의견을 같이하면서, 오랜 기간 관료주의에 물들어 온 한국 보수 역시 책임이 있다는 데 동감했다. 산업화 세력을 중심으로 한 기존의 '낡은' 보수가 하루빨리 관료주의를 탈피해야 한다는 점에도 동의했다. 다만 '정통보수'와 '혁신보수'는 안보관에 대해서는 다소 차이를 보였는데, 두 사람은 서로의 의견을 경청하면서 다양한 의견을 모아 더 나은 방향으로 나아가야 한다고 했다. 두 사람의 건설적인 대담이 한국 보수의 쇄신과 발전에 기여하길 기대한다. (월간조선 2025년 1월호 게재)

윤석열 몰락은
'청와대 거부'에서 시작되었다

보수언론의 팬클럽화

나는 윤석열이 대통령에 당선된 후부터 비판적으로 돌아섰다. 당선자 신분으로 밀어붙인 청와대 대통령실 이전 과정을 목도하고 불길한 느낌을 갖게 되었다. 비뚤어진 세계관, 주술적 영향, 안하무인적 권력남용이 뒤엉켜 '청와대 탈출—국방부 입성'이란 소동을 일으켰다. 더 충격적인 것은 이를 견제해야 할 보수언론과 보수지도층의 박수부대·팬클럽화였다. 윤석열의 이런 폭주는 2022년 여름 국민의힘 이준석 대표 밀어내기에서 자신의 지지기반을 붕괴시키는 정치적 자살로 이어졌다. 계엄 선포 직전(2024년 11월)에 썼던 글이 예언서가 되었다.

윤석열(尹錫悅) 대통령이 지금처럼 의료 대란을 수습하지 않고 퇴임할 경우 역사는 이 정권을 어떻게 평가할까.
청와대 대통령실의 졸속 이전('청와대 이전'으로 칭한다)에 따른 국가지휘부 기능의 약화와 함께 가장 큰 실정(失政)으로 꼽히게 될 것이다. 의료 대란은 한국인이 누렸던 세계 최고의 의료 서비스를 앗아가고, 대통령실 이전에 따른 부작용은 경호사고나 전쟁지휘 능력의 약화, 또는 친북좌파(親北左派)에 의하여 세종시로의 천도(遷都)에 이용당할지 모른다. 민족사의 정통성을 놓고 총체적 권력투쟁을 벌이는 남북 관계에서 정통성의 중심인 서울을 수도로서 포기하는 쪽이 지게 되어 있다. 윤석열 대통령의 결단으로 포장되었던 '청와대 이전'은 현재 다음과 같은 문제들을 파생시키고 있다.

- 대통령실이 세 군데로 쪼개졌다. 주인이 이름도 지어주지 않는 용산 대통령실, 한남동 관저, 그리고 수시로 사용하는 청와대의 행사장(영빈관 및 상춘재). 국군통수권자로선 거의 세계에서 유일하게 출퇴근하는 대통령이 됨으로써 경호 병력의 낭비는 물론이고 동선(動線) 노출로 늘 저격사정권에 놓여 있다.

- 국방부는 독자적인 건물을 갖지 못하고 합참건물로 이사를 가 동거하고 있다. 전시(戰時) 지휘부인 대통령, 국방장관, 합참의장이 인접, 적의 공격에 취약하다. 합참은 남태령 수도방위사령부 쪽으로 옮긴다는데 예산도 확보하지 못하고 있다.

- 외교부 장관 공관은 외국의 고위 외교관을 접대하는 특수한 기능을 가진 곳이었는데 대통령 부부가 살겠다고 밀고 들어가는 바람에 삼청동의 비서실장 공관으로 옮겼다가 최근 다시 궁정동의 옛 경호처장 관저로 이사를 갔다. 떠도는 신세다.

- 세종시에는 윤석열 대통령의 대선 공약에 따라 대통령 제2집무실 건설이 추진되고 있다.

- 한동훈 국민의힘 당시 비상대책위원장은 총선 공약으로 여의도 국회를 세종시로 옮기고 세종시를 정치수도로 만들겠다고 약속했다. 차기 대

통령 후보가 종북적 사상의 소유자라면 충청도 표를 노리는 것처럼 하면서 세종시의 제2집무실을 제1집무실로 이용, 상근하겠다고 공약, 당선되어 이를 실천하면 서울엔 일부 부처와 대법원만 남게 되어 수도로서의 기능을 잃게 된다. 남쪽으로 천도하여 망한 고구려, 백제의 전철(前轍)을 밟게 될지 모른다.

● 윤석열 대통령의 행태에서 두서(頭緖)가 없다는 느낌을 주는 것은 국격(國格)에도 기능에도 맞지 않는 대통령실 공간의 영향이 크다.

'용산 졸속 이전이 부른 복마전'

아무런 법적 권한이 없는 대통령 당선인이 밀어붙였던 대통령실 이전의 무모성[또는 무도성(無道性)]은 아래와 같이 비유하면 이해하기가 쉬울 것이다.

미국 대통령 선거에서 당선된 사람이 갑자기 "백악관은 제왕적 권력의 상징이다. 들어가지 않겠다. 펜타곤으로 가겠으니 국방부는 두 달 안으로 방을 빼라. 나의 숙소는 블레어 하우스로 할 테니 영빈관은 따로 지으라"라고 한다면 어떻게 될까? 아마 취임도 하기 전에 쫓겨날 것이다. 그러나 한국에선 청와대 이전이 박수를 받으면서 진행되었다. 특히 언론의 견제가 전무했다.

그런데 지난 9월20일 《동아일보》 사설 제목은 〈'공사비 대납' 강요까지… 용산 졸속 이전이 부른 복마전〉이었다.

〈감사원 감사에서 관저 인테리어 공사를 따낸 업체가 하필이면 김건희 여사가 대표였던 코바나컨텐츠의 전시 후원사 가운데 한 곳이고 이 업체가 하도급을 준 18개 업체 중 15개가 무자격 업체로 드러났다. 이 역시 수의계약이어서 의혹투성이다. 촉박한 일정에 맞춰 빠듯한 예비비로 공사를 추진하다 보면 여러 가지 비리가 생길 소지가 커진다. 수의계약에서는 더욱 그렇다. 대통령실과 관저 이전 과정의 위법과 탈법 행위를 보다 철저히 조사해 밝힐 필요가 있다.〉

인테리어 공사를 따내고 다른 공사까지 총괄적으로 지휘한 '21그램'이란 특이한 이름을 가진 회사의 대표는 이번 국정감사 때 증인으로 채택되었으나 출석하지 않아 야당 의원들이 동행명령장을 받아 찾아 나서는 소동이 벌어졌다. 21그램은 영혼의 무게라고 한다. 무속에 관심이 많은 것으로 알려진 김건희 여사의 취향과 연결되어 여러 가지 상상을 낳게 한다. 감사원 보고서를 읽어보면 이런 영세한 회사가 최고의 보안이 요구되는 대통령 관저 공사를 할 실력이 되는지가 의문이고, 공사 감독도 부실하였는데, 대한민국 적대 세력이 그 틈을 이용하여 어딘가에 도청장치를 설치하지 않았을까 하는 걱정까지 하게 만든다.

권력자의 허영심 경고

나는 청와대 대통령실 이전과 그 후유증에 대하여 지속적으로 글을 써온 소수(少數)그룹 중 한 사람이고 이 때문에 윤석열 팬클럽 같은 인사들로부터 정부의 성공을 방해한다는 말도 들었는데 3년에 걸쳐 썼던 글을 돌아보니 오늘의 부작용을 상당히 정확하게 예견하였음을 알게 되었다.

2022년 3월16일 나는 조갑제닷컴에 "윤석열 당선인은 일단 청와대로 들어가야! 대통령부(大統領府)의 이전은 작은 천도이다. 졸속으로, 허영심으로 결정할 일이 아니다"라고 썼다.

〈대통령 당선인은 후보 시절 청와대를 버리고 광화문으로 대통령부를 옮기겠다고 약속한 데 이어 아예 청와대에 들어가지 않고 임기를 시작하겠다고 했다. 여기서 문제가 생겼다. 5월10일 시작되는 임기 전에 대통령부 건물을 짓든지 기존 건물을 찾아야 한다.

대통령 중심제하에서 대통령궁은 국가의 심장이자 정치의 중심으로서 역사성, 상징성, 편리성, 안전성을 다 충족시켜야 한다. 두 달 안으로 그런 장소를 고르고 시설을 하는 것은 불가능하다. 일단 청와대에 들어가서 차근차근 해야 한다. 지금은 전시(戰時)가 아니다. 대통령부가 황급하게 왔다 갔다 하는 모양새면 국민들이 불안해진다. 허영심에 사로잡혀 무리를 하면 실수를 한다. 국가의 상징적 존재에 대한 실수는 오래간다.〉

나는 대통령실이 민족사의 중심인 광화문 지역을 떠나는 위험성을 지적했다.

1. 옮길 장소는 약속한 대로 광화문이어야 한다. 대한민국의 민족사적 정통성은 광화문을 중심으로 이어지고 있다. 조선조 개국의 3대 건축물인 경복궁(景福宮), 종묘(宗廟), 사직단(社稷壇)이 이 지역에 있고 대한제국의 황궁(皇宮)인 덕수궁, 대한민국 시대의 서울시청, 정부종합청사, 국립현대미술관이 여기에 있다. 지금 거론되는 용산은 임진왜란 때 왜군 주둔, 일제(日帝) 때 조선군사령부, 그리고 주한미군 기지가 있었다는 외세(外勢)의 상징성이 너무 강하다.

2. 좋은 건물을 새로 지어서 옮기는 것이 맞다. 백악관, 엘리제궁, 크렘린궁 등이 보여주듯이 대통령궁은 그 나라의 대표적 건물이어야 한다. 있는 건물에 대통령부가 들어가는 것은 긴급할 때 임시처방으로 하는 일이다. 지금이 그런 때인가?

3. 광화문을 꺼리는 이유로 경호상의 문제를 대는데 그렇다면 청와대에 그냥 있는 것이 낫다.

4. 대통령부를 옮기는 것은 작은 천도이다. 공론화 과정이 필요한 이유는 그 상징성이 크다는 점 때문이다. 대한민국만이 한반도의 유일한 합법국가고 민족사의 정통국가라는 상징성이 졸속 이전으로 훼손되면 불길한 일이 생길지 모른다. 구청 옮기는 식으로 결정할 문제가 아니다.

5. 윤석열 당선인이 국민들에게 보여주기 식으로 이 중대한 일을 결정한다면 두고두고 후회할 것이다. 권력자의 허영은 비싸게 계산된다.

청와대 사정도 모르고 졸속 결정

2022년 3월 18일, 임종석 전 대통령 비서실장도 반대의견을 발표했다.

〈청와대 이전, 충분히 검토할 수 있습니다. 하지만 이렇게는 아닙니다. 어떤 연유로 지금의 청와대를 단 하루도 이용하지 않는다는 것인지 납득이 되질 않습니다. 국정 운영 초기에 대통령님과 함께 광화문 이전을 검토했던 한 사람으로서 주제넘지만 조언을 드립니다.

우선 모든 조건이 완비된 청와대에서 업무를 시작하는 것이 순리입니다. 지금의 청와대는 물리적으로 예산 낭비할 일이 없고 대통령이 여민관 집무실을 사용하고 있어서 비서실장은 30초, 안보실장을 비롯한 수석급 이상 전원이 1분30초면 대통령 호출에 응대할 수 있는 구조입니다. 청와대 이전을 위한 기구를 정식으로 구성하면 됩니다. 지금처럼 국가 안보 시스템의 핵심인 국방부와 합동참모본부를 이전하는 데 따른 대책도 없이, 갑자기 광화문에서 용산으로 바꾸는 데 대한 의견 수렴도 없이, 심지어는 예산 편성도 없이(예비비는 쌈짓돈이 아닙니다) 그냥 밀어붙이는 것은 어느 모로 보나 이해할 수 없습니다.

용산을 포함하여 차제에 국가 균형 발전을 위해 지방으로 이전하는 안까지 충분한 검토를 시키고 현 정부에서 검토했던 내용도 참고하고 정식으로 예산도 편성하여 국가 중대사에 걸맞은 집행 계획을 세워야 합니다. 급히 결정해야 할 다른 이유가 없다면 '국민과 함께' 민주적인 절차를 밟아나가는 것이 좋을 것입니다.〉

2022년 3월20일 윤석열 당선인은 기자회견을 통하여 국방부 청사로 옮기겠다는 발표를 했는데 상황에 대한 오판(誤判)이 있었다. "현재 청와대는 본관과 비서동이 분리되어 있어 대통령과 참모의 소통이 원활하지 못했습니다"는 대목인데, 문재인 대통령은 비서들이 근무하는 여민관 내 집무실을 사용, 소통에 불편이 없었다.

당선인은 "용산 대통령실의 1층에 프레스센터를 배치해 수시로 언론과 소통하는 대통령이 되겠습니다"고 약속했지만 허언(虛言)이 되었다. 그는 "일단 청와대 경내로 들어가면 제왕적 권력의 상징인 청와대를 벗어나는 것이 더욱 어려워질 것이라고 판단했습니다"라고 했지만 졸속 이전 자체가 그 어떤 제왕적 대통령도 하지 못한 방식이었음을 지적한 언론은 없었다.

홧김에 낸 의견 광고

나는 2022년 3월20일 《문화일보》에 내 돈으로 의견 광고를 내고 비판했다.

〈"제왕적 권력의 상징인 청와대를 국민께 돌려드리겠다고 약속드렸습니다"는 말을 강조하셨는데 청와대는 대한민국 민주 발전의 사령탑이었습니다. 부분적으로 제왕적 요소는 없지 않았지만 지난 70여 년 한국 현대사 중심부를 이렇게 총체적으로 부정하는 것은 사실에도 맞지 않고 일종의 선동입니다. 제왕적 권력의 상징은 주석궁이지 청와대가 아닙니다.

국민들이 청와대를 돌려달라고 시위를 한 적이 있습니까? 분단 현실에 비추어 청와대의 특수한 처지를 양해하고 참아왔지 않습니까?

광화문과 용산의 차이는 너무나 큽니다. 광화문은 조선조와 대한민국의 민족사적 정통성이 뿌리내린 곳이고 한반도 전체의 중심입니다. 대통령 집무실이 이곳을 떠나면 역사성을 잃게 됩니다. 외세와 병영의 이미지가 너무나 강한 용산은 민족사의 흐름에 맞지 않습니다.

국방부는 국방 용도로 지은 건물입니다. 이를 대통령 집무실로 쓰는 것은 변칙적 용도 변경으로서 국격에 맞지 않습니다. 시간에 쫓기며 한 추진 과정에서 군인들, 건축가, 교양인, 역사학자들의 의견이 반영된 흔적이 없습니다. 대통령 집무실 청사는 대한민국과 함께 운명을 같이해야 할 역사적 건물인데 어떻게 임시정부 청사 마련하듯 합니까?

무슨 이유를 대든 이렇게 무리를 한 이유는 윤 당선인이 후보 시절에 별생각 없이 한 말을 물리면 체면에 손상이 된다고 (생각하여) 밀어붙인 것 아닙니까? 이런 태도가 진짜 제왕적 권력의 행태라고 생각해본 적이 없습니까?

 국군통수권자가 되실 분이 국군장교단을 이렇게 무시해도 됩니까? "한 달 안으로 짐 싸서 나가라"는 식인데 입이 있어도 "역시 군대 안 갔다 온 대통령답다"는 말은 못 하게 되어 있는 그들로부터 가슴속 존경을 받기는 어려울 것입니다.

 9·11 테러 때 펜타곤 안에 백악관이 있었다면 어떻게 되었을지 생각해 본 적이 있습니까? 국가 지휘자인 대통령과 국방 지휘자인 국방부 장관이 붙어 있을 때 김정은이 미사일, 장사정포, 핵무기로 때리면 동시에 무력화되는데 이런 위험성은 고려했습니까? 세계 어느 나라도 두 기능을 모아놓진 않습니다. 합참의장 출신 11명이 반대한 일입니다. 김정은이 좋아할 일을 왜 서둘러 합니까?

 5년 뒤 어느 대통령 후보가 "윤석열 대통령 집무실도 제왕적 권력의 상징이고 국격에 맞지 않는다"면서 이전이나 신축 공약을 내지 않는다는 자신이 있습니까?

 저는 기자 생활 52년째인 해방둥이로서 경험상 권력자가 허영과 오만에 빠지면 예외 없이 끝이 좋지 않았다는 사실을 증언할 수 있습니다. 윤석열 당선인께서는 역사 앞에 겸손하셔서 선거유세 때 그토록 강조했던 공정과 상식을 실천한 대통령으로 기록되기를 기원합니다.〉

"누가 청와대를 돌려달라고 했나"

 2022년 3월 20일 상암동 서울월드컵경기장의 설계자인 건축가 유춘수(柳春洙) 선생이 건축가로선 거의 유일하게 반론 글을 발표했다.

〈저는 대한민국의 자존심의 얼굴이 되어야 할 대통령 청사를 저 볼품없고 상징성과 역사성과 기능성과 장소성 모두 최상이라고 할 수 없는 국방부 청사를 영구적으로 대체한다는 것은, 건축가의 한 사람으로 분명 승복하기 어렵습니다. 급히 서둘러 상황을 악화시킨다는 속담에 이만한 표현은 없습니다. '언 발에 오줌 누다'… 제발 동상의 후유증이 없길 빌고 빕니다!〉

지금 국방부 장관인 김용현씨는 윤석열 후보의 경호를 맡았었고 당시엔 대통령실 이전의 책임자였는데 2022년 3월21일 TBS 라디오 〈신장식의 신장개업〉에 나와 당선인의 심경을 이렇게 전했다.

"대통령 당선인께서 회의석상에서 하신 말씀이십니다. 청와대, 나도 들어가서 편안하게 하고 싶다. 거기 들어가면 얼마나 좋으냐. 눈치 안 보고 내 마음대로 누가 뭐라 하는 사람 없고 나도 그러고 싶다. 그러나 그게 아니다. 정말 국민을 위하고 국가를 위한다면 그게 아니고 내가 불편하더라도 나와야 된다. 왜 그러냐. 내가 편하면 그게 바로 국민의 감시가 없어지고 국민의 눈에 띄지 않으면 거기서부터 불통이 나오는 것이고, 거기서부터 부정부패가 생기는 것이다. 그래서 국민들께서 내가 근무하는 모습을 보실 수 있도록 아예 해달라 해서 용산으로 가셔서 공원을 앞에 만들고 거기서 대통령 집무실을, 그 국민들께서 마음대로 들어오셔가지고 쳐다보게 만들고 그게 결국은 대통령이 함부로 못 하게 하는 견제 행위라는 겁니다."

그는 현재 역대 대통령들 가운데 기자회견 횟수가 가장 적다는 신기록을 이어가고 있다.

2022년 3월23일 《동아일보》 송평인 논설위원은 칼럼에서 "누가 청와대를 돌려달라고 했나"라고 비판했다. 그는 "미사일 시대인 지금 산들에 둘러싸인 청와대야말로 분단국가 대통령이 입지할 최적의 장소…대통령들의 불운은 청와대가 흉지여서가 아니라 자신들이 잘못해서다"라고 했다.

대통령 당선인이 '졸속 용산 결정'에 괜히 국민을 들먹인다며, 국민 다수 여론은 용산 이전 반대니 문재인 대통령의 협조 거부를 몽니로 여기지 말고 심사숙고의 계기로 삼아야 한다는 요지였다.

그는 "윤석열 대통령 당선인에게서 '청와대를 국민에게 돌려주겠다'는 말을 반복적으로 듣는 게 불편하다. 국민은 대통령에게 제왕적 통치에서 벗어나라고 했지, 청와대를 돌려달라고 한 적이 없다. 그가 국민을 들먹이며 스스로 안 들어가겠다고 한 것이지 국민이 요구한 것이 아니다"라며 "청와대가 공원이 되지 않아도 그 일대는 충분히 좋다. 경복궁 담벼락을 따라 청와대 정문 앞까지 올라갔다가 내려오는 길은 서울 최고의 산책길 중 하나다. 성곽길을 따라 청와대 뒤편 북악산으로 오르는 길도 잘 조성돼 있어 굳이 경복궁역에서 출발해 청와대를 (관)통해 올라갈 필요도 없다"고 했다.

"승효상·유홍준씨 등 문재인의 친구들은 잘 알지도 못하면서 청와대 흉지(凶地)론을 들먹였다. 청와대 옛 본관이 있던 수궁터는 예부터 길지(吉地)로 꼽힌다. 그래서 일본의 조선총독이 그곳에 관저를 지었다. 대통령 개인과 달리 대한민국은 세계에서 유례를 찾기 힘들 정도로 발전했다. 길지여서 그랬을 것이다."

'상머슴'으로 뽑히자마자, '새 집' 요구

2022년 3월25일 최보식 기자(전 《조선일보》 선임기자)도 비판에 가세했다.

〈당선 직후 이를 '국정 제1과제'로 만든 것은 윤 당선인의 중대한 실책이었다. 새 정권을 준비하고 국민들에게 희망을 줘야 할 가장 중요한 시기에 모든 이슈들이 여기에 파묻혔다. 용산 이전 찬반에 대해 온갖 주장과 풍수설, 음모론, 이념적 갈등이 난무하는 가운데 여론조사 결과까지 나와 기름을 붓고 있다.〉

그는 "이런 상황은 윤 당선인의 '오기'가 자초한 것"이라면서 "대체 본인이 일할 집무실이 무엇이 그리 급한가. '상머슴'으로 뽑히자마자, '새 집'을 요구하고 있는 상황이다. 머슴이 그래도 되는가. 이미 주인이 정해놓은 그 '집'에 들어가면 될 일이다"고 했다. 그는 "청와대 자리는 국민의 땅이 아니었던 적이 없다. 돌려주고 말고 할 곳이 아니다. 국민들이 언제 청와대를 돌려달라고 한 적이 있나. 그러니 국민들에게 돌려주기 위해 청와대를 이전할 필요가 없다"고 했다.

〈당선인처럼 '나는 폐쇄적이고 제왕적 대통령제를 상징하는 그 공간에 들어가기 싫으니 다른 곳에 집무실을 마련하겠다'고 하면, 다음 대통령은 '나는 윤석열 대통령이 옮겨온 용산 집무실은 싫고 세종시에 집무실을 마련하겠다'고 나올 것이다. 다시 말하지만, 윤 당선인은 '혁명'을 한 게 아니다. 0.7%포인트 표차로 당선된 5년짜리 대통령에게 국민적 합의 없이 대통령 집무실을 옮길 권한이 주어지지 않았다.〉

최보식 기자는 이렇게 끝냈다.

〈윤 당선인은 청와대로 들어가라. 누구 말대로 '귀신' 나오는 곳 아니다.

이런 집무실 타령으로 임기도 시작하기 전에 국민 분열을 초래하면 안 된다. 그리고 5년 금방 지나간다.〉

그런 식으로 의료 개혁 한다고 하다가

2021년 11월에 이미 윤석열 당선을 예언했던 영국 주간지 《이코노미스트》가 2022년 3월엔 〈한국 대통령 당선인이 인기 없는 개인적 사업으로 출발했다〉는 제목으로 용산 집무실 이전 계획을 비판했다. 이 잡지는 "대통령이 그곳에 위치하게 되면 미사일 한 방에 군사, 정치 지도부가 사라질 위험이 있다"면서 선거운동 기간엔 코로나19 피해 대책에 전력을 다하겠다고 하더니 정치적 자산을 개인적 사업을 강행하는 데 허비하는 결정을 내렸다고 했다. 역대 최저 지지율로 출발한 윤석열 당선인은 국민들에게 가까이 다가가려고 한 그의 시도가 국민들을 더 멀리 밀어내는 결과를 빚을 것 같다고 예언했다.

그 무렵 강원택 서울대 정치외교학부 교수는 《조선일보》 칼럼에서 "'내가 결정했으니 그대로 가자'는 식으론 안 된다"고 비판했다. 그는 "취임 첫날 새로운 공간에서 차별화된 모습을 보이고 싶었을지도 모르지만, 그렇게까지 하면서 굳이 차별화하려고 할 필요가 있을까. 정권 교체가 바로 차별화를 상징하는 것이기 때문"이라고 했다.

〈이 발표에 더욱 주목했던 것은 어쩌면 이것이 윤석열 정부의 국정 운영 스타일을 상징적으로 보여주는 게 아닐까 하는 생각 때문이었다. 누가 봐도 부작용이 불가피해보이는 용산으로의 조기 이전 결정에 대해 주변에서 말리거나 신중해야 한다는 의견은 없었을까. 소통을 강조하는 당선인이지만 지금으로서는 국민과의 소통에 앞서 주변과의 소통이 더 중요해보인다. 대선에서 승리한 것이 끝이 아니라 이제부터가 진짜 정치의 시작이다.〉

강 교수의 우려는 시간이 지나니 현실이 되었다. 윤 대통령은 청와대 이전 식으로 이른바 의료 개혁을 밀어붙였다가 의료 대란을 일으켰다. 참모들이나 언론이 청와대 이전을 말렸다면 의료 대란은 일어나지 않았을 것이다.

청와대 이전은 윤석열 대통령 지지율을 잠식하고 들어갔다. 한국 갤럽이 2022년 3월 넷째 주 전국 만 18세 이상 유권자 1000명을 대상으로 실시한 여론조사에서 '청와대 집무실을 유지하는 것이 좋다' 53%, '용산으로 집무실을 이전하는 것이 좋다' 36%로 나타났다. 10%는 의견을 유보했다.

윤석열 대통령 당선인이 앞으로 5년 동안 대통령으로서의 직무를 잘 수행할 것으로 보는지, 잘 못 수행할 것으로 보는지에 대해서는 55%가 '잘할 것', 40%가 '잘 못할 것'이라고 내다봤으며 이외는 의견을 유보했다. 전임 대통령들의 당선 2주 이내 즈음 직무수행 긍정 전망은 80% 내외였다. 2007년 12월 이명박 당선인은 84%, 2012년 12월 박근혜 당선인은 78%, 2017년 5월 문재인 대통령은 87%였다.

자식에게도 이렇게는 하지 않는다

윤석열 대통령은 청와대 이전이 가장 큰 원인이 되어 낮은 지지율로 출발했고, 2022년 여름 이준석 국민의힘 대표를 몰아내는 과정에서 젊은

층과 중도층이 이탈, 20%대를 찍었고, 총선 직전 잠시 올랐다가 의료 대란으로 총선에서 참패한 직후 다시 20%대로 떨어져 오늘과 같은 위기를 불렀다. 이 3대 실책의 공통점은 정보 판단의 오류와 무모한 밀어붙이기인데 쉽게 말하면 자기 객관화를 하지 못하였다는 이야기다.

2022년 4월 윤석열 대통령은 《월스트리트저널》과 인터뷰하면서 용산 대통령실 이름을 'People's House'로 짓고 싶다고 했다. People's House는 제정(帝政) 러시아에서 만들어진 개념이고 이게 서유럽에 퍼졌는데 거의가 좌익 운동, 노동자 운동, 공산주의자 운동과 연관되는 개념이다. 대통령실 이름을 공모하더니 발표도 하지 않고 흐지부지, 지금껏 이름 없는 존재가 되었다. 아기가 태어난 지 3년이 되어도 부모가 이름을 지어주지 않고 "아가야"라고만 부르고 있으니 그도 속으론 아기의 장래를 비관하고 있다는 이야기가 된다.

2022년 4월 박찬주 예비역 대장은 윤석열 당선인에게 띄운 공개장을 발표했다.

이런 식으로 군대를 다루는 것에 대해서는 동의하기 어렵다는 내용이었다. 군에 대한 군통수권자의 예의가 아니라고 지적했다. "아무리 부모라 해도 자식이 살고 있는 집을 예고도 없이 나가라고 한다면 그것이 자식에 대한 부모의 예의일까요"라고 묻기도 했다.

〈대통령 집무실 용산 이전 문제는 지금 계획과는 반대의 절차를 밟아야 합니다. 먼저 수방사를 남태령 지역 내에서 재배치해야 합니다. 근무와 생활에 불편함이 없도록 재배치한 후 그곳에 합참 신청사를 구축하여 합참의 기능을 완비해야 합니다. 그런 다음 국방부를 현재의 합참 위치로 이전하고 국방부와 합참의 안정적인 임무수행 태세가 검증된 후 대통령

집무실을 용산 국방부 청사로 옮겨야 합니다.〉

그는 군통수권자이기 때문에 군을 마음대로 다루어도 된다는 인식을 갖고 있는 한 강군(强軍)을 기대하기는 어렵다고 했다.
이 무렵 용산 대통령실을 다녀온 언론사의 한 간부는 나에게 이렇게 말했다.
"도무지 국격(國格)에 맞지 않는 건물이란 생각이 확 들었습니다. 구청 건물 수준이라고 할까요."
윤석열 대통령의 청와대 이전 논리는 공간이 의식을 결정한다는 것이었다. 이를 적용하면 이런 볼품없는 공간에서 일하면 대통령이 구청장처럼 행동하게 된다는 게 된다.

이태원 사고의 원인과 용산 이전

2022년 6월10일 윤석열 대통령은 용산 대통령실에서 국민의힘 지도부와의 비공개 오찬 회동을 했다. 한 참석자는《조선일보》기자와의 통화에서 "김건희 여사가 개방된 청와대를 뒤늦게 둘러본 뒤 '미리 봤으면 우리도 청와대에 그대로 있자고 했을 것 같다'는 취지의 말을 했다고 한다"라고 했다. 김건희 여사는 5월22일 청와대에서 열린 KBS1 TV〈열린음악회〉를 관람한 뒤 청와대 내 대통령 집무실과 관저 등을 둘러봤다는 것이다.
김 여사는 "여기가 이렇게 좋은 줄 몰랐다. 알았다면, 만약 여기 와서 잠시라도 살았다면 청와대를 나가기 굉장히 어려웠겠다"라고 했다는 것이다. 이에 윤 대통령은 "속으로 '아, 안 보여주길 잘했다'고 생각했다"고 말했다고 한다.

윤 대통령은 이런 요지의 말을 했다고 전했다.

"저는 과거에 관저 식당에서 식사한 적이 있었다. 그래서 청와대가 얼마나 좋은지 알았다. 여기에 한 번 들어오면 못 나간다는 것을 알았다. 그래서 처음부터 청와대에 안 들어가고 바로 집무실 이전을 추진했다."

2022년 10월29일 이태원 골목에서 150명 이상이 압사하는 사고가 일어났다. 그해 12월5일 열린 국가조찬기도회에 참석한 김진표 당시 국회의장은 윤석열 대통령에게 "이상민 장관이 정치적 책임을 지고 사의를 표명하는 게 옳다"고 했다고 한다. 그랬더니 윤 대통령은 "이태원 참사에 관해 지금 강한 의심이 가는 게 있어 아무래도 결정을 못 하겠다"고 말했다고 한다. 김 의장이 그게 무엇인지 물었더니 대통령의 설명은 의외였다고 최근 발간한 회고록을 통해 공개하였다.

설명의 요지는, "이 사고가 특정 세력에 의하여 유도되고 조작된 사건일 가능성도 배제할 수 없다. 그럴 경우 이 장관을 물러나게 하면 그것은 억울한 일이다"였다고 한다. 김 의장은 "나는 속으로 깜짝 놀랐다. 극우 유튜버의 방송에서 나오는 음모론적인 말이 대통령의 입에서 술술 나온다는 것을 믿기 힘들었다. 그런 방송은 보지 말라고 말하고 싶은 생각이 굴뚝같았지만 꾹 참았다"고 썼다. 대통령실은 이 주장에 대하여 왜곡된 것이라며 "대통령은 당시 언론에서 제기된 다양한 의혹을 전부 조사하라고 지시한 바 있다"고 해명했다.

법원은 지난 9월, 2022년 10·29 이태원 사고에 있어 '국가 기관의 책임'을 묻는 첫 판결에서 용산경찰서 관계자들에게 실형을 선고하며 ▲경비대책을 수립하지 않았고 ▲정보 기능을 핼러윈 현장에서 배제했으며 ▲범죄 단속에만 치중한 치안 대책을 수립했다고 짚었다. 다만 재판부는 참사

당일 이태원에서 정보·경비 기능이 부재(不在)했던 배경으로 "사고 당일 관할 내 대규모 집회·시위가 예정돼 있어 용산구의 치안을 책임지는 용산경찰서로서는 집회·시위 대비와 핼러윈 데이의 질서 유지를 모두 담당하게 됨으로써 경찰력을 실효적으로 운용하는 데 어느 정도 한계가 있었던 것으로 보인다"고 판단했다. 대통령실이 용산으로 이전하고 용산서가 집회·시위 대응에 집중하는 연쇄 효과로 핼러윈 데이 안전 유지에 구멍이 생긴 측면도 있다고 본 것이다.

대통령 관저 공사는 부실·부정투성이!

2023년 1월5일 더불어민주당은 윤석열 대통령이 전날(4일) 청와대 영빈관에서 농림축산식품부·해양수산부 업무보고를 받은 것에 대해 "윤 대통령은 최근 한 달간 영빈관 12번, 상춘재 2번 등 청와대를 모두 14번이나 사용했다. 한 달에 14번이나 찾을 거면 왜 청와대를 나온 것이냐"고 비판했다. 한민수 대변인은 이날 국회 소통관에서 진행한 현안 브리핑에서 "용산 대통령실에는 부처 업무보고를 받을 공간조차 없다는 말이냐. 준비 없이 졸속으로 대통령실이 이전된 결과"라며 이렇게 말했다.

한 대변인은 "집무실을 용산으로 이전하고 청와대를 전면 개방해 국민에게 돌려주겠다더니 한 달의 절반 가까이를 대통령이 사용한 것"이라며 "무책임한 대통령 때문에 집무실 이전은 아무런 효용을 거두지 못하고 안보 공백과 국민 불편만 초래하고 있다"고 주장했다. "모든 시스템을 갖춘 청와대를 버린 대가는 막대한 혈세 투입으로 이어지고 있다"면서 "국민 소통이라는 취지도 대통령의 불통 행보로 퇴색된 지 오래"라고 했다.

2024년 9월 감사원은 집무실 및 관저 이전 공사와 관련한 감사 결과를 발표했는데 《동아일보》가 사설로 '복마전'이라고 표현할 만큼 총체적인 비리가 드러나 고발, 징계 조치 등이 이뤄졌다. 하지만 대통령 집무실과 관저가 가장 중요한 보안 시설이란 점에서 문제를 깊게 따진 언론이나 정당은 없었다. 감사원이 대통령 비서실에 통보한 〈대통령 관저 보수 공사 관리 감독 업무 부당처리〉 공문엔 이런 대목이 있다.

〈공사 감독자가 공사 총괄 담당인 대통령실 김 모 비서관에게 업무 부담으로 공사 현장 방문을 자주 할 수 없는 사정을 토로하였으나 "현실적으로 인원을 더 투입할 수 없는 상황에서 전문성을 가진 직원은 당신뿐이니 업무를 잘 해보라"는 취지로만 답변하며 업무 조정에 대한 노력을 하지 않았을 뿐 아니라 관저 보수 공사 업무를 총괄하는 책임자로서 담당 직원이 공사 관리 감독을 철저히 하고 있는지를 확인하거나 직접 공사 현장을 방문하여 점검하는 등 다른 관리 감독 방안을 마련하지 않았다. 공사를 수행한 총 26개 업체 중 19개 미등록 (무면허) 업체가 공사를 진행하는 등 관련 법령을 위반한 시공에 대한 통제는 이뤄지지 않았다.〉

신설 대통령 관저엔 과연 도청 장치가 설치되지 않았을까?

감사원의 통보서는 "김 비서관이, 공사를 신속히 추진한다는 데에만 중점을 두고 법령상 절차와 다르게 추진된 관저 보수 공사 과정에서 발생한 여러 문제점을 면밀히 관리하지 않고 실무자에게 맡겨두는 등 총괄 책임자의 역할을 제대로 수행하지 않았고, 이에 관저와 같은 주요 국가 시설 공사에 자격이 없는 업체가 참여하거나 사후 책임 소재 확인 등에 지장을 초래할 우려가 발생하게 되었다"고 했다.

줄이면 청와대 대통령실 졸속 이전으로 관저 공사에 무허가 회사들이 무더기로 참여, 부실 및 불법 공사가 전면적으로 이뤄졌는데 보안에서 문제가 발견되더라도 책임 소재를 가리기 어렵게 되었다는 이야기다.

이에 대하여 김 당시 비서관은 "사업의 속도감을 고려하고 주(主) 시공업체를 신뢰함으로 인해 섭외된 협력 업체에 적정 자격이 있는지를 꼼꼼히 확인하지 못한 문제가 발생했다"고 설명했다. 여기서 주 시공 업체는 김건희 여사와 친분이 있다는 '21그램'을 가리킨다.

이 통보서엔 아주 예민한 지적이 있다.

〈통신 공사의 경우 미등록 전기 공사 업체가 공사를 수행하였는데도 이에 대한 통제 역시 이뤄지지 않았다.〉

청와대 이전을 찬성했던 사람들 중 일부에서는 윤석열 대통령이 청와대로 들어가기 싫어한 이유가 청와대에 북한이 깔아놓은 도청망이 있을지 모른다는 우려 때문이란 이야기를 퍼트리기도 했었다. 그렇다면 감사원이 확인한, 전면적 부실 공사를 한 대통령 관저는 안전할까, 이게 정말 궁금하다. (월간조선 2024년 11월호 게재)

한국은 음모론의
거대한 실험장이 되었다

프랑스형 정치를 하는 한국의 위험성

군대 안 간 대통령의 병정놀이 같은 비상계엄령 소동, 군경(軍警) 수뇌부 싹쓸이 수사, 대통령 탄핵소추와 직무정지, 현직 대통령 체포영장 발부, 집행에 대한 저항, 무장집단인 경호처와 경찰의 대치. 이런 가운데 내란, 내전이란 말이 정치인과 언론인들 입에서 거침없이 나온다. 말이 씨가 된다면?

유럽에서 두 번째로 오랜 민주주의 역사를 가진 프랑스이지만 프랑스 대혁명 169년 후인 1958년(4공화국 때), 172년 후인 1961년(5공화국 때)에도 군부 쿠데타 시도가 있었다는 사실을 모르는 이들이 의외로 많다. 좌우(左右)대결은 프랑스에서 시작된 정치행태이다. 나는 10여 년 전 글에서 〈좌우대결을 정치의 축(軸)으로 하는 한국은 프랑스型에 가까운데, 그렇다면 좌익 폭동과 우익 쿠데타의 가능성이 완전히 사라진 것인가 의심해 볼 필요가 있다〉고 했는데, 이번 윤석열의 친위 쿠데타성 비상계엄 선포로 절반이 적중했다.

1789년 프랑스 혁명으로 제1공화국 등장, 루이 16세 부부 처형, 나폴레옹이 쿠데타로 황제 등극, 1814년 왕정복고(復古), 1815년 워털루 전투로 나폴레옹 몰락, 1830년 7월 혁명으로 새 왕조 등장, 1848년 2월 혁명으로 제2공화국 등장(나폴레옹 조카가 대통령에 당선), 1851년 나폴레옹 3세가 친위쿠데타로 공화정 종식시키고 왕정부활, 이듬해 황제로 등극, 크림 전쟁, 1871년 보불(普佛)전쟁에서 프랑스 패배, 적전(敵前)분열의 파리코뮌 내전으로 수만 명 피살 등 프랑스의 민주주의는 피를 마시며 자란 나무였다.

대혁명에서 파리코뮌까지 82년 간의 파란 많은 프랑스 민주화 과정에서는 20여 년에 걸친 네 차례 전쟁, 두 번의 혁명, 두 번의 쿠데타, 그리고 파리 내전(內戰)이 있었다. 이런 소용돌이의 축(軸)은 지주(地主)-상공업자-교회-군 장교 중심의 우익과, 노동자-농민-지식인 중심의 좌익 사이 대결이었다.

1870년 독일통일을 노린 프로이센이 프랑스를 친 전쟁에서 나폴레옹 3세가 스당에서 포위되어 항복하였다. 프로이센 군은 파리로 진격, 도시를 포위하자 프랑스 새 정부는 이듬해 프로이센에 막대한 배상금과 알사스-로렌 지방을 바치기로 하고 항복하였으나 노동자와 지식인들이 중심이 된 시민군은 파리코뮌이란 독자 정부를 수립, 파리를 장악하였다. 베르사이유에 본부를 둔 정부군(국회파)은 파리로 진격, 두 달 간의 치열한 시가전 끝에 파리 시의회 중심의 좌파세력을 일소하였다. 약 3만 명(대부분이 파리코뮌 세력)이 죽었다. 빅톨 유고는 "파리는 이 내전으로 최량(最良)의 남녀 10만 명을 잃었다"고 개탄하였다.

이 기간 프로이센은 포로로 잡았던 10만 명의 프랑스 군인을 정부군에 돌려보내, 진압작전을 도왔다. '계급모순'은 '민족모순'보다 더 강하다는 말이 있다.

1961년에도 쿠데타 시도가 있었던 프랑스

1958년 5월 프랑스의 알제리 주둔군은 정부의 알제리 독립허용 움직임에 불만을 품고, 사실상 반란을 일으켰다. 매슈와 살랑 장군의 지휘하에 알제리군은 코르시카섬을 장악한 뒤 파리로 진격하겠다고 위협하면서 드골 추대를 선언, 제2차 세계대전 구국(救國)의 영웅 드골이 국가 지도자로 복귀하는 데 결정적 역할을 하였다. 12년 간 고향에서 칩거 생활을 하던 드골은 수상직을 맡는 조건으로 국회에 시한부 비상대권(大權), 대통령 중심제로의 개헌(改憲)을 요구, 관철시켰다. 1961년 4월엔 드골이 알제리를 독립시키려 하자 알제리 주둔군이 다시 반란을 일으켜 본토(本土)에 상륙하겠다고 나왔으나 드골의 對국민-대군(對軍) 직접 호소로 좌절되었다.

1968년 5월 학생과 노동자 및 좌익의 反정부 시위가 격화되고 대통령 관저인 엘리제궁이 군중에 포위되는 위기를 맞았을 때 드골은 한때 하야를 고려하였다. 5월 말 드골은 헬리콥터를 타고 독일의 바덴바덴에 있던 주독(駐獨) 프랑스군 매슈 사령관을 비밀리에 방문하였다. 매슈는 2차대전 때부터 드골의 부하였고, 알제리 주둔군이 드골을 추대하는 사실상의 반란을 일으킬 때 주모자였다. 매슈는 드골에 대한 군부 지지를 확인시키면서 하야(下野)를 만류하였다. 자신감을 회복한 드골은 파리로 돌아오자마자 對국민 연설을 통하여 "공산당이 정권 장악을 음모하고 있다"면서 국회 해산과 총선거를 발표하였다. 이 연설 직후 드골을 지지하는 우파 시민들이 파리의 거리로 몰려나왔고 총선에선 드골파가 대승(大勝)하였다.

    프랑스, 스페인, 한국의 좌우(左右) 이념대결 구도는 내전(內戰)으로 갈 수 있는 요인을 품고 있다는 점에서 주의가 요망된다. 프랑스와 스페인은 민주주의를 표방하였으나 민주주의가 내전을 막아주지 못하고 어떤 점에선 사태를 악화시켰다. 한국의 민주화도 내전적 요인을 제거하지 못하고 오히려 키워준 게 아닌지 살펴볼 필요가 있다. 김일성은 1977년 동독 지도자 호네커를 만났을 때 남한에서 반공(反共)민주주의가 이뤄져도 혁명에 유리하다는 이야기를 하였다. 선거와 언론의 자유를 악용하면 더 쉽게 좌익세력을 심고 키울 수 있다는 의미였다. 프랑스는 1789년 7월14일의 프랑스 대혁명 기념일을 가장 큰 국경일로 기린다. 건국(建國)보다 혁명을 더 중시(重視)하니 혁명이 자주 일어나는지 모른다. 한국도 1948년의 8월15일 건국기념일은 아예 무시하고, 1945년 해방과 4·19와 5·18을 더 기린다. 세계를 향해 혁명과 쿠데타를 수출한 프랑스, 이를 수입, 볼셰비키 혁명을 일으킨 러시아보다 한국이 더 혁명적인지 모른다.

네 번의 쿠데타를 다 취재한 유일한 기자

    윤석열의 계엄사태와 무안공항 착륙 사고로 해서 2024년 12월은 한국인들에게 오래 기억될 것이다. 나는 1980년대로 돌아간 느낌이었다. 계엄하에서 열린 1980년대엔 KAL007 피격 사건, 대한항공 폭파사건 등 세계적 충격을 준 항공기 사고도 많았다.

    1971년부터 기자생활을 시작한 나는 한국에서 일어난 네 번의 쿠데타를 다 취재, 기록을 남긴 유일한 현역이다. 1980년대의 국내외 항공사고를 취재한 적도 있어 역사가 40년 전으로 돌아간 기분을 더 실감하였다.

1. 1961년 5월16일 군사쿠데타는 약 800년 만에 군인이 권력을 잡고 근대화의 주도세력이 된 민족사의 획기적 사건이었다. 당시 한국의 최강선진 집단이었던 군부는 그 뒤 30년 간 세 명의 군인 출신 대통령을 배출하면서 부국강병(富國强兵)에 성공, 한국을 선진국 문턱까지 끌어올렸다.

 2. 1972년 10월17일 유신선포는 통치자가 국회를 해산, 헌법을 정지시키고, 반대세력을 정리, 자신의 권력을 한층 강화한 전형적인 친위 쿠데타였다. 포병장교 출신 박정희는 쿠데타라는 말을 만든 프랑스의 포병장교 나폴레옹처럼 두 번의 쿠데타를 했다. 유신시대는 '한국적 민주주의'를 표방하고 '국력의 조직화'와 '능률의 극대화'를 모토로 내걸었다. 중화학공업 건설, 중동건설 시장 진출, 새마을 사업, 의료보험 출범, 4대강 유역 사업, 중산층 육성 등 엄청난 속도전으로 두 차례 석유쇼크를 극복, 후진국 대열에서 탈피, 중진국에 진입하도록 했다. 선비 같은 군인 박정희는 18년간 최악의 조건에서 최소한의 희생으로 최단기간에 최대의 업적을 남겼다. 가슴에 총을 맞고도 "난, 괜찮아"라고 한 그는 아낌없이 주고 간 나무였고, 더러운 강물을 들이마셔 바다와 같은 새 세상을 만들면서도 맑은 영혼을 끝까지 유지한 부끄럼 타는 초인(超人)이었다.

 3. 1979년 12월~1980년 5월의 신군부 쿠데타는 군사변란으로 시작하였으나 거대한 전환의 시대를 만들었다. 전두환 소장을 지도자로 한 정규 육사 출신들은 박정희 대통령의 사망 이후 생긴 권력의 진공을 메우며 피를 흘리고 정권을 잡았으나 1980년대를 대전환의 연대로 만들었다. 광주사태에서 시작, 민주화의 격동을 거쳐, 6·29 선언으로 평화적 정권교체의 길을 열고 직선제 개헌과 제6공화국 출범, 88서울올림픽과 북방정책으로 끝난 그 10년은 장엄한 역사의 전진을 이뤄냈다. 1980년대 한국의 경제성장률은 연평균 10.1%로서 세계 1위, 극일(克日)의 발판을 만들

었다. 전두환·노태우 두 대통령은 유능한 인재들을 모아 효율적으로, 개방적으로 국가를 운영, 물가안정 무역흑자를 통하여 국민들의 삶을 안정시키고 한국 기업들이 활동할 수 있는 공간을 동구 공산권, 소련, 중국을 포함하여 汎세계적으로 넓혔다.

4. 2024년 12월3일의 계엄선포는 여야의 지도자를 체포, 구금하고, 국회와 선관위를 통제할 목적으로 군대를 동원했다는 점에서 유신 쿠데타와 유사한 전형적인 친위쿠데타 시도였다. 군대 안 간 정치검사 출신의 대통령이 병정놀이 하듯이 계엄군을 운용하는 바람에 두 시간 만에 국회의 계엄해제 결의로 진압되었다. 트럼프 제2기 집권을 앞두고 살얼음판이 깔린 호수 위를 조심조심 걸어야 하는 타이밍에 나폴레옹이 1805년 아우스털리츠 전투에서 호수의 얼음판을 걸으며 후퇴하는 러시아-오스트리아 연합군을 향해 포격, 몰살시키듯 한국의 정치·경제·외교·안보 등 全분야에 심대한 타격을 주는 자폭테러가 되었다.

이 친위 쿠데타 시도는 종북 반역세력 척결을 명분으로 걸었으나 실제 진행과정을 보면 부정선거 음모론이란 망상과 사랑하는 부인을 지켜야겠다는 절박함과 민주당에 대한 울분이 겹친 발작적 자해(自害)행위로 보인다. 앞선 세 번의 쿠데타가 불법이란 태생적 한계 속에서도 유능한 집권세력을 만들어내 나름대로의 역사적 역할을 한 것과 달리 윤석열의 친위 쿠데타 미수는 무엇을 역사에 남길지 궁금하다.

軍警 수뇌부 쑥대밭

윤석열 대통령은 거사가 실패로 끝난 뒤 "그냥 경고용"이라고 했지만 민주당 측은 대통령의 "아니면 말고 식" 행태를 웃고 넘길 생각이 없었다. 그들은 계엄을 내란으로 규정, 윤석열 세력을 일소하는 역공(逆攻)으로 나왔다. 멍청한 계엄군은 한 방의 총도 쏘지 않았고, 한 명의 요인도 체포하지 못했지만 민주당이 주도권을 쥔 반격으로 벌써 대통령은 직무정지가 되고, 국방장관, 계엄사령관, 수방사령관, 방첩사령관, 특전사령관, 정보사령관, 경찰청장, 서울청장이 내란 혐의로 구속되었다.

민주당이 정권을 잡으면 윤석열과 헤어지지 못한 국힘당을 위헌정당으로 몰아 해산시키려 할지 모른다. '박수부대' 보수세력은 무능한 윤석열로 인해 궤멸적 타격을 받게 되었다. 코미디가 지나쳐 비극으로 둔갑한 것이다.

나폴레옹 3세가 친위쿠데타로 황제가 되는 과정을 지켜본 칼 마르크스가 한 말, "역사가 되풀이 될 때는 처음엔 비극으로 두번째는 소극(笑劇)으로 된다"는 말이 변태적으로 적중한 셈이다. 김성한(金聲翰) 선생이 필생의 역작 '7년 전쟁'의 다섯 권 앞장에 늘 써놓았던 글 "무능한 통치자는 만참(萬斬)으로도 모자라는 역사의 범죄자다"는 선조(宣祖)나 토요토미 히데요시를 가리키는 것으로 해석되었는데 윤석열을 위하여 준비해둔 글 같기도 하다.

계엄사태의 한 원인은 의료대란이었다. 윤석열 정부의 무리한 의대증원 2000명 밀어붙이기가 보수의 핵심인 의사들을 자극, 가족·친지 포함 약 100만의 의사 표가 지난 총선에서 국민의힘을 외면, 참패를 안겨 여소야대 국회를 만든 것이 尹대통령을 심리적으로 압박했다. 세계최고의 한국 의료 시스템과 세계적 강군인 국군을 다 망가뜨린 尹대통령은 국민의 생명과 안전을 보장하는 필수적 제도를 해친 '문명 파괴자'로 역사에 기록될지 모른다.

그래도 윤석열에게 줄 서는 보수

그럼에도 보수의 모든 가치를 파괴한 윤석열 대통령을 편드는 보수가 있다. 이들은 역사의 패배자 편에 서고 있다. 성공한 세 번의 쿠데타로 집권한 박정희·전두환·노태우 대통령이 획기적 문명(文明)발전을 이뤘음에도 불법성의 족쇄에 채워져 과소평가 받거나 무시당하고 있는 이유를 잘 살펴야 한다. 특히 김영삼(金泳三) 대통령이 5·18 소급입법으로 밀어붙인 전두환·노태우 세력 단죄가 실적이 많은 두 전직 대통령을 지금껏 어떤 모습으로 후세에 각인시켰는지를 보면 안다. 전두환 전 대통령은 아직도 영면(永眠)할 장소조차 찾지 못하고 있다. 윤석열 대통령의 친위쿠데타 시도는 실패하여 업적을 남길 기회조차 없었기에 그에 대한 역사적 평가는 처참할 것이다. 윤석열 대통령이 체포영장 집행을 거부하고 체포영장을 집행하려는 법원·공수처·경찰을 내란세력으로 모는 것은 헌법재판소에 "나를 파면해달라"고 호소하는 것과 같았다.

대한민국 헌법은 제66조를 통하여 대통령의 의무로서 국가의 독립, 영토의 보전, 국가의 계속성과 헌법수호 책무를 명시하고 있는 데 그치지 않고 제69조 대통령 취임선서를 통하여 "나는 헌법을 준수하고"라고 국민들에게 헌법수호를 다짐하도록 다시 강제하였다. 헌법 재판소의 지난 두 차례 대통령 탄핵 심판에서 이 헌법수호 의지는 가장 중요하게 다뤄졌.

2004년 헌법재판소는 노무현 당시 대통령 탄핵 결정문에서 이런 문장을 남겼다.

〈대통령이 국민 앞에서 현행법의 정당성과 규범력을 문제삼는 행위는 법치국가의 정신에 반하는 것이자, 헌법을 수호해야 할 의무를 위반한 것

이다.〉

　당시 노무현은 헌법위반의 정도가 가볍다고 파면을 면했으나 국민, 특히 여당 대표 등을 향하여 총부리를 겨누도록 명령한 윤석열 대통령에 대한 헌법재판소와 일반법원의 판단은 엄중할 수밖에 없다. 헌재 파면에 이어 형사법원에서 중형(重刑)선고가 예상되는 윤석열 대통령 편들기는 한국의 보수를 역사적, 정치적 패배자 앞에 영원히 줄세우는 악수(惡手)가 될 것인데 여기에 더욱 치명적인 함정이 하나 추가된다. 윤석열 편들기는 지금 세계적 사기극으로 집중조명을 받고 있는 부정선거 음모론을 편드는 행위가 된다는 사실이다. 이런 윤석열 편들기는 '사실·정의(법치)·자유'를 3대 가치로 삼는 보수로선 자아(自我)부정이고 역사의 심판을 영구적으로 부르는 일이다. 윤석열 계엄은 거짓, 불법, 폭압으로 보수의 3대 가치를 부정하였는데도 이번에 또 보수가 줄을 잘못 서면 백년 동안 재기(再起)할 수 없을 것이다.

뉴욕타임스가 음모론을 세계에 알리다

　연초(年初), 뉴욕타임스는 "공포감과 음모론이 어떻게 한국의 정치위기에 기름을 붓고 있는가"란 제목의 기사에서 부정선거음모론의 실상을 입체적으로 분석했다. 퓰리처상 수상 경력이 있는 최상훈 서울 특파원이 쓴 기사이다. 기사는 김권섭이란 72세 시위참여자를 맨 먼저 소개한다. 대통령 관저 근처에 모인 이런 이들은 지난 4월 총선이 조작되었으므로 야당의 다수의석은 무효이고, 윤석열을 지키는 것은 사법·학교·언론에 뿌리내린 종북세력으로부터 대통령을 지키는 것과 같다고 생각한다고 전했다.

보통 한국인들은 그런 음모론을 우익 유튜브가 사이버 세상에 퍼뜨린 선동 정도로 취급하지만 이 나라의 양극화된 진영논리에 의하여 그런 음모론이 김 씨와 같은 사람들을 거리로 쏟아져 나오게 하여 대통령의 직무복귀를 요구하도록 만들고 있다고 했다. 뉴욕타임스 기사는 '태극기 부대'라고 불리는 윤석열 추종자들의 행태가 트럼프 미국 대통령 당선자의 "MAGA(Make America Great Again)" 운동과 비슷하다고 했다. 경희대학교 정치학과 교수 안병진 씨는 "윤석열은 한국판 MAGA 세력에 기대어 권력을 놓지 않으려 한다"고 했다. 뉴욕타임스는 윤석열 대통령과 우파 유튜버의 밀접한 관계를 소개했다.

취임식에 수십 명의 유튜버들이 초청을 받았고, 尹대통령도 그들 유튜버의 팬임을 숨기지 않는다. 뉴욕타임스는, 그가 관저 앞 지지자들에게 보낸 메시지에서 "저는 실시간 생중계 유튜브를 통해 여러분께서 애쓰시는 모습을 보고 있습니다"라고 말한 것을 인용했다. "나라 안팎의 주권침탈세력과 反국가세력의 준동으로 지금 대한민국이 위험합니다"라고 호소한 것도 소개했다. 윤 대통령의 대변인 역할을 하는 석동현 변호사가 우익 유튜버들에게 "이건 전쟁이고 당신들은 전사(戰士)다"고 말한 사실도 인용했다.

"알고리즘 중독에 의하여 유발된 세계최초의 반란"

뉴욕타임스에 따르면 한국인들의 53%가 유튜브로부터 뉴스를 접한다는데 이 수치는 조사대상 46개국의 평균 30%보다 월등하게 높다(한국언론재단 2023년 조사). 이 신문은 이런 특수성이 한국을 분열시키는 데 작용하고 있다고 풀이했다. 전 국회의원 홍성국 씨는 윤석열과 추종자들이 쓰는 용어와 음모론은 우익 유튜브의 주장과 판박이라고 했다. 홍 씨는 "윤석열의 계엄령 선포는 알고리즘 중독에 의하여 유발된 세계최초의 반란일 것이다"고 했다. 최상훈 기자가 기사를 쓰기 위하여 인터뷰한 12명의 시위참여자들은 다 확고한 음모론 신봉자들이었는데 그들은 자신들의 유일하거나 주된 정보원은 우익 유튜브라고 답했다는 것이다. 72세 김재성 씨는 "나는 신문과 텔레비전은 보지 않는다. 그들은 완전 편파적"이라고 했다.

뉴욕타임스는 尹대통령이 잇단 스캔들과 사고(事故)에 의하여 정치적으로 곤혹스럽게 되면서 더욱 공개적으로 극단적 우익과 손을 잡는 모습을 보였다고 했다. 그는 비우호적인 언론인들을 '가짜 뉴스' 확산자로 몰아 붙였으며 정적(政敵)들을 공산당식 전체주의 추종자라고 규정했다. 우익 유튜버를 공무원 훈련기관의 책임자로 임명하기도 했다. 尹대통령이 계엄령 선포를 하기 훨씬 이전부터 우익 유튜버들은 국내의 적들을 일소(一掃)하기 위하여 비상조치를 취하도록 요구했다.

Stop the Steal

그들은 중국에 대한 공포감을 확산시키기도 했는데, 중국이 한국의 국내정치, 특히 선거에 깊게 관여하고 있다고 주장했다. 尹대통령은 자신의 계엄령 선포를 옹호하면서 중국인 간첩들에 대한 공포심을 자극하기도 했다. 윤석열과 우익 유튜버들은 한국의 개표는 믿을 수 없다고 주장하는 점에서 같다. 친윤 시위대는 "Stop the Steal"이란 구호판을 들고 다니기도 한다. 이는 트럼프가 2020년 대선에서 진 뒤 추종자들이 부정선거 때문이란 거짓주장을 하기 위하여 만든 말이다. 최상훈 기자가 만난 52세의 신은주 씨는 부정선거설을 믿는 사람인데 유튜브를 논리적 근거로 내세웠다. 검찰, 경찰 그리고 선관위는 부정선거 주장을 근거 없다고 무시한 지가 오래인데 뉴욕타임스는, 윤석열 대통령이 계엄령을 선포한 뒤 군인들을 선관위로 보내 부정선거 의혹을 수사하도록 했다고 전하면서 이렇게 썼다.

〈군 장교들은 선관위의 컴퓨터를 압수하고 고위 선거 관련자들을 체포하여 손을 묶고 눈을 가린 채 군사기지의 지하 벙커로 데려가 선거부정에 대하여 신문할 계획이었으나 사람들과 컴퓨터가 외부로 반출되기 전에 계엄령은 끝났다. 저명한 보수적 언론인 조갑제 씨는 "대통령이 저질 유튜브를 보다가 황당한 부정선거 음모론에 정신을 빼앗겼음이 확실하다"고 말했다.〉

일본 보수의 시각 : "한국보수의 붕괴, 反日은 계속된다"

〈대통령 탄핵안 가결, 한국보수의 붕괴, '反日'은 계속된다〉
일본 보수 월간지 정론(正論) 1월호에 실린 기사의 제목이다. 필자는 일본인 납치자 구출 활동과 북한인권운동의 지도자로 두 나라에서 다 유명한 대표적인 지한파(知韓派) 니시오카 쓰도무 교수(도덕과학연구소)였다. 윤석열 대통령이 주도한 한미일 동맹 복원 정책에 박수를 보냈던 사람이다. 그는 이번 尹대통령의 계엄령 선포 사태를 '망상적(妄想的) 코미디'라고 평했다.

〈尹대통령이 계엄선포의 이유로 든 국회에 의한 정부관료 탄핵소추와 예산안 삭감은 尹 정권에 대한 악의(惡意)를 느끼게 하고 지나치다는 비판은 있지만 헌법이 국회에 부여한 권한의 범위 안에서 행해진 것이다. 국회의 의석수는 직전 선거의 민의(民意)를 반영하는 것으로 대통령도 이를 따를 의무가 있다. "나는 최대한 신속하게 反국가세력을 궤멸시키고 국가를 정상화시키겠다"는 이야기는 망상(妄想)에 가깝다. 계엄령 선포 후 군대에 명령한 내용을 보면 홀린 것이 아닌가 의심스럽다.〉

니시오카 씨가 가장 경악한 것은 포고령에서 "파업중인 전공의들이 48시간 내에 돌아오지 않으면 처단한다"는 내용이었다고 했다. 의대증원 2000명 정책의 무리를 비판한 그는 이 포고령은 파업이 아니라 이직(移職)한 전공의들을 파업했다고 오인, 처단하겠다고 위협한 것인데, 이는 〈나는 옳은 일을 하고 있는데 야당과 의사들이 이를 이해하지 못하고 방해를 하고 있으므로 계엄을 선포, 군대의 힘으로 내가 말하는 것을 듣도록 하겠다는 망상에 지나지 않는다〉고 했다.

니시오카 씨는 윤석열 대통령이 부정선거 음모론에 넘어간 것도 비판한다.

〈선거에서 지지 않을 수 없는 행동을 해놓고 부정선거 때문이라고 일부 유튜버가 주장하니 이를 믿고 계엄령 선포로 치달았다〉는 것이다. 그는 이준석 개혁신당 의원이 비판했듯이 선관위 컴퓨터는 외부와 단절되어 있어 해킹 공격은 불가능하다는 기초 지식조차 없는 인물이라고 했다. 니시오카 씨는 '독선(獨善)과 망상(妄想)'이 윤석열의 파멸을 불렀다면서 한국보수가 동반몰락할 것이라고 진단했다.

〈尹 대통령의 계엄선포는 그가 독선적이고 무능력하고 망상(妄想)을 믿고 있는, 즉 대통령의 그릇이 아니기 때문에 일어난 코미디였다. 그 결과 한국의 보수파는 국민의 신뢰를 크게 잃었다. 그리하여 장기간 정권을 잡지 못하게 될 것이다. 보수의 궤멸이라고 해도 좋다. 윤석열을 대통령 후보로 내세우면서부터 보수의 붕괴는 시작되었다고 할 수 있다.〉

니시오카 씨는 윤석열을 맹목적으로 지지한 보수를 비판한다.

〈윤석열은 보수가 기대한 것과는 달리 문재인을 구속하지 않았다. 그럼에도 국민의힘과 보수언론, 전광훈 목사 등 재야(在野) 보수세력의 대부분은 윤석열 지지의 입장을 물리지 않았다. 시시비비(是是非非)의 입장에서 의대(醫大)증원의 독선적 정책을 비판하였어야 하는데 조갑제(趙甲濟) 씨 등 일부 순수한 보수 지도자를 제외하곤 尹씨에 대한 일방적 지지를 이어갔다. 다만 하나 희망적인 것은 한국 현대사가 만들어낸 풍요하고 자유로운 사회가 북한에 침투하여 지금은 북한 주민 대다수가 한국에 의한 통일을 내심 희망하기에 이르렀다는 점이다. 한국은 북한과의 체제경쟁에서 이겼다. 그 논리적 귀결은 한국에 의한 자유통일인데 이를 맡아야 할 자유보수세력이 尹대통령과 함께 붕괴의 위기를 맞고 있는 것이다.〉

사이코드라마

최근 공개된 김용현 전 국방장관 공소장의 선관위 습격 관련 내용을 읽어내려 가면 정신병동을 배경으로 하는 한 편의 연극을 보는 것 같다. 드라마에 긴장감도 없고 계엄의 비장함도 없다. 음모론에 미친 대통령이 연출하고 아부꾼 국방장관이 감독하고 영혼 없는 정보사령관과 방첩사령관이 괴기한 배역을 맡은 사이코드라마이다. 대명천지(大明天地)의 21세기에 이런 일이 일어날 수 있다니! 이재명과 민주당, 그리고 전공의들에 대한 미움과 김건희에 대한 애틋한 보호심리에서 충동적으로 비상계엄을 선포한 것은 동의할 순 없지만 이해는 된다. 그러나 선관위가 부정선거의 총본부이고 그래서 지난 국회의원 선거에서 졌으며 계엄군을 투입, 서버를 탈취하여 포렌식 분석을 통해 증거를 잡아내면(혹은 조작하면) 계엄도 정당화되고 국민들의 지지를 받을 것이란 망상(妄想)은 정말 이해불가이다. 김용현 전 장관 공소장에 나타난 문맥을 따라가 본다.

〈국정상황에 대한 대통령과 피고인 등의 인식: 제21대 국회의원 선거 (2020.4.15 실시) 당시 제기된 부정선거 의혹에 대한 검찰의 불기소 결정과 선거무효에 해당하지 않는다는 법원의 판결이 있었고, 해킹이 부정선거로 이어졌다는 것은 확인되지 않았지만 선거관리위원회 보안시스템의 취약성은 지적되었다. 이들(注-대통령과 김용현 장관 등)은 거대야당의 의회독재로 인하여 국정이 마비되고 경제위기가 가중되고 있으며, 야당을 국가안보와 사회안전을 위협하는 反국가세력으로 인식하는 한편, 선거관리위원회 보안시스템의 취약성이 선거결과에 부정한 영향을 미쳤다는 의심을 하고 있었다.〉

지난 4월 총선은 원래 수개표인 시스템을 더 완벽하게 하기 위하여 음모론자들의 억지까지 수용, 계수기를 거친 표를 손으로 검표하는 단계를 하나 더 추가하였다. 약 2800만 표를 계산했는데 계수기가 한 표의 오차도 없었음이 재확인되었다. 선관위 보안시스템에 대한 국정원의 점검은 선관위가 보안기능을 해제한 뒤 해킹이 가능하도록 한 상태에서 시험적으로 이뤄졌다. 국정원은 윤석열 대통령의 기대를 만족시키려 했는지 선관위의 보안 문제를 과장하여 언론에 발표하였다. 선관위의 집계 시스템은 전국의 개표소에서 확인된 투개표 상황을 모으는 것으로서 조작이 불가능할 뿐 아니라 조작되더라도 개표소 현장의 자료가 남아 있으므로 아무런 의미가 없다. 그럼에도 윤석열 대통령은 선관위 컴퓨터 시스템 취약성이 곧 바로 부정선거를 의미하는 것이라고 곡해, 계엄군 투입을 결정한 것임을 알 수 있다.

대통령은 2024년 12월12일 對국민담화에서 "민주주의의 핵심인 선거를 관리하는 전산 시스템이 이렇게 엉터리인데 어떻게 국민들이 선거결과를 신뢰할 수 있겠습니까"라고 선동했다. 한국은행 총재가 외신 기자들을 모아놓고 "한국 금융제도의 통계는 믿을 수 없다"고 선언하는 것과 같다. 한국 민주주의에 대한 국제 신인도(信認度)가 경제 신인도의 바탕이 된다는 점에서 범죄적 자해(自害)였다.

선관위를 습격하여 증거만 확보하면 박수 받을 것이라고 착각

〈피고인은 2024년 11월30일 오후 6시경 국방부 장관 공관에서 라〇〇(注-국군방첩사령관)으로부터 인사관련 보고를 받으면서 '조만간 계엄을 하는 것으로 대통령이 결정하실 거다. 더 이상 이 난국을 두고 볼 수 없다. 국회를 계엄군이 통제하고, 계엄사가 선관위와 여론조사 E 등의 부정선거와 여론조작의 증거를 밝혀내면 국민들도 찬성할 것이다', '나라를 바로잡기 위해서는 대통령이 헌법상 가지고 있는 비상조치권, 계엄 같은 이런 거를 이제는 할 수밖에 없다', '조만간 계엄을 할 수도 있다', '계엄령을 발령해서 국회를 확보하고, 선관위의 전산자료를 확보해서 부정선거의 증거를 찾고 해야 한다', '이것은 대통령이 헌법상 가지고 있는 비상대권의 일환이고, 국군통수권자인 대통령이 하시는 일이니 전혀 문제가 없다'고 말하는 등 라○○에게 조만간 비상계엄이 선포될 수 있음을 알려주었다. 이후 피고인은 라○○과 함께 국방부 장관 공관 인근에 있는 대통령 관저로 이동하여 밤 11시까지 대화를 나누었는데, 피고인은 대통령이 비상계엄을 선포할 것임을 확신하게 되었다.〉

선관위를 점거, 부정선거 자료를 확보하면 비상계엄의 정당성을 얻을 수 있다는 망상 때문에 계엄군은 국회보다 먼저 선관위 접수에 나섰음을 확인시켜 준다. 대통령의 망상에 장관도, 사령관들도 일체 제동을 걸지 않았음을 알 수 있다.

〈부정선거 의혹을 수사할 합동수사본부 제2수사단 설치 시도: 피고인과 아○○(주-전 정보사령관)등은 선거관리위원회의 부정선거 의혹을 수사하기 위한 합동수사본부 제2수사단을 설치할 목적으로 피고인(김용현)은 2024년 12월3일 밤 10시45분경 국방부 인사기획관 랴○○를 전투통제실로 호출한 후 '준장 터○○를 합동수사본부 예하 제2수사단장으로, 준장 커○○을 합동수사본부 예하 제2수사부단장으로, 대령 코○○(국방부 조사본부 차장)을 수사1부장, 대령 서○○(정보사령부)를 수사2부장, 대령 어○○(정보사령부)을 수사3부장으로, 위 서○○를 ○○여단 여단장 대리로 2024.12.3. 22:00부로 각 임명하고, 수사 1부에 군사경찰 23명을 수사관으로, 수사2,3부에 정보사 소속 정보요원 각20명을 수사관으로 임명한다'는 취지의 '국방부 일반명령'이라는 제목의 문건을 건네면서 '이대로 인사명령을 내라'고 지시하였고. (중략). 결국 인사명령은 발

령되지 않았으며, 합동수사본부 제2수사단은 설치되지 못하였다.〉

윤석열 대통령은 선관위 시스템 점검을 하려 했다고 말했지만 선관위를 범죄집단으로 상정(想定)하고, 대규모 수사조직을 갖추고 북파공작원을 운용하는 정예부대의 수사인력을 투입할 계획이었음을 알 수 있다.

"서버 자체를 떼어와라"

〈정보사령부의 선거관리위원회 주요 직원 체포 시도: 사○○(주-정보사령관)는 2024.12.3. 22:30경 비상계엄이 선포되자 합동수사본부 제2수사단으로 편성될 부대원들 약30명(특수임무수행요원 5명 포함)을 ○○여단에 있는 대회의실에 모이게 한 후 '우리는 장관님의 지시에 따라 상부의 명령을 받았다. 이미 비상계엄이 선포되었으므로 의심을 갖지 말고 주어진 임무를 철저히 준비하고 수행하라'고 말하면서 정보사령부 소속 서○○와 어○○에게 세부 임무를 부대원들에게 설명해주라고 지시하였다. (중략). 그에 따라 어○○은 알루미늄 야구방망이 3~4개, 케이블타이, 안대, 복면, 밧줄 등을 준비해놓고 소속 부대원들에게 체포할 대상인 선관위 직원 30여 명의 명단을 불러주면서 '해당 인원은 선거를 조작한 범죄자이므로 정당한 공무를 집행하는 것이다. (중략). 포승줄로 묶고 얼굴에 복면을 씌운 후 수도방위사령부 ○○벙커로 이송하라'고 지시하였다.〉

북파공작원 부대까지 동원하여 선관위 직원들을 부정선거 조작 범인으로 규정, 야구방망이 등으로 위협하여 포승줄로 묶고 복면을 씌워 끌고 가 그것도 군 시설에 감금하라는 지시를 내렸다는 것이다.

〈국군방첩사령부의 선거관리위원회 서버 반출 등 시도: 라○○(방첩사령관)은 2024.12.3.23:27경 비상계엄 선포 후 국군방첩사령부 1처장 겨○○에게 '과천과 관악에 있는 선거관리위원회 청사, 수원에 있는 선거관리위원회 연수원, 그리고 여론조사 E 등 4곳의 전산실을 확보하라. 건물은 경찰이 확보할 것이고, 우리가 전산실을 통제하고 있으면 국정원, 수사기관 등 민간전문분석팀이 올 건데, 안 되면 우리가 서버를 카피할 수도 있다'고 명령하였다. 이후 라○○은 국회의원들이 국회의사당 본회의장에 모여 비상계엄 해제요구안을 의결할 상황이 임박하자 겨○○에게 다시 전화하여 '전산센터를 통제하고 서버를 카피해라. 서버 카피가 어려우면 서버 자체를 떼어 와라'라고 명령하였다. (중략). 선관위 등 4곳으로 출동한 국군방첩사령부 부대원들은 2024.12.4. 02:34경 복귀명령을 받고 복귀하였다.〉

선관위 불법 난입, 불법 체포, 불법 탈취 시도는 음모론에 지배당한 윤석열의 영혼이 군대 조직을 얼마나 희화화(戲畵化)시켰는지를 잘 보여준다.

음모론에 빠진 지도자, 어떻게 나라 어지럽히나…
거대한 실험장 된 한국

2025년 1월11일자 중앙일보는 〈음모론에 빠진 지도자, 어떻게 나라 어지럽히나…거대한 실험장 된 한국〉이란 제목의 전상진 서강대 교수의 글을 올렸다. 전 교수는 먼저 "화나고 부끄럽지만 인정하자. 2024년 12월3일 이후 대한민국은 거대한 실험장이 되었다. 부정선거 음모론을 신봉하는 대통령이 탄탄한 나라를 어떻게 망가뜨릴 수 있는지, 그 결과를 국민과 국가가 어떻게 감당하는지 보여주는 역사적, 세계적 실험장이 되어 버렸다"고 했다.

그는 음모론의 영향력을 제어하는 방안을 향한 첫 스텝은 허황한 목표를 설정하지 않는 것이라 했다. 음모론, 루머, 가짜뉴스는 절대 없앨 수 없기 때문이다. 트럼프 대통령의 등장과 팬데믹의 유행 이후 중요성과 영향력이 급격히 커진 음모론의 특성을, 일군(一群)의 음모론 연구자들은 "새로운 음모주의(New Conspiracism)"라고 부른다고 한다. '정보 출처의 신뢰성과 증거의 객관성과 주장의 논리성'을 중시하는 것이 옛 음모주의라면, 새로운 음모주의는 '소문이나 근원적 불신에 입각한 극단주의적 선동'을 전면에 내세운다는 것이다. 과거의 음모론은 흥미차원의 추리가 주였는데 요사이 음모론은 정치선동을 목적으로 함으로서 정교성이 없다는 것이다.

전상진 교수는 〈민주주의를 갉아먹거나(corrosive) 파괴하는 음모론은 현재 대한민국이 직면한 큰 도전〉이라고 했다. 음모론 대책은 ① 음모론 공급자의 소통 채널(SNS 계정)을 폐쇄함으로써 예방할 수 있다. ② 법적인 처벌을 통해 사후적으로 음모론 공급을 제한할 수 있다. ③ 학교 교육을 통해 잠재적 소비자의 음모론 내성을 키울 수 있다. ④ 음모론에 '중독'된 사람들을 치료하는 방법도 있다. 전상진 교수는 이 글의 마지막 문장을 이렇게 썼다.

〈2025년 1월2일 지금 필요한 음모론 대책은 뭘까? 부정선거 음모론에 심취하여 비상계엄을 실행했고 지금은 지지자를 선동하며 관저에서 농성하는 내란 피의자의 '격리와 처벌 그리고 치료'가 필요하다.〉

같은 날 동아일보도 젊은이들까지 유튜브를 통하여 음모론에 감염되어 윤석열 지지 집회에 나오는 현상을 추적했다. 이 신문은 〈윤석열 대통령이 극우 성향 유튜브 채널을 즐겨 시청한 것으로 알려진 가운데 이런 채널의 주요 시청자가 일부 극단적인 지지층이나 고령층에 국한된 것이 아니라 다양한 연령대에 걸쳐 있는 것으로 나타났다. 특히 유명 채널들의 경우 고령층보다 MZ세대라 할 수 있는 20, 30대와 40대가 더 많이 시청하고 있는 것으로 드러났다〉고 전했다.

최훈석 성균관대 심리학과 교수는 "음모론은 대부분 메시지의 문제인데 메시지를 해결할 수 없다면 메신저 수준에서라도 대안을 마련해야 한다"고 말했다. 현재 부정선거 음모론의 가장 큰 메신저는 윤석열이다. 앞의 전상진 교수처럼 그를 격리, 처벌, 치료하는 것이 가장 좋은 대책이란 암시이다.

"친구들이 나를 소외시켜 정신을 차렸다"

2025년 1월12일 조갑제TV에 〈한국은 부정선거음모론의 세계적 실험장이 됐다 : 시급한 음모론 대책은 윤석열 격리 처벌 치료〉라는 동영상을 올렸더니 '훙얼훙얼'이란 필명의 시청자가 이런 댓글을 남겼다.

〈제 경험을 반추해 봐도 격리 처벌 처단하여야 음모론을 해결할 수 있습니다. 제가 한때 부정선거를 주장할 때 저의 지인(知人)들은 저를 빼고 모임을 가졌습니다. 제가 항의하면 대꾸도 하지 않고 슬금슬금 하나 둘 자리를 떠나서 결국 혼자 덩그러니 남아 있었죠. 일종의 격리를 당했던 것이죠. 이렇게 되니까 저도 이런 저런 생각을 하게 되었지만 그래도 감정과 아집이 훨씬 세게 남아 있더군요. 결국 주위 사람들에게 지인들의 행태를 비난하게 되었는데, 주위 사람은 지인을 두둔하고 제가 잘못했다는 취지로 말을 하더군요. 이렇게 되니 무형(無形)의 처벌을 받은 셈이 되었습니다. 그 후 조금씩 음모론의 덮개를 벗게 되었습니다.〉

이 댓글엔 "좋은 친구와 이웃들을 두신 덕분입니다"는 취지의 격려성 댓글이 달렸다. 이런 형태의 사회적 격리를 시키는 이웃과 친지가 있다는 것은 희망적이다. 음모론자들을 정공법으로 설득하는 것은 불가능하다고 전제하고 이런 무언(無言)의 불이익을 주어 자신의 어리석음을 자각(自覺)하도록 하는 게 현명한 방법이다. 그런 점에서 음모론을 믿지 않으면서도 그들 음모론자 눈치를 보고 애써 변호하는 자들이 가장 문제이다. 특히 교수, 언론인, 변호사, 장성 등 지식인 중에 그런 이들이 많다. 글과 말로 먹고 사는 이들 중 부정선거음모론을 믿거나 비호하는 이들은 추려내어 명단을 만들어 불이익을 줘야 할 것이다. 음모론은 국가, 사회, 친구, 가족을 해치는 전염병이다. 육체적 전염병은 신속한 대응으로 치료할 수 있지만 음모론은 정신을 거의 영구적으로 망가뜨리니 훨씬 악성이다. 전염병을 일으키는 바이러스 자체보다도 이를 전파하는 매개체를 중점적으로 제어해야 할 시점이다.

조용해진 부정선거음모론자들을 다시 공론장으로 불러낸 윤석열 전 대통령은 이들을 자신의 방패로 삼아 앞으로도 이용하려 들 것이다. 그는 순교자 행세하면서 음모론 컬트 그룹 교주 역할을 하게 될지 모른다. 음모론에 물들면 사람이 어떻게 바뀌는지, 윤석열을 교재(敎材)로 삼아 불쌍한 영혼을 구할 때이다. (월간조선 2025년 2월호 게재)

윤석열 탄핵심판 관찰기

결정적 失言

두 달 간 이어진 헌법재판소의 윤석열 대통령 탄핵심판을 통틀어 가장 중요한 진술은 2025년 2월4일 피청구인 윤석열이 한 말이었다. 그는 계엄군을 선관위에 보내라고 한 사람이 자신이라고 실토했다. "제가 김용현 장관에게 얘기를 한 겁니다"라고 말한 것이다.

"2023년 10월에 국정원으로부터 한 세 차례에 걸쳐 가지고 중앙선관위 전산 시스템에 대해서 점검한 거를 보고받았는데 정말 많이 부실하고 엉터리였습니다. 그런데 국정원에서는 (선관위가) 다 보여준 게 아니라 아주 일부만 보여주었다. 그때 보고 받기로는 '한 5% 장비만 보여줬다'라고 했기 때문에 제가 김용현 장관한테 군대를 투입하도록 지시했다"는 것이었다. 그는 이어서 "계엄법에 따라서 국방장관과 그 지휘를 받는 계엄사가 행정사법 사무를 관장하게 되어 있기 때문에 선관위에 들어가서 국정원에서 다 보지 못했던 선관위의 전산 시스템이 어떤 것들이 있고 어떻게 이것이 가동되고 있는지를 스크린을 하라. 그렇게 해서 계엄군이 들어간 것으로 저는 알고 있다"고 했다.

"아까 선관위에 왜 가셨냐고 하는 문제는 제가 계엄법 7조에 따라서 행정 사법 사무를 관장하기 때문에 제가 평소에 의문을 가졌던 것을 점검하도록 시킨 것이고 계엄이 신속하게 해제됐기 때문에 아무 일도 안 일어났다는 말씀을 드리고 싶습니다."

윤석열 대통령은 헌법과 계엄법을 위반했음을 실토한 셈이다. 헌법 제77조 3항은 〈비상계엄이 선포된 때에는 법률이 정하는 바에 따라서 정부나 법원의 권한에 관하여 특별한 조치를 취할 수 있다〉고 했고 계엄법 제7조 1항은 〈비상계엄의 선포와 동시에 계엄사령관은 계엄지역의 모든 행정사무와 사법사무를 관장한다〉로 되어 있다. 중앙선관위는 정부기관도 사법기관도 아니고 국회처럼 독립된 헌법기관이므로 계엄군이 허가 없이 들어갈 수 없다. 건국 이후 열 번이 넘는 계엄령이 선포되었지만 군대가 국회와 선관위를 점거한 것은 이번이 처음이다. 문제는 으뜸 헌법 수호자여야 할 대통령이 이를 몰랐다는 점이다.

우리 헌법은 제1장 총강, 제2장 국민의 권리와 의무, 제3장 국회, 제4장 정부, 제5장 법원, 제6장 헌법재판소, 제7장 선거관리 등으로 분류, 선관위를 행정부에서 분리했다. 4·19 혁명을 부른 3·15 부정선거 같은 것을 되풀이하지 않기 위하여 장면 정부와 박정희 정권이 개헌(改憲)으로 선거사무를 정부기능에서 떼어내어 1963년에 출범시킨 것이 선관위이다. 권위주의 정부 시절에도 선관위는 헌법상의 독립기관으로 존중받아 지난 62년간 한번도 조직적 부정에 연루된 적이 없어 한국의 민주주의가 국제적으로 그 신인도(信認度)를 높게 인정받는 요인이 되었다.

2025년 2월11일 헌재 대심판정에서 열린 윤 대통령 탄핵심판 7차 변론

기일에는 선관위 보안 점검에 참여했던 백종욱 전 국정원 차장이 증인으로 나왔다. 윤 대통령 쪽에서 신청한 증인이었다. 국회 쪽 대리인은 "(당시) 선관위는 보안 컨설팅 수행을 위해 서버를 포함해 전산장비 6400여 개 접근권한을 국정원에 부여했다"며 "국정원이 6400대 중 310대(약 5%)만 선별해서 점검할 수 있었냐"고 물었다. 이에 백 전 차장은 "점검을 많이 하고자 하는 게 저희의 입장이다. 그런데 점검 기간, 인원 제한 요소가 있어서 많이 할 수는 없었다"고 답했다. 국회 쪽 대리인이 "(선관위가 서버 점검을) 310대만, 5%만 했다는 게 선관위가 나머지는 못하게 해서 그것(310대)만 한 것이냐"고 재차 물었다. 백 전 차장은 "그건 아니다. (국정원이) 열심히 해보니까 전체의 5%만 하게 나온 것"이라고 말했다. 국회 쪽 대리인은 "선관위가 (점검에) 불응하고 일부만 허용했다는 건 (사실이) 아닌가?"라고 물었고, 백 전 차장은 "그렇다"고 답했다. 선관위 보안 서버 점검을 5%만 실시한 건, 선관위가 불응했기 때문이 아니라 국정원 인력이 부족했기 때문이라는 답이었다. 윤석열의 계엄군 투입 정당성 주장을 무너뜨린 것이다. 헌법재판관이 탄핵 결정문 쓰기가 쉬워진 것이다.

격분상태에서 쓴 글

윤석열이 계엄 사태 이후 쏟아낸 말과 글에는 감정이 느껴진다. 인간은 높이 오를수록 감정적 표현을 자제하게 되는데 윤 前 대통령은 예외이다. 2025년 2월11일 헌법재판소에 출석한 윤석열 전 대통령은 국회 소추위원단장인 정청래 법제사법위원장과 설전(舌戰)을 벌였다. 대통령은 "야권은 선제 탄핵을 주장하며 계엄 선포 전까지 무려 178회(에 걸쳐) 퇴진과 탄핵을 요구했다"며 "문명국가에서, 현대사에서 볼 수 없는 '줄탄핵'이 굉장히 악의적이었다"고 비판했다. "국회 예산안 기조연설을 하러 가면 아무리 미워도 박수 한 번 쳐주는 게 대화와 타협의 기본인데, 로텐더홀에서 대통령 퇴진 시위를 하면서 의사장에 들어오지도 않아서 반쪽짜리 예산안 기조연설을 했다"고 울분을 토했다. 정 위원장도 발언권을 얻어 "탄핵과 예산, 특검은 대한민국에서 합법적으로 보장하고 있는 국회의 권한"이라고 반박했다. "권한 행사가 마음에 들지 않는다고 해서 국회를 척결의 대상, 反국가 집단, 범죄자 집단의 소굴로 인식했다면 이것이 과연 경고성이었을까라는 의구심을 갖고 있다"며 "정말 경고성이었다면 헌법에서 보장하지 않는 엄연한 헌법 파괴 행위, 국회에 군대를 보내지 말았어야 한다"고 맞섰다.

윤석열 대통령이 격분상태에서 쓴 것으로 보이는 게 2025년 1월15일 공개한 '국민께 드리는 글'이다.

〈어떤 정치세력이라도 유권자의 눈치를 보게 되어 있어, 무도한 패악을 계속하기 어렵지만 선거조작으로 언제든 국회의석을 계획한 대로 차지할 수 있다든가 행정권을 접수할 수 있다고 자신한다면 못할 일이 뭐가 있겠습니까? 우리나라 선거에서 부정선거의 증거는 너무나 많습니다.〉

윤 대통령은 현재의 국회를, 지난해 4월의 부정선거로 당선된 의원들이 점거한 불법기관 정도로 생각하고 있다는 고백이었다. 음모론자들의 억지를 수용, 수검표 단계를 하나 더 도입, 완벽하게 치러진 총선이라 기존 음모론자들도 입을 닫고 있었는데 느닷없이 부정의 증거가 "너무나 많다"고 벌컥한 이가 대통령이었고 이 망상에 따라 비상계엄령을 폈다는 이야기이다. 윤 대통령은 탄핵 심판장에 나와선 "증거가 많다"는 주장을 철회하고

"의혹이 있어 선관위를 점검하려고 했다"는 취지로 돌변한다. 법률가에게 증거와 의혹 사이는 유죄와 무죄의 차이, 때론 삶과 죽음의 차이를 의미하는데 너무나 큰 문제에 대해 너무나 큰 태도 변화를 보이면서 아무런 고민의 흔적이나 양심의 가책을 드러내지 않았다.

부정선거가 맞다면 책임자는 윤석열

권력자가 충동적으로 결정하는 정책이나 말과 글은 현실과 사실에서 벗어남으로 큰 사고를 치게 된다. 의과대학 증원 2000명 밀어붙이기가 부른 의료대란, 그리고 망상적 비상계엄이 부른 국가위기가 대표적 사례일 것이다. '국민께 드리는 글'은 계엄 사태 전후 대통령의 정신상태를 잘 보여준다.

〈이를 가능하게 하는 선관위의 엉터리 시스템도 다 드러났습니다. 특정인을 지목해서 부정선거를 처벌할 증거가 부족하다 하여, 부정선거를 음모론으로 일축할 수 없습니다. 칼에 찔려 사망한 시신(屍身)이 다수 발견됐는데, 살인범을 특정하지 못했다 하여 살인사건이 없었고 정상적인 자연사라고 우길 수 없는 것입니다. 정상적인 법치국가라면 수사기관에 적극 수사 의뢰하고 모두 협력하여 범인을 찾아야 하는 것입니다.〉

정상인들이 부정선거 음모론자들을 공박할 때 하는 비아냥, "그러지 말고 누가 했는지 제발 한 사람이라도 찍어 보라"는 데 대한 변명 같이 들린다. 이코노미스트 등 외국의 조사기관이 한국의 민주주의를 西유럽 정도의 선진국 수준으로 분류하는 이유도 '공정한 선거관리에 대한 신뢰' 덕분이다. 그러한 금자탑에 윤 대통령은 '엉터리 시스템'이라고 침을 뱉었다. '칼에 찔려 사망한 시신'이란 괴기한 비유는 아마도 '부정선거로 당선된 국회의원'을 상징하는 듯하다.

지난 해 총선에서 부정선거로 낙선한 국민의힘 후보들이 먼저 들고 일어나야 할 터인데 한 사람도 없다. 부정선거음모론의 가장 큰 논리적 약점은 부정선거 피해자라는 국민의힘 낙선자들 중 민경욱 한 사람만 빼고는 다 조용히 있는 현상이다.

윤석열 대통령의 말대로 그런 대규모 선거부정이 있었다면 논리적으로 그 1차적 책임은 선거관리를 엉터리로 한 대통령이 져야 한다는 생각도 못하는 모양이다.

김용현 증언 "대통령은 감정 기복이 심해"

헌법재판소의 윤석열 대통령 탄핵 심리에서 김용현 전 국방장관은 증인으로 나와 국회측 대리인의 신문에서 흥미로운 증언을 했다.

국회 측 대리인 : 증인의 검찰 진술을 보면 초반에는 증인도 피청구인(윤석열)에게 계엄선포 같은 비상조치는 만류하는 취지로 진술을 하셨던 것 같아요.
김용현 : 예?
국회 측 : 피청구인 대통령이 비상조치 이런 얘기를 하면 초기에는 증인도 그걸 조금 기다리시라 만류하는 취지로 진술을 하셨던 것 같더라고요.
김용현 : 예

국회 측 : 맞습니까?

김용현 : 그거는 제가 분명히 말씀드리겠습니다. 평소에 대통령께서 하루 24시간을 거의 국가 국민 민생 생각만 하시는 분이기 때문에 상황이 좀 안 좋고 정치상황이 어려우면 약간 감정적으로 기복이 올라가시는 경우도 있고 이러다 보면 그런 말씀이 있을 수도 있는데 또 그 다음 날 되면 전혀 어떤 이상 없이 임무수행을 하시고 전혀 내색 없이 정상적으로 임무를 수행하시기 때문에 그런 대통령님의 생각을 저희들이 보면 처음 듣는 사람은 어떻게 생각할지 모르겠지만 저는 오랫동안 겪으면서 대통령의 그런 생각에 대해서 충분히 이해하고 존중을 합니다.

국회 측 : 그런데 결국 증인도 뭐 말리는 걸 포기하고 피청구인 계엄선포에 동의를 하셨을 거 아니에요. 동의를 하셨으니까 이렇게 됐을 것 아닙니까?

김용현 : 항상 존중해 왔습니다.

윤석열 측 변호인은 헌재 신문에서 김용현 당시 장관이 계엄 투입병력을 최소 2만에서 최다 6만으로 건의했는데 윤석열 대통령이 최소한으로 하라고 하니 "그렇게 되면 이게 계엄입니까"라고 반발했다는 비화도 소개했다. 2024년 봄 회식 자리에서 윤석열 대통령이 군 동원 의도를 밝혔을 때 신원식 당시 국방장관은 "절대로 안 됩니다. 역사와 국민과 국군이 용납하지 않을 것입니다"는 요지로 반대했다고 헌재에서 증언했다. 신 당시 장관이 김용현 당시 경호처장에게도 대통령을 잘 모시라고 충고했더니 수긍하더라고 했다. 이런 신원식 장관을 안보실장으로 빼고 그 자리에 충직한 김용현을 임명, 계엄령을 준비하면서부터 두 사람의 비극이 시작된 셈이다.

조국에 침 뱉기

계엄사태 이후 외국기자들이 가끔 연락을 해오는데 그들이 가장 해괴하게 생각하는 구호는 'STOP THE STEAL'이었다. 트럼프가 2020년 대선에서 지고 나서 바이든 측이 부정선거를 해서 패배했다고 선동하니 추종자들이 들고 나온 구호를 윤석열 추종자들이 베낀 것이다. 세계를 향하여 '우리나라는 부정선거국'이라고 선전하는 이 매국적 구호에 대하여 보수적 지식인과 정치인, 그리고 언론이 침묵으로 동조했다. 윤석열 부정선거론은 본질이 2024년 4월 총선에 대한 불복이다. 가장 공명한 선거를 가장 부정한 선거라고 공격하는 행위 자체가 진짜 부정선거이다. 어느 나라이든 보수는 애국심을 중심에 두는데 윤석열 추종 자칭 보수는 거짓을 위하여 조국을 팔고 있는 것이다. 'STOP THE STEAL'을 온몸에 두르고 몰려 다니는 군중의 좀비 같은 모습은 계엄사태를 상징하는 사진이 되어 두고두고 한국보수를 고발할 것이다.

윤석열 계엄사태의 위태로운 현상 하나는 대통령이 확산시킨 부정선거 음모론이 반중(反中)선동으로 진행되고 있는 점이다. 그는 2025년 1월15일자 '국민께 드리는 글'에서 불을 지폈다.

〈디지털 시스템과 가짜 투표지 투입 등으로 이루어지는 부정선거 시스템은 한 국가의 경험 없는 정치세력이 혼자 독자적으로 시도하고 추진할 수 있는 일이 아닙니다. 잘못하다가 적발되면 정치세력이 붕괴될 수 있습니다. 혼자서는 엄두도 내기 어려운 일입니다. 기껏해야 금품 살포, 이권 거래, 여론 조작 등일 것입니다. 하지만 투개표 부정과 여론조사 조작을 연결시키는 부정선거 시스템은, 이를 시도하고 추진하려는 정치세력의 국

제적 연대와 협력이 필요함을 보여줍니다.〉

 2525년 2월11일 윤석열 대통령 측이 탄핵 심판 변론기일에서 신원식 국가안보실장을 상대로 중국의 선거개입 등 부정선거 음모론에 기초한 질문을 이어갔으나 성과를 얻지 못했다. 윤 대통령 측은 중국과 연계된 국제조직이 국내선거에 개입해 부정선거를 저질렀다는 의혹을 제기하며 그래서 비상계엄이 불가피했다는 주장을 펴려고 한 듯하나 현직 안보실장은 말려들지 않았다. 윤석열 측 변호인은 한국에 체류 중인 외국인 중 중국인 비율이 약 37%라는 통계를 언급하며 "중국이라면 한국에 대해서도 얼마든지 선거 개입을 시도할 수 있다고 생각하나"라고 질문했으나, 신 실장은 "가정을 전제로 한 질문은 외교에 영향 미칠 수 있기에 답변하지 않겠다"고 했다.
 신 실장에게 "(중국기업인) 텐센트가 JTBC에 1000억 원을 투자한 것을 아느냐", "중국 정부의 영향을 크게 받는 기업이 투자하면 우리나라 미디어나 언론사 등이 심리전, 여론전에 활용 당할 가능성이 있기 때문에 정부 당국이나 국민은 경계심을 갖고 지켜봐야 하지 않나", "문재인 정부가 초기 영화 한 편을 보고 나서 원전산업에서 철수하고 태양광 산업이 부상했다. 결국 태양광 패널 수출로 큰돈 번 건 중국기업이지 않으냐" 등의 질문을 이어갔다. 이에 신 실장은 "정확히 아는 바가 없다"라거나 "개인적 판단을 말하지 않겠다"며 즉답을 피했다.
 대통령이 혼자 살기 위하여, 자신의 명령을 따랐다가 구속된 군 지휘관과 책임 전가식 말싸움을 하고, 국익에 반하는 행동도 서슴지 않는다. 국익보호 차원에서 汎국민적인 SSS(STOP! STOP THE STEAL) 운동을 제안한다.

한국보수의 원점 이승만의 민주주의

한국보수는 지금 음모론에 넘어간 사람들과 맨정신을 가진 이들로 분열되었다. 이승만 박정희를 배출한 한국보수의 상당수가 윤석열을 맹목적으로 따라가다가 좀비화되었다. 보수재건의 길을 찾으려면 보수의 원점 이승만(李承晩)을 역사 속에서 불러낼 필요가 있을 것이다. 이승만 초대 대통령은 1948년 8월15일 정부수립 연설에서 민주주의는 참을성이 있어야 유지될 수 있다고 강조했다. 이 연설은 한국보수의 한 기준점이 될 만하다.

"민주주의를 전적으로 믿어야 될 것입니다. 우리 국민 중에 혹은 독재제도가 아니면 이 어려운 시기에 나갈 길이 없을 줄로 생각하며, 또 혹은 공산분자의 파괴적 운동에 중대한 문제를 해결할 만한 지혜와 능력이 없다는 관찰로 독재권이 아니면 방식이 없다고 생각하는 이도 있으니, 이것을 우리가 다 큰 유감으로 생각하는 것입니다. 민주제도가 어렵기도 하고 또한 더러는 더디기도 한 것이지만 의(義)로운 것이 종말에는 악(惡)을 이기는 이치를 우리는 믿어야 할 것입니다. 민주제도는 세계 우방들이 다 믿는 바요 우리 친우들이 전제정치와 싸웠고 또 싸우는 중입니다. 세계의 안목이 우리를 들여다보며 역사의 거울이 우리에게 비추어 보이는 이때에 우리가 민주주의를 채용하기로 삼십 년 전부터 결정하고 실행하여 온 것을 또 간단 없이 실천해야 될 것입니다. 이 제도로 성립된 정부만이 인민(人民)의 자유를 보장하는 정부입니다."

윤석열의 계엄선포도 결국 한국의 민주주의를 전진시켰느냐 후퇴시켰느냐로 심판 받을 것이다.

戰時에도 언론검열 폐지

1950년 6·25동란에 부산으로 피난하였던 이승만 대통령은 9·28 서울 수복으로 그의 관저인 경무대로 되돌아왔다. 그때에 몇몇 신문이 서울에서 복간되었다. 그해 10월 중순의 일이다. 국군과 유엔군은 38선을 넘어 평양을 점령하고 승승장구 압록강을 향해 진격하여 국토통일의 부푼 꿈이 막 실현되려던 무렵이었다. 전국은 비상계엄령 하에 있었으므로 국방부 정훈국 관장 하에 신문 검열제가 엄격하게 실시되고 있었다. 국방장관의 담화문이 동일 지면에 들어갔는데 동아일보는 관례대로 대통령의 것을 5단 표제 머리기사로 하고 장관의 것을 4단 표제 중앙부위에 둔 조판 대장(臺帳)을 떠서 검열을 받으러 갔더니 담당자는 장관의 것을 '톱'으로 하여 대통령의 것과 바꾸어 놓으라는 것이다. 그렇게 할 수밖에 없으니 신문사는 판을 고쳤다.

다음날 예정된 이승만 대통령의 기자회견이 경무대 관저에서 있었는데 이것은 서울 수복 후 최초로 열리는 것이었다. 동아일보 최흥조(崔興朝) 기자의 회고에 따르면 이(李)대통령이 먼저 반가운 어조로 회포를 푸는 말로 시작한 기자회견은 까다로운 형식을 빼고 흥겨운 대담 식으로 진행되었다고 한다. 화제가 다 끝났다고 생각될 즈음에 최 기자는 자리에서 일어나서 다음과 같이 말했다.

"부산까지 피난을 갔다가 돌아오는 이 처절한 전쟁을 하는 동안에 신문을 만드는 저희들도 애국심에 불타고 있습니다. 공산당을 이롭게 하고 우리나라를 해치는 보도를 할 리가 없었습니다. 그런데 지금 국방부 정훈국이 모든 신문에 대해서 검열을 실시하고 있는데 그것은 한 사람의 대위가 앉아서 마음대로 대한민국의 언론을 좌우하는 결과가 됩니다. 이래 가지고서는 저희들이 좋은 신문을 만들 수가 없습니다."

순간 이승만 대통령은 안면근(顔面筋) 경련으로 두 볼이 실룩거리는가 하더니 엄숙한 어조로 분연히 선언하는 것이었다.

"우리가 공산당과 전쟁을 하고 있는 까닭은 민주주의를 하기 위해서야. 민주주의 국가에서는 신문을 검열한다는 것은 있을 수 없는 일이야."

그는 옆에 앉은 공보처장 김활란(金活蘭) 여사를 돌아보더니 말을 계속했다.

"국방부의 정훈국장이라는 사람이 누구요? 국방장관에게 훈령하여 즉시 신문검열을 중지하도록 해요."

이는 공산당을 잡는다는 명분으로 민주주의의 가치를 포기, 공산당을 닮을 수 없다는 위대한 선언이었다.

광우병 선동과 싸우다가 부정선거 음모론자가 되다

1946년 2월에 작성된 조지 F. 케난(당시 駐蘇 미국 대사관 대리대사)의 '긴 전문'(Long Telegram)은, 제2차 세계대전 때 러시아를 도운 미국에 스탈린이 공격적으로 나오는 데 당황한 미국 지도부의 이해를 돕고 대안을 제시하기 위하여 쓴 글이다. 그 후 대소(對蘇)전략의 지침이 되었다. 소련과의 대결선언인 트루먼 독트린, 서구(西歐)부흥계획인 마셜 플랜 수립에 영향을 주었다.

케난의 문서는 외교관이 아니라 역사학도가 쓴 것처럼 파격적이다. 고급 수필의 문학성도 느껴진다. '긴 전문'이란 말은 외교전문답지 않게 길었다는 뜻이다(5000 단어가 넘는다). 읽어보면 머리에 남는 대목이 많은데 특히 마지막 문장이다.

〈소련 공산주의와 싸우는 데 있어서 우리에게 드리워질 가장 큰 위험은 우리가 싸우는 적과 같아지는 것을 우리가 허용하는 일이다.〉

니체가 한 말 "괴물과 싸우다가 괴물이 되지 말라"와 같은 맥락이다. 선동좌파와 싸우다가 선동우파가 되고 광우병 선동을 욕하다가 부정선거 음모론자가 되어 도덕적 우위(優位)를 잃어버리는 것을 미리 경고한 사람들이다.

이승만 대통령은 전쟁중인 1952년엔 최대규모의 선거(대통령 및 지방선거)를 실시하도록 했다. 그해 4월엔 1만7000명 이상의 시·읍·면의회 의원을 뽑는 지방선거, 8월엔 최초의 대통령 직접선거가 있었다. 민주주의를 시작한 지 4년밖에 안 되는 나라가 전시(戰時)에도 언론검열을 하지 않고 선거를 포기하지 않았다. 이승만은 민주주의는 반드시 시행착오를 겪으면서 성장하므로 실수를 참고 기다려 줄 줄 알아야 한다는 신념을 갖고 있었다. 그는 전쟁중 화폐개혁 때도 개인 예금 동결에 반대했었다.

공명선거를 부정선거로 모는 게 부정선거

이승만 초대 대통령은 1960년 4월26일 오전 육성으로 하야(下野) 성명을 발표했다. 담백한 명문(名文)이다.

〈나는 해방 후 본국에 들어와서 우리 여러 애국애족하는 동포들과 더불어 잘 지내왔으니 이제는 세상을 떠나도 한이 없으나, 나는 무엇이든지 국민이 원하는 것만 알면 민의(民意)를 따라서 하고자 하는 것이며 또 그렇게 하기를 원하는 것이다.

보고를 들으면 사랑하는 우리 청소년 학도들을 위시하여 우리 애국애족하는 동포들이 내게 몇 가지 결심을 요구하고 있다 하니 여기에 대해서 내가 아래 말하는 바를 할 것이며, 한 가지 내가 부탁하고자 하는 바는 이북에서 우리를 침략하려고 공산당이 호시탐탐하게 기다리고 있다는 것을 명심하고 그들에게 기회를 주지 말도록 힘써 주기를 바라는 바이다.

첫째는 국민이 원하면 대통령직을 사임할 것이며,

둘째는 지난 번 정·부통령 선거에 많은 부정이 있었다고 하니 선거를 다시 하도록 지시하였고,

셋째는 선거로 인연한 모든 불미스러운 것을 없애게 하기 위해서 이미 이기붕 의장이 공직에서 완전히 물러가겠다고 결정한 것이다.

넷째는 내가 이미 합의를 준 것이지만 만일 국민이 원하면 내각책임제 개헌을 할 것이다.

이상은 이번 사태를 당해서 내가 굳게 결심한 바이니 나의 이 뜻을 사랑하는 모든 동포들이 양해해 주어서 이제부터는 다 각각 자기들의 맡은 바를 행해 나가며 다시 질서를 회복시키도록 모든 사람이 다 힘써주기를 내가 사랑하는 남녀 애국동포들에게 간곡히 부탁하는 바이다.〉

이승만 대통령은 라이벌인 민주당의 조병옥(趙炳玉) 후보가 미국에서 치료중 급사(急死)함으로써 당선이 사실상 확정되어 있었는데 자유당이 부통령에 자유당 이기붕 후보를 무리하게 당선시키려고 경찰을 앞세워 부정선거를 저질렀다. 시위대는 재선거를 주장하고 이승만 퇴진은 외치지 않았었다. 부정선거임을 뒤늦게 안 이승만 대통령이 정치적 책임을 지고 물러난 것이다. 선거 당시 내부장관 최인규는 5·16 뒤에 사형 집행되었다. 부정선거는 사형감이다. 그렇다면 공정한 선거에 불복, 공명선거를 부

정선거로 몰고, 그리하여 유권자들의 주권적 결단에 거역하는 윤석열은? 공정해야 할 선거를 부정선거로 만드는 것과 공정한 선거를 부정선거로 만드는 것의 차이는?

  이승만은 민주주의를 키우고 지켜내려면 용기뿐 아니라 인내심과 너그러움이 필요함을 가르쳤다. 그리하여 한국은 공산당과 싸워서 민주주의를 발전시킨 아시아 유일의 나라가 되었다. 여기에 윤석열은 전혀 새로운 도전을 한 것이다. (월간조선 2025년 3월호 게재)

막간의 삽화 대왕고래 프로젝트 대소동의 결말

윤석열의 "동해 초대형 유전 발표"는 사기극이었다!

소설이고 코미디

2024년 6월3일 윤석열 대통령이 국정 브리핑이라면서 직접 동해 초대형 유전 발표를 했을 때 나는 직감적으로 對국민 사기극이 벌어지고 있다고 판단, 아래 글을 써 조갑제닷컴에 올렸다.

〈영일만 대소동! 이건 완전한 소설이고 코미디이다!
대통령과 장관과 관료들과 언론이 경쟁적으로 영일만 대소동을 벌이고 있다. 대통령은 시추가 시작되기도 전 자료 검토 단계인데도 140억 배럴 대유전의 가능성이 높다고 선동했다. 200년 뒤에는 한국의 1인당 GDP가 세계 1위가 될 것이란 추정보다도 더 황당하다.

정부도 인정하는 통계에 의하더라도 유전 발견에 실패할 확률은 80%이다. 특히 140억 배럴 대유전 발견에 실패할 확률은 거의 100%이다. 윤석열 대통령이 '세계 최고 수준의 심해 기술 평가전문기업'이라고 추켜세웠던 미국의 액트지오社는 매출액 면에선 구멍가게 수준이고 세계최고 수준이란 증거는 그 어디에도 없다. 이 회사보다도 경험과 자료가 많은 국책 연구기관과 전문가들을 젖히고 왜 이 허접한 회사 하나에 매달리는지가 궁금하다. 윤석열 대통령은, 이렇게 환상적 이야기를 해놓고는 "지금부터는 실제 석유와 가스가 존재하는지, 실제 매장규모는 얼마나 되는지 확인하는 탐사시추 단계로 넘어갈 차례이다"고 했다. 한껏 상상의 나래를 편 뒤에 갑자기 태도를 바꾸어 "그건 어디까지나 추정이고 지금부터 확인 해보자"고 하니 보통 사람들은 도무지 감을 잡을 수가 없을 것이다. 그는 "차분히 지켜보자"고 했는데 본인이 먼저 흥분해 놓고는 영 다른 말을 한다.

이런 대통령을 이어 등장한 안덕근 산업부 장관은 한 술 더 떴다. 마치 투기판의 모객(募客)꾼처럼 말했다. 공상에 망상을 보태니 뭐가 현실이고 뭐가 꿈인지 알 수가 없다. 그는 대통령실에서 열린 브리핑에서 "동해 석유·가스 매장가치는 삼성전자 시가총액의 5배 정도"라고 했다. 대유전을 발견해 놓고 나서 할 이야기를 시추 한번 하지 않은 상태에서, 유전은커녕 석유가 나올지 안 나올지도 모르는 단계에서 쏟아낸 막말이다. 만만한 게 삼성전자이다. 이때부터는 3류 소설가이다.

여기에 언론이 초를 친다. "이날 삼성전자 시가총액이 455조원 수준인 것을 감안하면 2270조 원에 달하는 거액"이라고 친절하게 해설한다. 바람잡이가 등장한 것이다. '동해 석유·가스 매장가치'라는 표현을 하려면 시추를 해서 유전을 발견한 뒤 계산한 매장량이어야 하는데 지금은 서류검토 단계에 불과하다. 안 장관은 이어 "동해 석유·가스 상업개발은 2035년으로 전망된다"며 "2027~2028년에는 공사를 시작할 것"이라고 말했는데 이것도 유전이 발견된다는 전제로 쓴 공상소설일 뿐이다.

조선닷컴에 따르면 산업통상자원부 고위관계자는 "영일만 가스전의 추정매장량(35억~140억배럴)은 지금까지 세계에서 확인된 가장 큰 규모 심해가스전인 남미 가이아나(110억 배럴)보다 큰 규모"라며 "우리나라에서 29년간 사용할 규모에 달한다"고 말했다고 했는데 꿈과 현실을 혼동하는 비교법이다. 고위 관계자가 말한 것은 희망사항이고 가이아나는 현실이다. 조선닷컴은 그래도 양심은 있는지 〈다만 영일만 석유·가스전은 탐사 자원량 기준이며, 가이아나 가스전은 직접 시추공을 뚫은 뒤의 발견잠재자원량 기준이라는 차이는 있다〉고 했는데 이 차이는 꿈과 현실의 차이이다.

모든 문제는 윤석열 대통령의 호들갑 발표였다. 발표의 형식이 이미 大유전 발견을 기정사실화한 것이다. 이제부터 시추는 윤 대통령의 예언을 만족시키는 쪽으로 진행될 것이다. 10개의 구멍을 파는 데 1조가 들어도 유전은 나오지 않을 가능성이 압도적이다. 그래도 "나올 때까지 파라"고 할 사람이다.

의료대란의 구조와 같다. 아무런 과학적 합리적 근거가 없는 의대 증원 2000명을 내질러 놓은 뒤 벌어진 일련의 사태와 아무런 근거도 없는 '140억 배럴 대유전 확실' 소동은 귀결점도 같을 것이다. 국민건강과 국민경제를 해친다는 점에서!〉

"석유 없다"고 썼다가 잘린 추억

내가 즉시 이런 글을 쓸 수 있었던 것은 제1차 포항석유 대소동이 나를 해직기자로 만들었고, 윤석열의 발표내용도 당시의 틀을 따르고 있었기 때문이다. 역사가 되풀이 될 때는 소극(笑劇)이 된다고 한다. 1976년 1월 15일 故박정희 대통령은 연두 기자 회견에서 경천동지(驚天動地)의 답변을 했다. 포항에서 질 좋은 석유가 나왔다는 항간의 소문은 사실이라고 박대통령이 확인했던 것이다. 그는 정부가 외국 전문가들을 불러 경제성 여부를 조사하고 있으니 국민들은 차분하게 기다려 달라고 당부했다. 이 발표가 국민들에게 준 충격은 가위 역사적이었다. 뉴스의 충격도로 따진다면 이 발표는 5·16, 대연각 화재, 7·4 성명 및 유신 발표, 10·26 등 우리 시대의 대사건과 버금가는 것이었다. 대부분의 큰 사건들이 변고나 비보(悲報)였던 데 대해 '포항 석유발견'은 낭보였다.

　박대통령의 기자 회견 이후 온 나라는 한동안 석유열기에 휩싸였다. 주식시장은 과열상태에 **빠졌고** 석유원년(石油元年)이란 말이 나왔다. 세금을 안내도 될 시대를 그리는 백일몽 같은 기사가 활개를 쳤다. 60억 배럴쯤 매장돼 있으리라는 환상적 추정도 상당한 실감을 갖고 국민들의 마음을 들뜨게 만들었다. 그러다가 일주일쯤 지났을까, 갑자기 조용해졌다. 신문에서, 방송에서 원유 원(原)자도 보이지 않게 되었다. 국민들의 기대감을 활활 태워 놓았던 언론이 침묵하자 서민들의 입과 귀는 무성한 소문들을 만들어 내기 시작했다.

　1976년 3월에 가면 포항에서 울산까지 송유관을 깔고 있다는 소문이 등장한다. 포항 제철을 포함한 포항시가지 전체가 유전 개발로 인해서 옮겨가야 할 것 같다는 '해설'도 나타났다. 5·16 기념일이 다가오자 '5·16 석유 축제설'이 새로 나왔다. 이 소문으로 주식시장이 다시 뜨거워졌다. 정부와 언론이 '진화작업'에 나서야만 했다. 그해 여름 박대통령은 진해에서 기자들에게 "아직 경제성이 확인되지 않았다"고 밝혔다. 그해 하반기부터 포항 석유는 서서히 잊혀져 갔다.

　그때 부산의 국제신문 사회부 기자였던 나는 해저석유 시추를 하면서 석유개발에 대하여 좀 아는 편이었다. 내가 취재를 해보니 경제성이 없다는 결론이 쉽게 나왔다. 박정희 대통령이 오판(誤判)을 했다는 이야기인데 기사로 쓸 수가 없었다. 포항시추는 정보부가 위장회사를 만들어 진행하고 있었다. 모은 정보가 아까웠던 나는 보고서를 만들어 관계기관에 돌렸다. 산케이신문 서울 특파원이 이 보고서를 인용, 포항석유에 의문을 제기하는 기사를 썼다. 나는 정보부에 불려가 조사를 받고 보고서를 회수하고 회사에서 잘렸다. 기자생활 중 겪게 되는 세 번의 해직 중 첫 번째였다.

계엄선포의 명분

2025년 2월 윤석열 대통령이 직무정지가 된 상태에서 정부는 비로소 진실을 털어놓는다. "1차 발표는 저희가 생각하지 못한 정무적인 영향이 개입되는 과정에서 장관님께서 비유로 든 것 자체가 많이 부각되면서 그렇게 된 것입니다."

2월6일 정부 고위 관계자는 동해 심해 석유·가스전 탐사 1차 시추 '대왕고래' 프로젝트의 실패와 관련해 세종청사에서 기자들과 만나 "의도하지는 않았지만 그런 결과가 나온 부분에 대해 죄송하다는 말씀드린다"고 사과했다. 2024년 6월 안덕근 산자부 장관이 밝힌 '삼성전자 시가총액 5배' 발언이 성급했던 것 아니냐는 등 질문에 대한 답변이었다. 윤 대통령은 지난해 6월3일 용산 대통령실 브리핑룸에서 직접 마이크를 잡고 "경북 포항 영일만 앞바다에서 막대한 양의 석유와 가스가 매장돼 있을 가능성이 높다는 물리탐사 결과가 나왔다"며 대왕고래 프로젝트에 대해 직접 설명했었다. 이어 "90년대 후반에 발견된 동해 가스전의 300배가 넘는 규모이고, 우리나라 전체가 천연가스는 최대 29년, 석유는 최대 4년을 넘게 쓸 수 있는 양이라고 판단된다"며 "최소 5개의 시추공을 뚫어야 하는데, 1개당 1000억 원이 넘는 비용이 들어간다. 세계 최고의 에너지 개발 기업들도 벌써부터 관심을 보이고 있다"고 했었다.

당시 이 같은 브리핑 계획은 철저히 보안에 부쳐졌었다. 대통령실은 당시 오전 10시 예정된 브리핑 시작 8분 전에야 윤 대통령의 국정브리핑 일정을 공지했고 상세 내용도 사전에 안내하지 않았다. 윤 대통령은 동해 석유·가스 매장 가능성을 발표한 뒤 한-아프리카 정상회의 일정을 위해 4분 만에 자리를 떠났고, 질문은 안덕근 산업통상자원부 장관이 대신 받았다. 그 과정에서 안 장관은 "동해 석유·가스전의 매장가치가 현시점에서 삼성전자 시가총액의 5배 수준"이라고 말했었다.

대왕고래 프로젝트는 대통령, 석유공사, 산자부가 바람을 잡고 보수언론이 검증없이 정체불명의 평가회사를 세계적 회사로 띄우는 과정에서 제2의 포항석유 소동으로 변질되었다. 야당이 이를 문제 삼아 정부예산 투입을 제한하자 산유국의 꿈에 찬물을 끼얹는 것처럼 매도당하기도 했다. 특히 윤석열 측은 비상계엄 선포의 한 이유로 이 예산삭감을 지적할 정도였다. 대왕고래를 둘러싼 정권과 보수언론의 유착은 의대증원 2000명을 뒷받침했던 구조의 재판이었다. 보수언론이 윤석열의 박수부대나 팬클럽으로 전락한 것이다. 국회의 견제가 없었더라면 대왕고래 프로젝트는 수조 원을 삼켰을 것이다. 제1차 포항석유 대소동의 진실은 30여 년 뒤 내가 밝혀냈다. 그 석유는 원유(原油)가 아니고 정유(精油)가 땅속으로 스며든 것이었다. 가짜였다!

김건희와 呪術(주술)

보수는 문명건설의 챔피언

2024년 12월4일 비상계엄이 해제된 직후 회사에 출근하여 직원들에게 "앞으로 찾는 곳이 많아질 것이니 준비하자"고 했다. 윤석열의 계엄선포는 2022년 3월 청와대 대통령실 졸속 이전 결정 이후 유지했던 나의 판단이 적중한 경우로서 자연히 나의 생각을 묻는 수요가 폭증할 것이라고 예상할 수 있었던 것이다. 용산 국방부를 향하여 "두 달 안으로 방 빼" 식으로 무도하게 밀어붙이는 것을 본 나는 언젠가는 그가 큰 사고를 칠 것이라 생각하고 준비해왔다.

보수는 아래 위를 아는 사람들이다. 죽은 사람과 살고 있는 사람과 태어날 사람들을 이어주는, 역사와 전통을 소중하게 여기는 사람, 지킬 것은 보수(保守)하고 고칠 것은 보수(補修)하면서 조금씩 개선(개혁이 아니다)해가는 전통주의자일 수밖에 없는 사람들이다. 보수는 동양에선 현실과 사실에 기초하여 옳은 방향을 찾는, 실사구시(實事求是)의 경세가(經

世家) 그룹을 의미한다는 점에서 관중(管仲)에서 박정희(朴正熙)로 이어지는 동양적 실용정치나 태도라고 보는 게 오히려 더 자연스럽다. 자연히 법치, 사실, 자유(자율)를 3대 가치로 하니 동서양에 걸친 보편성을 갖게 된 것이다.

한국에서 보수세력은 반공자유민주주의라는 정치제도를 만들고 문명건설 세력으로서 역사발전의 주인공이 되었다. 문명(文明)은 좋은 제도의 종합이고 대부분의 제도는 보수로 분류되는 세력이 만들었다(의료보험·原電·고속도로·중화학공업·복지제도·한미동맹·댐·IT산업 등). 12·3 계엄 전후 윤석열 세력이 공격한 헌법, 국군, 의료보험, 국회, 선거관리, 헌법재판소 등은 보수가 만들어 발전시킨 문명적 제도이다. 위대한 문명건설의 챔피언이어야 할 대통령이 문명 파괴자가 되어버린 것이다.

정보 誤判이 만악의 근원

그럼에도 이재명만 욕하면 보수의 자격증을 얻는 것이고 이재명의 집권을 막기 위해선 무슨 짓을 해도 양해된다는 생각에 사로잡힌 보수적 지식인(언론 포함) 그룹은 윤석열 집권 이후 팬클럽과 박수부대로 전락했다. 이들이 보수적 신념으로 앞장 서서 반대해야 할 것들이 청와대 졸속이전, 이준석 대표 몰아내기, 의료대란, 부정선거 음모론 등이었다. 윤석열이 청와대를 떠나는 이유가, 아시아에서 공산당과 싸우면서 자유를 지켜낸 유일한 나라의 역대 지도자들을 "제왕적 권력의 상징"이라고 욕하는 안하무인적 역사관이었는데도 1000명이 넘는 예비역 장성들이 박수를 쳤다.

보수진영에 굴러들어온 복덩어리인 이준석을 유죄추정의 원칙으로 몰아낼 때도 "싸가지 없는 젊은이 처리" 정도로 생각했다. 윤석열의 2022년 여름 이준석 축출 공작은 24만 표 차이로 아슬아슬하게 그를 당선시킨 세대포위론 연합구조의 와해를 뜻하는 게 뻔했지만 이병태 KAIST 교수, 정규재 전 한국경제 주필, 그리고 나 이외엔 거의가 환호 일변도였다.

2024년 의대정원 2000명 증원 결정은 의료대란으로 이어져 보수의 핵심세력인 의료인들의 집단반발로 국힘당의 총선참패를 불렀다. 윤석열식 정치는 보수 세력을 골라서 저격한 내부총질이었고, 12·3 계엄선포는 국군 지휘부까지 쑥대밭으로 만들었다.

2024년 12월4일 아침에 많은 국민들은 "아, 이렇게 해서 이재명이 대통령 되는구나"라는 직감(直感)을 가졌을 것이다. 나의 보다 직설적 소감은 "윤석열이 내부총질을 하더니 결국 이재명의 프락치 역할을 하는구나"였다. 권력자가 전쟁이나 정치에서 정확한 정보를 멀리하고 망상에 사로잡혀 칼을 휘두르면 자해(自害)로 귀결된다는 것은 하나의 법칙이다.

윤석열이 저지른 굵직한 실정(失政)의 공통분모는 정보 오판이다. 권력자가 눈이 먼 상태에서 하는 칼질처럼 위험한 것이 없는데 이는 필연적으로 자신을 찌른다. 청와대 졸속 이전, 이준석 몰아내기, 의료대란, 그리고 계엄령 선포를 결정한 윤석열 전 대통령은 최고 수준의 정보기관을 수하(手下)에 두고도 오산(誤算)과 망상(妄想)의 늪에 빠져 일을 저질렀다.

윤석열, 김건희 부부에 드리워진 주술과 음모론의 그림자는 이성적·과학적 사고를 불가능하게 만들었다. 권력과 주술의 결합 이야기는 국가정책과 국민생활에 직접적 영향을 주었다는 점에서 앞으로 언론이 제대로 취재하여 그 진상을 국민들에게 보고하여야 할 의무사항이다(부정선거 음모론이 수많은 한국인의 삶을 불편·불화·분열시키고 있다).

양상훈 주필의 추리

계엄 이후 나는 윤석열 씨와 친했던 사람들 수십 명을 만나 "계엄선포의 진짜 이유가 뭐냐"고 물었다. 윤석열 당시 대통령이 밝힌 공식 이유인 "反국가세력과 선관위 척결"이 진짜 이유라고 답한 이는 아무도 없었다. 거의 전부가 "김건희 보호"와 "무속의 영향"을 꼽았다.

2024년 12월14일 윤석열 대통령 탄핵 소추안이 국회를 통과한 직후 조선일보 양상훈 주필은 〈문제의 근원 '김건희 특검' 피할 수 있겠나〉라는 칼럼에서 비상계엄령 선포의 가장 중요한 동기가 김건희 여사 보호였을 것이란 추정을 내어 놓았다. 그는 〈무엇이 윤석열 대통령을 압박해 이런 일까지 벌이게 만들었느냐는 의문이 계속 맴돈다〉고 화두(話頭)를 던졌다. 〈윤 대통령은 이재명 대표가 정부 각료와 검사들에 대한 탄핵을 남발하고 민주당 단독 예산을 통과시키려 한 것을 계엄선포의 主이유로 들었〉고 〈부정선거 의혹에도 빠져있었던 것 같다〉고 했다. 하지만 이것만으로 윤 대통령의 무모한 계엄 선포를 다 설명할 수는 없다고 생각한다는 것이다.

사람이 모든 것을 걸고 모험하려 하면 주변 사람들도 '이 문제 때문에 무언가 터지겠다'는 느낌을 갖게 된다. 그런데 민주당의 각료 탄핵과 예산안 처리 때문에 윤 대통령이 엄청난 일을 벌일 수도 있겠다고 느낀 사람은 거의 없었다는 것이다. 그래서 각료 탄핵과 예산 문제 외에 윤 대통령을 심각하게 압박한 것은 무엇이었느냐고 묻게 되는데 역시 김건희 문제라고 본다는 것이었다.

이 의문을 푸는 열쇠는 계엄군의 체포자 명단에 여권 인사로는 유일하게 한동훈 당시 여당 대표가 올라 있었다는 점이다. 한동훈은 대통령과 각을 세워왔지만 민주당의 각료 탄핵과 예산 독주에 대해선 누구보다 강하게 비판해 왔다. 윤 대통령이 순전히 민주당의 각료 탄핵과 예산 때문에 계엄을 편 것이라면 한 전 대표를 체포할 이유가 없었을 것이다. 여당 대표 체포는 전형적인 친위 쿠데타인데 한동훈은 이재명 사람이 아닌데 왜 체포를 할까, 역시 김건희 여사와 관련 있다는 것이다.

윤석열의 최우선 임무는 김건희 보호?

시중에서는 계엄 다음 날부터 윤 대통령의 '김건희 수호 계엄'이라는 말이 나왔는데 과정 전체를 보면 이 말에 수긍할 수밖에 없다는 게 양상훈 주필의 촉이었다. 지난 총선을 앞두고 한동훈 대표가 김 여사 문제를 "국민 눈높이에서 봐야 한다"고 언급하자 윤 대통령은 한 대표 사퇴를 요구했다. 한 대표는 수류탄 정도를 던졌는데 윤 대통령은 원자폭탄으로 대응했다. 총선 직전이어서 윤 대통령의 원폭은 국민의힘 선거를 망칠 수 있었는데도 아랑곳하지 않았다. 〈그렇다면 김 여사를 지키는 것 이상으로 윤 대통령에게 중요한 문제는 아무것도 없었던 것 같다〉는 판단을 하게 된다고 양상훈 주필은 말한다.

나는 작년 초 이른바 마리 앙투아네트 발언(김경률 비대위원) 직후 윤 대통령과 대화한 사람의 이야기를 들어보았다. 그냥 선거용이라고 넘어갈 정도의 언급이었는데도 대통령이 흥분상태에서 한동훈 당시 비대위원장에 대한 원색적 욕설을 퍼붓는 데 놀랐다고 한다. 그 순간 김건희 씨가 윤석열에게는 건드리면 안 되는 존엄한 존재가 아닌가 생각했다는 것이다.

양상훈 주필은 윤 대통령의 위기감을 최고조로 올린 사건은 지난해 10월4일 김건희 특검법 국회 재의결이었다고 했다. 이 표결에서 국민의힘 이탈표가 4표 나왔다. 그토록 표 단속을 했지만 '철통 단결'은 허상임이 드러났다. 다음 표결에서 4표만 더 이탈하면 특검법은 통과될 수 있었다. 윤 대통령의 자신감은 크게 흔들렸을 것이다.

그 즈음부터 윤 대통령 지지율은 지속적으로 하락해 바닥 수준까지 떨어지고 있었다. 이탈표 추가 가능성은 점점 높아졌다. 위기를 느낀 윤 대통령은 비서실장을 여의도로 보내 국민의힘 의원들과 단합 오찬까지 하게 했는데 양상훈 주필은 이것이 매우 이례적인 일로 사실상 표 단속이었다고 본다.

이런 가운데 김건희 특검법 3차 재의결 날짜가 2024년 12월10일로 잡혔다. 윤 대통령 주변에서 '특검법을 수용하면 정국 주도권을 되찾아 올 수 있다'는 견해도 나오기 시작했지만 이는 윤 대통령 부부를 모르는 '순진한' 충언이었다는 것이다. 이와 동시에 국민의힘 '당원 게시판' 논란이 격화됐다. 한 전 대표를 겨냥한 친윤(親尹) 측 공격이었다. 그러자 친한계(親韓系)가 국회의 12월10일 표결에서 김건희 특검법에 찬성할 수 있다는 얘기가 11월 하순부터 여권에서 돌기 시작했다.

11월27일 친한계 의원이 라디오에서 특검 찬성 가능성을 언급했고, 11월28일엔 한 신문이 '한 대표, 김건희 특검 고려'라고 보도했다. 양상훈 주필은, 윤 대통령이 군경 핵심들을 불러 모아 계엄을 본격 논의한 것은 이 보도 3일 뒤였다는 점에 주목한다. 〈이틀 뒤 계엄이라는 수소폭탄을 던졌다. 체포 명단에 '한동훈'은 빠질 수 없었다〉는 것이다.

김건희 특검안 통과를 막기 위한 예방적 공격이었다는 해석이었다. 양상훈 주필은 칼럼을 이렇게 맺었다.

〈지금까지 윤 대통령이 계엄처럼 이성을 잃을 정도로 분노하고 막으려 한 것은 김 여사 문제뿐이었다. 김 여사 문제의 폭발력을 잘 알기 때문이

었을 것이다.〉

楊貴妃와 玄宗

그 뒤에 밝혀진 사실이지만 김용현 경호처장이 국방장관으로 내정된 2024년 8월 초순부터 윤 대통령 머리 속에서는 계엄령 발상이 본격화되었다. 취임 1년도 안 되고, 큰 잘못도 없었던, 다만 깐깐한 신원식 국방장관을 갑자기 안보실장으로 밀어낼 때부터 이상한 분위기를 감지할 수 있었다. 신 장관은 작년 봄 대통령이 군을 동원한 비상조치 이야기를 꺼냈을 때 정색을 하고 "국민과 군과 역사가 용납하지 않을 것"이라고 말했고 이 소신발언이 그와 김용현의 운명을 가른 셈이다. 나는 〈조갑제닷컴〉에 양상훈 주필의 글을 소개하면서 이런 논평을 달았다.

〈윤석열이 사랑하는 한 여성을 위해 나라를 절단 낸 권력자로 기록된다면 그는 양귀비 때문에 당(唐) 나라를 위기로 몰고 갔던 현종(玄宗)의 환생(還生)인가?〉

최근 방영된 MBC 특집다큐 '라파엘 리포트 : 윤석열은 왜?'엔 이런 대목이 있다.

〈라파엘 라시드 (영국인 프리랜서 기자) : '화투신명'이라고 불리는 무당을 만나러 갑니다. 이 사람은 오래전인 12~14년 전 쯤 김건희 여사와 연락했었다고 주장하고 있어요.
화투신명 : 김건희 씨와 윤석열 대통령은 정말 잊어버릴 수가 없어요.

윤석열 대통령 점을 처음 본 날이에요. (김건희 여사가) 윤석열 사주를 갖다주면서 '이분이랑 제가 결혼을 해도 되겠습니까? 근데 사실은 검사로만 머물 거면 저는 만나지 않으려고 한다' 그래서 '총장이 될 것 같다, 별이 보인다'(답해줬어요). 근데 저는 그 별이 저기(대통령)인 줄 몰랐어요. 나는 '검찰총장' 별을 얘기했는데 거기(대통령)까지 갈 줄은 몰랐거든요. 저는 진짜. (김건희 여사는) 사람 하나를 뽑을 때도 아주 집요했어요. 다 물어봤어요. 나한테 정말.

라파엘 : 주로 뭘 여쭤봤어요?

화투신명 : '얘(직원)를 둬서 말이 (바깥으로 새어) 나가겠느냐, 안 나가겠느냐'를 주로 질문했어요. (김건희 여사가) 지금도 끊임없이 무속을 찾아다닐 것이라고 봐요. 옛날에도 그랬어요. 한 군데만 다니지 않았어요. 철학팀이 따로 있고 사주, 명리 하시는 분이 따로 있고 무당이 따로 있고 스님이 따로 있고 그랬었어요. 그때도.〉

"사랑을 위해서"

이 프로에서는 계엄사태의 진짜 배경에 대한 외국 기자들의 잡담이 나온다.

〈**라파엘** : 우리는 가끔씩 함께 모여 술을 마시고 일상 얘기를 나누곤 합니다. 문제의 그날 밤에 다들 어디서 뭐 하고 있었어?

스티븐 보로윅(닛케이 아시아 기자) : 나는 택시 타고 가는 중이었는데 (한국에서) 수년째 살았지만 그날 처음으로 무서움을 느꼈어. 난 서울에서 토론토로 가는 비행기 표부터 검색해 봤어. 어른 한 명, 아이 한 명. 아내랑 딸을 피신시키려고.

라파엘 : 너희 혹시 (윤석열 대통령이) 어떤 성격인지 들은 적 있어?

진 매킨지(BBC 기자) : 내가 몇몇 사람들한테 들은 얘긴데 (윤석열 대통령은) 본인이 한번 행동 방침을 결정하면 그를 설득하는 것은 거의 불가능하다고 들었어. 그는 비상계엄을 선포해야만 했고 다른 사람들이 그를 말릴 기회조차 주지 않았어.

라파엘 : 너희는 윤 대통령이 왜 (비상계엄 선포를) 했다고 생각해?

미셸 리(워싱턴 포스트 기자) : 네 의견이 궁금한데?

라파엘 : 내 생각을 몇 개 적어봤는데 (모두 웃음)

스티븐 보로윅 : 그냥 미쳤어?

미셸 리 : (내 생각엔) 정치 스캔들

라파엘 : 명태균?

미셸 리 : 맞아, 명태균은 뭘 말하려고 했을까? 뭘 폭로하려고 했던 걸까?

스티븐 보로윅 : 어쩌면 윤석열 대통령은 그냥 단순하게 아내에 대한 수사를 막고 싶었을 수도 있어.

미셸 리 : 사랑을 위해서?

라파엘 : 와우~~(웃음)〉

청와대에 안 들어간 진짜 이유

계엄 선포문이나 포고령, 또는 헌재 심리 과정이나 파면 결정문에 나오는 계엄 선포의 이유는 사실(fact)일지는 몰라도 진실(truth)은 아닐 것이다. 윤석열의 이상성격에서 답을 찾는 게 더 정확할 수도 있다. 권력 중독, 선동유튜브 중독, 알코올 중독, 무속 중독 등등.

2022년 3월 윤석열 당선인은 대통령실 이전 대상으로 거론되던 국방부 청사를 찾아 둘러보고는 수행자들에게 '여긴 군인들이 근무할 곳이지 대통령이 일할 곳은 아니다'라고 말했다고 한다. 그런데 다음날 갑자기 측근들을 소집한 당선인은 "국방부로 가기로 했으니 이젠 다른 말 하지 말라"고 했다. 하룻밤 사이에 무슨 일이 있었을까. 이 정황을 전해준 사람은 "문제는 김건희였다"고 했다.

2022년 6월10일 윤석열 대통령은 용산 대통령실에서 국민의힘 지도부와의 비공개 오찬 회동을 했다. 한 참석자는 《조선일보》 기자와의 통화에서 대통령의 말을 전하면서 "김건희 여사가 개방된 청와대를 뒤늦게 둘러본 뒤 '미리 봤으면 우리도 청와대에 그대로 있자고 했을 것 같다'는 취지의 말을 했다고 한다"라고 했다. 김건희 씨는 5월22일 청와대에서 열린 KBS1 TV 〈열린음악회〉를 관람한 뒤 청와대 내 대통령 집무실과 관저 등을 둘러봤다는 것이다. 김 씨는 "여기가 이렇게 좋은 줄 몰랐다. 알았다면, 만약 여기 와서 잠시라도 살았다면 청와대를 나가기 굉장히 어려웠겠다"라고 했다는 것이다. 이에 윤 대통령은 "속으로 '아, 안 보여주길 잘했다'고 생각했다"고 말했다고 한다.

윤석열의 비참한 말로는 천하제일복지(天下第一福地) 청와대를 버리고 구청장이 근무하면 딱 알맞을 국방부 청사로 옮긴 데서 시작되었다. "나는 사람에게 충성하지 않습니다"는 말로 유명했지만 그는 자신과 나라의 운명을 걸고 한 여인에게 충성했다는 평을 듣게 될지 모른다.

윤석열 대선 캠프의 첫 대변인을 맡았던 이동훈 전 조선일보 논설위원은 "(그의) 김건희 여사에 대한 감정은 사랑 이상이 아닐까"라고 했다. 개혁신당 수석대변인을 맡고 있는 그는 2025년 4월9일 CBS라디오 '김현정의 뉴스쇼'에 출연해 흥미로운 증언을 했다. 이동훈 씨는 "(윤 전 대통령이) 굉장히 (삶에서) 파동이 심한 과정에서 김 여사와의 결혼 시기가 딱 겹친다"며 "그런 걸 거치면서 김 여사에 대한 굉장히 동지적 결합 이상의 어떤 의존을 하면서 윤 전 대통령이 김 여사를 절대로 못 내칠 것"이라고 했다. 그는 12·3 비상계엄에 대해서도 "反국가 세력, 부정선거 말씀하셨는데 그건 하나의 명분이라고 보고, 자신과 김 여사의 안위(安危) 이런 것들이 제일 우선적 고려 대상이 아니었나"라고 설명했다. 그는 계엄사태에서도 확인된 윤석열의 치명적 약점을 이렇게 지적했다.

"윤 전 대통령은 뭐든지 낙관적이다. 그런데 근거가 없다. 뭔가 준비를 잘해서 낙관적인 건 아니고."

'2000' 미스터리

李 대변인은 서울 서초동 아크로비스타 사저(私邸)에서 면접 당시 "김 여사가 처음 보는 사람을 앞에 두고 남편을 공개적으로 면박을 주더라"고 기억했다. "(김 여사가) '아휴, 이래 이래서 안 돼, 이래서 안 돼' 이러면서 면박을 주고. 그런데 윤 전 대통령은 그냥 강아지 안고 웃기만 했다"는 것이다. "그래서 제가 속으로 '이거 참 큰일 났다'고 생각했다"며 "이러다가 이제 큰 리스크가 될 수도 있겠다. 선거 이거 위험한 거 아닌가 이런 생각이 순간적으로 들었다"고 했다.

이동훈 씨는 "윤석열 정권은 한마디로 여사와 검사의 연합체 정권"이라며 "한쪽에 김건희 여사가 있고, 다른 한쪽에 한동훈 전 대표를 위시한 검사들 그룹이 연합을 했고 그 위에 윤석열이 올라타 있는 형국으로 정권이 굴러갔다"고 했다.

윤석열과 김건희가 동석한 자리에서 김 씨가 여러 사람들 앞에서 연상(年上)의 남편에게 무례하게 대하는 것을 보고 놀랐다는 이야기를 하는 이들이 적지 않다. 그 사나운 윤석열이 뭔가 기(氣)에서 눌리는 인상을 받았고 갑(甲)이 김건희라는 느낌이 왔으며 이런 이상한 관계가 국가의 주요 정책에 반영되었다고 이야기하는 이들이 많다. 새 정부가 들어서면 김건희를 중심에 둔 '무속 네트워크'의 진짜 국정농단 수사나 조사가 언론을 덮을 것이라 예상하는 이들이다.

진중권 광운대 특임교수는 2024년 가을 유튜브 시사저널TV에 출연해 '2000명'을 거론했다. 그는 "김건희 여사와 통화할 때 그 얘기를 했다. '2000명이라는 (의대) 정원에, 정수(整數)에 왜 이렇게 집착하느냐. 그 숫자가 도대체 왜 나왔냐'(라고 물었다)"는 것이다.

진 교수는 "'무리한 거다'라고 내가 계속 얘기를 했는데도 (김 여사가) 그 부분은 굉장히 뭐랄까, 완강하더라. '이거 뭐 과학적으로 된 거고, 블라블라(했다)'"고 전했다. 진 교수는 한동훈 국민의힘 대표에 대해서는 "(한 대표가) 의료대란 이 문제를 해결하는 데서도 자기 목소리를 좀 내고 필요조건을 갖춰도 이게 성과를 거두려면 충분조건이 돼야 하는데 그 충분조건의 키를 쥔 건 역시 대통령실"이라며 "그런데 여기서 응답을 안 해 주는 것"이라고 말했다. 그러면서 "(한 대표가) 지금 한 달 만에 당을 장악하는 건 가능하지 않다"며 "여당의 원탑은 누군가. 대통령이다. 그 옆에 'V2'가 있다"고 말했다.

윤석열 부부를 잘 아는 한 인사는 김건희 씨의 영향력이 남편의 몰락을 부른 의료대란의 배후라며 삶의 궤적에서 김 씨가 의사들에게 유감을 가질 만했던 사건들을 적어주었다. 계엄의 날짜도 김 씨가 잡았을지 모른다고 했다. 2024년 4월5일 윤석열 대통령은 부산 강서구 명지1동 행정복지센터 사전투표소를 찾아 총선 투표를 했다. 한 달 전 문을 연 센터의 번지는 1996-2이지만 2000번지도 센터 입구 부지에 속해 있다. 선관위가 부정선거 온상이고 특히 사전투표가 위험하다고 생각했을 그가 2000명 증원으로 총선이 위태로워진 때 왜 하필 2000번지를 찾아가 투표를 했을까?

난도질, 도끼질

2024년 12월23일 의사출신 안철수 국민의힘 의원은 페이스북에 올린 글에서 〈윤석열 정부의 '의료개혁'은 처참하게 실패했습니다. 초과사망자, 즉 이런 일이 없었다면 돌아가시지 않았을 분의 수가 2000명을 넘은 지 오랩니다〉란 글을 올렸다.

〈올 초 의대증원 규모에 대해 제가 비밀리에 의료계 관계자분들과 대통령실 고위 관계자 미팅을 주선한 적이 있었습니다. 그때 대통령실 고위 관계자 이렇게 말했습니다. "2000명이라는 숫자는 제가 건드릴 수 있는 사항이 아닙니다." 그러면 누구겠습니까? 특히 비상계엄 포고령의 '전공의 처단'이라는 섬뜩한 문구는 윤 대통령의 의료정책이 출발부터 편견과 혐오로 왜곡되었음을 말해줍니다.〉

2025년 4월10일자 동아일보 이기홍 칼럼은 "보수가 회생하려면 윤석열 축출과 김건희 사법처리를 선도해야 한다"면서 김건희 씨 앞에 닥쳐올 일들을 이렇게 예견했다.

〈이재명 전 대표는 벌써부터 '내란 적폐 청산'을 외치기 시작했다. 국민 다수는 김건희 논란의 완전한 해결을 원한다. 이재명은 이런 국민 상식을 악용해 김건희를 빌미로 한 내란 청산으로 보수진영을 난도질할 것이다. 문재인표 적폐 청산이 망치질이었다면 이재명표는 도끼질이 될 것이다. 윤 부부와의 완전한 단절은 보수 통합은 물론이고 중도와 합리적 온건 진보까지 아우르는 반(反)이재명 연합전선 구축을 위한 기초 작업이다.〉

2021년 김건희 씨가 '서울의 소리' 방송 기자와 한 대화는 이듬해 녹취록이 공개되었는데 이런 대목이 있다.

"김건희 : 사주 공부하면 좋지. 자기 팔자도 풀고 그렇지. 그거는 우리 남편도 그런 영적인 끼가 있거든요. 그게 저랑 연결이 된 거야. 왜냐면 우리 같은, 나나 우리 남편 같은 사람들이 결혼이 원래 잘 안돼. 잘 이게 어려운 사람들이야. 그래서 만난 거에요. 서로가 이게, 홀아비, 과부 팔자인데. 그러니까 혼자 살아야 될 팔자인데."

군대 안 간 윤석열 대통령이 병정놀이 하듯이 선포한 비상계엄령은 허술하기 짝이 없고 그날 밤 대통령이 두서(頭緖) 없이 허둥지둥 하는 모습은 그대로 영화를 만들면 훌륭한 사이코드라마가 될 것이다. 나는 처음부터 '미친 계엄'이라 규정하고 '망상적, 발작적 선포'라고 정의(定義)하면서 다치거나 죽은 사람이 없다고 온정적으로 처리하면 안 되고 엄벌해야 한국이 남미(南美)의 '바나나 공화국' 수준으로 타락하지 않을 것이라고 강조하면서 8-0 전원일치 파면 결정이 나올 수밖에 없다고 주장했다.

6·3 대선의 위대한 균형감각

3500만 명의 결단

윤석열 전 대통령의 망상적 계엄으로 시작된 6개월의 정치적 혼란은 6월3일 이재명 대통령 당선으로 마무리 됐다. 6월3일 치러진 제21대 대통령 선거에서 이재명 대통령은 역대 대선 최다 득표(1728만7513표)를 기록했다.

과반 득표에는 미치지 못했지만 49.42%의 득표로 2위 김문수 국민의힘 후보에게 8.27%p(289만1874표) 앞섰다. 김문수 후보는 1439만 5639표, 득표율 41.15%다. 이준석 개혁신당 후보는 8.34%의 득표를 기록했다.

1987년 대통령 직선제 개헌 이후 최다 득표율 격차는 2007년 이명박 전 대통령이 당선된 17대 대선이다. 당시 이명박 전 대통령은 2위인 정동영 대통합민주신당 후보와 22.53%p 격차(531만 77708표차)를 기록한 바 있다.

유일한 50%대 득표율을 기록한 전직 대통령은 18대 대선 당시 박근혜 대통령으로 51.55%였다. 상대측 후보였던 문재인 민주통합당 후보는 48.02%를 기록했다.

중앙선거관리위원회는 21대 대선 최종 투표율이 79.4%로 집계됐다고 밝혔다. 지난 20대 대선 최종 투표율(77.1%)보다 2.3%포인트 높은 수치이며 1997년 15대 대선 이후 28년 만에 최고치를 기록했다. 15대 대선 최종 투표율은 80.7%였다.

전체 유권자 4439만1871명 가운데 3524만916명(79.4%)이 투표에 참여했다. 1542만3607명이 참여한 사전투표(34.74%)를 비롯해 재외투표·선상투표·거소투표의 투표율을 합산한 결과다.

김문수를 찍지 않은 가장 큰 이유는 '계엄옹호 및 내란동조'

이재명 후보가 이기고 김문수 후보가 진 이유는 중도 성향 유권자와 생활인들이 이 후보 지지로 돌고 보수가 분열되어 김문수 지지가 상대적으로 적은 것이 가장 중요한 이유였다. 한국갤럽이 본투표 3일 전과 2일 전에 1505명을 상대로 한 여론조사에서 이재명 45%(실제론 49%), 김문수 38%(실제는 41%), 이준석 9%(실제는 8%)였다. 자영업자들은 49-41, 노무직은 45-40, 사무직은 54-28%의 비율로 이재명 후보를 김문수 후보보다 더 지지했다. 장사와 월급으로 생활하는 이들이 전체 유권자의 약 60%이다. 이들은 계엄사태로 생계에 심한 타격을 받은 직종이다.

이념성향으로 보면 보수의 67%는 김문수 지지, 18%는 이재명 지지, 11%는 이준석 지지였다. 진보의 80%는 이재명 지지, 11%는 김문수 지지, 4%는 이준석 지지였다. 보수는 분열되고 진보는 단합한 양상이었다. 이런 가운데 승부에 결정적 역할을 하는 중도는 이재명 지지 50%, 김문수 지지 30%, 이준석 지지 11%. 큰 차이로 이재명 지지가 높았다.

 연령층으로선 60, 70대 이상(유권자의 약34%)만 김문수 지지가 높고 그 이하는 모두 이재명 지지가 높았다. 젊은층, 중도층, 생활인층 등 국가 중심세력이 이재명 편에 섰다는 이야기이다.

 선거가 끝난 뒤 한국갤럽은 사후(事後)조사를 했는데 계엄사태가 투표의 결정요인이었음이 드러났다. 이재명 후보를 찍은 가장 큰 이유는 계엄심판 및 내란종식(27%)이었고 다음이 직무능력(17%)이었다. 김문수 후보를 찍지 않은 가장 큰 이유도 계엄옹호 및 내란동조였다(30%), 두번째는 "국민의힘이 싫어서"였다(19%). 김문수 후보를 찍은 가장 큰 이유는 청렴(33%)과 "이재명이 싫어서"(30%)였다. 이재명을 찍지 않은 가장 큰 이유는 사법리스크(30%)였다.

이재명 대통령 취임사 분석

"통합은 유능의 지표, 분열은 무능의 결과"

TV조선 뉴스트라다무스 (2025년 6월4일)
진행 : 장원준, 김미선

이재명 취임날

|장| 세상에서 가장 재미있는 뉴스죠. 장원준 김미선의 뉴스트라다무스. 오늘 조갑제닷컴 조갑제 대표 모셨습니다. 대표님 안녕하세요?
|조| 안녕하십니까

|장| 드디어 대선이 끝나고 새로운 시대의 막이 올랐습니다. 보궐선거라서 대통령은 오늘 당장 취임을 했습니다. 취임사 어떻게 보셨는지
|조| 취임사는 다른 대통령들도 잘 씁니다. 문제는 취임사대로 안 해서 그 취임사가 오히려 발목을 잡는 경우가 많은데 이번 취임사는 실천 가능성이 있는 것 같더라구요. 몇 대목을 보면, 예컨대 "이번 대선에서 누구를 지지했던 '크게 통합하라'는 대통령의 또 다른 의미에 따라 모든 국민을 아우르고 섬기는 모두의 대통령이 되겠습니다"라는 대목에서 모두의 대통령. 이분이 이런 이야기를 자주 했는데, 대통령을 한자로 풀면 '크게

국민을 통합하는 우두머리'다. 자기는 대통령이 된 이후 보수, 진보, 좌우 이런 것 안 따지겠다 하는 이야기를 했더라고요. 똑같은 맥락에서 "낡은 이념은 이제 역사의 박물관으로 보냅시다" 등.

"이제부터 진보의 문제란 없습니다. 이제부터 보수의 문제도 없습니다. 오직 국민의 문제, 대한민국의 문제만 있을 뿐입니다. 박정희 정책도 김대중 정책도 필요하고 유용하면 구별 없이 쓰겠습니다. 이재명 정부는 실용적 시장주의 정부가 될 것입니다"라는 대목. '실용적 시장주의 정부'라는 개념 규정을 자신이 했어요.

|김| 좋은 것 같아요.

|조| 그러면 국가주도 분배 중심의 정책과는 다른 방향으로 가겠다는 건데, 그러나 구체적으로 내놓는 정책과 공약과는 일부 좀 충돌합니다. 앞으로 어떻게 집행될지 봐야 되고 또 이런 명언을 했는데, "통합은 유능의 지표이며 분열은 무능의 결과입니다".

|김| 이거 참 표현이 좋아요.

|조| 생각을 하게 만들죠. "유능한 사람은 통합하고 무능한 사람은 분열시킨다… 국민의 삶을 바꿀 실력도 의지도 없는 정치 세력만이 권력 유지를 위해 국민을 편가르고 혐오를 심습니다". 이건 아마 윤석열 정권을 겨냥해서 한 말인 것 같습니다.

그 다음 "굳건한 한미동맹을 토대로 한·미·일 협력을 다지고 주변국 관계에도 국익과 실용의 관점에서 접근하겠습니다". 이것은 우리나라 외교에 하나의 독트린 같은 짧은 용어지만 여기에 많은 정보가 들어 있습니다. 韓·美·日이라고 일본을 넣었는데, 아마 일본 외교관들이 보면 이걸

밑줄 치고 봤을 것이라고 생각을 합니다.

韓·美·日협력 강조. 일본을 넣었다!

│김│ 일본을 넣었습니다.

│조│ 최근 일본 고위 외교관을 만났더니, (이재명 후보가) 이코노미스트 인터뷰를 하면서 '자위대 병력 증강도 별로 걱정할 것 없다'라는 이야기를 했잖아요. 옛날 같으면 반대하는 사람들이 들고 일어나고 할 텐데 조용하더라 이겁니다. 그분 이야기는 그런 한국의 분위기 변화가 굉장히 중요하다고 이야기하더라고요.

│장│ 한·미·일 들어간 건 제가 보기에도 굉장히 큰 의미가 있어요. 이번 취임사를 통틀어서 제일 하이라이트 중 하나가 이 대목인 것 같습니다.

│조│ 또 그걸 계속 중점적으로 보도를 해 줄 필요가 있다고 생각해요.

│장│ 부담 갖도록, 책임감을 느끼도록.

│조│ 그렇죠. 그 다음 '아무리 비싼 평화도 전쟁보다 낫습니다. 싸워서 이기는 것보다 싸우지 않고 이기는 것이 낫고 싸울 필요가 없는 평화가 가장 확실한 안보입니다'라는 표현. 원래 이게 좌익 진영에서는 '아무리 더러운 평화도 아무리 비굴한 평화도 전쟁보다 낫습니다'라는 표현으로 이야기 했었는데, 여기서는 '이런 비싼 평화'로 표현했어요. 이건 상당히 꼬투리 잡기 힘들어요.

│김│ 북을 향해 돈을 쓰느냐, 미국을 향해 돈을 쓰느냐 아니면 우리나라 군대

를 위해 돈을 쓰느냐.

│조│ 이것도 실용적인 평화론 같아요. 돈과 이렇게 연관시키는. 그 다음에 '대한민국 주권자의 충직한 일꾼으로서 5200만 국민의 삶과 국가의 미래를 위탁받은 대리인으로서 21대 대한민국 대통령에게 주어진 책임을 충실히 이행하겠습니다' 등등 저는 좋았다고 생각합니다.

│장│ 그런데 저희가 지금 문재인 대통령 시절을 돌이켜 보면 제가 외울 수 있을 정도로 문재인 대통령 취임사 중 뇌리에 남겼던 게 "기회는 평등하고 과정은 공정하고 결과는 정의로울 것입니다". 그 문장에 많은 사람들이 '정말 멋진 세상이 오겠구나, 뭔가 좀 새로운 세상 오겠구나'라고 보수, 진보, 좌우를 넘어 생각했을텐데 결과적으로는 그 문장이 이후 가장 희화화되고 결론적으로 제일 틀린 취임사가 되지 않았습니까? 이번 취임사도 약간 그런 우려가 있지 않을까 그런 생각도 듭니다.

│조│ 그렇죠. 그런데 어느 나라 대통령이든지 취임사는 멋지게 합니다. 거기에 명분을 넣어 가지고 오래오래 기억되고 인용되도록 하려는 욕심이 생기니까. 윤석열 대통령 취임사도 마찬가지잖아요. 거기 뭐 자유민주주의 많이 들어가고 반지성주의 비판을 많이 했었죠. 그런데 정작 본인이 반지성주의를 했잖아요.

계엄·내란 수사 강조…국민의힘 '내란동조당' 되나

│김│ 결국 많은 사람들에게 호응을 얻을수록 그와 반하는 행동을 하면 더 부메랑이 되어 크게 타격을 입고 정권이 굉장히 흔들릴 수도 있는 그런 말의 힘이 있었다고 볼 수 있는데요. 저는 내란 진상 규명과 민주주의의 부활을 강조한 부

분이 굉장히 눈에 띄었어요. 내란 계엄 다섯 번 언급을 했고요. 민주주의도 아홉 번, 평화 열 번 이렇게 언급을 했더라고요.

|조| 약간 충돌하는 것으로 보일 수가 있습니다. 내란 수사는 철저하게 하겠다는 거거든요. 그런데 그 철저한 게 지나칠 수도 있죠. 그러면 이 대통령이 주장하는 협치가 잘 안 될 수도 있고. 하나의 기준점이라면, 국민의힘을 대상으로 수사를 한다고 할 때 계엄 당시 국민의힘 원내대표가 12월3일 밤 국회의 계엄 해제 결의 통과를 방해했다, 이걸 예컨대 내란 동조로 건다고 하게 되면 그때부터는 좀 정치적 성격을 띠잖아요.

|김| 너무 강조를 많이 했어요.

|조| 그래서 그 경계선이 있을 거예요. 수사는 중대한 수사니까 이건 성역 없이 수사해야 된다고 원칙론적으로 이야기 할 수밖에 없는 부분이 있어요. 그런데 수사를 확대할 경우 그 수사 확대의 끝이 국민의힘을 '내란 동조당'으로 몰아 헌법재판소에 해산 제소를 할 수도 있는.

|장| 그 얘기도 많이 나오고 있어요.

|조| 예 벌써 나오고 있거든요. 그래서 어디서 경계선을 그을지 그리고 그 수사를 지금 수사 기관이 하고 있는 그대로 하느냐, 아니면 특검을 통해 하느냐 등 몇 가지 경계선이 있다고 생각합니다.

|김| 지금 한겨레 신문 단독 보도인데요. 내란 특검법 수정안을 다시 발의 했는데 민주당이 파견 검사를 40명에서 60명으로 늘리기로 했대요. '특검 법안이 오늘 수정 발의될 예정이다' 이런 내용이 단독으로 나왔습니다. 아마도 그 경계선이 확대될 것으로 보이는 사인으로 볼까요?

│조│ 그러면 수사본부가 하나 만들어져서 한 6개월 이상 하지 않을까요? 수사 범위를 넓히고 하면. 특검이 아니라 너무나 방대한, 과거 합동수사본부 같은 무시무시한 괴물의 등장인데 지금 정권의 흘러가는 관성으로 봐서는 그런 강력한 수사 쪽으로 가는 거 아닐까요?

│장│ 문재인 정부의 소위 적폐청산이 보수 진영에는 '궤멸당하다시피 했다'라는 피해의식이나 트라우마로 남아 있는데 이번에도 제2의 적폐청산을 우려하는 분들도 꽤 있거든요.

│조│ 어떻게 보면 그 조짐이 보이는 게 한덕수, 최상목 두 사람이 출국정지돼 있잖아요.

│장│ 맞습니다. 그리고 아까 말씀하신 당시 추경호 원내대표에 대해서도 아마 수사의 칼이 상당히 들어갈 것 같다는 관측도 나오고 있고요.

│조│ 그 수사의 포인트 하나가 이거예요. 윤석열 대통령이 국회가 계엄 해제 결의한 이후에도 즉각적으로 해제하지 않고 시간을 몇 시간 끌었잖아요. 그것은 2차 계엄을 위한 목적이 아니었느냐 여기에 포인트를 맞춰 또 수사를 할 수 있다고요.

│김│ 그러니까 대통령 본인은 '모두의 국민이 되고 싶다'라고 하였는데 계엄 내란 관련해서 각 문장이 취임사 속속들이 박혀 있습니다. 단어를 살펴보면, '장갑차와 자동 소총에 파괴된 민주주의를 일으켜 세울 것이다', '우리를 갈라놓은 혐오와 대결' 그리고 '최고 권력자의 군사 쿠데타', '내란'이라는 말을 굉장히 많이 사용했습니다. 계엄은 한 번인데 내란은 네 번 사용한 것으로 검색이 됐고요. '진상 규명을 해서 철저하게 합당한 책임을 묻고 재발 방지책을 확고히 마련하겠습니

다'까지 들어갔더라고요.

| 조 | 국힘에서 김문수 후보를 선출하면서 딱 잘랐어야 되는데 윤석열과의 관계를 정리하지 못한 상태에서 결국 선거가 끝나버리면서 확실하게 계엄 세력을 근절해야 되겠다는 명분을 또 준 건 사실이에요. 국민의힘도 이 계엄 문제에 대해 이젠 보다 확실한 정리가 필요하다고 생각합니다. 그게 오히려 수사에 대한 대비도 될 수 있지 않을까요?

실용적 시장주의 정부 강조

| 장 | 이재명 대통령과 새 정부가 아까 말씀하신 것처럼 국민 화합, 통합의 한 덩어리를 분명히 얘기했고 그 다음 계엄에 대한 철저한 진상 규명 이 두 덩어리의 어디서 균형점을 찾을 것인가가 정말 굉장히 중요한 것 같은데 현재로선 내란 수사의 철저한 진상 규명이 그냥 우리가 생각하듯이 좀 느슨하게 지나가지는 않을 것 같아 보입니다.

| 조 | 문제는 이게 무리한 수사냐 아니냐는 것은 그 팩트가 결정할거예요. 조사를 통해 드러나는 걸 보고 국민들이 '아 이건 말도 아니다. 더 해야 된다' 이렇게 되면 그 동력을 얻는 거예요.

| 김 | 자 그러면서 경제 관련해서는 실용주의, 기업의 활동 보장 그리고 부당한 불공정 거래 등에 대해 짚고 넘어갔습니다. 그리고 실용주의를 정말 강조했어요. '나는 실용주의가 될 것이다. 김대중도 그리고 또 박정희 정책도 필요하고 유용하면 구별 없이 쓰겠습니다'라고 발언을 했습니다.

| 장 | 제가 TV조선에서 경제부장도 좀 오래 했었고 경제 쪽 취재를 좀 했었는데 이 취임사를 보면서 경제 쪽에서는 이 문장이 저는 좀 뇌리에 남았습니다. "창

의적이고 능동적인 기업 활동을 보장하기 위해서 규제는 네거티브 중심으로 변경하겠습니다". 이 얘기가 사실은 경제 쪽을 좀 아는 사람 입장에서는 아 이건 경제를 좀 알고 하는 얘기고, '요거 요거 안 됩니다' 하는 네거티브 규제는 어떻게 보면 굉장히 우파 시장주의 정부에서 내세울 수 있는 슬로건인데 이 문장을 넣은 것은 상당히 시장주의를 어느 정도는 담보하겠다는 메시지로 저는 느껴졌습니다.

│조│ 그런데 이게 구체적 정책과 연관됐을 때 검증되는 거거든요. 그런데 이번 토론 과정에서 좀 실망스러웠던 것은 AI 산업을 하려면 무제한 전력이 필요한데 어떤 에너지 중심으로 가느냐, 에너지 믹스로 간다면 원자력 발전 중심으로 갈 수밖에 없는데, 그게 아니고 대체 에너지 중심의 에너지 믹스를 말하더라고요. 문재인의 가장 큰 실정인 탈원전 시즌2가 될 수도 있는데 탈원전이 잘못됐다는 것을 생각 안 하는 것 같더라고. 다행히 오늘 취임사에는 그 부분이 빠졌어요.

│장│ 노란봉투법 등 시장에서 굉장히 두려워하는 여러 법들과 양립할 수 있을지 모르겠으나 어쨌든 규제나 기업 활동 부분에 있어서는 그래도 일단 와닿는 슬로건을 걸었다. 앞으로 여러 우려하는 법안들을 어떻게 처리하는지를 보면서 잘할 때는 박수 쳐주고 못할 때는 또 비판하고, 그런 지점들을 저희가 발견하고 있는 것 같습니다.

21대 대선, 국민들의 절묘한 선택!

│김│ 계속해서 그 보수의 패인에 대해서 짚어보도록 하겠습니다. 당초 예상하신 것처럼 이재명 대통령은 역대 대선 최다 득표를 기록했고, 또 대표님께서 말씀하신 것처럼 수백만 표 차이로 승패가 갈렸는데 이번 선거 결과 총체적으로 어떻

게 평가할까요?

| 조 | 역시 선거가 위대하다는 생각을 거듭하는데요. 3500만 명이 투표를 했어요. 그 3500만 명은 세계에서 평균 IQ가 제일 높은 사람들이고 학력이 세계에서 제일 높은 사람들입니다. 그 사람들이 집단적으로 투표했다면 뭔가 아주 지혜로운 교훈이 있을 거라고요. 그건 뭐냐? 우선 이재명 후보를 확실하게 당선시켰습니다. 이것은 윤석열 계엄에 대한 심판이죠. 동시에 부정선거 음모론에 대한 확실한 심판 아닙니까? 그러면서도 김문수 후보에 대해서도 꽤 표를 많이 준 거예요. 41%.

| 김 | 많이 올라간 거죠.

| 조 | 막판 결집이 있었습니다. 이건 이재명 대통령에 대한 경계심이 발동한 거 아닙니까? 경계심은 견제죠. 앞으로 견제할 수 있는 힘을 거기에 준 거 아니겠어요? 그러면서 한국의 기존 반공 위주의 보수가 이제 거의 궤멸적 타격을 받았으니까 보수 구명정으로 이준석 후보에게도 8.3%, 이건 많이 받은 겁니다. 협공을 받는 속에서도 8.3%를. 그러니까 그 교훈 세 가지가 딱 균형을 이룬 것. 어느 한쪽으로 확 쏠리지 않았잖아요.

| 장 | 이재명 대통령 당선됐습니다만 이재명 후보가 출구조사에서는 51.7% 나올 거라고 예상치가 나와서 과반수도 훌쩍 넘기는구나 했는데 결국은 예상 출구조사보다 2.28%포인트 낮은 49.42%. 이재명 대통령이 나는 과반의 지지를 받은 대통령이야 이 말은 못 하게 됐어요.

| 조 | 오만해지지 말라는 경고가 아니겠습니까? 흔히 집단 지성이라고 하는데 그것보다는 주권자 3500만 명의 투표 행위에서 나타나는 아주 신비할 정도의 지혜로운 균형 감각이었다고 생각합니다.

|김| 앞서 윤석열 전 대통령의 역할에 대해서도 짚어봐야 한다는 말씀 주셨는데요. 어떤 역할을 했다고 보십니까?

|조| 사실 이번 선거는 윤석열 심판 선거였잖아요. 윤석열 심판 선거로서 시작이 되었고 지난 4월4일 헌법재판소의 파면 결정은 법률적 심판이었고 국민들이 직접 내가 한번 심판하겠다고 한 게 이번 선거 아닙니까? 그 심판을 일단 확실하게 했어요. 윤석열 전 대통령이 사실은 대목마다 나타나서 부정선거 음모론 영화도 보러 가고, 가만히 있으면 될 텐데 김문수 후보 지지한다는 선언도 하고, 그리고 한덕수 전 총리를 민 게 결국 윤석열 전 대통령 맞지 않았겠어요? 그러니까 결국 이번 선거에 개입한 것이죠.

유권자들의 정치수준 높아, 심판과 동시에 오만 경고!

|장| 그렇다고 많은 유권자들이 느끼고 있습니다.

|조| 개입했는데 그게 결과적으로는 이재명 대통령 당선을 돕는 방향으로 간 거죠. 가장 크게 도운 것은 2024년 12월3일이고, 비상계엄 선포 나왔을 때 아니 도대체 이게 뭐야 하는 그 첫 반응, 그 첫 반응이 어제 투표로서 나타난 것 아닙니까? 투표에서 그런 반응들이 바로 이재명 당선으로 나타난 건데, 그러나 한쪽으로 치우칠 수 있는 선거를 적당하게 갈라주는 바람에 정말 한국 사람들 대단하다는 생각이 들어요. 역시 한국의 민주주의는 자랑스럽고 그 다음 민주주의는 역시 문제를 노출시키거든요. 그 다음 노출시킨 문제를 해결합니다. 투표를 통해서. 그래서 실수를 견디는 게 민주주의라는 말이 그냥 교과서에 있는 게 아니라 어제 실증이 됐다고 봅니다.

|김| 아 국민은 위대하고 투표 결과를 보면 늘 교훈을 얻는다.

|장| 잘못한 거 아주 싸늘하게 심판하면서도 오만하지 말라고 경고도 주고.

|조| 그러니까 그 경계선이 얼마나 재미있습니까? 어떻게 보면 예술적이에요. 그건 정치 수준이 높다는 것이고 유권자의 수준이 높다는 거예요.

|장| 사실 우리나라 선거가 역대 돌이켜 보면 참 그때그때 다 끝나고 나면 뭐 총선 의석도 그렇고 대통령 선거 투표 득표율도 그렇고 절묘한 선택이었어요.

|조| 어제 지역에서 중요하게 본 게 (이재명 후보가) 부산, 울산, 경남에서 거의 40%를 받았거든요. 거의 40%. 그런데 안동이 고향이면 경북에서 그만큼 나와야 되는데 경남에서 나왔다고. 이거 중요한 변화입니다. 이번 선거에서 대구·경북 지방이 좀 변화했으면 좋겠다는 그런 바람이 있었는데 부산·울산·경남이 바뀌었어요. 그런데 역사적으로 보면 우리나라 정치적 변혁을 일으키는 곳이 부산·마산입니다.

장원준 : 그렇죠. 사실은 부마항쟁으로.

|조| 1960년 4·19의 도화선이 된 3·15 마산의거, 그게 부산으로 그 다음 서울로 뛰어서 4·19가 됐습니다. 1979년 10월16일 부마사태. 그건 부산·마산에서 들고 일어나 같은 경상도 정권인 박정희 정권을 무너뜨린 거예요. 또 있습니다. 1985년 2·12 총선 때 여당인 민정당을 야당이 뒤흔든 이변이 부산에서 일어났다고. 부산에서 민정당 의원들이 많이 떨어졌어요.

|장| 그때 민정당 그리고 제2중대라는 민한당, 그리고 이때 신민당이라는 좀 선명 야당이 나와서.

|조| 부산의 투표 성향이 굉장히 공평해요. 공정해요. 어느 쪽으로 확 쏠리지 않아요. 또 그것을 뒷받침하는 사회 경제적인 부분을 보면, 호남

사람들도 많이 살고 울산은 외부에서 온 근로자들도 있고 해서 구성이 좀 다양하고, 또 바다를 끼고 있으니까 해양적이고 개방적이고 행동적이고. 나는 한국의 민주주의, 민주시민으로서 가장 자격이 있는 사람들이 부산 사람들이 아닌가 하는 생각이 들었어요. 그래서 어제 그 40%? 뭐 그런 생각이 들었습니다.

|김| 투표 결과를 너무 재미있게 분석해 주셔서 여쭙고 싶은 게 있는데요. 이준석 후보에 대해서 어떻게 평가하십니까? 8.34%를 얻었는데요.

|조| 그건 대단한 겁니다. 우리 정치사에 남을 만한 완주 아닙니까? 또 돈도 많이 안 썼잖아요. 자기 독특한 스타일을 갖고 그 말과 글로써 여기까지 왔는데 물론 세 번째는 실수를 했지.

|장| 예. TV토론 때요.

|조| 방송 용어를 아닌 걸 써서 그렇게 됐는데 실수를 했는데도 또 그걸 돌파를 하더라고요. 자기 나름대로 논리를 딱 세워서. 그건 대단한 겁니다. 결국 정치는 모택동이 한 이야기대로 피를 흘리지 않는 전쟁 아닙니까? 전쟁은 피를 흘리는 정치고. 여기는 무조건 싸워야 됩니다. 싸우는 사람, 싸워서 버티는 사람이 최종적으로 승리하는 거죠.

이준석 8.3%, 이재명으로 가는 표 막는 방파제 역할

|김| 젊은 사람들은 이런 산술식을 해요. 김문수 41.15%, 이준석 8.34%, 아니 더 하면 이재명보다 더 높잖아! 그러면서 이거 단일화 안 해서 그런 거 아니야?

|장| 절묘한 게 김문수, 이준석 합치면 49.49% 이재명 49.42%, 0.07% 거의

똑같이 나왔어요.

| 조 | 저는 이준석 8.3%가 이재명으로 가는 표를 막은 방파제 역할을 했다고 봐요. 만약 단일화를 했더라면 이준석 10표 중 4표 정도는 이재명 쪽으로 갔을 거예요.

| 장 | 그러면 이재명 후보가 과반수로 대통령 당선되는.
| 조 | 과반 넘겼을 겁니다. 그리고 앞으로는 선거운동 시작한 다음에는 법적으로 단일화를 못하게 해야 돼요. 너무나 당연한 것 아닙니까? 400미터 경기를 출발해서 뛰고 있는데 그 사이 2등, 3등 하던 사람이 손잡고 한 사람 밀어주기로 하고 한 사람 기권하면 그 게임은 다시 해야 되는 것 아닙니까?

| 장 | 차라리 결선투표제를 도입한다든지
| 조 | 그렇게 하던지 아니면 단일화를 하려면 정몽준·노무현 식으로 선거운동 기간이 시작되기 전에 했어야죠. 이게 일종의 단일화 스토킹이었잖아요. 아니 안 하겠다고 그렇게 애처롭게 버티는 이준석 쪽에 국민의힘이 계속 들러붙어서 스토킹 하더니, 그것 때문에 좀 지지율을 높이는 덕은 봤지만 그런식으로 하면 보수가 뭐가 됩니까? 정정당당하게 해야지.

| 장 | 이제 이재명 대통령 오늘 출범했고 취임식 했고 저희도 잘 하시길 빕니다만 가장 많이 우려하는 게 이재명 정부는 브레이크가 없다. 이제 행정 권력도 쥐었는데 입법부도 한 150석 사실상 갖고 있고 사법부도 대법관 증원해서 30명이 되면 사실상 임명하는 대법관이 과반수 되고 그러니까 견제 장치가 없는 게 너무 폭주를 불러오지 않을까 그런 우려는 있거든요.

| 조 | 그런데 어제 선거 결과가 브레이크를 만들었어요. 과반 안 줬잖아요. 그러니까 그럼 나머지는 언제든지 브레이크로 바뀔 수가 있지.

| 김 | 총선 때? 의석수로?

| 조 | 그렇죠. 언제든지 브레이크로 바뀔 수 있는 국민들이 있다는 거. 그 다음에 제도적으로는 결국 저렇게 권력이 집중되면 성인군자라도 독재화 될 수 있잖아요. 그걸 막을 수 있는 장치가 민주국가에는 세 가지 있지 않습니까? 언론의 자유, 사법, 야당. 이게 살아 있어야지. 그런데 이 셋 중에 하나가 죽으면 나머지 두 개도 흔들린다고. 이 세 개가 서로 협력하면서, 특히 언론 종사자들이 기사를 잘 써야 되는 거 아닙니까?

국힘은 尹 껴안은 김문수 선택부터 잘못, 한동훈 노선으로 갔어야

| 김 | 네 저희가 책임감을 또 느낍니다. 매 정권이 들어설 때마다요. 국민의힘 패인, 당연히 이번에는 크게 패배할 것이라고 예상을 계속 하고 굽히지 않았습니다. 우리 대표님, 당내에서는 누구의 책임이 가장 크다고 보십니까? 지금 국민의힘에서는 여러 가지 말이 단톡방에서 나오고 있다고 해요. 김문수를 당 대표로 해야 한다.

| 조 | 우선 윤석열 책임이 크고요. 두 번째 책임은 역시 당사자인 김문수 책임이고.

| 장 | 어쨌든 후보니까요.

| 조 | 후보니까. 그리고 왜 사전투표 폐지를 공약합니까? 수락 연설에

서 했잖아요. 사전 투표 폐지하겠다고. 그분이 한 2주 뒤에는 사전 투표 하자고 그랬죠. 그러니까 국민의힘은 일종의 절대모순에 빠졌다고 그럴까요? 계엄을 옹호한 세력이고 부정선거 음모론에 탄 세력이 후보를 냈으니까 이 후보가 도대체 이 선거에서 이길 수 있기를 바라는 게 무리 아니었습니까? 논리상으로는 후보를 내지 않았어야 할 정당이에요. 다만 후보를 내려면 한동훈 노선으로 갔어야 돼요. 윤석열과 확실히 차별화를 했어야지. 그래서 한동훈 후보가 됐더라면 이번 선거판은 어떻게 됐을까 한번 상상해 볼 필요가 있어요.

| 김 | 어떻게 됐을까요?

| 조 | 이재명 후보를 더 몰았을 수도 있다고 생각해요. 왜냐하면 윤석열도 잘못했다. 그런데 이재명도 잘못했다. 이렇게 하면 논리가 성립되잖아요. 그런데 윤석열을 옹호하면서 이재명만 공격하면 안 먹히잖아요. 그리고 한동훈 후보였다면 그 다음 이준석과의 단일화는 상당히 자연스러운 게 됐을 겁니다.

| 김 | 맞아요.

| 조 | 그런데 김문수·이준석 단일화가 애초부터 불가능했던 게 한쪽은 계엄을 옹호하고 부정선거 음모론을 옹호하는 사람이고, 부정선거 음모론이라고 하면 이를 가는 이준석과 단일화를 하겠다니까 처음부터 안 됐던 거죠. 한동훈·이준석이었다면 그 나이도 아주 근사하고 딱 합쳐서 세대교체·정치교체 이렇게 들고 나왔을 때 이번 선거판은 지금과는 완전히 다를 수 있고 주도권을 잡게 되거든.

그러나 이번 선거 결과는 그것과는 별도로 국민들의 선택에 의해 잘 나

뉘줌으로써 보수를 완전히 궤멸시키지도 않았고 보수에게는 반성의 기회를 주고, 그리고 이재명 대통령에게는 조심하라는 경고도 주고.

|김| 한동훈 전 대표가 으늘 국민들께서 불법 계엄과 불법 계엄을 옹호한 구태 정치에 대해 단호한 퇴장 명령을 내린 것이라고 선거 결과에 대해 밝혔는데요. 한 대표 주장처럼 당내 구태 정치가 퇴장을 하게 될까요?

|조| 이렇게 졌으면 뭐 권성동 이런 분으로 대표되는 이른바 당권파들은 다 물러나야 되는 거 아닙니까? 그리고 비상대책위원회를 다시 구성하든지 김용태 위원장 임기를 늘리든지 해서 당을 쇄신해야죠. 그러지 않고 계속 붙들고 있으면 전당대회를 언제 하는지. 그러니까 지금 좋은 기회를 주었는데 또 국민의힘의 타성에 의하면 그 기회를 또 날려버릴 가능성이 꽤 있다 이거죠. 다만 김문수 후보의 영향력이 커진 것 같아요. 선전했으니까 지금 국민의힘 안에서는 그만한 대중적 인기를 가진 사람이 없잖아요.

국힘, '실력'에서 민주당과 상대 안돼

|김| 지금 당 대표로 세워야 돈다는 얘기가 단톡방에서 나온대요.
|조| 김문수 후보가 당 대표가 될 수도 있고, 김문수 후보는 이재명 대통령을 견제하는 사람으로서는 좀 장점도 있잖아요.

|장| 삶의 궤적 같은 건 좀 상당히 대비돼서 돋보임은 있죠.
|조| 그런데 그게 선거운동에는 장점이 되겠는데 앞으로 결국 국정 운영을 놓고 싸우는 것 아닙니까? 그러려면 이쪽 진영의 실력이 있어야지.

| 김 | 그런데 보수가 두 번이나 대통령이 연속 탄핵됐잖아요. 다시 재집권이 가능할까? 왜냐하면 입법 행정이 다 이렇게 지금 한쪽으로 힘을 몰아주는 것 같은 분위기에서 이게 집권이 쉬울까라는 그런 우려는.

| 조 | 아니 실력 있는 사람이 이기는 거 아닙니까? 정치나 전쟁에서는 실력 있는 사람이 이기는데 지금 국민의힘 국회의원과 민주당 국회의원을 한번 비교해 보시고 그 다음에 당원들과 당원들을 한번 비교해 보시고 민주당 편을 드는 여러 기관, 대중 단체, 유튜브 또 이쪽 편하고 한번 비교를 해보시라고. 어느 쪽이 잘하는지, 어느 쪽이 유능한지 이건 벌써 게임이 아닙니다. 실력에서 넘어갔어요. 그걸 뒷받침하는 게 지금 여론조사. 이번에 이재명 지지로 돌아선 3대 세력이 있거든요. 자영업자, 노무직, 화이트칼라 사무직. 그러니까 장사하고 봉급 받아서 생활하는 생계인 생활인들이라고요. 이 사람들이 전체 유권자의 63%입니다. 이 사람들이 이재명 쪽으로 가버렸잖아요.

그리고 이 사람들이 우리 사회의 중간에 있는 사람입니다. 그렇죠? 이 사람들도 성향은 중도층이 많아요. 중도 진보층인데 한국 사회의 중심 세력을 민주당이 지금 장악한 거 아닙니까? 국민의힘이 장악한 것은 노년층, 경상북도. 변두리라는 말을 써서 좀 그런데 이게 변두리 아니에요? 한국 사회의 중심부는 민주당이, 변두리는 국민의 힘이 그러면 어떻게 이 중심부로 들어갈 거냐? 이 중심에 있는 이 생활인들, 중도 성향의 중산층 이 사람들의 마음을 어떻게 잡을 거냐? 이재명 대통령만 욕해서 되겠습니까? 실력을 길러야 합니다.

| 장 | **실력을 길러야 한다. 지금은 실력이 형편없이 많이 떨어진다.**

| 조 | 그런데 실력을 왜 안 길렀느냐 그동안엔 뭐 이재명 후보 욕만 하

면 그걸로 충분하다 생각했으니까. 이재명보다 더 나은 후보를 기를 생각을 하지 않고 있다가. 아까 취임 연설에서 중요한 이야기를 했지만 '유능한 사람은 통합을 하는데 무능한 사람은 분열만 시킨다', 결국 윤석열 대통령이 이준석 세력도 몰아내고 그 다음 의사들도 적으로 돌렸다가 자멸한 것을 가리키는 거 아닙니까? 실력 있는 사람이 통합할 수 있다는 거예요. 실력 있는 사람은 자신이 있으니까 통합을 하는 거죠.

|장| 대통령 오늘 취임사는 통합은 유능의 지표이며 분열은 무능의 결과입니다. 그 구절 말씀이신 거죠? 예 알겠습니다.
|김| 정말 명문이 많았던 것 같고 오늘 또 상황을 정리해 주시는 우리 대표님의 말씀도 명문이었습니다.
|장| 정말 늘 감사드립니다. 지금까지 조갑제닷컴 조갑제 대표님과 좋은 말씀 들었습니다.

• 제 2 장 •

이재명 후보·대통령과 나눈 다섯 시간 대화

이재명 후보와 나눈
세 시간 대화

趙英來 변호사 추억

 한번도 대면(對面)한 적이 없는 이재명(李在明) 후보와 저녁 약속을 잡아 놓은 뒤 그가 쓴 책 몇 권을 읽다가 접점(接點)을 하나 찾았다.

 〈연수원 시절 변호사 시보(試補)를 조영래(趙英來) 변호사 사무실로 나갔다. 조영래는 누구인가? '전태일 평전'을 썼던 그분이 맞다. 경기고와 서울대를 최우수로 나온 수재였지만 인권변호사로서, 민주화운동가로서 희생을 마다하지 않고 불멸의 삶을 살았던 분. 조영래 변호사 사무실에서 망원동 수재민 집단소송을 자원봉사했다. 변호사 개업을 해야 하는데 사무실 임대료가 없어 고민하던 중이었다. 하루는 변호사님이 부르더니 개업에 쓸 500만 원을 빌릴 수 있게 해주셨다. 판검사 임용을 마다하고 갈 길을 가겠다는 스물다섯 살짜리 어린 변호사의 무모한 도전과 용기가 가상했던 모양이다. 뿌듯했다. 전태일 열사를 평전으로 우리 안에 되살린

조영래 변호사님이 나를 믿고 인정해준 것 같았다.〉

　2025년 4월21일 저녁 서울 광화문 지역에 있는 한 식당에서 이재명 후보, 정규재TV의 정규재 대표와 식사를 함께했다. 李 후보 초청으로 이뤄진 비공개 회동이었다. 기자들은 보이지 않았다. 늘 생글생글 웃는 얼굴의 그는 악수를 하자 마자 "저 조 대표님 좋아했습니다. 그런데…"라고 했다.
　자연히 조영래 변호사 이야기가 나왔다.
　서소문 명지빌딩에 있던 趙 변호사 사무실은 1980년대 후반 내가 자주 가던 곳이었다. 그 사무실에는 운동가, 법조인, 기자들이 들락날락했는데 천정배 변호사(前 법무장관)와 박석운(한국진보연대 대표) 씨가 같이 일하고 있었다. 조 변호사는 고향(경북 청송군 안덕면)이 같고 일가(一家)이기도 한데 유신시절을 도피생활로 보낸 사람답지 않게 푸근하고 화제(話題)가 풍부했다. 그의 사무실은 민주화의 열기로 들뜬 분위기 속에서 일종의 아지트 역할을 했다. 이재명 시보가 도왔다는 망원동 수재민 집단소송을 기획하고 밀어붙인 조영래 변호사는 인권변호의 지평을 넓힌 사람인데 1990년에 43세로 일찍 타계하지 않았더라면 더 큰 일을 했을 사람이다.

首都이전 문제

　1980년대 후반, 당시의 민주화 운동은 직선제 개헌 하나로 집중되어 1987년 대통령 선거에서 김영삼·김대중이 분열하기 전까지는 지역과 이념으로 갈라지지 않은 순수한 시절이었다. 2024년 12·3 계엄 사태 이후 그때 친했던 이들과 다시 만나는 경우가 많아진 것은 계엄과 음모론에 반대하는 점에서 같은 입장이기 때문이다. 헌법과 사실만 존중하면 좌우, 여야(與野)를 넘어 편한 대화가 가능하다.

당시 이야기를 시작으로 세 시간 동안 잡담이 오고 갔다. 이재명 후보는 높은 지지율 때문이기도 하겠지만 경쾌한 모습이었다. 천성(天性)이 낙천적인 듯했다. 나는 李在明이란 한자(漢字) 이름에 그런 성격이 깃들어 있는 것 같다고 했다. 밝음(明)이 있으라는(在) 염원을 담아 지어준 이름이니 명함이나 서명(署名) 때 한자 본명(本名)을 써보라고 했다. 그러면서 한자(漢字)교육의 필요성을 설명했더니 동감을 표시했다. 나는, 박근혜 전 대통령이 탄핵당하기 전에 초등학교 교과과정에 한자 병기(倂記)교육을 하기로 결단했는데 문재인 대통령이 들어서자마자 이를 폐기한 것은 정치적 신념을 떠나 미래 세대를 위해서 나쁜 짓을 한 것이라고 했다.

대화는 편했다. 서로 생각이 다른 사람들끼리 소통하면 의외로 일치되는 점을 발견하게 된다. 나는 선거판에서 공론(公論)이 되고 있는 세종시로의 수도이전에 대하여 반대론을 폈다. 역사적으로 수도를 남쪽으로 옮긴 고구려 백제가 내분을 겪고 망하는 길로 갔다는 점, 노무현 대통령 후보가 2002년 선거에서 신행정수도 건설 공약으로 재미를 보았으나 국회와 청와대까지 옮기는, 사실상의 천도(遷都)를 밀어붙이다가 이명박 서울시장의 반대와 헌법재판소의 위헌결정으로 좌절되었던 사실, 남북한 대결의 핵심은 평양정권과 서울정권의 정통성 싸움인데, 세종시로 수도를 옮기면 불리해진다는 점, 그리고 내륙도시에 정치인과 관료가 모이면 세상 돌아가는 것과 멀어져 기득권 센터가 될 수 있다는 점(파키스탄의 행정도시 이슬라마바드 사례다) 등을 설명했다.

이재명 후보는 당선되면 일단 용산 집무실로 들어갔다가 청와대 내부를 고쳐서 복귀한 뒤 세종시로 수도를 옮기는 문제 등을 검토할 생각이라면서 개헌이 필요하고, 국민갈등 등으로 추진이 쉽지 않을 것이고 초기에 그런 문제로 힘을 뺄 필요가 있을까라는 반응이었다. 무리하게 수도이전을 밀어붙이진 않을 것이란 인상을 받았다. 취재 목적의 만남은 아니었지만 가장 먼저 확인하고 싶었던 생각이 천년 수도 서울을 포기할 것인가라는 문제라서 내가 이야기를 좀 길게 했다. 정치인들이 이 문제를 선거공학적으로만 다루고 역사적으로 보지 않는 점이 아쉬웠다.

"친하다고 무능자를 쓰면 고마워하지도 않는다"

이재명 후보는 보수가 윤석열의 계엄을 편들면서 약해지는 바람에 자신들이 보수가 된 것 같다는 농담을 했다. 그는 이념을 기준으로 하는 갈등은 너무나 비용이 많이 든다면서 작년 총선을 계기로 민주당에서 종북적 영향력을 줄인 사람이 자신이라고 했다. 이념적 동질성보다는 유능한 사람 위주로 써야 한다는 말도 했다. 친하다고 무능한 사람을 써 보았자 고맙게 생각하지도 않고 도움이 안 된다고 했다. 그는 '능력위주의 실용정책'을 여러 차례 강조했다. 실용주의는 실사구시(實事求是)의 실천인데 현실과 사실을 근거로 삼아 좋은 방향을 모색하는 합리정신이다. 이재명 후보의 실용주의가 실리주의(實利主義)인지, 즉 현실의 이익에 맞는 방향인지, 아니면 이기주의(利己主義), 즉 자신의 이익을 위한 것인지는 더 지켜봐야 할 일이지만 그가 능력위주의 인사를 강조한 것은 인상적이었다.

원래 한국의 보수는 유능함으로 이름을 떨치고 위대한 문명을 건설한 주체세력이었다. 윤석열 전 대통령이 과학적 근거 없이 추진하여 의료대란을 일으킨 이른바 의료개혁과 병정놀이 수준의 비상계엄 때문에 요사이는 보수가 무능집단으로 몰리고 있다. 나는 기회만 있으면 김성한(金聲

翰) 선생이 임진왜란을 다룬 소설 '7년전쟁' 다섯 권 첫 페이지에 써넣었던 글을 인용한다.

〈무능한 통치자는 만참(萬斬)으로도 모자라는 역사의 범죄자이다.〉

이재명 후보에 대한 악평(惡評)은 많지만 무능한 사람이란 평은 듣지 못했다. 조선일보 사회부장 출신 최보식(崔普植) 기자('최보식의 언론' 편집인)의 평에 따르면 이재명 전 대표는 말과 글이 되는 정치인이다. "어떻게 그렇게 말을 잘하나?"라고 물었더니 "젊은 날 세일즈맨과 관련된 책을 많이 봤고 외판원도 좀 했다"고 하더란 것이다. 말과 글이 되는 또 다른 두 사람 한동훈 전 대표, 이준석 의원은 지금 이재명과 대척점에 있다.

"김문수 장관 임명 보고 계엄령 예측"

이재명 후보는 민주당이 일하고 공부하는 효율적 정당으로 바뀌었다고 자랑했다. 아침마다 공부모임 같은 것이 있는데 의원들 참여율이 매우 높다는 것이었다. 백낙청 교수는 지난 대선 패배 후 이재명은 김대중 이후 최고 정치 지도자라는 평을 했는데 최보식 기자는 월간조선 인터뷰에서 이렇게 말했다.

"지금까지 살아남아 거대 야당의 황제적 대표를 지낸 건 김대중도 못한 일이다. 아무리 공천권을 갖고 있어도 이건 거의 불가능하다. 보수진영이 악마 프레임에 갇혀 있지 말고 이런 관점에서 이재명을 볼 필요가 있다."

최 기자는 계엄 후 이재명 전 대표가 자신에게 "큰일이다. 나라가 반으로 쪼개졌다. 민주당이 정권을 가져온다 해도 똑같이 되는 거다. 사람들이 왜 나를 무서워하는지 모르겠다"고 했다고 전했다.

내가 어떻게 계엄선포를 예측했느냐는 질문에 李 후보는 마키아벨리 이야기를 꺼냈다. 지도자가 몰리면 충성분자들을 데리고 요새 안으로 피하여 결사항전을 하는데 계엄 직전의 윤석열 대통령을 보니 그럴 수밖에 없는 상황을 스스로 만들고 있더라는 것이다. 김문수 고용노동부 장관, 안창호 국가인권위 위원장 임명 등 강경파 중용, 북한에 대한 위험한 행동을 보면서 뭔가 준비하고 있다는 생각을 했고 그래서 '우리가 알고 있다'는 점을 알려 막아보자는 차원에서 지난 여름부터 비상계엄령 선포설을 공개적으로 주장했다는 것이다.

이재명 후보는 최근 자신의 저술에서 〈윤석열 정권에 대한 나의 질문들은 쌓여갔다. 모든 타협에는 문을 걸어 잠그고, 배제와 은둔의 정치를 고집하는 까닭은 무엇일까?〉라고 썼다.

〈상식적으로 납득되지 않는 일들이 연달아 발생하는 것을 보면서 이 정권의 갈 길이 영구집권을 꿈꾸는 것밖에 없다는 판단이 확실히 들었다. 마키아벨리는 대중의 인기를 잃은 독재자들이 가는 길은 정해져 있다고 했다. 그 독재자들은 강력한 병사들을 데리고 요새로 가서 칩거한다. 그리고 요새의 성문을 지키는 자는 절대 스스로 열고 나가지 않을 만한, 배신해 봐야 상대편에서 환영받지 못할 만한 사람으로 세운다. 윤 전 대통령 입장에선 김문수 전 장관 같은 사람이 그런 측면에서 아주 유용했을 것이다.〉

이재명 후보는 이 책에서 〈비상계엄이 해제되지 않았다면 저들은 나를 고문하면서 지난 대통령 선거가 부정선거였다는 허위자백을 받아내려고

발버둥을 쳤을 것이다.〉

정확했던 예측

김민석 의원은 2024년 8월21일 민주당 최고위원회의에서 "차지철 스타일의 야당 입틀막(입을 틀어막다) 국방장관으로의 갑작스러운 교체와 대통령의 뜬금없는 反국가 세력 발언으로 이어지는 최근 정권 흐름의 핵심은 국지전과 북풍 조성을 염두에 둔 계엄령 준비 작전이라는 것이 근거 있는 확신"이라고 했다. 2024년 9월2일 국회 국방위원회에서 열린 김용현 국방부 장관 후보자 인사청문회에서 박선원 더불어민주당 의원은 김 후보자가 최근 이진우 수도방위사령관, 곽종근 육군특수전사령관, 여인형 국군방첩사령관을 서울 용산구 한남동 대통령 경호처장 공관으로 불렀다는 의혹을 제기했다. 그러면서 박 의원은 "(이들의 방문 사실을) 출입기록에 안 남기려고 입구에서 경호처 직원 안내로 불렀다"며 "무슨 얘기를 했느냐. 계엄 얘기를 하지 않았느냐"고 따졌다. 이에 김 후보자는 "사실이 아닌 것을 가지고 선동적인 말씀을 하고 있다"며 "이 자리는 청문회, 말 그대로 듣는 자리고 거짓 선동하는 자리가 아니다"라고 반박했다. 김 후보자는 부승찬 민주당 의원의 관련 질의에 "지금 대한민국 상황에서 계엄을 한다면 어떤 국민이 이를 용납하겠나. 군에서도 따르겠나"라며 "저는 안 따를 것 같다"고 답했다. '장관이 되면 윤석열 대통령에게 계엄 발동을 건의할 것이냐'는 여야 의원들의 거듭된 질의에 "(그럴 생각이) 없다"고 했다. 한기호 국민의힘 의원은 "귀신이 뭘 잘못 먹고 얘기하는 게 아닌가 생각이 들 정도로 황당하다"고 민주당을 비판했었지만 민주당은 상당히 정확한 내부정보를 갖고 대비하고 있었음을 보여주었다.

윤석열 전 대통령이 주요정책을 추진하면서 정보기관을 활용하지 않고 독단, 주술, 음모론에 휘둘려 파국을 맞은 것과 비교된다. 이런 정보능력의 차이는 보수, 진보의 실력 차이이기도 하다.

李 후보는 그러나 2024년 12월3일 계엄선포 순간엔 "이거 딥페이크야, 가짜뉴스야"라고 부인에게 말했다고 한다. 진짜라는 게 밝혀져 국회로 가려고 나설 때는 문 앞에 군인들이 와있을 것 같아 부인이 현관문의 안전고리를 걸어둔 채 살짝 문을 열고 바깥을 살폈다고 했다.

對日觀의 극적 反轉

나는 李 후보에게 대통령이 되면 국민을 향하여 적대적, 분열적 용어는 쓰지 않았으면 좋겠다고 했다. '보수', '진보', '기득권층', '반국가세력(反國家勢力)'처럼 싸잡아 규정하는 말은 헌법에 나와 있지 않다. 헌법엔 개인과 국민만 있을 뿐이다. 그래서 링컨은 "대통령은 헌법의 눈밖에 가질 것이 없다"고 이야기했다. 동석한 세 사람은 대통령이 역사논쟁을 일으키는 주인공이 되어선 안 된다는 데 같은 생각이었다. 대통령(大統領)이란 낱말이 '국민을 크게 통합하는 우두머리'란 뜻이 아닌가?

그는 민주당 대통령 후보로 확정된 후 첫 공식 일정으로 국립현충원을 참배했는데 이승만·박정희 묘소도 들렀다. 기자들에겐 이렇게 말했다.

"망인(亡人)들의 평판은 역사가와 시민사회에 맡겨도 되지 않을까 생각합니다. 가급적이면 지나간 이야기, 이념과 진영 이런 것들은 곁으로 미뤄두면 어떨까 생각합니다."

그날 국회 당대표실에서 열린 최고위원회에 참석, 이런 말도 했다.

"대통령이란 단어가 무슨 뜻인지 국어사전을 찾아 뒤져서 보았습니다.

국민을 크게 통합하는 우두머리라는 의미가 있더군요."

이 말을 두고 윤석열 내란 우두머리와 대치시킨 것이란 해석도 있었지만 부정선거 음모론의 우두머리가 되어 국민들, 특히 보수층을 대분열시킨 사람에 대한 비판은 더 직설적이어야 할 것이다.

미국과 중국에 대한 그의 생각은 예상할 수 있는 모범 답안 수준이었다. 반일(反日)종족주의에 가까웠던 그의 대일관(對日觀)은 최근 영국 주간지 이코노미스트 인터뷰에서 극적으로 반전(反轉)했다. 일본의 국방력 강화에 대하여 "현재 한일관계가 적대적이지 않으므로 한국에 위협이 되지 않는다"고 한 것이다. 이런 답변에도 불구하고 그날 대화로는 '이재명 대통령'이 반일정책을 쓰지 않을 것이란 확신은 들지 않았다. 며칠 뒤 만난 주한(駐韓) 일본대사관의 고위인사는 "그의 말을 믿느냐 마느냐를 떠나서 그런 말을 해도 그쪽 진영에서 반발이 없다는 현실은 중요하다고 생각한다"고 했다.

全국민 회고록 쓰기 운동에 共感

李 후보는 대화에서 좋은 아이디어가 나오면 휴대전화에 메모를 하기도 했다. 그는 정부 부처마다 쓴소리 하는 자리를 하나씩 만들면 어떨까 하면서 작명에 대해서 물었다. 내가 '옴부즈맨'이라고 했더니 메모를 했다. 나는 "정부 차원의 全국민 회고록 쓰기 운동"을 이야기했다. 한국 현대사는 인류사에 남을 '가장 위대한 이야기(The Greatest Story Ever Told)'이다. 지인(知人)들이 쓴 회고록을 읽어 보면 모두가 소설감이다. 더구나 해피 엔딩이다. 국가가 나서서 이런 감동 스토리의 주인공들이 돌아가시기 전에 기록을 남길 수 있도록 하고 그 기록을 모아 국가 기록으로 보존

하고, 출판도 도와주고 손자, 손녀들에게 선물하면 아마도 세계문화유산이 될 것이다. 한국인만 남길 수 있는 이런 거대한 기록은 어마어마한 문화유산으로 경제적, 교육적 기능이 만만치 않을 것이다. 李 후보도 즐거운 표정으로 동감했다.

내가, 당선될 경우 취임 직후에 6·25 남침 75주년 기념행사를 하게 되는데 한국전의 결전장인 다부동 전적지에서 하면 어떻겠느냐고 했더니 "거기 가 본 적이 있다"고 했다.

"그 사이 달라진 것이 있습니다. 거기에 우리가 한국전의 두 최고사령관 이승만·트루먼 대통령 동상을 세웠습니다."

3시간의 대화를 끝내고 헤어질 때 내가 만든 동상 제막식(2023년 7월 27일) 소책자 '위대한 만남'을 건네면서 "트루먼 대통령에게 이승만 대통령이 영문(英文)으로 써 보낸 편지가 천하명문이다"고 했다. 그는 꼭 읽어보겠다고 했다.

다부동 이승만 동상을 둘러본 이재명

이재명 후보는 '골목골목 경청투어'로 경북지방을 돌고 있던 2025년 5월9일 예정을 바꿔 경북 칠곡군 가산면 다부동전적기념관을 찾았다. 더불어민주당이 공개한 영상을 보면 에스컬레이트를 타고 올라간 그는 맨처음 이승만 동상을 둘러본다. 동상 발밑에 새겨진 글을 읽고 트루먼 동상 앞을 지나 구국용사충혼비에 참배했다. 우산을 쓴 채이다. 현직 대통령이라면 현충행사에서는 비를 맞는 것이 관례이다. 그는 떨어져 서 있는 백선엽 동상은 지나치고 내려온다. 그날 李 후보는 기자들 앞에서 이런 말을 했다.

"역사문제도 마찬가지입니다. 이미 역사 속으로 사라진 이야기들입니다. 그런데 그 역사 속의 일들을 꺼내서 자꾸 편갈이 수단으로 써요. 제가 이승만·박정희 전 대통령 묘역을 안 갔습니다. 가면 너무 시끄러워지니까. 그게 또 다른 정쟁의 요소가 되니까 안 갔는데, 이번에는 그걸 감수하기로 하고 갔다 왔는데 (오히려) 별말이 없었요(웃음). 다 공과 과가 있는 것 아닙니까. 특히 나라를 지키기 위해서 목숨을 바친 사람에 대해서는, 어느 쪽에 가까웠다, 어떤 생각을 갖고 있었다, 이런 게 뭐가 중요하겠습니까. 한목숨 바쳐서 이 나라를 구하기 위해 전투에 참여했고 그리고 산화해 갔는데, 기억하고 기려야죠.

이번 (경북)일정에 (다부동 일정이) 빠졌길래 제가 '긴 시간 걸리는 것도 아닌데 한번 가자'고 해서 갑자기 갔다 왔어요. 갔더니 볼 것도 있고 괜찮더군요(웃음)."

그가 둘러본 이승만 동상 발밑엔 "대통령 각하, 위대한 貴國의 병사들은 미국인으로서 살다가 죽었습니다만, 애국심을 뛰어넘어 세계시민으로서 그들의 목숨을 바쳤습니다.(1950년 7월19일 트루먼 대통령에게 보낸 서신)"라는 글이 새겨져 있다.

그 옆 트루먼 동상 발밑에는 "Dean, we've got to stop those sons of bitches no matter what.(딘, 우리는 무슨 수를 써서라도 저 개자식들을 막아야 합니다.)"이란 문장이 있다. 남침 보고를 한 딘 애치슨 국무장관에게 트루먼이 한 말이다.

2025년 4월11일 안철수 국민의힘 의원은 이 명문(銘文)을 찍어 페이스북에 공유하며 "찰스 형, 우리는 무슨 수를 써서라도 저 개자식들을 막아야 합니다"라고 적었다. 한 인터넷 매체는 '안철수, 이재명 겨냥?'이란 제목을 달았다.

대통령이 되면 표변하는 경우

나는 그날 저녁 자리에서 3金 씨, 김종필·김영삼·김대중을 오랫동안 취재한 경험과 인물평을 했는데 세 사람은 정치적 입장은 달라도 인간을 대하는 교양을 유지했던 분들이다. 3金 씨는 1920년대생, 이재명 후보는 1960년대생, 나는 1940년대생이다. 기자의 특권이자 의무는 사람을 가리지 않고 만나는 일이다. 나는 3金 씨 중 김대중에 대하여 비판적인 글을 많이 쓴 걸로 알려져 있는데, 그래서 가장 많은 인터뷰를 한 이는 김대중이었다. 그런 점에서 이재명 후보와의 만남은 늦은 감이 있는데 이 만남이 뉴스가 되었다. 보수 기자가 진보 정치인을 만나면 뉴스가 되는 상황, 이게 진짜 뉴스일 것이다.

김종필은 말년에 대통령이 되면 사람이 달라지는 경우를 이렇게 표현했다.

"경제는 실업(實業)이고 정치는 허업(虛業)이다. 청와대에 들어가기만 하면 변심, 욕심, 야심을 갖게 되더라."

대통령에 당선된 직후 사람이 갑자기 달라진 경우로는 김영삼(1993년), 박근혜(2013년), 윤석열(2022년)이 있다. 김영삼의 좌파적 역사관, 박근혜의 친중반일(親中反日) 정책, 그리고 윤석열의 독단적 청와대 대통령실 이전은 예상 밖이었다. 세 사람이 선거운동 기간에 보여준 활달한 모습은 순식간에 교조적인 딱딱함으로 변했다. 한국의 대통령 중심제가 대통령을 세상과 차단하고 아부파들로 둘러싸이게 하는 고유한 기능이 있는 건지, 성격 탓인지 모르겠지만 개헌의 초점은 윤석열·문재인처럼 사고치는 대통령을 막는 데 두어야 할 것이다.

후보자 등록이 끝난 5월11일 현재 여론조사는 이재명 후보가 김문수 후보를 500만 표차 이상으로 이기는 것으로 나온다. 월간조선 6월호는 5월18일에 발매되어 한 달 간 팔리는데 6월4일 이후엔 이 기사의 '이재명 후보'를 '이재명 대통령'으로 읽게 될 가능성이 매우 높다. 당선 즉시 취임하게 되므로 독자들은 이 기사를 읽고 사람이 달라지는 것을 눈치 챌 수도 있을 것이다. 군인들은 다른 나라 군대의 위협을 평가할 때 "의도보다 능력에 주력하라"고 한다. 능력이 압도적이면 상대를 치고 싶은 유혹이 절로 생긴다는 것이다. '이재명 대통령'은 행정부와 국회에 대한 압도적 지배력을 갖게 됨으로 굉장한 견제나 자제력이 없으면 사법부나 언론에 대한 독단적 영향력을 멈추기 어렵게 될 것이라는 이야기가 된다.

'이재명 대통령'은 하나 유리한 지점에서 출발한다. 두 전임 대통령은 역대 최악이었으므로 아무리 못해도 그보다는 잘 할 것이란 기대감이 그것이다.

잘 웃는 사람이 이긴다!

성격이 운명이란 말이 있는데 윤석열은 화를 잘 내는 사람, 이재명은 잘 웃는 사람이었다. 처칠은 잘 웃기는 사람, 히틀러는 증오심을 부추긴 사람이었다. 레이건은 남을 웃기면서 총 한 방 쏘지 않고 '악의 제국'을 해체해 간 이다.

이재명이 쇼를 한다고 보는 이들이 많은데 인생(人生)의 본질을 연극으로 이해한 사람이 셰익스피어였다. 한 기자가 "배우가 어떻게 대통령이 될 수 있습니까?"라고 묻자 레이건은 즉석에서 "아니 대통령이 어떻게 배우가 안 될 수 있습니까?"라고 답한다.

계엄사태를 평화적으로, 헌법적 질서 속에서 진압하고 선거를 통한 국민적·주권적 결단으로 결론을 내고 있는 한국의 민주주의도 지난 77년간 시행착오의 연극을 되풀이하다가 실연(實演)의 경지에 오른 경우일 것이다.

지난 4월21일 밤 이재명 후보가 먼저 식당을 나가고 우리 두 사람은 10분 뒤에 나가서 계산대에 들렀더니 李 후보는 자신의 밥값만 내고 갔음을 알게 되었다. 뭔가 경쾌한 뒷맛이었다. (월간조선 2025년 6월호 게재)

이재명 대통령과의
두 시간 오찬 대화

明은 太陽과 月光의 융합

 2025년 7월12일 나는 이재명 대통령과 용산 대통령실 식당에서 점심을 함께 했다. 정규재 전 한국경제 주필이 동석했고, JTBC 보도국장을 지냈고 탐사보도로 유명한 이규연 홍보수석이 배석했다. 지난 4월 말 후보 시절에 저녁 식사를 하면서 세 시간 대화를 나눌 때와는 전혀 달라진 조건에서 만났다. 대통령실 정문은 남쪽으로 나 있고 식당 창문을 통해 관악산이 정면으로, 국립박물관도 내려다 보인다. 옛 국방부였던 대통령실 청사는 약간 높은 언덕 위에 있어 전망이 좋았다.
 우리 세 사람은 미리 식당에서 기다리고 있다가 12시 정각에 이재명 대통령이 웃으면서 들어와 창가에서 함께 사진을 찍었다. 요리는 정갈한 한식이었다. 점심을 곁들인 대화는 편하게 주고 받는 식으로 이어졌다. 이재명 대통령은 이야기하기가 편한 사람이다. 대화를 독점하지 않고 경청하면서 군더더기 없는 말을 한다. 그날도 대화는 정해진 주제 없이 자연스럽게 전개되었다. 대통령 후보 때의 대화와 현직 대통령과 만나서 나누는 대화는 다를 수밖에 없어 조심스럽기도 했다. 대화가 그대로 실현 가능한 정책이 될 수도 있기 때문이다.

나는 지난 4월 이재명 후보를 처음 만났을 때 늘 웃는 모습이 李在明이란 이름과 잘 어울린다는 이야기를 한 적이 있었다. 그래서 방명록에 글을 남길 때 '이재명'이라 하지 말고 '李在明'이라고 漢字 본명을 쓸 것을 주문했었다. 나는 용산에 갈 때 이런 글을 써 가지고 갔다.

李在明
明 : "太陽에 바래면 역사가 되고 月光에 물들면 神話가 된다."
仁義政治

밝을 明은 햇빛 같은, 아버지 같은 당당한 밝음만이 아니라 달빛 같은, 어머니 같은 안온함을 아우르는 밝음이다. 높은 곳, 낮은 곳을 골고루 비쳐준다는 점에서 공자의 철학인 仁義政治와 통한다. "太陽에 바래면 역사가 되고 月光에 물들면 神話가 된다"는 소설가 이병주 선생이 신동아에 연재한 소설 '山河'의 副題였다. 최근 황태연(黃台淵) 동국대학 명예교수는 '정의국가에서 인의국가로'라는 책을 냈는데 仁義國家를 Benevolent-Just State라고 했다. 나는 정의와 너그러움을 같이 품는 정치의 이미지가 명이란 글자 속에 들어 있다는 설명을 했다. 그러면서 자연히 기성세대의 최대 실수이자 이승만·박정희의 오판으로 드러난 한글專用의 폐해와 이로 인한 한국어의 반신불수화, 어휘력의 감퇴, 문해력의 약화, 교양어의 붕괴, 그 상징적 사건이 지난 대선 TV토론이었다고 하자 李 대통령도 수긍했다.

"어느 나라의 문화적 수준을 아는 가장 쉬운 방법은 그 나라 책방에 가서 그 나라 국어사전을 보는 것입니다. 두꺼울수록 선진국이지요. 한국어 사전은 영어사전 못지 않는 부피입니다. 문제는 약 70%의 한자어 단어를 한글로 표기하는 바람에 뜻이 날아가고 언어가 암호와 소리로 변한 것이지요. 박근혜 대통령이 황우여 교육부 장관을 시켜 한자 병기 교육을 하기로 결정했는데 문재인 전 대통령이 취임하자 마자 이를 폐기시킨 것은 참으로 아쉽습니다."

全국민 회고록 쓰기 운동 재차 강조

李 대통령은 트럼프 대통령과 만나 관세문제를 해결해야 하는 입장이고, 다가오는 9월3일의 중국 전승절 행사 참석 여부도 결정해야 하는 등 스트레스 받을 일이 많을 터인데 낙관적인 전망을 피력했다. 나는 "대통령직을 즐기시는 것 같다"고 했는데 몇몇 대통령들이 이 자리의 무게에 눌려 무너지든지 달라지는 것을 목격한 경험에 비춰 이재명 대통령은 안정적이고 균형을 잃지 않는 것처럼 보였다. 이날 대화에 대해서 대통령실은 아무런 조건을 걸지 않았다. 非보도 요청도 하지 않았다.

오찬 뒤 대통령실에서 먼저 만남의 취지를 기자들에게 설명한 후 여러 기자들이 나에게 전화를 걸어왔다. 나는 외교상의 좀 민감해 보이는 내용을 빼고 내가 한 말을 중심으로 몇 가지를 알려주었다.

※ 이재명 대통령은 최근 기자회견에서 "독도문제는 우리가 합법적으로 실효 지배하고 있으므로 분쟁거리가 아니다. 논쟁거리면 몰라도"라는 취지의 이야기를 했는데, 韓日관계가 오히려 韓美관계보다 안정적이란 느낌

을 받았다. 즉 李 대통령은, 과거사나 독도 문제로 갈등을 일으켜선 안된다는 생각이 확고한 듯했다.

※ 나는 특검에서 벌이는 무인기 평양 상공 침투 사건 수사에서 외환죄를 적용하는 것은 무리가 아닌가라고 했다. 李 대통령은 "그건 특검이 하는 일이다"면서도 "법리상 외환죄는 외국과 통모하여 대한민국을 공격하는 범죄인데 이를 적용하는 것은 무리라고 생각하지만" 다른 법 위반으로 처벌하는 것은 가능하다는 뜻을 밝혔다.

※ 戰時작전권 전환의 의지를 엿보게 했다.

※ 나와 정규재 전 주필은 가덕도 신공항 건설은 중단하는 것이 좋겠다는 말을 했다. 위험하기도 하고 낭비가 될 것이란 이유에서였다.

※ 국군통수권자인 이재명 대통령은 국군을 정예기술군대로 만들어 전쟁을 막고 평화를 지켜내야 한다는 점을 역설하고 있다. 나는 군대가 가장 큰 교육기관이란 점에서 軍大라고 쓰기도 한다면서 평화를 지키는 군인들의 자부심을 살리기 위해서 직무정통의 직업군인 의식을 심어 평화시의 모범적 군인상을 만들 필요가 있다고 역설했다.

※ 이재명 대통령, 나, 그리고 정규재 전 주필의 대화 시간이 3등분 될 정도로 주고 받는 이야기가 자연스럽게 흘러 1시간 30분이 지났다. 나는 후보 시절 만남에서도 꺼냈던 이야기를 다시 했다. 국가적 프로젝트로 '全국민 회고록 쓰기 운동'을 펴자는 것이다. 해방 80년을 맞은 우리 한국인의 감동적 스토리를 모아 거대한 실록으로 정리해두면 여기서 수많은 교훈이나 학술논문, 영화, 문학, 정책이 나올 것이고 이는 세계의 번영에 기여하는 불멸의 자료가 될 것이다. 李 대통령도 동감했다.

※ 나는 오는 10월 APEC 회담이 경주에서 열리는 것에 즈음하여 신라의 삼국통일이 당과 일본이 한반도에 개입할 이유를 없앰으로써 그 뒤

300년간 이어지는 동북아의 평화시대, 즉 고대사의 황금기를 열었듯이 한반도가 통일되면 제2의 황금기가 열릴 것임을 강조했다.

이재명 대통령은 오후 2시 정각에 일어섰다. 대통령실 출입기자들은 그가 워낙 부지런하게 돌아다니면서 기삿거리를 쏟아내니 질리는 것 같았다. 그렇게 할 수 있도록 하는 정신적 육체적 건강이 대단하다는 평이었다. 일단 심신(心·身)이 건강한 대통령을 갖게 된 점은 틀림 없는 듯하다.

관세협상의 본질을 쉽게 설명

2025년 7월31일 미국과 관세협상이 타결된 직후 이재명 대통령은 페이스북에 글을 올려 "큰 고비를 하나 넘었다"고 했다. 이번 협상으로 정부는 수출 환경의 불확실성을 없애고, 미국 관세를 주요 對美 수출 경쟁국보다 낮거나 같은 수준으로 맞춤으로써 주요국들과 동등하거나 우월한 조건으로 경쟁할 수 있는 여건을 마련했다고 설명했다.

통상합의에 포함된 3500억 달러 규모의 펀드는 양국(兩國) 전략산업 협력의 기반을 공고히 하는 것으로 조선, 반도체, 2차전지, 바이오, 에너지 등 우리가 강점을 가진 산업 분야에서 우리 기업들의 적극적인 미국 시장 진출을 돕는 역할을 할 것인데 특히, 이 중 1500억 달러는 조선협력 전용 펀드로 우리 기업의 미국 조선업 진출을 뒷받침할 것이다.

李 대통령은〈협상은 상대가 있다. 그래서 쉽지 않다. 일방만 이익을 취하는 것이 아니라 호혜적인 결과를 도출해 내는 것이 중요하다. 이번 합의는 제조업 재건이라는 미국의 이해와 미국 시장에서 우리 기업들의 경

쟁력 확대라는 우리의 의지가 맞닿은 결과이다〉고 했다. 이번 협상의 본질적 의미를 쉽게 설명한 것이다.

그는 〈이를 통해 한미 간 산업협력이 더욱 강화되고 한미(韓美) 동맹도 더욱 확고해지는 계기가 될 것〉이므로 〈앞으로도 정부는 국익 중심 실용외교를 항상 최우선 원칙으로 삼겠다〉고 했다. 李 대통령의 말은 쉬우면서도 핵심을 찌른다. 그는 이번 협상과정에서 전면(前面)에 나서지 않았다. 전문 관료들에게 맡기는 모습이었다. 전문가의 의견을 무시, 의료대란을 일으켰던 윤석열과 비교되는 대목이었다.

• 제 3 장 •

헌법재판소의 결단 – "윤석열을 파면한다"

헌법재판소 결정문의 핵심 정리

"악몽은 끝났다"

    2025년 4월4일 오전 광화문에 있는 나의 사무실에서 헌법재판소의 윤석열 대통령 탄핵 심판 선고 장면을 같이 지켜보던 강형원 기자(LA타임스와 AP통신 등에 근무하면서 퓰리처상 2회 수상)가 "Nightmare is over"라고 했다. "악몽은 끝났다"는 그의 말에 나도 동감했다. 4개월간 주술과 음모론이 드리워진 어두운 터널 속을 헤매다가 햇빛 속으로 나오니 진짜 세상(Real World)이 나타난 기분이었다. 그날 광화문 주변을 걸으니 사람들의 표정도 한결 밝았다.

    문형배 헌재소장 대행이 낭독한 선고문은 너무나 명쾌하였다. 상식과 법리가 합치된 글이 갖는 감동을 느꼈다. 사실관계는 이렇게 명확한데 왜 그렇게 시끄럽게 싸우고 외쳤는지 거기에 쏟은 시간과 정력이 허망하다는 생각도 들었다. 아직도 국민들의 30% 정도는 윤석열 전 대통령의 계엄 선포를 옹호하고 탄핵에 반대하며 부정선거 음모론을 믿는다. 물론 70%

의 국민들은 진영논리를 거부하고 상식, 사실, 헌법을 기준으로 판단하여 윤석열 탄핵에 찬성하는 것으로 나타나 한국에 역동적인 중심세력(Vital Center)이 건재(健在)함을 보여준 것이 탄핵사태의 한 소득이긴 하다. 이 70%는 보수의 약 40%, 중도의 약 70%, 진보의 약 90%이고 젊으며 전문직 종사자가 많은 집단이다. 이들을 기존의 계급적 관점에서 가르는 것은 맞지 않는다. 그들을, 법치와 사실을 존중하는 상식파라고 부르고 싶다. 이들의 목소리가 커져 한국의 사회와 정치를 주도하게 되는 미래를 상상하면 기분이 좋다.

윤석열과 김건희의 주술과 음모론에 기반한 정신분열적 사고(思考)는 지지세력과 변호인들을 통하여 광장과 법정을 오염시켰지만 이 사태를 정리한 헌법재판소의 윤석열 파면 결정문은 아름답고 냉철하며 고매(高邁)한 가르침이 있다.

민주주의는 실수를 견딘다!

"피청구인은 국민 모두의 대통령으로서 자신을 지지하는 국민의 범위를 초월하여 국민 전체에 대하여 봉사함으로써 사회공동체를 통합시켜야 할 책무를 위반하였다. 헌법과 법률을 위배하여, 헌법수호의 책무를 저버리고 민주공화국의 주권자인 대한국민의 신임을 중대하게 배반하였다. 그러므로 피청구인을 대통령직에서 파면한다."

"민주주의는 자정(自淨) 장치가 정상적으로 기능하고 그에 관한 제도적 신뢰가 존재하는 한, 갈등과 긴장을 극복하고 최선의 대응책을 발견하는 데 뛰어난 적응력을 갖춘 정치체제이다. 피청구인은 현재의 정치상황이 심각한 국익 훼손을 발생시키고 있다고 판단하였더라도, 헌법과 법률이 예정한 민주적 절차와 방법에 따라 그에 맞섰어야 한다."

"만약 피청구인이 대통령으로서의 권한을 다시금 행사하게 된다면, 국민으로서는 피청구인이 헌법상 권한을 행사할 때마다 헌법이 규정한 것과는 다른 숨은 목적이 있는 것은 아닌지, 헌법과 법률을 위반한 것은 아닌지 등을 끊임없이 의심하지 않을 수 없을 것이다. 그렇다면 피청구인의 권한행사에 대한 불신은 점차 쌓일 수밖에 없고, 이는 국정운영은 물론 사회 전체에 극심한 혼란을 초래하게 될 것이다."

"피청구인은 이 사건 계엄 선포 당시 우리나라가 북한 및 중국, 러시아와 같은 사회주의, 전체주의 국가들이 종래의 재래식 무기를 사용한 전면전 이외에 비정규전, 테러, 심리전, 여론전, 사이버전 등 동원 가능한 모든 수단을 전개 가능한 모든 영역에서 사용하여 공격하는 이른바 '하이브리드전' 상황이었다고도 주장한다. (중략) 그러나 '하이브리드전'과 같은 비군사적 공격에 대하여 국회에 병력을 동원하여 대응할 수 있는 것도 아니다."

나는 8-0 전원일치 파면 결정을 예언하면서 하나를 덧붙였었다.

"탄핵이 기각되면 내전적 상황, 인용되면 금방 조기대선 국면으로 전환될 것이다. 민주국가에서 큰 문제는 선거를 통하여 해결된다. 약 3000만 명 이상이 투표할 것인데 그 결과는 주권자의 결단으로 존중되어야 한다. 민주주의는 실수를 견딘다."

이 예측 또한 맞아떨어지고 있다.

1. 왜 윤석열을 파면하나?

헌법재판소 결정문은 한국현대사, 특히 어린 민주주의 역사의 한 기준점이 될 것이다. 1215년 잉글랜드의 마그나 카르타와 비견되는 영향력을 가지려면 여기서 제시된 기준을 정치판에서 실천하는 세력이 강해지고 국민들도 일종의 국민교재로 삼고 학교에서 가르치는 노력이 이어져야 할 것이다. 4·4 결정문은 민주공화국을 어떻게 지켜갈 것인지, 민주주의는 어떤 태도로 실천할 것인지, 공화국의 영원한 숙제인 권력자의 전횡(專橫)과 국민의 기본권을 어떻게 조화시킬 것인지에 대하여 지침을 준다.

2025년 4월4일 오전 문형배 헌법재판소장 대행이 읽은 윤석열 파면 결정문은 전체의 요약이고 전문(全文)은 단행본 분량이다. 이 전문 가운데 핵심적인 부분을 추려서 이해하기 쉽게 정리했다. 제목은 편집자가 붙인 것이다. 맞춤법과 띄어쓰기도 원문 그대로이다.

우리 헌법은 대통령제에서 대통령의 권력 남용을 우려하여 대통령의 국회해산권을 규정하고 있지 않다. 그러나 대통령과 국회의원의 임기의 차이 등으로 인하여 대통령선거와 국회의원선거가 일정한 간격을 두고 치러짐에 따라 대통령으로서는 임기 중에 국회를 새롭게 구성하는, 즉, 국회해산과 마찬가지의 효과를 거둘 기회를 갖는 경우가 있다.

피청구인의 경우도 자신의 취임으로부터 약 2년 후에 치러진 제22대 국회의원선거(2024년 4월)에서 그와 같은 기회를 가졌다. **피청구인에게는, 야당의 전횡(專橫)을 바로 잡고 피청구인이 국정을 주도하여 책임정치를 실현할 수 있도록 국민을 설득할 2년에 가까운 시간이 있었다.** 그 결과가 피청구인의 의도에 부합하지 않았고 피청구인이 느끼는 위기의식이나 책임감 내지 압박감이 막중하였다고 하여, 헌법이 예정한 경로를 벗어나 야당이나 야당을 지지한 국민의 의사를 배제하려는 시도를 하여서는 안 되었다.

피청구인은 선거를 통해 나타난 국민의 의사를 겸허히 수용하고 보다 적극적인 대화와 타협에 나섬으로써 헌법이 예정한 권력분립원칙에 따를 수 있었다. 현행의 권력구조가 견제와 균형, 협치를 실현하기에 충분하지 않고, 국회의 반대로 인하여 국가안위에 관한 중요정책을 실현할 수 없으며, 선거제도나 관리에 허점이 있다고 판단하였다면, 헌법개정안을 발의하거나(헌법 제128조), 국가안위에 관한 중요정책을 국민투표에 붙이거나(헌법 제72조), 정부를 통해 법률안을 제출하는 등(헌법 제52조), 권력구조나 제도 개선을 설득할 수 있었다. **설령 야당의 목적이나 활동이 우리 사회의 민주적 기본질서에 대하여 실질적인 해악을 끼칠 수 있는 구체적 위험성을 초래하는 데 이르렀다고 판단하였더라도**, 정부의 비판자로서 야당의 존립과 활동을 특별히 보장하고자 하는 헌법제정자의 규범적 의지를 준수하는 범위에서(헌재 2014. 12. 19. 2013헌다1 참조) 헌법재판소에 정당의 해산을 제소할 것인지를 검토할 수 있었다(헌법 제8조 제4항).

그러나 피청구인은 헌법과 법률이 정한 계엄 선포의 실체적 요건이 충족되지 않았음에도 절차를 준수하지 않은 채 계엄을 선포함으로써 부당하게 군경을 동원하여 국회 등 헌법기관의 권한을 훼손하고, 정당활동의 자유와 국민의 기본적 인권을 광범위하게 침해하였다. 이는 국가권력의 헌법과 법률에의 기속(羈束)을 위반한 것일 뿐 아니라, 기본적 인권의 보장, 권력분립원칙과 복수정당 제도 등 우리 헌법이 설계한 민주주의의 자정(自淨) 장치 전반을 위협하는 결과를 초래하였다. 피청구인이 이 사건 계엄의 목적이라 주장하는 '야당의 전횡에 관한 對국민 호소'나 '국가 정상화'의 의도가 진실이라고 하더라도, **결과적으로 민주주의에 헤아릴 수 없는 해악(害惡)을 가한 것이라 볼 수밖에 없다.**

민주주의는 자정 장치가 정상적으로 기능하고 그에 관한 제도적 신뢰가 존재하는 한, 갈등과 긴장을 극복하고 최선의 대응책을 발견하는 데 뛰어난 적응력을 갖춘 정치체제이다. 피청구인은 현재의 정치상황이 심각한 국익 훼손을 발생시키고 있다고 판단하였더라도, 헌법과 법률이 예정한 민주적 절차와 방법에 따라 그에 맞섰어야 한다. 그러나 피청구인은 국가긴급권 남용의 역사를 재현하여 국민을 충격에 빠트리고, 사회 경제 정치 외교 전 분야에 혼란을 야기하였다. **국민 모두의 대통령으로서 자신을 지지하는 국민의 범위를 초월하여 국민 전체에 대하여 봉사함으로써 사회공동체를 통합시켜야 할 책무를 위반하였다.** 헌법과 법률을 위배하여, 헌법수호의 책무를 저버리고 민주공화국의 주권자인 대한국민의 신임을 중대하게 배반하였다. 그러므로 피청구인을 대통령직에서 파면한다.

이 결정은 재판관 전원의 일치된 의견에 따른 것이고, 아래 12. 재판관 이미선, 재판관 김형두의 보충의견, 13. 재판관 김복형, 재판관 조한창의 보충의견 및 14. 재판관 정형식의 보충의견이 있다.

2. 국회의 줄탄핵이 비상계엄을 선포하지 않을 수밖에 없게 하는 실체적 요건이 될 수 없다

헌법 제77조 제1항은 계엄 선포의 실체적 요건으로 '전시 사변 또는 이에 준하는 국가비상사태가 발생할 것'과 '병력으로써 군사상의 필요에 응하거나 공공의 안녕질서를 유지할 필요가 있을 것'을 요구하고 있다. 계엄법 제2조 제2항은 헌법 제77조 제1항의 위임에 근거하여 비상계엄 선포의 요건을 보다 엄격하게 규정하고 있는데, 이에 따르면 **비상계엄을 선포하려면 '전시 사변 또는 이에 준하는 국가비상사태'가 발생하여야 할 뿐만 아니라, '적과 교전 상태에 있거나 사회질서가 극도로 교란되어 행정 및 사법 기능의 수행이 현저히 곤란한 상태' 역시 발생하여야 하며**, 그 목적이 '군사상 필요에 따르거나 공공의 안녕질서를 유지하기 위한 것'이어야 한다.

헌법상 국가긴급권의 인정 취지와 위 관련 규정들을 종합하여 보면, 비상계엄 선포가 헌법 및 계엄법이 정한 실체적 요건을 충족하기 위해서는 ① 전시 사변 또는 이에 준하는 국가비상사태로 적과 교전 상태에 있거나 사회질서가 극도로 교란되어 행정 및 사법 기능의 수행이 현저히 곤란한 상황이 현실적으로 발생하여야 하고, ② 병력으로써 군사상의 필요에 응하거나 공공의 안녕질서를 유지할 필요가 있어야 하며, ③ 비상계엄 선포의 목적이 군사상 필요에 따르거나 공공의 안녕질서를 유지하기 위한 것이어야 한다. 따라서 비상계엄은 위와 같은 위기상황이 현실적으로 발생하였으나 경력(警力)만으로는 이를 수습할 수 없는 경우에 병력으로써 기존질서를 유지 회복하기 위하여 선포할 수 있는 것이므로, **위기상황이 발생할 우려가 있다는 이유만으로 사전적, 예방적으로 선포할 수는 없고, 공공복리의 증진과 같은 적극적 목적을 위하여 선포할 수도 없다**(헌재 1996. 2. 29. 93헌마186 참조).

피청구인의 임기가 개시된 후부터 이 사건 계엄 선포 전까지 더불어민주당 국회의원들은 행정안전부장관 1인, 검사 12인, 방송통신위원회 위원장 3인 및 그 직무대행 1인, 감사원장 1인에 대하여 재발의를 포함한 합계 22건의 탄핵소추안을 발의하였다. 이는 국회가 탄핵소추사유의 위헌·위법성에 대해 숙고하지 않은 채 법 위반의 의혹에만 근거하여 탄핵심판제도를 정부에 대한 정치적 압박수단으로 이용하였다는 우려를 낳았다.

나아가 탄핵소추가 의결되어 피소추자의 권한행사가 정지됨으로써 권한대행자 등이 피소추자의 권한을 탄핵소추 전과 동등한 수준으로 행사할 것을 현실적으로 기대하기 어려웠다고 하더라도, 그것만으로 곧바로 행정 및 사법 기능의 수행이 현저히 곤란하게 되었다고 인정하기는 어렵다. **특히 이 사건 계엄 선포 당시에는 검사 1인 및 방송통신위원회 위원장에 대한 탄핵심판절차만이 진행 중이었는데**, 검사 1인 및 방송통신위원회 위원장의 권한행사가 정지된 상황을 두고 국가의 행정 및 사법 기능의 수행이 현저히 곤란한 상황이 발생하였다고 평가할 수는 없다.

헌법재판소는 국회의 탄핵심판청구가 부적법하거나 탄핵사유가 인정되지 않는 경우 그 청구를 각하하거나 기각할 수 있으므로, 국회의 탄핵소추의결이 평상시의 헌법질서에 따른 권력행사방법으로 대처할 수 없는 국가비상사태를 발생시킨다고 볼 수도 없다.

3. 국회의 법률안 발의가 계엄선포 요건이 될 수 없다

법률안은 국회에서의 심의·의결, 대통령의 법률안 공포 등의 절차를 거쳐 법률로서 확정되어야 그 효력이 발생되는 것이므로(헌법 제53조), 더불어민주당 소속 국회의원들이 어떠한 법률안을 발의하기 위하여 준비 중에 있다거나, 발의하여 국회에서 심사 중이라는 이유로 중대한 위기상황이 현실적으로 발생하였다고 판단하는 것은 그 합리성을 인정하기 어렵다. 피청구인이 언급하고 있는 법률안 중에는 이미 제21대 국회의 임기만료로 인하여 폐기된 법률안도 포함되어 있는데, 이미 폐기된 법률안이 이 사건 계엄

선포 당시의 국가의 존립이나 헌법질서, 사회질서, 행정 및 사법 기능의 수행에 영향을 미치고 있었다고 보기 어렵다.

또한 헌법은 피청구인에게 국회의 입법권 행사를 통제할 수 있는 권한을 부여하고 있다. 즉, 대통령은 국회에서 의결된 법률안의 공포를 15일 동안 보류할 수 있고, 법률안에 이의가 있을 때에는 그 기간 내에 재의를 요구할 수 있다. 대통령의 재의 요구가 있을 때 국회는 재의에 붙이는데, 재적의원 과반수의 출석과 출석의원 3분의 2 이상의 찬성으로 전과 같은 의결을 하여야 그 법률안을 법률로 확정시킬 수 있다(헌법 제53조 제1항 내지 제4항).

피청구인은 더불어민주당이 그 소속 국회의원들이 발의한 법률안 또는 그와 같은 법률안이 반영된 소관 위원회 대안을 일방적으로 가결시켜 중대한 위기상황이 발생하였다고 주장하나, 피청구인이 지적하고 있는 법률안 중 상당수 법률안에 대하여 피청구인이 재의를 요구하여 이 사건 계엄 선포 당시 이미 재의가 부결된 상태였다. 나머지 법률안들 역시 피청구인이 재의를 요구하거나 그 공포를 보류함으로써 그 효력이 발생하지 않은 상태였고, 이 사건 계엄 선포 이후 이루어진 재의 요구에 따른 재의에서 모두 부결되었다. 결국 이 사건 계엄 선포 당시 피청구인은 본회의에서 가결된 위 법률안들에 대하여 재의를 요구하거나 이를 공포하지 않음으로써 그 효력이 발생되는 것을 막고 있었으므로, 위 법률안들에 대한 국회의 의결로 평상시의 헌법질서에 따른 권력행사방법으로 대처할 수 없는 국가비상사태가 발생하였다고 볼 수 없다.

피청구인은 더불어민주당이 간첩죄의 처벌 대상을 확대하는 내용의 형법 개정안과 민생 및 경제활성화 등을 위한 정부 추진 법안에 대하여 반대하였다는 점도 이 사건 계엄 선포의 사유로 들고 있다. 그러나 더불어민주당 소속 국회의원들도 외국 등을 위하여 간첩한 자도 처벌하는 등으로 간첩죄의 처벌 대상을 확대하는 내용의 형법 개정안들을 발의하였고, 2024. 11. 13. 법제사법위원회 법안심사제1소위원회에서는 간첩죄의 처벌 대상을 확대하는 내용의 여당 및 야당 소속 국회의원 발의 형법 개정안들을 반영한 대안을 제안하기로 심사되었으므로, 더불어민주당이 위와 같은 형법 개정안에 반대하였다고 보기 어렵다. 또한 앞에서 살펴본 것처럼 비상계엄은 외적의 침입, 집단 또는 군중에 의한 사회질서교란 등으로 인하여 중대한 위기상황이 현실적으로 발생한 경우에 이를 사후적으로 수습함으로써 기존질서를 유지·회복하기 위하여 선포할 수 있을 뿐, 그와 같은 위기상황이 발생할 우려가 있는 상태 또는 기존질서가 유지되고 있는 상태에서는 선포할 수 없다. 그러므로 간첩죄 관련 형법 조항이 더 신속하게 개정되지 않아 안보 불안의 염려가 있다거나 더불어민주당이 정부 추진 법안에 반대하여 피청구인이 공공복리의 증진을 위하여 수립한 각종 정책 추진에 차질이 발생하였다는 이유만으로는 비상계엄 선포를 정당화할 수 없다.

4. 국회의 정부 제출 예산안 감액 심의가 계엄선포의 요건이 될 수 없다

더욱이 이 사건 계엄 선포 당시 국회는 정부가 제출한 2025년도 예산안을 심의하고 있었을 뿐, 이에 관하여 본회의 의결이 이루어진 상태도 아니었다. 국회 예산결산특별위원회에서 2025년도 세출예산안을 감액하는 내용의 수정안이 2024. 11. 29. 가결되었으나, 2024. 12. 2. 국회의장의 요청으로 본회의 의결로 나아가지 아니하고 2024. 12. 10.까지 여당과 야당이 계속하여 예산안에 관한 논의를 진행하기로 한 상황이었다.

국회의 예산안 심의가 완료되지 않은 상황에서 예산결산특별위원회의 감액 의결이 있었다는 이유만으로 중대한 위기상황이 현실적으로 발생하였다고 보기 어렵고, 본회의에서 그대로 의결될 경우 장래의 치안 불안 등이 염려된다는 이유만으로는 비상계엄 선포를 정당화할 수 없다. 정부에서 관련 자료를 제출하고 여당과 야당이 추가적으로 예산안을 심의함으로써 대응할 수 있는 상황을 두고 평상시의 헌법질서에 따른 권력행사방법으로 대처할 수 없는 국가비상사태가 발생하였다고 평가할 수도 없다.

국회 예산결산특별위원회는 2025년도 세출예산안 중 4.1조 원을 감액하는 내용으로 의결하였는데, 2023년에는 4.7조 원이, 2022년에는 13.8조 원이 국회 본회의 의결로 감액된 점, 감액된 4.1조 원 중 1.4조 원은 예측할 수 없는 예산 외의 지출 또는 예산초과지출에 충당하기 위한 일반예비비이고(국가재정법 제22조 제1항), 0.5조 원은 공공자금관리기금 예수이자 상환을 위한 금액인 점 등을 고려하면, 주요 예산을 전액 삭감하여 국가의 본질적 기능이 훼손되었다는 피청구인의 주장 역시 그 합리성을 인정하기 어렵다.

피청구인은 원전산업, 동해 심해 가스전 개발 사업, 각종 기술개발산업, 복지사업 등의 예산 일부가 감액된 점도 지적하고 있다. 그러나 앞에서 살펴본 것처럼 중대한 위기상황이 현실적으로 발생하여 기존질서를 유지 회복할 필요가 있는 경우가 아니라 기존질서가 유지되고 있는 상태에 불과한 경우에는 비상계엄을 선포할 수 없는 것이므로, **피청구인이 추진하고자 한 위와 같은 사업 수행에 차질이 예상된다는 이유만으로는 비상계엄 선포를 정당화할 수 없다.**

한편, 피청구인이 야당이 일방적으로 감액하였다고 주장하는 장거리함대공 유도탄(SM-6) 사업 예산에 대하여는 상임위원회 예산결산심사소위원회에서 미국 측의 무기 개발 절차가 지연되어 감액이 필요하다는 여야 간의 합의가 있었고, 접적(接敵)지역 對드론 통합체계 사업 예산에 대하여도 주파수를 확보하지 못하여 감액이 필요하다는 여야 간의 합의가 있었다. 그 외에도 피청구인이 야당이 일방적으로 감액하였다고 주장하는 사업 예산 중 전술 데이터링크 시스템 성능 개량 사업, 아이돌봄수당, 청년고용지원인프라운영 사업 등 상당 부분에 대하여 상임위원회 예산결산심사소위원회에서 감액하기로 하는 여야 간의 합의가 있었고, 군 간부 처우개선을 위한 당직근무비 인상 예산 등은 당초 정부안에 포함되어 있지 않았다. 이러한 점에 비추어 보면 피청구인의 예산 관련 일부 주장은 타당하다고 볼 수 없다.

5. 민주당의 대통령 퇴진요구는 계엄선포 이유가 될 수 없다

더불어민주당이 피청구인과 다른 정치적 견해를 표시하거나, 피청구인의 정책을 비판하고 피청구인의 권한행사를 견제하거나, 피청구인의 퇴진을 요구하는 것은 헌법상 보장되고 있는 대의민주주의와 복수정당 체제를 고려할 때 비상계엄을 정당화할 수 있는 이유가 될 수 없다.

피청구인의 주장과 같이 더불어민주당이 허위사실을 공표하는 등의 행위를 하였다고 하더라도, 그 행위가 초래할 수 있는 사회·정치적 혼란은 현행법이 마련하고 있는 국민의 자유롭고 공정한 토론을 보장하기 위한 다양한 제도적 장치를 통하여 충분히 대처할 수 있는 것이므로(형법 제307조 제2항, 공직선거법 제82조의4, 제96조, 제110조, 제110조의2, 제250조 등), 그와 같은 행위가 평상시의 헌법질서에 따른 권력행사방법으로 대처할 수 없는 국가비상사태를 발생시킨다고 볼 수 없다. 피청구인은 더불어민주당 대표 이재명이 자신의 형사 사건에서 재판 지연 전략을 쓰거나 법원과 검찰청 인근에서의 시위를 권장하고, 더불어민주당이 헌법재판소의 구성을 방해하는 등으로 사법권이 정상적으로 작동할 수 없게 하였다고도 주장하나, 그것이 사실이라고 하더라도 그로 인하여 전시·사변에 준하는 국가비상사태로 사회질서가 극도로 교란되어 사법 기능의 수행이 현저히 곤란한 상황이 발생하였다고 볼 수 없다.

나아가 피청구인의 주장처럼 더불어민주당의 목적이나 활동이 민주적 기본질서에 위배된다고 하더라도, 그와 같은 사유는 비상계엄 선포를 정당화할 수 없다. 헌법 제8조 제4항의 정당해산심판제도는 모든 정당, 특히 그 중에서도 정부를 비판하는 역할을 하는 야당의 존립과 활동은 최대한 보장되며, 설령 어떤 정당이 민주적 기본질서를 부정하고 이를 적극적으로 공격하는 것으로 보인다 하더라도 국민의 정치적 의사형성에 참여하는 정당으로서 존재하는 한 우리 헌법에 의해 최대한 두텁게 보호되므로, 단순히 행정부의 통상적인 처분에 의해서는 해산될 수 없고, 오직 헌법재판소가 그 정당의 위헌성을 확인하고 해산의 필요성을 인정한 경우에만 정당정치의 영역에서 배제된다는 헌법제정자의 규범적 의지를 표현한 것이기 때문이다(헌재 2014. 12. 19. 2013헌다1 참조).

6. 윤석열의 부정선거 관련 주장은 사실이 아니다

피청구인은 부정선거 의혹을 해소하기 위하여 이 사건 계엄을 선포하였다고도 주장하나, 단순히 어떠한 의혹이 있다는 것만으로 전시·사변에 준하는 국가비상사태로 사회질서가 극도로 교란되어 행정 및 사법 기능의 수행이 현저히 곤란한 상황이 발생하였다고 볼 수는 없다. 피청구인은 선관위가 헌법기관이고 사법부 관계자들이 위원으로 있어 영장에 의한 압수·수색이나 강제수사가 사실상 불가능하여 달리 부정선거 의혹을 해소할 방법이 없었다는 취지로 주장하나, 선관위는 선거소송에서 법원의 현장검증에 응하여 왔고 수사기관의 압수·수색에도 응하여 왔다. 부정선거 의혹은 선거소청 또는 선거소송을 통하여 해소할 수 있고(공직선거법 제219조, 제222조), 공직선거법은 법령에 의하지 아니하고 투표함을 열거나 투표를 위조하거나 그 수를 증감하는 등의 경우에 처벌하도록 규정하고 있으므로(공직선거법 제243조, 제249조 등) 이러한 의혹에 관하여는 형사 절차를 통하여 실체적 진실을 밝힐 수 있다.

한편 피청구인은 선관위가 국가정보원(이하 '국정원'이라 한다)의 보안점검을 받으면서 전체 시스템 장비의 약 5% 정도만 점검에 응하였고 나머지는 불응하였다고 주장한다. 그러나 선관위는 2023. 7.경부터 2023. 9.경까지 국정원의 보안점검을 받으면서 점검 대상으로 요청된 장비를 전부 제공하였다. 피청구인이 주장하고 있는 의혹 중에는 2020년 실시한 제21대 국회의원선거에서 접힌 흔적이 없는 투표지, 접착제가 묻어 있는 투표지, 투표관리관인 인영이 뭉개진 투표지 등 의혹이 제기되어 이미 검증·감정을 거쳐 법원의 확정 판결로 그 의혹이 해소된 것들도 포함되어 있다(대법원 2022. 7. 28. 선고 2020수30 판결; 대법원 2022. 7. 28. 선고 2020수5028 판결 등 참조).

피청구인은 2024년 4월 총선을 앞두고 문제 있는 부분에 대한 개선을 요구했지만, 제대로 개선되었는지는 알 수 없다고도 주장한다. 그러나 중앙선관위는 2023. 10. 10. 보안패치, 취약 패스워드 변경, 통합선거인명부 DB서버 접근 통제 강화 등 보완이 시급한 사항에 대한 조치를 완료하였다는 내용의 보도자료를, 2023. 11. 2. 그 밖의 주요 취약점은 제22대 국회의원선거 전까지 예산당국의 협조를 통해 개선을 완료할 것이라는 내용의 보도자료를, 2024. 3. 11. 보안점검에서 지적되었던 취약점은 대부분 조치하였다는 내용의 보도자료를 홈페이지에 게시 및 배포하였다. 중앙선관위는 제22대 국회의원선거 실시 전에 정보보안 업무 담당자의 PC만이 선거 서버에 접근할 수 있도록 하는 등으로 보안을 강화하였고, 부정선거 의혹을 해소하기 위하여 사전·우편투표함 보관장소 CCTV 영상을 24시간 공개하고 개표 과정에 수검표 제도를 도입하는 등의 조치를 취하였으며, 정당 참관인의 입회하에 두 차례 국정원과 합동으로 이행 여부 현장점검을 시행하였다. 이러한 상황을 고려해보면 피청구인의 이 부분 주장은 타당하다고 볼 수 없다.

7. 하이브리드戰에 국회에 병력을 동원, 대응한다고?

피청구인은 이 사건 계엄 선포 당시 우리나라가 북한 및 중국, 러시아와 같은 사회주의, 전체주의 국가들이 종래의 재래식 무기를 사용한 전면전 이외에 비정규전, 테러, 심리전, 여론전, 사이버전 등 동원 가능한 모든 수단을 전개 가능한 모든 영역에서 사용하여 공격하는 이른바 '하이브리드전' 상황이었다고도 주장한다. 그러나 피청구인이 주장하는 사정들만으로는 단순한 추상적인 가능성을 넘어서서 이 사건 계엄 선포 당시 비군사적 공격으로 인하여 평상시의 헌법질서에 따른 권력행사방법으로 대처할 수 없는 중대한 위기상황이 발생하였다고 판단할 만한 객관적인 정황이 있었다고 인정할 수 없고, '하이브리드戰'과 같은 비군사적 공격에 대하여 국회에 병력을 동원하여 대응할 수 있는 것도 아니다.

8. 5분짜리 국무회의에선 실질적 논의가 없었다

연락을 받은 국무위원들이 한 명씩 대접견실로 도착하여 피청구인이 비상계엄을 선포하고자 한다는 사실을 듣고 서로 의견을 나누었고 그 중 일부는 집무실로 들어가서 피청구인에게 반대 의사를 밝히기도 하였다. 중소벤처기업부장관 오영주가 마지막으로 도착함으로써 같은 날 22:17경 국무총리 및 국무위원 9명이 모이게 되었다. 그 무렵 피청구인이 집무실에서 대접견실로 나와 계엄 선포의 취지를 간략히 설명한 후 같은 날 22:22경 이 사건 계엄을 선포하기 위하여 대접견실을 나갔다. 오영주가 마지막으로 도착하고 피청구인이 이 사건 계엄을 선포하러 대접견실에서 나가기까지 걸린 시간은 5분 정도에 불과하였고, 개의 선포, 의안 상정, 제안 설명, 토의, 산회 선포, 회의록 작성이 없었다. **피청구인은 계엄의 필요성, 시행일시, 계엄사령관 등 이 사건 계엄의 구체적인 내용을 설명하지 않았고, 참석한 국무총리 및 국무위원들에게 이 사건 계엄 선포에 관하여 의견을 진술할 기회를 부여하지 않았으며,** 회의에서 비상계엄 선포의 실체적 요건 구비 여부 등에 관하여 실질적인 검토와 논의가 이루어지지 않았다. 국무총리와 관계 국무위원이 이 사건 계엄 선포와 관련된 문서에 부서하지도 않았다.

9. 윤석열은 비상계엄 이외에 다른 대응수단이 있었다

결국 피청구인이 더불어민주당과 관련하여 주장하는 사정들은 더불어민주당 소속 국회의원들이 국민의 대표로서 헌법상 부여받은 법률안 제출권, 법률안 심의·표결권을 행사하거나, 국회가 국민의 대표기관으로서 헌법상 부여받은 탄핵소추권, 입법권, 예산안 심의·확정권을 행사하거나, 더불어민주당이 헌법상 보장된 정당의 자유를 행사한 것에 해당한다. 그로 인하여 피청구인의 국정 운영에 상당한 지장이 초래되었다고 하더라도, 이는 대통령제를 채택하고 있는 **우리나라에서 이른바 여소야대 정국이 형성되는 경우 국회에서 다수의 지위를 점하고 있는 야당이 헌법 및 법률에 따라 국회에 부여된 정부에 대한 견제권을 최대한 행사함으로써 발생할 수 있는 상황이므로**, 이를 국가긴급권의 발동이 요청되는 국가비상사태라고 볼 수는 없다.

헌법은 국회의원 및 국회에 각종 권한을 부여하고 정당의 자유를 인정하면서도 그 권한의 남용과 자유의 한계를 벗어난 행위를 통제할 수 있는 장치를 스스로 마련하고 있으므로, 피청구인은 헌법이 대통령에게 부여한 평상시의 권력행사방법으로 대처하였어야 한다. 그밖에 피청구인이 주장하는 부정선거 의혹, 이른바 '하이브리드전' 상황들을 모두 고려하더라도, 전시·사변에 준하는 국가비상사태로 사회질서가 극도로 교란되어 행정 및 사법 기능의 수행이 현저히 곤란한 상황이 발생하였다는 피청구인의 판단을 객관적으로 정당화할 수 있을 정도의 **위기상황이 이 사건 계엄 선포 당시 존재하였다고 볼 수 없으므로, 위와 같은 피청구인의 판단은 현저히 비합리적이거나 자의적인 것으로 볼 수밖에 없다.**

10. 군대를 동원해 경고와 호소를 한다는 건 말이 되지 않는다

피청구인이 주장하는 국회의 권한행사로 인한 국익 저해 및 국정 마비 상태는 정치적·제도적 수단을 통하여 해결하여야 할 문제이지 병력을 동원하여 해결할 수 있는 것이 아니다. 헌법 역시 비상계엄이 선포된 때에도 '정부나 법원'의 권한에 관하여 특별한 조치를 할 수 있도록 규정하고(제

77조 제3항), 국회만큼은 계속하여 그 권한을 행사함을 전제로 국회에 계엄해제요구권을 부여하고 있다(제77조 제5항). **또한 앞에서 살펴본 것처럼 부정선거 의혹은 사법절차를 통하여 해소할 수 있는 것이므로, 이를 해소하기 위해서 병력을 동원할 필요가 있다고 볼 수도 없다.**

한편 피청구인은 이 사건 계엄이 야당의 전횡과 국정 위기상황을 국민에게 알리고 호소하기 위한 '경고성 계엄', '호소형 계엄'이었다고 주장하고 있다. 병력 투입은 여타 수단들을 모두 고려한 후 최후 수단으로 사용되어야 한다는 점에서, 피청구인은 먼저 對국민담화 등을 통해, 이로써도 부족하다면 탄핵 제도 등에 대한 헌법개정안 발의(헌법 제128조 제1항)나 국가안위에 관한 중요정책에 대한 국민투표부의권 행사(헌법 제72조)를 통하여 국민의 관심을 모으고 이러한 위기상황을 알려 경고와 호소를 할 수도 있었다.

따라서 이 사건 계엄 선포 당시 병력으로써 군사상의 필요에 응하거나 공공의 안녕질서를 유지할 필요가 있었다고 볼 수 없으므로, 이 점에 있어서도 이 사건 계엄 선포는 비상계엄 선포의 실체적 요건을 갖추지 못하였다.

11. 국회에 계엄 선포를 알리지 않은 것은 중대한 문제다

대통령은 계엄을 선포한 때에는 지체 없이 국회에 통고하여야 한다(헌법 제77조 제4항, 계엄법 제4조 제1항). 피청구인은 국회에 대한 통고가 이루어지지 못한 것은 사실이나, 이 사건 계엄 선포 후 매우 짧은 시간 내에 국회가 비상계엄해제요구 결의안을 가결하여 별도로 국회에 통고할 시간적 여유가 없었고, 제1차 對국민담화가 방송을 통하여 생중계되어 국회의원들이 이 사건 계엄 선포 사실을 실시간으로 인지한 상태였으므로, 피청구인이 국회 통고 의무를 위반하였다고 볼 수 없다고 주장한다. 그러나 헌법이 대통령에게 국회 통고 의무를 부여한 취지는 국회가 헌법 제77조 제5항에 따라 부여받은 계엄해제요구권을 적시에 행사할 수 있도록 보장하기 위한 것이므로, **對국민담화가 방송을 통하여 생중계되는지 여부와 관계없이 대통령은 국회에 공식적인 통고를 할 의무를 부담한다고 보아야 하고**, 이 사건 계엄 선포 시각과 국회의 비상계엄해제요구 결의안 가결 시각을 고려할 때 피청구인이 국회에 통고할 시간적 여유가 없었다고 볼 수도 없다. 따라서 피청구인은 헌법 제77조 제4항 및 계엄법 제4조 제1항을 위반하였다.

12. 현저히 비합리적이고 자의적인 판단으로 계엄선포

그럼에도 불구하고 피청구인은 앞에서 살펴본 것처럼 헌법의 규정 또는 국가긴급권의 본질상 비상계엄 선포를 정당화할 수 없는 사정들을 들어 이 사건 계엄을 선포하였다. 피청구인은 헌법 제77조 제1항 및 계엄법 제2조 제2항이 정한 위기상황이 현실적으로 발생하였다고 볼 근거가 없었음에도 현저히 비합리적이거나 자의적인 판단으로 이 사건 계엄을 선포하였으므로 헌법 제77조 제1항과 계엄법 제2조 제2항을 위반하였다. **피청구인이 국무회의의 심의 등 헌법과 계엄법이 정한 비상계엄 선포의 절차를 준수하였다면 피청구인의 판단이 그릇되었다는 점을 인식하고 이 사건 계엄 선포에 나아가지 않았을 수도 있었을 것인데, 피청구인은 헌법 제77조 제4항, 제82조, 제89조 제5호, 계엄법 제2조 제5항, 제3조, 제4조 제1항, 제5조 제1항이 정한 비상계엄 선포의 절차 역시 위반하였다.** 또한 피청구인은 국회와의 대립 상황을 타개할 의도로 이 사건 계엄을 선포하고 병력을 동원함으로써 헌법 제5조 제2항 및 제74조 제1항도 위반하였다.

13. 헌법이 규정한 국군통수권을 남용하였다

대통령은 '헌법과 법률이 정하는 바에 의하여' 국군을 통수한다(헌법 제74조 제1항). 대통령이 국군통수권을 남용하거나 자의적으로 행사할 경우 돌이킬 수 없는 피해를 야기하기 때문에 헌법 제74조 제1항은 대통령이 헌법과 국군조직법 등 법률이 정하는 한계 내에서 국군통수권을 행사하도록 규정하고 있다.

대통령의 국군통수권과 관련하여 헌법이 정하고 있는 한계 중 하나는 국군의 정치적 중립성이다(헌법 제5조 제2항). 우리나라는 과거 군사정변을 통해 군이 직접 정권을 수립하거나 정치권에서 군을 동원하여 정치에 영향을 미친 역사적 경험을 갖고 있다. 군인과 군무원은 공무원이고(국가공무원법 제2조 제2항 제2호), 헌법 제7조 제2항이 공무원의 정치적 중립성을 보장하고 있음에도 현행 헌법에서 국군의 정치적 중립성에 관한 규정을 도입하여 이를 다시 한 번 명시적으로 강조한 것은 우리의 헌정사에서 다시는 군의 정치개입을 되풀이하지 않겠다는 의지를 표현한 것이다(헌재 2018. 7. 26. 2016헌바139 참조).

따라서 국군이 정치에 개입하거나 특정 정당을 지원하는 등 정치적 활동을 하는 것은 물론, 정치권이 국군에 영향력을 행사하려고 시도하거나, 국군을 정치적으로 이용하는 것은 헌법 제5조 제2항에 위반된다. 결국 대통령이 정치적 목적으로 국군통수권을 행사하여 국군을 이용하는 것은 헌법 제74조 제1항이 정한 헌법에 따른 국군통수의무를 위반하는 것이다. 앞에서 살펴본 것처럼 피청구인은 자신의 의견에 반대하는 야당이 다수의석을 차지하고 있는 국회와의 대립 상황을 타개할 의도로 병력을 동원하기 위해서 이 사건 계엄을 선포하였다. 따라서 피청구인은 헌법 제

5조 제2항 및 제74조 제1항을 위반하였다.

14. "국회의원 끄집어내라"– 곽종근 사령관의 말이 맞다

　피청구인은 곽종근에게 전화한 사실은 있지만, 당시 상황을 확인하였을 뿐이고 국회의원을 끄집어내라는 지시는 한 사실이 없다고 주장한다. 또한 위 지시에 관한 곽종근의 진술이 일관성이 없다며 신빙성이 떨어진다고도 주장한다. 그러나 비상계엄 선포 직후 열린 육군특수전사령부 예하부대들과의 화상회의가 끝나고도 곽종근의 마이크가 계속 켜져 있었기 때문에 곽종근이 피청구인의 위 지시를 받고 김현태 등과 논의하는 과정에서 행한 발언들이 예하부대들로 그대로 전파되고 있었던 점, 곽종근 및 김현태는 국회 출동 시 '시설 확보 및 경계' 지시를 받은 후 한동안 추가 지시가 없어 구체적인 임무를 정확히 알 수 없었다고 하는바 피청구인의 위 지시가 없었더라면 곽종근이 갑자기 김현태와 안으로 들어가 150명이 넘지 않게 할 방법을 논의할 이유가 없는 점, **의결정족수라는 용어 및 당시 본회의장 안에는 다수의 국회의원들이 존재하였고 군인은 존재하지 않았던 사실 등을 고려하면 끄집어낼 대상은 국회의원이라고 해석될 수밖에 없는 점**, 곽종근은 2024. 12. 9. 검찰 조사에서부터 증인신문이 행해진 이 사건 제6차 변론기일까지 피청구인의 위 지시 내용을 일부 용어의 차이만 있을 뿐 일관되게 진술하고 있는 점 등에 비추어 볼 때, 피청구인의 주장은 믿기 어렵다.

　이진우는 2024.12.4. 00:40경 제1경비단장 조성현에게 '본관 내부로 들어가서 국회의원들을 외부로 끌어내라'는 지시를 하였고, 얼마 후에는 이미 육군특수전사령부 소속 군인들이 진입해 있으니 이들이 국회의원들을 끌어내면 통로를 형성하는 등 외부에서 지원하는 역할을 수행하라고 지시하였다. 조성현은 위 임무가 정당하지 않다고 생각하여, 국회 경내로 들어간 군인들에게는 사람들이 없는 지역에 계속 집결해 있을 것을, 국회로 이동 중이던 후속부대에게는 서강대교를 넘지 말고 기다릴 것을 각각 지시하였다.

조성현은 비상계엄해제요구 결의안이 가결된 후 이진우에게 철수를 건의하였고, 이진우는 이를 승인하였다. 당시 국회로 출동한 수도방위사령부 소속 군인들은 총 210여 명이었고, 그 중 경내로 진입한 인원은 총 48명이었다. 피청구인은 이진우에게 전화한 사실은 있지만 당시 상황을 확인한 뒤 경찰에 이야기하면 국회 담장 안으로 들어갈 수 있다는 사실을 알려주었을 뿐이고, 국회의원들을 끌어내라고 지시한 사실은 없다고 주장한다. 그러나 이진우가 피청구인과 통화하는 동안 같은 차량의 앞좌석에 앉아 있던 이진우의 전속부관이 통화 내용 대부분을 들을 수 있었던 점, 이진우는 김용현으로부터 구체적인 임무 없이 국회로 가라는 지시만 받아 일단 수도방위사령부의 본래 임무인 핵심시설의 '외곽'을 경계하고자 하였다고 하는 바 피청구인의 위 지시가 없었더라면 이진우가 갑자기 조성현에게 건물 '내부'로 진입하여 국회의원을 끌어내라는 지시를 할 이유가 없는 점 등에 비추어 볼 때, 피청구인의 위 주장은 믿기 어렵다.

피청구인은 경찰로 하여금 국회의원의 출입을 통제하도록 한 사실이 없고, 오히려 김용현에게는 출입을 막지 말라고 지시하였다고 주장한다. 그러나 피청구인은 조지호, 김봉식을 대통령 안전가옥으로 불러 국회 통제를 잘 해 달라고 말한 점, 그 자리에서 김용현이 그림을 그려가며 어느 곳에 경력(警力)을 배치할지 설명하는 것을 보았다고 스스로 인정하는 점, 피청구인은 박안수로 하여금 국회 활동 금지가 포함된 이 사건 포고령을 조지호에게 알려주라고 한 점, 조지호가 계엄해제요구권 등을 인지하고 국회의원의 출입은 허용했던 상황에서 (편집자 注: 대통령의 지시가 없었다면) 재차 출입을 차단할 특별한 이유를 찾기 어려운 점 등에 비추어 볼 때, 피청구인의 주장은 믿기 어렵다.

15. 체포자명단 관련 홍장원 주장 믿을 수 있다

피청구인은 누구에게도 이 사건 명단과 관련된 지시를 한 바 없다고 주장한다. 특히 피청구인은 홍장원과 2차례 통화한 사실은 있지만, 첫 번째 통화는 국정원장 조태용이 해외 출장 중이라고 오인하여 국정원을 잘 챙기라는 취지에서 한 것이고, 두 번째 통화는 홍장원이 피청구인의 해외순방 시 경호를 도왔던 일에 대한 격려 차원에서 전화하면서 계엄과 무관하게 간첩 수사 업무와 관련하여 국군방첩사령부를 지원하라고 한 취지라고 주장한다.

그러나 피청구인이 홍장원에게 2024. 12. 3. 첫 번째 통화에서 한두 시간 후 전화할 일이 생길지 모르니 대기하라고 지시한 뒤 이 사건 계엄 선포 직후 재차 전화를 한 점, 피청구인은 여인형과 홍장원이 육군사관학교 선후배관계에 있어 특별히 홍장원에게 국군방첩사령부 지원에 관하여 언급했다고 하는 점, 피청구인은 해외 출장 중인 줄 알았던 조태용을 이 사건 계엄 선포 직전 대통령실에서 만났고 홍장원과의 두 번째 통화 직후 조태용과 통화하기도 하였는데 조태용에게는 아무런 특별한 지시가 없었다고 하는 점 등을 고려할 때, **피청구인은 처음부터 홍장원에게 계엄 상황에서 국군방첩사령부에 부여된 임무와 관련된 특별한 용건을 전하고자 한 것이라 봄이 상당하고**, 계엄 선포 직후의 급박한 상황에서 단순한 격려 차원 또는 간첩 수사 업무와 관련된 일반적 지시를 하고자 한 것이었다는 피청구인의 주장은 믿기 어렵다.

오히려 홍장원과의 통화에서 언급을 주저하던 여인형이 피청구인의 전화를 받았다는 말을 듣고서야 상황 설명을 하면서 위치 확인을 요청한 사실, 피청구인이 국군방첩사령관 여인형, 국정원 1차장 홍장원, 경찰청장 조지호를 모두 지휘할 수 있는 위치에 있었던 사실 등에 비추어 볼 때, 포고령 위반 우려가 있다는 점을 들어 필요시 체포할 목적으로 이 사건 명단에 포함된 사람들의 위치를 확인하도록 한 김용현의 지시가 피청구인의 의사와 무관하게 이루어졌다고 보기 어렵다.

그렇다면 피청구인은 군경을 투입하여 국회의장 및 국회의원들이 국회에 자유롭게 출입하는 것을 통제하는 한편 이들을 끌어내라고 지시하여 계엄해제요구권을 비롯한 국회의 권한행사가 제대로 이루어지지 못하도록 방해하고, 필요시 체포할 목적으로 행해진 각 정당 대표 등에 대한 위치 확인 지시에 관여함으로써, 헌법 제5조 제2항, 제74조 제1항, 제77조 제5항 및 대의민주주의, 권력분립원칙을 위반함과 동시에 국회의원의 심의·표결권 및 불체포특권 등 헌법상 권한을 침해하였으며 정당활동의 자유도 침해하였다.

16. 우리 헌법의 최고 이념은 국민주권주의와 자유민주주의

우리 헌법의 전문과 본문 전체에 담겨 있는 최고 이념은 국민주권주의와 자유민주주의에 입각한 입헌민주헌법의 본질적 기본원리에 기초하고 있다. 기타 헌법상의 여러 원칙도 여기에서 연유되는 것이므로 이는 헌법을 비롯한 모든 법령해석의 기준이 되고, 입법형성권 행사의 한계와 정책

결정의 방향을 제시하며, 나아가 모든 국가기관과 국민이 존중하고 지켜 가야 하는 최고의 가치규범이다(헌재 1989. 9. 8. 88헌가6 참조).

주권자인 국민이 자신의 정치적 생각을 표현하거나 합법적인 집회와 시위를 통해 설파하는 것은 국가의 안전에 대한 위협이 아니라 우리 헌법의 근본이념 인 '자유민주적 기본질서'의 핵심적인 보장 영역에 속하는 것이다. 정부에 대한 비판에 대하여 합리적인 홍보와 설득으로 대처하는 것이 아니라, 비판 자체를 원천적으로 배제하려는 공권력의 행사나 규범의 제정은 대한민국 헌법이 예정하고 있는 자유민주적 기본질서에 부합하지 아니하므로 그 정당성을 부여할 수 없다(헌재 2013. 3. 21. 2010헌바132등 참조).

17. 포고령은 국민 기본권 침해

피청구인은 이 사건 포고령을 통하여 국회의 활동을 금지하는 것에서 더 나아가, 일반 국민의 정치적 기본권, 언론 출판 집회 결사의 자유 등을 포괄적·전면적으로 제한하고 그 행사를 범죄행위로 규정하였다. 이는 위와 같은 기본권의 행사를 허용하면 국회와의 대립 상황을 타개하는 데에 지장을 초래한다는 판단하에 일반 국민의 비판 자체를 원천적으로 배제하기 위하여 이루어진 조치이므로, 헌법의 근본원리인 국민주권주의와 자유민주적 기본질서를 위반한 것이다.

이 사건 포고령은 계엄법 제9조 제1항, 제14조 제2항의 내용을 보충하는 기능을 하고 그와 결합하여 대외적으로 구속력이 있는 법규명령으로서 효력을 가진다(대법원 2018.11.29. 선고 2016도14781 판결 참조). 따라서 이 사건 포고령이 발령되는 즉시 모든 국민은 일체의 정치활동 등 이 사건 포고령이 금지하는 행위를 하지 말아야 할 의무를 부담하게 되고, 그 의무를 위반하는 경우 영장 없이 체포·구금·압수·수색을 당할 수 있으며 계엄법 제14조 제2항에 따라 3년 이하의 징역에 처해지게 된다.

피청구인은 단순히 계엄의 형식을 갖추기 위하여 상징적으로 이 사건 포고령을 발령한 것이지 이를 집행할 의사가 없었고 상위법과 저촉 소지가 있어 집행할 수도 없었다고 주장한다. 그러나 피청구인이 이 사건 계엄을 선포하면 추가적인 조치 없이도 곧바로 비상계엄의 효력이 발생하므로, 계엄의 형식을 갖추기 위하여 이 사건 포고령을 발령할 필요는 없는 점, **피청구인이 이 사건 포고령이 집행되지 않을 것이라고 생각하였다면 야간통행금지 조항을 삭제할 필요가 없었고, 국민에게 불편을 줄 우려가 있고 시대에 적합하지 않다는 이유로 야간통행금지 조항을 삭제하였다는 것은 오히려 나머지 조항들의 효력 발생 및 집행을 용인한 것으로 볼 수 있는 점**, 피청구인은 국회의 반국가적 활동을 금지하기 위하여 이 사건 포고령에 국회의 활동을 금지하는 내용을 포함시켰다고도 주장하고 있는 점, 피청구인은 이 사건 포고령이 발령될 무렵 계엄사령관 박안수에게 전화하여 경찰청장 조지호에게 이 사건 포고령의 내용을 알려주라고 하였고, 조지호에게 직접 6차례 전화한 점, 김용현은 이 사건 제4차 변론기일에서 이 사건 포고령이 효력이 있으니까 실제로 집행하려고 하였고, 당연히 그렇게 하는 것이 맞다고 생각한다고 증언한 점 등에 비추어 이를 믿기 어렵다.

계엄법 제9조 제1항은 계엄사령관의 특별한 조치의 대상을 '체포·구금·압수·수색·거주·이전·언론·출판·집회·결사 또는 단체행동'으로 한정하고 있다. 그런데 피청구인은 이 사건 포고령을 통하여 국회와 지방의회, 정당의 활동과 일체의 정치활동을 금지함으로써 정치적 기본권, 정당의 자유를 제한하였고, 의료현장을 이탈한 모든 의료인으로 하여금 48시간 내에 본업에 복귀하도록 함으로써 직업의 자유도 제한하였다. 따라서 피청구인은 계엄법 제9조 제1항이 규정하지 아니한 헌법상 권리 또는 자유를 제한하였다는 점에서도 위 조항을 위반한 것이다.

이 사건 포고령 제6항은 "反국가세력 등 체제전복세력을 제외한 선량한 일반 국민들은 일상생활에 불편을 최소화할 수 있도록 조치한다."라고 규정하고 있으나, '선량한 일반 국민'과 '일상생활에 불편'이 의미하는 바가 불분명하여 집행기관이 이를 자의적으로 해석할 위험이 있을 뿐만 아니라, 위 규정을 감안하더라도 이 사건 포고령에 의한 기본권 제한이 위기상황의 직접적인 원인을 제거하는 데 필수불가결한 최소한도 내에서 이루어졌다고 볼 수 없다. 그렇다면 피청구인은 헌법 제77조 제3항 및 계엄법 제9조 제1항을 위반하여 이 사건 포고령을 발령하게 함으로써 국민의 정치적 기본권, 언론·출판·집회·결사의 자유, 정당의 자유, 단체행동권, 직업의 자유, 신체의 자유를 침해하였다.

18. 중앙선관위 침입은 민주주의에 대한 공격

오늘날의 대의민주주의에서 선거는 국민이 대표자를 결정·구성하는 방법이자 선출된 대표자에게 민주적 정당성을 부여함으로써 국민주권주의 원리를 실현하는 핵심적인 역할을 수행한다. 선거관리가 공정하게 이루어지지 못한다면 그 선거는 본래의 민주정치적 기능을 발휘하지 못하고 하나의 형식적인 기능에 그치고 말 것이다. 선거관리사무의 담당기관을 일반행정기관과는 별도의 독립기관으로 구성해야 한다는 요청이 나오는 것도 바로 이 때문이다(헌재 2008.6.26. 2005헌라7; 헌재 2025.2.27.

2023헌라5 참조).

행정부에 의해 관권선거가 자행된 이른바 3·15 부정선거로 대의민주주의와 국민주권주의의 위기를 경험한 우리 국민은, 헌법적 결단을 통해 1960. 6. 15. 헌법 개정(제3차 개정헌법) 이래로 선거관리사무를 행정부로부터 기능적·조직적으로 분리하여 독립된 헌법기관에 맡기고 있다. **현행 헌법 역시 제7장에서 '선거관리'라는 표제하에 선거와 국민투표의 공정한 관리 및 정당에 관한 사무의 처리를 담당하는 독립된 합의제 헌법기관으로 선거관리위원회를 두면서, 그 구성에 대통령, 국회, 대법원장이 동등하게 참여하도록 하고 위원의 임기와 신분을 보장하며 규칙제정권도 부여하고 있다(제114조).** 선거관리사무는 그 성격상 행정작용에 해당함에도 불구하고 우리 헌법이 위와 같이 해당 사무의 주체를 독립된 합의제 헌법기관으로 규정하면서 그 독립성과 중립성을 강조하는 체계를 택한 것은, 공정한 선거관리를 위해서는 외부 권력기관, 특히 대통령을 수반으로 하는 행정부의 영향력을 제도적으로 차단하여야 한다는 확고한 의사가 반영된 것이다(헌재 2025. 2. 27. 2023헌라5 참조).

그런데 피청구인은 헌법과 법률이 예정하지 않은 방법으로 군대를 동원하여 중앙선관위 청사에 무단으로 들어가 선거관리에 사용되는 전산시스템을 압수·수색하도록 하였다. **이는 선관위의 선거관리사무에 대한 부당한 간섭이자 선거가 지니는 본래의 민주정치적 기능에 위협을 가하는 행위로서, 선관위의 독립성을 철저히 보장하고자 하는 우리 헌법의 취지에 반하는 것이다.**

헌법 제12조 제3항 단서 및 제16조 후문 해석상 인정되는 예외에 해당하는지 본다. 헌법 제12조 제3항 단서는 '현행범인인 경우와 장기 3년 이상의 형에 해당하는 죄를 범하고 도피 또는 증거인멸의 염려가 있을 때에는 사후에 영장을 청구할 수 있다'고 하여 영장주의의 예외를 명문으로 인정하고, 헌법 제16조 후문은 그 해석상 '그 장소에 범죄혐의 등을 입증할 자료나 피의자가 존재할 개연성이 소명되고, 사전에 영장을 발부받기 어려운 긴급한 사정이 있는 경우' 영장주의의 예외를 허용한다(헌재 2018. 4. 26. 2015헌바370등 참조). 피청구인은 선관위가 헌법기관이고 사법부 관계자들이 위원으로 있어 영장에 의한 압수수색이 사실상 불가능하다는 이유를 들고 있으나, 앞서 살펴본 바와 같이 선관위는 수사기관의 압수수색에 응하여 왔고, 그러한 이유만으로 사전에 영장을 발부받기 어려운 긴급한 사정 등을 인정할 수는 없다. 따라서 헌법 제12조 제3항 단서 및 제16조 후문 해석상 인정되는 예외의 요건도 충족되지 않는다.

19. 통치구조 무시, 국민기본권 침해

앞에서 살펴본 것처럼 피청구인이 선포한 비상계엄과 그에 수반하여 행한 일련의 헌법 및 법률 위반 행위들은 그 즉시 헌법적 가치와 기본권을 침해하게 된다는 점에서 단순히 '경고성 계엄' 또는 '호소형 계엄'에 불과하다고 볼 수 없다. 피청구인이 이 사건 계엄을 선포한 후 군경을 투입시켜 국회의 헌법상 권한행사를 방해함으로써 국민주권주의 및 민주주의를 부정하고, 병력을 투입시켜 중앙선관위를 압수·수색하도록 하는 등으로 헌법이 정한 통치구조를 무시하고, 이 사건 포고령을 발령함으로써 국민의 기본권을 광범위하게 침해한 일련의 행위는 **법치국가원리와 민주국가원리를 구성하는 기본원칙들을 위반한 것으로서 그 자체로 헌법질서를 침해하고 민주공화정의 안정성에 심각한 위해를 끼쳤으므로**, 헌법수호의 관점에서 용납될 수 없는 중대한 법 위반에 해당한다.

20. 시민들의 저항과 군경의 소극적인 임무수행으로 비상계엄 해제결의 가능했다

피청구인의 국회 통제 등에도 불구하고 국회가 신속하게 비상계엄해제요구 결의안을 가결시킬 수 있었던 것은 **시민들의 저항과 군경의 소극적인 임무 수행** 덕분이었으므로, 결과적으로 비상계엄해제요구 결의안이 가결되었다는 이유로 피청구인의 법 위반이 중대하지 않다고 볼 수는 없다. 또한 이 사건 포고령의 발령과 동시에 국민의 기본권이 광범위하게 침해되었으며, 피청구인은 계엄사령관 박안수에게 전화하여 경찰청장 조지호에게 이 사건 포고령의 내용을 알려주라고 하였고 조지호에게 직접 6차례 전화하였으므로, 그 외에 이 사건 포고령 위반을 이유로 한 추가적인 조치가 취해지지 않았다는 이유로 피청구인의 법 위반이 중대하지 않다고 볼 수도 없다. 피청구인이 국회의 비상계엄해제요구를 받아들여 이 사건 계엄을 해제한 것은 사실이나, 이는 국회의 계엄해제요구에 따른 계엄해제의무를 위반하지 않았다는 것을 보여줄 뿐, 더 나아가 이미 피청구인이 행한 법 위반까지 중대하지 않다고 평가할 수는 없다.

21. 대통령으로 복귀해선 안되는 이유

가장 신중히 행사되어야 할 권한 중 하나인 국가긴급권의 행사에 있어서 피청구인이 위와 같은 태도를 보인 점을 고려할 때, 만약 피청구인이 대통령으로서의 권한을 다시금 행사하게 된다면, 국민으로서는 피청구인이 헌법상 권한을 행사할 때마다 헌법이 규정한 것과는 다른 숨은 목적이 있는 것은 아닌지, 헌법과 법률을 위반한 것은 아닌지 등을 끊임없이 의심하지 않을 수 없을

것이다. 그렇다면 피청구인의 권한행사에 대한 불신은 점차 쌓일 수밖에 없고, 이는 국정운영은 물론 사회 전체에 극심한 혼란을 초래하게 될 것이다.

대한민국에
'역동적 중심세력(Vital Center)'이 건재!

헌법재판소 결정에 여론이 돌아섰다

한국은 더 강해졌다. 70%가 윤석열 파면결정에 찬성. 헌재와 선관위 신뢰회복. 국힘 지지율 폭락. 국가중심세력의 건재 확인

2025년 4월11일 발표된 한국갤럽 여론조사는 일주일 전 헌법재판소의 대통령 파면 결정에 대한 여론을 보여준다는 점에서 매우 중요하다.

한국갤럽이 4월 8~10일(4월 둘째 주) 전국 만 18세 이상 유권자 1005명을 대상으로 정당 지지도를 조사한 결과 국민의힘은 30%, 민주당은 41%로 집계됐다.

이어 조국혁신당과 개혁신당은 각각 3%를, 진보당은 1%의 지지율을 기록했다. 지지하는 정당이 없는 무당층은 20%로 조사됐다.

직전 조사(4월 첫째 주)와 비교해 국민의힘의 지지율은 5%포인트 떨어졌고 민주당 지지율은 변동이 없었다. 양당의 격차는 11%포인트로 올해

들어 가장 큰 폭으로 벌어졌다. 대선이 얼마 남지 않은 상태에서 국민의힘이 매우 불리하다는 것을 알 수 있다.

장래 정치 지도자 선호도에 대한 조사에서는 더불어민주당 이재명 전 대표가 37% 지지율로 오차범위 밖 선두를 유지했다.

김문수 전 고용노동부 장관은 9%로 2위, 홍준표 대구시장 5%, 국민의힘 한동훈 전 대표 4%, 개혁신당 이준석 대선 예비후보·한덕수 대통령 권한대행 국무총리·오세훈 서울시장·국민의힘 안철수 의원 각각 2%, 이낙연 전 국무총리·국민의힘 유승민 전 의원 각 1% 등 순이었다.

헌법재판소 파면 결정에 대한 여론조사에서는, 윤석열 대통령 탄핵안 인용에 대해 69%가 '잘된 판결'이라고 응답했고, 25%가 '잘못된 판결'이라고 답했다. 탄핵 직전(4월1~3일 조사) 조사에서는 탄핵에 찬성한다는 답변이 57%, 반대한다는 의견이 37%였는데 탄핵 결정 이후 여론 지형이 크게 바뀌었음을 알 수 있다. 국민의 약 70%가 헌재 결정을 수용한다는 뜻을 확실히 했는데, 이는 한국 사회가 복원력이 있다는 것을 의미한다.

비상계엄 사태 수사와 탄핵 심판 관련 6개 기관에 대한 신뢰 여부를 물은 결과에서는 헌법재판소에 대해선 61%가 신뢰, 31%는 신뢰하지 않는다고 답했다.

중앙선거관리위원회는 '신뢰 51%-비신뢰 38%'였고, 경찰 '신뢰 47%-비신뢰 40', 법원 '신뢰 46%-비신뢰 44%', 고위공직자범죄수사처 '신뢰 32%-비신뢰 55%', 검찰 '신뢰 25%-비신뢰 63%'였다.

윤석열 세력을 편드는 극성 유튜버와 일부 보수언론이 헌법재판소와 선관위를 혹독하게 비판해왔고, 여기에 여당 의원들도 가세했지만 오히려 이 두 기관의 신뢰는 올해 1월 수준으로 회복됐다. 헌재와 선관위를 향한 윤석열 세력의 공격이 실패했음을 의미하는데, 이 역시 한국 사회의 복원력을 보여준다. 두 기관은 모두 헌법기관으로서 대한민국의 민주공화정, 민주주의 및 법치주의가 제대로 작동하는지를 심판하는 기관이다. 이 두 기관에 대한 국민의 신뢰가 가장 높다는 것은 한국 민주주의가 아직은 병들지 않았고, 일시적으로 병이 들어도 아직은 치료할 수 있는 수준에 있다는 것을 보여준다.

윤석열 세력의 헌법기관 불신

12·3 계엄 이후 4개월 동안 윤석열 세력과 국민의힘, 일부 영혼 없는 언론들이 헌재와 선관위를 지속적으로 공격하고 가짜뉴스로 누명을 씌웠어도 우리 국민 중 60~70%는 흔들리지 않았다. 대한민국 공화정에 대한 신뢰를 오히려 강화시켰다. 설득력 있는 좋은 문장으로 채워진 헌재 결정문이 한국의 민주주의를 더 강화시킨 것이다.

짜증과 분노를 유발했던 4개월간의 혼란이 헌재 결정을 통해, 또 앞으로 치뤄질 선거를 통해 해결·완화되는 방향으로 갈 것임을 전망하게 하였다. 대한민국 민주주의의 역사에서 매우 감동적인 순간을 지나고 있는 느낌이었다.

윤 전 대통령 파면이 '잘된 판결'이라고 답한 이들 중 헌재를 신뢰하는 사람은 82%, 선관위를 신뢰하는 사람은 70%였다. 절반 가량은 경찰과 법원도 신뢰했고, 공수처에 대해선 신뢰 42%, 비신뢰 43%로 비슷했다. 파면을 찬성한 사람들이 한국의 제도에 대한 신뢰도가 높음을 알 수 있다.

반면 파면에 반대한 사람들은 공수처·선관위·헌재를 신뢰하지 않는다는 응답이 각각 90% 안팎으로 높게 나타났다. 법원을 신뢰하지 않는다는 응답도 75%로 높았다. 계엄을 비호하고 탄핵 반대 운동을 펼쳤던 자칭 보수세력의 한결같은 경향이 선관위·헌법재판소·법원·경찰과 같은 중립적·독립적 법 집행 기관을 불신한다는 점이다.

갤럽의 조사결과는 지난 60여년간 공정한 선거관리를 발전시켜 왔던 선관위를 부정선거 온상으로 몰았던 자칭 엉터리 보수들에 대한 고발장 같기도 하다. 이들은 공화국을 지탱하는 규칙과 그 집행기관을 불신함으로써 결국 공화국을 부정하는 자들이다. 공화국을 부정한다는 점에서 反국가적 성향을 띠고 있다. 윤석열은 反국가세력을 소탕하기 위해 계엄을 폈다고 주장했는데, 오히려 윤석열 세력이 反국가적 성향인 것이 확인됐다.

윤석열 파면에 찬성한 보수의 40%, 중도의 70%, 진보의 90%, 이들은 與野도 아니고 左右도 아니고, 법치와 사실을 기준으로 대한민국을 지키는 진정한 중심세력이다. 이번 사태를 통해 바이털 센터(Vital Center), 역동적인 중심세력이 한국에 있다는 것을 확인하면서 대한민국에 대한 낙관을 갖게 한다.

· 제 4 장 ·

조갑제 리얼 타임 방송 인터뷰

나는 계엄·탄핵·大選의 소용돌이 속에서
거의 실시간 방송 인터뷰를 했다.
역사가 만들어지는 순간들에 대한 생생한 증언이다.

TV조선 '장원준 김미선의 뉴스트라다무스'(2024년 12월 24일)

'계엄의 밤' 한동훈이 국민의힘 살렸다

진행 : 장원준, 김미선

이준석과 세대교체 '바람' 일으킨다면

계엄 당일과 직후, 그리고 탄핵 정국으로 접어든 현재 국민의힘 한동훈 前대표의 행보를 종합적으로 평가한다면?

한마디로 한동훈은 국민의힘을 살린 당대표예요. 韓 前대표는 계엄 선포 당일 약 10분 만에 '계엄은 불법이고, 국민과 함께 막을 것'이라고 선언하고, 동조하는 공무원들에게는 '부역(附逆)하지 말라'고 경고하고, 의원들에게는 '본회의장에 집결하라'는 메시지를 냈습니다. 韓대표가 그렇게 하지 않았으면 국민의힘은 '계엄 동조당'이 돼있었을 겁니다. 그런데 국민의힘은 한동훈 대표를 쫓아냄으로써, '돌아갈 수 없는 다리를 건넌' 게 아니라 돌아갈 수 없는 다리를 건너고 그 다리까지 불태워 버린 것 아닌가 하는 생각이 들어요.

韓 前대표가 계엄 해제 이후 윤석열 대통령과 담판을 하는 과정에서 실책을 했다지만 그건 단지 '미스스텝'일 뿐이에요. 본질적으로 지도자가

할 만한 일, 굉장히 어려운 일을 해냈습니다. 퇴진 과정에서 상처를 입었지만, 영광의 상처는 낫게 되어 있고 정치적 자산이 됩니다.

지금은 韓 前대표가 이른바 '숙청'을 당한 모양새지만, 韓 대표를 쫓아낸 국민의힘은 내란수괴(首魁) 혐의를 받는 尹 대통령과 같은 길을 택한 '내란 비호黨'으로 남게 됐습니다. '내란 비호당' 국민의힘에서 차기 대선 후보군(群)으로 거론되는 사람 중 계엄의 격변기에 한동훈 前대표처럼 중심을 잡은 사람은 없었어요. 다음 대선 국면에서 "비상계엄 때 어떻게 대응했냐"는 반대자들의 추궁에 할 말이 없게 됐지요. "아, 나는 한동훈 대표를 비판해 韓대표를 몰아내는 데 일등공신이었다"면서 표를 달라고 할 수 있겠어요?

오세훈 서울시장도 탄핵에 찬성하는 메시지를 내지 않았습니까.

계엄 당시 吳시장은 적극적으로 보이는 행동은 없었어요. 그야말로 '순간의 선택이 평생을 좌우한다'는 말이 딱 들어맞는 예입니다.

2025년 3월31일로 만 40세가 되는 이준석 개혁신당 의원의 早期 대선 출마 가능성이 점점 높아지고 있습니다.

점점 가시화(可視化)하고 있지만 확실히 정해진 것은 아니라서 '정치적 상상력'임을 전제로 말씀드리면, '50대 한동훈'과 '40대 이준석', 그리고 젊은 세대가, 어떤 플랫폼(정당)이 될지는 모르겠지만, '세대교체' '정치교체'를 내걸고 도전하면 어떨까 하는 상상을 해봅니다.

SBS 라디오 '김태현의 정치쇼'(2024년 12월27일)

무능한 통치자는
만참(萬斬)할 역사의 범죄자

진행 : 김태현 변호사

尹, 보수의 정반대편에 있는 사람

'정통 보수 논객'이라고 불리는 조갑제 대표께서 비상계엄 이후 윤석열 대통령과 국민의힘을 가열차게 비판해서 화제가 되고 있습니다. 尹대통령은 보수 정당 국민의힘이 배출한 대통령인데, 尹대통령은 보수를 대표하는 대통령입니까, 아니면 국민의힘 김상욱 의원 표현대로 '보수의 배신자'입니까?

거기 대답하려면 '보수가 뭐냐' 하는 정의(定義)부터 해야 될 텐데요. 보수란 '책임을 지는' 사람들입니다. 그래서 역사 발전의 주인공들인 겁니다. 죽은 사람, 지금 사는 사람, 그리고 앞으로 태어날 사람들에 대해 책임을 지려면 우선 유능해야 돼요. 그리고 公私가 반드시 구분되어야 하고, 인생을 즐기는 사람, 멋진 사람이라야 돼요. 보수의 美學이라는 게 있지 않습니까? 절도가 있고, 유능하고, 예절 바르고. 나는 그런 점에 비춰 보면 윤석열 대통령은 보수의 제일 반대편에 있는 사람 같아요. 잘 속고, 국민들에 대한 예의가 없고, 무능하고.

'무능한 통치자는 만참(萬斬), 만 번 목을 베도 모자랄 역사의 범죄자'라는 말이 있습니다.『7년 전쟁』이라는, 임진왜란을 다룬 소설에서 김성한 작가가 한 말이죠. 우리 역사에서 무능한 통치자 때문에 얼마나 많은 사람들이 죽었습니까? 무능하면 보수가 아니죠.

부정선거 음모론은 국민 선택에 대한 叛逆

계엄령을 선포하면서 이재명 대표와 야권 정치인들은 물론이고 한동훈 당시 국민의힘 대표 같은 여권 사람들까지 잡아들이라고 했다는 증언이 잇따라 나왔는데요.

포고령과 증언 등을 종합해 보고 行間까지 읽어 보면, 이재명 민주당은 오히려 主 타깃이 아니고 한동훈, 그 다음에 선관위, 그 다음 의사들이었던 것 같아요.

제일 밑에 깔려 있는 건 부정선거 음모론입니다. 그 음모론의 사주를 받아서, 선관위를 급습해 서버를 빼내 와서 그걸 포렌식해 가지고, 내용도 별건(別件)수사 식으로 조작해서, '(2024년) 4월 총선은 부정선거였다, 부정선거에 당선된 사람들이 국회를 장악하고 있다, 그러니 이 국회를 혼내야 된다' 이런 논리를 가지고 출발한 것 아닌가 하는 생각이 듭니다.

그런데 부정선거 음모론이란 게 대체 뭡니까? 선거라는 것은 국민들의 주권적 결단인데, 그것을 거부하는 것 아닙니까. 이번 여소야대도 국민들이 선택한 겁니다. 그럼 그것을 겸허하게 받아들여야 될 것 아닙니까. 그걸 안 받아들이려고 부정선거였다? 그 자체가 반역 아닙니까? 국민의 최고 수준의 주권적 결단인 선거에서 여소야대를 명령했으면 그 범위 안에서 정치를 해야 되는데 이걸 거부하고 부정선거였다, 사실은 내가 이겼다는 것 아닙니까. 그런데 부정선거 음모론에 빠진 사람들이 윤석열을 영웅으로 만들고 있어요. 머지않아 한국에 큰 컬트(cult), 사교(邪敎)집단이 하나 생길 것 같아요.

그러니까 계엄의 출발은 부정선거 음모론이다.

물론 계엄선포문과 포고령에 '이재명 反국가 세력' '종북(從北) 세력' 이런 말이 나오지만, 구체적 실행에서는 국회보다도 선관위에 먼저 병력이 가지 않았습니까. 최정예 병력, 북파 공작원을 보내는 정보사가 거기 갔잖아요. 그것도 국회보다 더 많은 300명에다, 몇 시간 전에 미리 임무를 줬고요. 그렇다면 계엄은 선관위에 제일 공을 들인 겁니다. 김용현 (국방) 장관은 '국민적 의혹을 해소하기 위해서 선관위에 갔다'고 하는데, 부정선거 음모론이라는 게 '국민적' 의혹입니까?

일부의 주장이라서 '국민적' 의혹은 못 된다는 말씀인가요?

일부죠. 일부 중에서도 지능 같은 데 문제가 있는 소수집단의 의혹을 '국민적 의혹'이라고 과장하고 계엄을 합리화하는 것 아닙니까.

金여사 보호용 '예방적 공격'일 가능성

그리고 한동훈 대표가 이재명 민주당 대표보다 더 주된 타깃이라고요?

그건 왜 하필 12월3일이냐, 〈조선일보〉 양상훈 주필의 說이 상당히 설득력 있다고 봐요. 당초 12월10일에 김건희 여사 특검법안 재표결이 예정돼 있었는데, 그때 한동훈 세력이 (표결 통과에) 가담한다는 이야기가 나왔다는 겁니다. 그걸 막기 위한, 그러니까 金여사 보호용, '예방적 공격'

차원의 계엄령 선포였다는 그 설이 일리 있다고 저는 봅니다.

쉽게 말해, 부인을 지키기 위해서⋯.

거기에 부정선거가 있었다는 망상까지 겹쳐 가지고요. 딱 영화로나 만들 만한 코미디 아닙니까? 그런데 코미디, 희극이라는 것은 끝까지 가면 비극이 됩니다.

尹대통령은 최근 담화에서 '국회에 들어가라고 하지 않았다' '2시간짜리 내란이 어딨나, 경고성이지 내란이 아니다' 이런 얘길 했습니다. 어제(12월26일) 김용현 前장관 측 변호인도 '계엄포고령 초안에 통행금지가 있었는데 대통령이 그건 빼라고 했다. 일반 국민을 향한 계엄이 아니다' 이렇게 말했습니다. 이른바 '경고성 계엄'이라는 취지인데요.

세상에 경고성 계엄이 어디⋯. 그래서 저는 옛날부터, 군 복무 안 한 사람, 물론 남성일 경우지만요, 이런 사람은 대통령 돼서는 안 된다고 말했습니다. 총을 잡고 나라를 지킨 경험이 없으면 총을 가진 군대를 동원한다는 게 얼마나 엄청난 일인지 모릅니다.

그걸 한다는 것은, 더구나 헌법에 맞지 않게 그걸 한다는 것은 목숨을 걸어야 하는 행동입니다. 실패하면 붙잡혀서 사형을 당하든가, 그 전에 극단적 선택에 내몰리든가. 지금 나오는 말들 보면, 목숨 걸고 할 일을 '아니면 말고' 식으로 했다는 것 아닙니까. 그래서 윤석열은 보수가 아니라고 하는 겁니다.

보수는 책임을 지는 사람이에요. 이 정도 하려면 목숨을 걸었어야 하고, 실패했으면 하야(下野)해야지. 목숨 걸 각오도, 하야할 용기도 없으면 안 했어야죠.

尹·국힘, 北 김정은 돕는 利敵단체

현재까지로는 국민의힘은 '대통령의 비상계엄은 잘못된 것이다, 탄핵은 반대', 이렇게 입장이 잡힌 듯합니다. 趙대표께서는 국민의힘을 '내란 비호黨'이라고 비판하는 걸 넘어 이적(利敵)단체라고까지 강하게 비판하셨더군요.

利敵단체라고 할 때 敵이 누굽니까? 첫째로 북한 김정은 아닙니까. 尹대통령과 국민의힘이 하고 있는 짓의 결과는 전부 다 김정은을 이롭게 하는 겁니다. 당장 韓美日 동맹 체제가 흔들리고 있고, 그리고 이 나라를 지켜 온 세력은 보수 세력인대 그 보수 세력을 분열시키고, 아예 궤멸시키고 있지 않습니까. 그 반사이익으로 좌파 세력은 똘똘 뭉쳐 가지고 차기 집권을 눈앞에 두고 있다, 그러면 이거, 누가 이득입니까? 결국 김정은 도와주는 거예요. 다음으로, 결과론이지만 尹대통령은 '이재명 대통령 만들기' 비밀 선거운동원이란 말을 들어도 할 말이 없게 됐어요.

다음으로 국민의힘을 보면, 비상계엄 선포 후 아마 제일 먼저 나온 논평이, 한 10분 지나서인데, 한동훈 당시 대표가 '이건 불법이다. 국민과 함께 막겠다. 국회로 모여라. 공무원들은 불법에 동조하지 마라, 附逆하지 마라' 하는 메시지 아니었습니까. 저는 비상계엄은 그걸로 끝났다고 봅니다. 저도 그걸 보는 순간 '오늘 밤중으로 비상계엄 해제 결의가 있겠구나' 생각했어요. 그만큼 韓대표가 기민하게 대응해서 국민의힘을 살린 거예요. 18명이 국회 표결에 참여해서 계엄해제 결의안에 可票를 던짐으로써 그나마 국민의힘이 살아날 수 있는 근거를 하나 만든 겁니다.

그런데 국민의힘은 그런 한동훈 대표를 몰아내고, 최근까지도 비상계엄 사태에 대해 무슨 '입장을 검토하고 있겠다'는 겁니다. 당장 내란죄 수사가 들어가는데 이걸 사과해야 하느냐 옹호해야 하느냐도 결정하지 못하고 있다면 그건 죽은 정당 아닙니까?

공천 기득권만 생각하는 웰빙土豪黨

국민의힘 의원들이 윤ㅅ열 대통령을 완전히 끊어 내지 못하고 주저하는 듯한 이유는 뭐라고 봅니까?

'공천권'이라는 기득권이죠. 그 기득권을 계속 가지고 가서 다음 지방선거, 다음 총선 때 자리 지키겠다는 것 아닙니까? 국힘 의원 108명 중에 경상도 출신이 60명이에요. 그래서 제가 국민의힘을 '웰빙토호당'이라고 부르는 겁니다.

새삼스러운 것도 아닙니다. 윤석열 대통령 등장한 후로 지금까지 국민의힘이 한 걸 보면, 자기 당 대통령이 잘못하는 걸 견제할 생각은 한 번도 안 하고 계속 박수만 쳤잖아요. 청와대를 '제왕적 권력의 상징'이라고 침을 뱉고 나오고, 이준석 대표를 '유죄 추정의 원칙'에 의해서 몰아내고, 의대 2000명 증원이라는 황당한 정책을 발표해서 의료대란 일으키고 그 때문에 의사들 100만 표가 이탈해서 총선 망치고. 이 과정에서 국민의힘이 한 게 뭐가 있습니까? 한 번이라도 말린 적 있습니까? 박수부대 역할밖에 안 했잖아요. 그중에 하나라도 제대로 막았다면 이번 비상계엄 선포는 없었을 겁니다. 국민의힘단 그런 게 아니라 보수 언론, 보수 지식인도 마찬가집니다.

그런데 8년 전 박근혜 대통령 탄핵 때보다 지금이 혐의 자체는 더 중한데, 탄핵을 반대하는 여론은 그때보다 더 크게 뭉쳐 있는 걸로 나타납니다. 왜 그렇다고 보십니까?

당시 朴대통령 탄핵 사유에 비하면 지금 윤석열 대통령의 탄핵 사유가 한 만 배쯤 엄중할 겁니다. 그런데도 尹대통령에 대한 지지가 높게 나타나는 것처럼 보이는 건, 그게 지지가 아니고, 이재명 대표가 대통령 되는 것은 막아야 되겠다는 반사심리지, 그중에 진짜로 끝까지 윤석열 대통령을 지지하겠다는 사람은 최종적으로 한 5%나 남을까요?

그리고 제일 코미디 같은 상황은, 박근혜 대통령 탄핵 당시에 국회의 소추인단, 형사사건으로 치면 검사 역할로 박근혜 대통령을 파면해 달라고 요구했던 권성동 의원이 지금 국민의힘 원내대표가 돼서, 그때보다 만 배나 엄중한 윤석열 대통령을 보호하겠다고 나서는 겁니다.

CBS 라디오 '박재홍의 한판승부'(2025년 1월3일)

부정선거론, 국민주권에 대한 정면도전

진행 : 박재홍 아나운서
패널 : 조갑제, 김웅(前 국민의힘 의원), 박성태(사람과사회연구소 연구실장)

윤석열, 스스로 출두해 國格 지켜라

오늘 대통령에 대한 체포영장이 집행될 수 있다고 알려지면서 한남동 관저 앞에 매우 긴장된 상황이 연출되고 있습니다. 내일 오전에 집행될 거라는 전망이 나오고 있습니다. 이 시간에는 보수 진영의 대표 논객이시고 55년째 기자 생활을 해오신 조갑제닷컴의 조갑제 대표를 모시고 말씀 나눕니다. 헌정사상 초유의 현직 대통령 체포영장 집행이 임박했습니다. 이런 상황을 어떻게 보십니까?

|조갑제| 우리 헌정사상 초유일 뿐 아니라 세계사에서도 드문 예입니다. 왕이나 최고권력자가 친위 쿠데타를 하려다 실패해서 처벌받은 유명한 사례가 2건 있더군요. 18세기 帝政 러시아에서 표트르 3세가 러시아의 적대국인 프로이센하고 친하려고 하니까 근위대가 황후를 앞세워서 쿠데타를 일으켰습니다. 그리고 남편 표트르 3세를 일주일 만에 죽였어요. 그 황후가 유명한 예카테리나 2세죠. 그리고 14세기 공화국 베네치아의 국가원수를 도제(Doge)라고 했는데, 도제가 王政으로 바꾸려고 민중

을 선동하려는 계획을 세우다 들통나서 참수형을 당한 적이 있습니다. 그것 말고는 현직 대통령이나 왕이 친위 쿠데타를 하려다가 진압당한 걸 근현대사에서는 처음 봅니다. 그야말로 세계사적 사건이지요.

다만, 저는 윤석열 대통령이 어떻게든 끌려 나오는 모습을 보여서는 안 되고, 스스로 걸어 나오는 모습을 보여 줘야 한다고 생각합니다. 우리나라를 위해서.

마지막까지 품격은 지켜야 한다는 말씀이군요. 예전 박근혜 前대통령 경우는, 물론 파면 뒤의 일입니다만, 형사재판을 받고 실형을 받는 과정에서 완전히 무너지지 않는 모습을 국민 앞에 보여 줬다고 말하는 분들이 많습니다.

│조│ 그때는 전직 대통령을 수사하고 구속하고, 구속기간도 연장했죠. 사실은 재판을 왜 불구속으로 안 했는지 아쉽습니다. 결국 朴 前대통령이 재판을 거부했죠. 불공정하다며.

제가 50년 넘게 기자 생활 하면서 이런 분위기가 데자뷔처럼 떠오르는 게 세 번째입니다. 1995~1996년에 있었던 전두환·노태우 재판, 소위 역사 바로세우기가 처음이에요. 그때 불었던 狂風이랄까. 그 다음에 박근혜 탄핵과 이어진 소위 적폐 수사가 두 번째였고요. 그리고 이번이 세 번째인데, 이런 때는 어김없이 수사에 무리가 생겼습니다. 과잉수사죠. 그래서 윤석열 대통령의 지금 행태에 동정할 바가 별로 없더라도, 尹대통령을 위해서가 아니라 우리나라를 위해서, 현직 대통령이라는 점을 고려할 필요가 있다고 생각합니다.

비상계엄이니 내란이니, 내란 수괴, 우두머리니 하는데, 윤석열 대통령이 실제 한 행위가 뭡니까? 군대 안 간 대통령의 병정놀이밖에 안 되잖아요. 2시간 만에 진압되고, 한 사람도 잡아가지 못하고. 총 한 방 안 쐈고,

다친 사람 한 사람도 없어요. 이걸 내란이다 하고 딱 규정하면 그때부터는 실체보다는 그 말에 따라가게 되고, 정치적 상황과 딱 맞물려서 그게 증폭되고, 그러다 보면 과잉 대응할 수 있습니다. 그래서 이럴 때일수록 자중(自重)해야 되는데, 역사적으로 우리나라가 그게 부족한 것 같습니다.

尹 편지·담화는 '유튜브 세뇌' 결정판

어제 대통령 지지자들이 배포한 편지 내용이 지금 화면으로 나가고 있는데요. 그동안 윤석열 대통령이 전 국민을 향한 메시지를 냈다가, 이번에는 '자유와 민주주의를 사랑하는 애국 시민 여러분' 이렇게 상대를 애국 시민으로 한정한 게 눈에 띄고, '여러분과 함께 나라를 지키기 위해서 끝까지 싸우겠다'는 내용이거든요. 특별히 주목할 만한 대목이 있습니까?

| 조 | 이번만 아니고 딱 한 달 전 계엄선포문, 그 뒤 몇 차례 있었던 對국민 담화와 이번까지 포함해서, 尹대통령이 극단적인 유튜브들에서 쓰는 말을 그냥 그대로 쓰고 있는 걸로 봅니다. 머리가 완전히 세뇌된 거예요. 단적으로, 과장이 너무 많아요. 제가 계엄선포문만 가지고 분석해 봤더니 과장, 거짓말, 왜곡이 무려 20개나 나오더라고요. 이 정도면 허위 공문서 아닙니까?

포고령 말고 맨 처음 계엄 선포할 때 그 선포문 말씀이죠.

| 조 | 그렇습니다. 일단 '국정 마비'라고 했잖아요. 국정 마비됐습니까? 아니잖아요. 그리고 정말 국정 마비면 대통령이 책임을 져야지. 그리고 '마약 천국'이라는 말을 어떻게 씁니까? 자유사회에서 마약을 그나마 우리나라만큼 관리하는 것도 경찰·검찰 덕분인데 마약 천국이라고 하면 안

되죠. '헌정 질서를 지키기 위해' 그리고 '주권 침탈 세력'이라고 했던데, 저는 尹대통령이 부정선거 음모론에 빠진 것부터가 국민의 주권 행사에 대한 중대한 도전이라고 봅니다. 유권자의 최고 수준의 주권 행사인 투표에 불복하는 거 아닙니까. 그런데 어떻게 대통령이 부정선거 음모론 따위를 믿고 선관위를 급습해서 서버를 탈취할 생각을 했느냐 이겁니다. 자기가 주권 침탈을 해놓고 '주권 침탈 세력과 反국가 세력의 준동으로 지금 대한민국이 위험합니다' 이런 표현을 쓰니 허무하다고 할까요. 우리나라에서 최고급 정보를 상시 접하는 대통령이 맨정신으로 어떻게 이런 저질, 생계형 거짓말에 혹합니까?

윤석열 몰락시킨 결정타는 의료대란

국정원에서 대통령에게 정보보고를 해도 대통령은 국정원 보고서를 보지 않고 유튜브를 봤다고도 해요.

|조| 그게 어제오늘의 일이 아니고 한두 번도 아니고, 尹대통령이 이 지경에 이르기까지 여러 단계가 있었는데, 저는 최초 실수가 대통령실을 청와대에서 용산으로 옮긴 일이라고 봅니다. 그때 뭐라고 했습니까? 청와대가 '제왕적 권력의 상징'이라고 했어요. 그거 거짓말입니다. 청와대가 어떻게 제왕적 권력의 상징입니까? 대한민국 발전의 상징이죠. 대한민국의 민족사적 정통성은 서울에 있고 광화문에 있고 청와대에 있는데 그걸 정면으로 무시한 겁니다. 청와대 들어가면 대통령하고 비서들하고 소통이 안 된다고 했습니다. 그건 옛날얘기고, 문재인 대통령은 같은 건물에서 근무했잖아요. 사람이 문제였을진 몰라도 소통에는 아무런 문제가 없었죠. 그러면서 용산 국방부 내보내고 거기로 간 건데, 아직 취임도 안 한

대통령 당선인이 국방부더러 두 달 안으로 짐 싸서 나가라고 했어요. 미국 트럼프 대통령이 당선돼서 나는 백악관에서 근무하기 싫다, 펜타곤으로 가겠다, 두 달 안으로 나가라 하는 격이죠.

그때 딱 느꼈습니다. 이런 무도한 일을 하는 사람이라면 무슨 일이라도 저지를 수 있다. 그리고 그때 우리 언론이, 특히 보수 언론이 비판을 제대로 안 했어요. 저는 그걸 보고 아찔했어요.

보세요, 똑같은 패턴으로 이준석 대표 몰아낸 거 아닙니까. 엉터리 정보에 근거해서, '무죄 추정'이 아니라 '유죄 추정'의 원칙(?)을 가지고.

그 다음 결정판이 의료대란 아닙니까? 저는 윤석열 대통령을 몰락에 이르게 한 결정타는 의료괴란이라고 봅니다.

2000명 증원에 따른 醫政 갈등, 의료대란 말씀이군요.

│조│ 우선 의대 2000명 증원부터가 과학적 근거가 없잖아요. 그런데 계속 과학적 근거라고 우겼잖아요. 그것도 총선 전에. 덕분에 한때 반짝 지지율이 높아졌지만 곧 도로 내려갔잖습니까. 의사들 표가 한 100만 표 이탈했잖아요, 특히 수도권에서. 선거에서는 몇백 표 차이로 승부가 나기도 하는데, 저는 의사들이 등돌려서 한 20석은 날아갔다고 봅니다. 그렇게 총선에서 대패했으면 유턴해야 될 거 아닙니까. 그런데 그냥 갔잖아요. 그 결과가 뭡니까? 지금 한국의 의료 체계가 망가지고 있잖아요.

세계 최고의 K-의료를 망가뜨린 그것 하나만으로도 윤석열 대통령은 역사에 남을 최악의 대통령일 텐데, 게다가 세계적 강군(強軍)을 망가뜨렸습니다. 국군을 지금 적벽(赤壁)에서 도망가는 조조(曹操) 군사 비슷하게 만들었잖아요, 계엄령을 통해서.

대통령의 가장 중요한 책두가 뭡니까? 국민의 생명과 국가의 안전을 보장하는 것, 의료와 안보 아닙니까? 그런데 의료를 망가뜨리고 軍을 망가뜨렸으니, 대통령이 할 수 있는 가장 나쁜 짓을 한 겁니다.

그 출발은 간단했습니다. 엉터리 정보죠. 엉터리 정보로 이상한 판단을 많이 한 거예요. 부산 엑스포 유치 실패 보세요.

헌법재판관 2명 임명한 건 절묘한 균형

최상목 대통령 권한대행이 정치적 불확실성을 해소하기 위해서, 국회가 추천한 헌법재판관 후보 3명 중에서 2명을 우선 임명했습니다. 이에 대해 여당에서는 '권한 없는 사람이 선을 넘었다', 야당에서는 '왜 2명만 임명하냐', 양쪽에서 다 비판하는 상황입니다. 이창용 한국은행총재는 '그래도 잘한 선택'이라고 평가했고요.

|조| 6일 전 12월28일에 제 유튜브에서 그 이야기를 했습니다. 이 난국을 돌파할 수 있는 방법은 하나 주고 하나 받는 건데, 헌법재판관은 임명하고, 특검법은, 특히 내란 특검법은 완전히 혁명사령부 같은 거고 (조기 대선이 있을 경우) 선거 기간과 겹치고 수사 기간도 너무 기니 특검법은 거부해야 된다. 그러면 최상목 대행에 대해서 민주당이 탄핵은 못 할 거라고요. '기록'을 남기기 위해 그렇게 올렸습니다.

다만, 저는 3명 다 임명하자고 했는데 최 대행이 2명만 임명하더라고요. 그래도 참 잘한 거라고 봅니다. 잘했고, 균형이 맞잖아요. 국민의힘도 욕하고 민주당도 욕하는 이게 바로 균형을 잡았다는 증거입니다.

욕은 양쪽에서 먹고, 그래도 탄핵심판은 진행되고….

|조| 아무튼 헌법재판소를 정상화시킨 것 아닙니까. 그랬다고 최 대행이 탄핵 당할 염려는 없다고 저는 봅니다. 이로써 한 달 동안의 혼란상이

딱 정리된 거예요. 그런데 이에 대해 국무위원들이 면전에서 반발하고….

왜 상의를 안 했냐고 소리소리 질렀다고 하더군요. 정진석 비서실장이 사의를 표명하고….

│조│ 그 사의란 것도 황당한 게, 아니, 정진석 실장은 전에 이미 사의를 표명했잖아요. 또 사의를 표명하면, 전에 사의 표명한 건 뭡니까? 사실인즉 그 사람들이 윤석열 대통령을 몰락으로 몰고가는 데 결정적 역할을 한 사람들 아닙니까? 다른 건 다 치우고 의대 2000명 증원, 이걸 비서실에서부터 막았어야죠. 그런데 사회수석이라는 사람이 토론회에 나와서 한다는 이야기가 '2000명도 부족하고 4000명은 해야 된다' 이런 막말을 하더라고요. 딱 들으니까 '아! 이 사람이 대통령 한 사람만 바라보고 이렇게 아부를 하는구나.' 그래서 대통령 망친 사람들이 무슨 낯으로 최상목 대행을 욕합니까?

│김웅│ 그래도 지금 이 상황에서 국민의힘이 뭐라도 해야 한다면, 무엇부터 해야 된다고 생각하십니까?

│조│ 국민의힘은 한동훈 대표가 간신히 살려 놨는데 자기들이 다시 돌아가서 늪으로 빠져 버렸다고 저는 봅니다. 작년 12월3일 밤 10시 넘어서, 계엄령 선포한 직후에 보여 준 한동훈 당시 당대표의 치밀한 대응은 역사에 남을 거라고 봅니다. '불법이다, 국민과 함께 막겠다' '의원들은 국회로 모여라' '공무원들은 부역하지 말라.' 저는 그 메시지를 보는 순간 이 계엄은 끝났다고 봤습니다. 그래서 즉시 유튜브에 올리기를, "오늘 밤중으로 여야가 합의해서 계엄령 해제 요구할 것이다." 그리고 정말 그렇게 됐잖아요. 韓대표가 국민의힘 구한 거 아닙니까? 그때 안 그랬더라면, 의원들이 다들 당사에 옹기종기 모여 투표에 참여도 안 했더라면, 지금쯤 '내란 비

호당' 정도가 아니라 아주 위헌 정당으로….

해산심판 대상이다?

| 조 | 그런 얘긴들 안 나왔겠습니까? 그런 한동훈 대표를 몰아내고, 지금 뭘 하겠다는 겁니까? 아직도 윤석열 대통령 제명도 안 하고 있고. 아니, 최소한 제명은 해서 이걸 떼어 내고 봐야 할 거 아닙니까?

국민의힘, 尹 제명 '골든타임' 놓쳤다

권영세 비대위원장과 권성동 원내대표가 왜 그렇게 안 한다고 보십니까?

| 조 | 사실은 제명할 수 있는 찬스가 있었습니다. 그런데 꾸물거리는 사이에 강성 지지층이 결집하는 바람에. 지금 尹대통령 지지율이 20~30% 된다는 거 아닙니까? 이게 세력화돼 버린 거예요. 그 전에 딱 정리를 했더라면 새출발 할 수 있었는데, 실기(失機)한 거죠. 타이밍을 놓쳤습니다. 그러면 대선 포기하는 거예요. '윤석열 지키는 정당' 플러스 '음모론과 함께하는 정당'이 돼버린 국민의힘이 앞으로 어떻게 국민한테 표를 달라고 하겠습니까? 이젠 좀비화가 돼버렸어요. 윤석열이라는 썩은 새끼줄을 잡고 인수봉 오르겠다는 격입니다.

| 박성태 | 처음에 조 대표께서는 계엄이니 내란이니 하는 단어에 함몰돼서 과잉 대응하는 걸 경계하셨는데요. 과잉 대응하면 그에 대한 반작용을 불러일으킬 수 있다는 점에서 그 말씀엔 공감합니다. 다만, 아까 계엄을 '병정놀이'라고 하신 데 대해선, 이건 정말 운이 좋았고 천만다행히 인명 피해 없이 마무리됐기 망정이지, 병정놀이라고까지 할 건 아니라고 봅니다.

결과적으로 그럴지, 사전 모의한 정황은 무시무시했거든요.

　│**박**│그렇습니다. 그리고 여권 내에서도 많은 분들이 진행 상황을 복기(復棋)하면서 '바보 아니야?' 하거든요. 엉성한 측면이 있었습니다. 하지만 만에 하나 미치광이가 하나 더 있어서 에너지를 더해 줬다면 우리나라는… 이건 정말 모를 일이거든요. 그래서 계엄에 대한 단죄는 분명히 이루어져야 된다고 봅니다.

　│**조**│물론입니다. 당연하고. 다만 정상 참작의 여지는 있다는 거죠. 그리고 전개 과정을 보면 딱 두 사람이 주모자 아닙니까. 대통령과 김용현 국방장관. 나머지 특전사령관, 정보사령관, 이 사람들은 그냥 따른 거고. 밤 10시 넘어 계엄령 선포도 웃기는 거죠. 새벽에 해야지. 그리고 국군 통수권자가 지휘관한테 직접 전화해서 '문 부수고 들어가라' '총 쏴서라도 끌어내라' 이렇게 거칠게 말을 했는데 말 안 들었죠. 이건 집단 항명입니다. 사령관까지는 통수권자의 명령이 내려갔지만 사령관 아래서 집행이 안 된 겁니다. 왜 집행 안 됐겠습니까? 들으니까 황당하거든. 본회의장에 들어가서 끌어내라. 딱 봐도 이게 될 수가 없는 건데 엄두가 나겠습니까? 그러는 사이에 새벽으로 넘어가고, 국회가 계엄 해제 요구하고, '14명 잡아라' 그러더니 나중에는 3명으로 줄입니다. 3명이라도 잡아라, 이런 뜻인데, 잡으러 출동 해서 도착해 보니까 이미 끝난 거예요. 너무 늦게 출동한 거예요. 그 지시가 내려온 게 새벽 0시 반쯤이에요. 그래서 제가 병정놀이라고 하는 겁니다. 처음부터 안 되는 거였어요. 윤석열 대통령이 군대 안 가 봐서, 총을 안 잡아 봐서 모르는 겁니다. 목숨을 걸어야죠. 실패하면 목숨이든, 최소한 하야하고 감옥 갈 각오를 해야 되는데 그것도 없이 시작한 거예요. 총과 군대의 엄숙성을 몰라서.

　　지리멸렬한 직후에 자진 하야하면서 '모든 책임은 내가 진다, 명령을 수행한 사람들은 죄가 없다' 이렇게 나갔어야죠. 그랬다면 수사하는 범위도 좁혀졌을 거 아닙니까.

지금이라도 기회가 없을까요?

|조| 지금, 오늘내일이 마지막 기회 아닐까요? 내일 아침 체포영장 집행하기 전에, 마지막에라도 그렇게 해주면 본인을 위해서도 여러 사람을 위해서도 좋지 않을까 하는 생각입니다.

신년 여론조사들에 보면 탄핵 찬성이 70%, 반대가 25% 정도 되더군요.

|조| 이번에 여론조사 보면서 아주 특이한 점을 봤어요. 거의 대부분이 7대 3으로 나옵니다. 계엄 잘못됐다, 탄핵 정당하다, 그리고 내란죄로 다스려야 된다, 그게 거의 다 7대 3이더라고요. 저는 이 7대 3의 여론 구도가 가장 안정적인 거라고 봐요. 7의 주류와 3의 비판 세력. 그런 점에서 저는 지금의 구조가 괜찮다고 봅니다.

다만, 윤석열 대통령 지지율이 10%까지 떨어졌다가 이번에 20~30%까지 오른 데는 원인이 있어요. 그건 尹대통령에 대한 동정심입니다. 너무 몰아붙인다, 특히 이재명 민주당 너희들은 잘한 게 뭐 있느냐, 진영 논리로 갈린 거예요.

BBS 라디오 '신인규의 아침저널'(2025년 1월9일)

'윤석열 인간방패' 40여 명 의원, 블랙리스트 오를 것!

진행 : 신인규(변호사)

법원 영장엔 '불복' 개념조차 없어

오늘의 메인 이슈를 맛보는 정치 토크 '집중공략' 시간입니다. 오늘은 보수 진영의 대표 원로 논객으로 꼽히는 조갑제 대표와 함께 현안들을 짚어 보겠습니다. 우선 여러 가지 현안 중에서 가장 시급한 또는 중요한 건 단연 법원의 윤석열 대통령 체포영장 발부, 그리고 그 영장이 집행되지 않고 있는 현실일 텐데요.

안녕하세요. 저는 아직 원로는 아니고, 그냥 55년 동안 기자 생활 하고 있습니다. 대통령은 '헌법 수호자' 아닙니까. 헌법 수호자가 지금 헌법을 부인하고 있습니다. 진행자께서 변호사이시니까 잘 아시겠지만, 영장에는 불복하면 안 되지 않습니까?

사실은 영장에는 불복이라는 개념 자체가 없습니다.

그리고 윤석열 대통령 측에서 제기한 이의신청까지 법원이 받아들여서 판단을 한 결과가 체포영장입니다. 이의신청 기각하면서 자세하게 결정

이유를 썼고요. 尹대통령이 불법이라고 주장했는데 법원이 불법 아니라고 한 겁니다. 그런데 거기에 또 불복한다? 이게 우선 심각한 문제입니다.

그러고 지금 대치 상황이, 중무장한 경호처와 경찰이 대치하고 있는 것 아닙니까? 이건 내전적 상황이에요.

국가기관 간에 충돌하는 모습이니까요.

더구나 그 한복판에 현직 대통령이 있다는 것. 이거, 잘못해서 사고라도 나면 어떻게 하죠? 그래서 저는 윤석열 대통령이, 그때 비상계엄이 실패했을 때 진작에 하야하는 게 옳았다는 겁니다. 버티다가 이 지경까지 왔으면, 이제라도 자신이 걸어 나와서 수사기관에 가야지, 현직 대통령이 끌려 나오는 모습이 全 세계에 생중계되면 나라 체면이 뭐가 되겠습니까?

경호처, 특수공무집행방해 현행범

국격(國格)이 떨어지는 것은 말로 다 표현할 수가 없는 거고, 더 중요한 문제는, 영장이라는 것이 법원이 정당하게 발부한 것인데 누군가가 유형력으로 저지해서 유혈 사태가 예견돼 집행을 못 한다면 그건 형평성의 문제고 '공권력의 예외', 우리 헌법이 부정하는 '사회적 특수계급'의 창설 아니냐는 비판도 있습니다.

윤석열 대통령이 후보 시절 TV 토론 할 때 손바닥에 '王'자 쓰고 왔잖아요. 당선된 후부터 하는 걸 보면 실제로 자기가 왕이라고 생각하는 것 같아요. 계엄령 선포는 통치행위에 해당하니까 헌법 위에 있다는 얘기 아닙니까? 그리고 체포영장 거부하면서 계속 '불법'이라고 하는데, 체포영장이 불법일 수가 있습니까?

문제는 경호처의 행동인데, 너무나 위험천만한 행동입니다. 무장한 경호처는 軍부대입니다. 군부대가 공권력 행사에 집단적으로 물리력으로 저항하는 건 특수공무집행방해죄의 현행범 아닙니까.

윤석열 대통령은 응징해야 됩니다. 그러나 윤석열 식으로 응징하면 안 되고 법으로, 대한민국 식으로 해야 돼요.

그 '대한민국 식'이란 구체적으로?

법과 원칙에 따라서죠. 다만, 저는 처음부터 윤석열 대통령 경우는 현직이니까 불구속 기소가 맞다고 일관되게 주장했습니다.

권한은 정지돼 있어도 현직이니까 말이죠.

그렇습니다. 그래서 무리한다고 생각했어요. 작년 12월9일, 아직 탄핵소추 전이고 직무 수행 중인 상태에서 공수처가 법무부에 尹대통령 출국금지 신청을 했고 법무부가 바로 받아들였습니다. 아니, 현직 대통령에 대한 출국금지라니, 이거 무리 아닙니까? 그래서 그때부터 저는 '아, 공수처가 무리하고 있구나, 자기의 존재증명을 위해서 과잉수사를 하는구나' 생각했습니다.

尹 응징 마땅하지만, 구속 수사는 애초 무리수

불구속 수사 말씀에 일리가 있긴 합니다만, 내란에 가담한 주요 임무 수행자들은, 특히 軍 쪽은 다 구속돼 있지 않습니까. 그런데 혐의가 내란 수괴인데 현직 대통령이라는 이유로 불구속 기소한다는 것도 형평에 맞지 않는다는 비판도 있거든요.

수사의 구조적 논리로는 구속이 맞죠. 하지만 지금 또 다른 심판 절차가 진행 중이잖아요. 헌법재판소의 탄핵심판. 이론 상으로는 탄핵소추가 기각돼서 현직에 복귀할 가능성도 있죠? 복귀한다고 해서 수사가 중단되는 건 아니죠? 내란죄는 재임 중에도 소추할 수 있으니까요. 그런 점들을 감안하면, 이미 수사의 대강은 다 파악이 된 상태니까, 불구속 수사를 하더라도 한 2~3개월 기다려 줄 정도의 여유와 자신감은 우리나라가 있어야 하지 않나 합니다. 그런데 尹대통령 자신이 법에 순응하는 게 아니라 정면 도전을 하고 있으니, 그런 원칙론이 먹히겠느냐 하는 생각도 듭니다.

최상목 대통령 권한대행은 지금 한덕수 권한대행 탄핵으로 대행을 물려받은 '대행의 대행'인데, 지금 이 국가기관 간 충돌 상황에서 권한대행이 아무런 조정 노력을 하지 않거든요. 사실은 '조정'도 아니고, 법원이 영장을 발부하면 집행할 수 있도록 협조하는 게 권한대행의 책임이라고 개인적으로 생각하는데, 최상목 대행은 공수처법 제3조 3항을 근거로 들며 본인은 개입할 수 없다고 하고 있습니다.

그건 정치적으로 판단해야 된다고 봅니다. 최상목 대행이 잘한 일이 있지 않습니까? 지난해 12월31일 헌법재판관 후보자 3명 중에서 2명이나마 임명하고 특검법 2개에 대해서는 거부권을 행사해서 균형을 맞췄고, 그래서 일단 우리가 위기를 넘겼잖아요. 그런 아슬아슬하고 어려운 상황을 고려한다면, 오히려 공수처가 대통령 권한대행의 힘을 빌려서 문제를 해결할 생각 말고, 공수처와 경찰이 충분히 체포영장 집행할 수 있지 않습니까? 그만한 법리를 이미 완벽하게 갖췄고 경찰은 물리력도 있으니까, 그러면 엄정하게 법 집행을 해야지, 권한대행까지 여기 끌어들이는 것은 좀 비겁하다고 봅니다.

반면에, 요즘 대통령실이 경호처 병력을 강화해 달라고 하는 건 무리입니다. 대통령실은 지금 가만히 있어야 돼요.

윤석열 대통령 측이 어제 변호인을 통해서 낸 입장은, '체포영장은 집행하지 말고, 사전구속영장을 청구하면 한번 응해 볼 수 있겠다', 물론 경호가 보장되는 걸 단서로 달긴 했습니다만. 이 말은 마치 법질서에 협조할 것처럼 들리지만, 달리 보면 시간 끌기로 국면을 바꿔 가려는 것 아니냐는 불신도 많거든요. 그리고 절차를 피의자가 선택할 수 있느냐….

어제 말은 복잡하게 했지만, 핵심은 불구속기소해 달라는 걸로 저는 봤습니다. 〈중앙일보〉 사설에 '법원 쇼핑'이라고 했던가요? 서울서부지원에 영장 청구하는 것은 받아들일 수 없다, 세상에 이런 주장을 하는 사람이 저는 대한민국 건국 이후 처음인 것 같아요. 윤석열 대통령이 무슨 계산이 있어서 그러는 건지도 모르겠는데, 지금 이 체포영장 집행 거부가 탄핵심판에 얼마나 불리하게 작용하겠습니까?

헌법 수호 의지의 결여다, 이렇게 볼 수 있지요.

8년 전 박근혜 대통령을 파면한 그 결정문에 '헌법 수호 의지 결여'를 제일 강조했지요. 그 근거 중 하나로 청와대에 대한 무슨 압수수색을 거부한 걸 넣었더라고요. 지금 尹대통령은 그것과는 비교가 안 되게 중대한 체포영장 거부를 하고 있는데, 이거 자살행위 아닙니까? 나중에 구속영장 청구됐을 때도 불리하게 작용할 거고요.

국힘, 윤석열 정리 못 하면 대선 포기해야

법치주의는 헌법의 아주 중요한 핵심 가치인데, 이게 원래 보수가 굉장히 중요하게 생각하는 가치 아닙니까? 그런데 지금 보수라고 불리는 사람들이 법치에 정면 도전을 하고, 심지어 헌법재판소 폐지, 국민 저항권 운운하면서 법치를 파괴한다는 인상입니다.

그런 사람을 보수로 분류하는 것 자체가 잘못됐습니다. 그건 가짜 보수죠. 보수라는 것은 '사실', 그 위에 기초한 '法治', 그런 정의라야 '자유'를 지킬 수 있다, 이렇게 '사실, 법치, 자유'가 한 덩어리로 신념화되어 있어야 되는데, 지금 그런 사람들은 '사실'부터 부정하잖아요. 부정선거 음모론 말입니다. 거기서부터 출발하니까 보수로 분류할 수 없는 겁니다.

저는 지금 한국 보수의 당면 과제는 윤석열 문제를 어떻게 해결하느냐는 거라고 봅니다. 윤석열은 보수 궤멸자이고 보수 배신자입니다. 그러니까 보수가 보수의 배신자 윤석열을 지키려고 하는 그 순간부터 자가당착에 빠지는 거예요. 보수가 앞장서서 윤석열을 심판해야죠.

윤석열 대통령하고 결별이 가능하겠습니까? 당위로는 맞는데 현실적으로⋯.

보수를 '보수 세력'과 '보수층'으로 분리해서 보면 보수 세력은 궤멸 상태라고 봅니다. 보수 언론, 보수 지식인, 그리고 국민의힘. 그러나 다수 보수층 있잖아요. 보수 세력이 궤멸된다 하더라도 보수층은 살아 있고, 살아 있어야 합니다.

어제 국회에서 '쌍특검'이라고 불리는 내란 특검법과 김건희 특검법이 재표결에서 다 부결됐습니다. 표 차이는 아슬아슬했다고 합니다만, 이렇게 윤석열 정부의 거수기 역할을 하는 집권 여당의 모습은 어떻게 평가하십니까?

저는 국민의힘이 타이밍을 놓쳤다고 봅니다. 계엄 직후 그때 한동훈 노선으로 가서 윤석열 대통령을 제명했어야 한다고 봅니다. 그 찬스가 한 일주일 있었어요. 그 일주일을 놓쳤습니다. 지금은 윤석열 지지 세력이 결집하고, 또 이재명 대표에 대한 반감이 국민의힘으로 쏠려 가지고 국민의힘 지지율이 올라가고 있어요. 이제는 제명할 힘이 없을 거라고 봐요.

12·3 계엄사태 때 신속하게 대응해서 어떻게 보면 국민의힘을 살려 낸 사람이 한동훈 대표 아닙니까? 그 한동훈 대표를 축출했어요. 그때부터 국민의힘은 돌아갈 수 없는 다리를 건넌 겁니다. 지금 일시적으로 지지율이 오른다고 해서 여기 편승해서 한남동으로 몰려가고 하는데, 이걸 봐선 국민의힘이 도대체 자정(自淨) 능력이 있는지 저는 회의적이고, 윤석열 문제를 정리하지 못한다면 사실상 대선을 포기하는 것이 될 것이다, 이렇게 봅니다.

관저 간 국힘 의원들, '블랙리스트' 멍에 될 것

국민의힘 의원 40여 명이 한남동 관저 앞에 가서 '불법 영장'이니부터 해서 우리 헌법 질서를 부정하는 논리를 반복하고 있거든요. 이런 집단행동은 어떻게 이해해야 될까요?

그중에 아마 3분의 2 정도는 경상도에 지역구를 둔 사람 아닙니까? 그래서 국민의힘은 경상도 토호당이라는 겁니다. 이분들은 차기 대통령 선거에서 정권 재창출하는 데는 관심이 없고 자기 기득권, 그러니까 공천을 지키려고 하는 것 아닙니까. 심지어 '차라리 민주당이 집권하고 내가 야당하는 게 더 편하겠다'고 생각하는 사람도 있을 거예요. 그러니까 상식으로는 이해할 수 없는 행동들을 지금 하고 있는 건데, 문제는 이게 다 이름이 남는다는 겁니다. 다음 총선에서 그게 부담이 안 될까요?

그 의원들 입장에서는 이익이 된다고 판단하니까 간 걸 텐데, 지역구에 가면 그게 통한다고 보는 것 아닐까요?

지금 그건 현재 시점이고요. 예측을 해 본다면, 일단 윤석열 대통령이 내란죄로 구속 수사를 받고 유죄 판결이 날 가능성이 매우 높고, 유죄일 땐 형량도 상당히 엄중할 겁니다. 그리고 탄핵심판에서도 파면 결정이 날 가능성이 많다고 저는 봅니다. 그렇게 될 경우 차기 대선에서 국민의힘 후보는 낙선할 가능성이 크고, 그 후에 지방선거도 있고 총선도 있을 텐데, 요 며칠간의 의원들 행동이 그때 가서 과연 유리하겠느냐. 그때그때 여론만 보고 행동하다간 결국 남는 것은 법적인 문제, 그리고 기록으로 남을 텐데, 이분들이 '그때 아주 치명적인 실수를 했다'고 후회하게 될 거라고 생각합니다.

尹, 이재명 대통령 만들기 일등공신

다시 계엄령 시점으로 돌아가 보겠습니다. 윤석열 대통령이 계엄이라는 무시무시한 권한을 행사하고 국회까지 장악하려고 한 근본적 동기는 뭐라고 짐작하십니까?

우선 윤석열 이분의 캐릭터에서 오는 건데, 〈중앙일보〉 논설위원 한 분이 '3대 중독자'라고 했더라고요. 첫째 권력 중독, 특수부 검사를 오래 해서 안하무인이다. 다음에 유튜브 중독, 유튜브를 많이 보다가 부정선거 음모론에 빠져 버렸다. 그 다음으로 알코올 중독이라고 했어요. 그런 인격을 가진 사람은 통제가 안 됩니다.

그리고, '안 됩니다'라고 하는 사람이 주변에 없잖아요.

그 다음, 당장 일주일 뒤 12월10일로 김건희 여사 특검법 표결이 예정돼 있었잖아요. 우선 그걸 막아야 되겠다는 생각.

그리고 부정선거 음모론에 빠져서, 선관위를 급습해 서버를 탈취해서 무슨 조사를 하면 부정선거 증거를 찾을 수 있을 것이다. 그러면 계엄령도 정당화되고, 이 국회는 부정선거로 당선된 자들이 장악하고 있으니까 국회를 해산해 버리고 대체입법기구를 만들겠다는 망상을 한 거라고 봅니다.

그런데 망상이란 게, 망상에서 그치지 않고 그걸 현실에서 실현하려고 하는 순간 허무하게 무너지게 마련이죠. 제가 '군대 안 간 국군통수권자의 병정놀이'라고도 했습니다만, 너무나 허술했잖아요. 2시간 만에 끝나잖아요. 바로 거기서 드러나는 게 하나 있어요. 한동훈 대표에 대한 증오심입니다. 아니 세상에, 한동훈 대표를 왜 체포 대상 명단에 넣습니까?

보수는 지난 총선 때도 '李曺(이재명·조국) 심판론'을 들고 나왔지만, 지금 '기승전 이재명'으로 가는 흐름은 어떻게 보십니까? 보수 쪽에서조차 계속 이재명 대표에 대해서만 이야기하고 있어서요.

윤석열 대통령이 결과적으로 이재명 대통령 만들기의 일등공신이 되고 있는 것 아닌가 생각합니다. 이재명 대표도 사법 리스크에 빠져 있잖아요. 기다리면 될 일을 서두르다가 이재명 대표를 사법 리스크로부터 일단 구출해 놓은 겁니다. 이재명과 민주당이 정국을 주도하게 만들어 놓고, 계엄 이후에 하고 있는 일들이 다 국민의힘에 불리하고 보수에 불리하고 민주당에만 유리하니까, 윤석열은 민주당의 비밀 선거운동원 아닌가 하는 생각까지 들 정도입니다. 농담입니다.

농담이라고 하시지만 그만큼 윤석열 대통령이 정치를 너무 못했고 그 반사이익이 이재명 대표에게 많이 갔다, 이렇게 새겨들으면 되겠습니까? 정치 토크 '집중공략', 지금까지 조갑제 대표와 함께했습니다. 오늘 말씀 감사합니다.

SBS 라디오 '김태현의 정치쇼'(2025년 1월10일)

윤석열 체포 못하면 대한민국 해산해야

진행 : 김태현 변호사

있는 법 무시…'법꾸라지'도 못 돼

해가 바뀌어도 정치의 혼란은 극에 달해 있습니다. 그 중심지는 이제 서울 한남동 대통령 관저입니다. 이분과 오늘 두 번째 시간입니다. 보수 논객, 정통 보수주의자, 조갑제닷컴의 조갑제 대표입니다.

법원이 윤석열 대통령 체포영장을 발부했는데 지금 대통령 측은 체포영장이 불법이고 무효라고 주장하면서 버티기에 들어갔습니다. 대통령의 이 선택을 어떻게 보십니까?

대통령의 선택은, 대한민국 국민으로서 체포영장에 순응해야 됩니다. 체포영장엔 이의신청할 수 있는 방법도 없는데 이의신청을 했어요. 그럼 법원이 그걸 각하해야 되는데, 친절하게 이의신청이 왜 부당한지 답변까지 해주면서 체포영장을 발부했습니다. 그랬으면 거기서라도 끝냈어야지, 또 거기 불복해서…

헌재에 권한쟁의 심판을 청구했지요.

그 권한쟁의도 헌재에서 그전에 각하했거든요. 두 번째 아닙니까. 이 정도 되면 이젠 법꾸라지(법+미꾸라지)도 아니에요. 법꾸라지란 법률 기술자라는 말 아닙니까? 존재하는 법을 놓고서 해석으로 다투는 게 법꾸라지지. 이건 법에도 없는 행동을 하고 있는 것 아닙니까. 체포영장에 대해서는 순응하는 방법밖에 없고, 일단 제 발로 나와서 체포된 다음에 적부심 신청을 하든지 구속영장 실질심사를 받는 방법이 있는데, 그걸 다 무시하고, 더구나 법률가, 검찰총장 출신이 이러는 건 무리입니다. 세계가 그 현장을 지켜보고 있다는 것도 생각해야 되지 않습니까? 현직 대통령이라는 자신의 위치와 대한민국 국격을 생각하고 행동해야 합니다. 尹대통령은 극도의 이기주의자 같습니다, 자기밖에 생각 안 하는. 최소한 부하들을 생각한다든지 국가를 생각한다든지 자기가 속한 국민의힘을 생각한다면 이렇게는 행동 안 할 거라고 봅니다.

대통령 측 인사가 〈중앙일보〉에 전한 바로는 대통령이 몇 주째 술을 입에도 안 대고 또렷하게 현재 상황을 바라보고 있다고도 하고, 대통령으로 추정되는 인물이 산책하면서 경호원들에게 뭔가 지시하는 영상도 공개됐어요. 대통령은 지금 한남동 관저에서 어떤 생각들을 하고 있을까요?

요사이 술을 안 마신다는 이야기는 그러니까 거꾸로 말하면, 윤석열 대통령의 술버릇에 대해서 우리 언론들이 그동안에 알고도 안 썼다는 얘기 아닙니까. 이건 우리 언론이 잘못한 겁니다. 그걸 지적했어야죠. 그게 국정에 영향을 미쳤다는 여러 가지 증거가 있지 않습니까. 대통령이 술 때문에 정책을 잘못 편 경우가 많은데, 대통령실 출입기자들이 자신들만 알고 덮은 거죠. 그런데 최근에 〈아사히신문〉에 났잖아요, 윤석열 대통령이⋯.

의료대란, 언론이 막을 수 있었다

소맥 20잔이요?

그렇게 앉은 자리에서 소폭 몇십 잔 마신다는 뉴스가 외국 언론에 나고, 그걸 한국 언론이 받아쓰고…. 우리 기자들이 이래서는 안 됩니다. 이런 사태까지 오게 된 데는 기자들 책임도 최소한 30% 정도는 있습니다.

기자들이 제대로 썼더라면 일어나지 않았을 대표적인 사건 중 하나가 의료대란입니다. 의대 2000명 증원은 윤석열 대통령이 정한 것으로 보이는데, 보건복지부 장관은 자기가 결정해서 대통령실에 통보했다고 하지요? 그건 말이 안 되고, 궁금한 건 2000명 정원이 어떻게 나왔냐는 겁니다. 2000명이라고 딱 정수로 떨어지는 게. 이것만 확실하게 밝혔어도 지금과 의료대란은 막을 수 있었어요. 언론이.

한편 어제(1월9일) 윤석열 대통령 측 변호인들이 외신 기자회견에서 기본적으로 지금의 상황을 내란에 가까운 사태다, 이념 전쟁, 체제 전쟁이라고 보고 있더군요. 그 시각들은 어떻게 평가하십니까?

'내전적 상황'이 아니고 내전, 그거, 끔찍한 이야깁니다. 내전이 어떤 거냐, 제일 좋은 예로, 1871년 보불전쟁(프로이센-프랑스 전쟁)에서 프랑스가 지고 나서 적전(敵前) 분열이 일어났습니다. 그래서 생긴 게 파리 코뮌입니다. 그러면서 좌우가 대결해서, 파리에서 시가전이 벌어져서 3만 명이 죽었어요. 전쟁은 내전이 가장 비참합니다. 대한민국에서 파리 코뮌 같은 그런 내전 이야기를 입에 담아서 되겠습니까? 기자가 비유로 내전적 상황이다, 그럴 수는 있어요. 그러나 책임 있는 자리에 있는 사람이 내전이라는 말을 입에 올려서는 안 됩니다.

그러나 지금 경호처도 무장하고 경찰도 무장하고, 무슨 오케이 목장의 결투도 아니고, 무장한 두 권력기관의 대치 상황이 서울 한복판에서 벌어지고 있다. 여기서 사고가 날 가능성이 있는 게 문젭니다, 예측할 수 없는. 자칫 사고라도 나면 그땐 진짜 내전적 상황이 벌어질지도 모르니까, 그 단계까지 가지 않도록 조심해야 됩니다. 현재로선 공수처와 경찰이 스스로 해결해야 돼요. 그 바쁜 최상목 대행 끌어들이지 말고. 무장 대치 상황이 계속 가다간 까딱 '선'을 넘어 버릴 수 있습니다. 그 지경까지 가기 전에 집행이 될 거라고 기대 섞인 예측을 저는 해봅니다만.

경찰이 尹 대통령 체포에 성공할 거라고 보신다는 말씀인가요?

당위론입니다. 집행돼야 하지 않습니까? 체포영장 집행 안 되면 대한민국 해산해야지.

尹 체포 응하되, 수사는 불구속 바람직

대통령이 자발적으로 '내가 공수처에 출두하겠다' 이렇게 나올 가능성은 없을까요?

있다고 보고, 그래야 합니다. 사람이 막판에 몰리면 순수해질 수 있지 않습니까? 법적으로는 지금 집행해야 돼요. 다만, 한 가지, 정치적 고려, 정치적 타협도 있을 수 있는 것 아니냐. 그건 뭐냐 하면, 불구속 수사 원칙을 지키는 거예요. 대통령 측은 자발적으로 출두하고, 그 반대편에선 불구속 기소는 어떠냐는 거죠. 현직 대통령이 지금 직무정지가 된 상태에서 헌법재판소 심리를 받고 있는데, 2~3개월 기다렸다가 구속 여부를 결정할 수도 있는 거고. 어쨌든 탄핵심판과 구속이 동시에 진행되는 것은 너무 가혹하지 않으냐 말입니다.

어제 대통령 변호인들이 한 말들 중, '국민들이 일어서자는 분위기를 조성하는 데 비상계엄이 역할을 하고 있다. 이 혼란이 극복되면 대통령의 계엄이 성공한 것이다' 이런 얘기도 있었습니다.

윤석열 변호인 측의 이야기를 들으면, 우선 사실과 안 맞는 이야기를 너무 많이 하고, 법률가가 법리에 안 맞는 이야기를 너무 많이 해요. 그래서 저는 아예 통째로 무시하는데, 다만 지금 상황이 윤석열 대통령 측이나 국민의힘 측에 유리한 게 하나 있어요. 그게 뭐냐 하면, 계엄사태라는 것은 기본적으로 윤석열 對 대한민국 구도였거든요. 윤석열 대통령이 대한민국에 도전한 것 아닙니까? 그런데 지금은 그게 좌우 대결 구도로 가고 있어요. 그리고 윤석열 對 이재명, 이 구도로. 그래서 저쪽(윤) 지지율이 높아지죠. 좌우 구도로 보면 아마 5 對 5쯤?

그런데 좌우 구도로 가게 된 건 민주당과 이재명 쪽의 책임이죠. 마치 자신들이 새로운 계엄사령부라도 된 것처럼 계속 탄핵 탄핵, 말도 험하게 하고, 쓸데없이 내란 특검법 밀어붙이고. 이게 정치적 의도 이외에 과연 실효성이 있나요? 그러잖아도 지금 검경과 공수처가 경쟁적으로 수사를 하고 있는데 여기에 야당과 국회까지 끼어들어서. 특검이 무슨 새로운 걸 만들어 냅니까? 그러니까 정치적 목적 말고 있느냐, 이런 걸 국민들이 다 알아요. 그렇게 윤석열 대통령을 독 안에 든 쥐처럼 막 압박하니까, 윤석열 대통령 욕하던 사람들도 자연히 동정심이 그리로 간다고요. 그게 요새 지지율 상승으로 나타난 것 아닙니까?

趙대표께서 지난번에 출연하셨을 때 '무능한 대통령은 만참(萬斬)할 죄인' '국민의힘은 利敵 단체다, 죽은 정당이다' 하셨는데, 지지율이 또 올랐어요.

거기에 결정적 역할을 한 사람이 이재명 민주당 아닙니까. 자중했어야죠. 처음에, 12월 초에 딱 주도권을 잡았는데, 지금은 주도권을 상당히 놓치고 있습니다. 잘나갈 때 조심해야 된다는 게 바로 그 말입니다. 주도권을 잡았으면 책임 있게 하고 탄핵은 더 이상 안 했어야지. 다른 장관이나 권한대행에 대한 탄핵은 안 했어야죠. 그것 하는 바람에 모든 사람들이 보기에 조기 대선을 하려고 폭주를 한다, 이렇게 보는 그 순간부터 좌우 대결 구도로 갔다 이거죠.

김민전 '백골단 몰랐다'는 건 충격

1980년대에 백골단이라고 있었잖아요. 김민전 의원이 반공청년단, 백골단이라고 자칭하는 2030들로 구성된, 대통령을 지키자는 사람들을 국회 정론관에서 소개했다가 나중에 SNS를 통해서 '내가 잘 몰랐다'며 철회하는 일이 있었거든요. 어떻게 보셨습니까?

저는 제일 충격적이었던 게, 김민전 의원이 백골단이라는 존재를 몰랐고 그게 무슨 의미인지 몰랐다고 한 부분입니다. 그 말이 정말이라면, 한국 현대사의 흐름을 잘 모르고 1980년대를 기억하지 못한다는 말 아닙니까. 더 웃기는 게, 백골단이니 땃벌떼니 그 사람들이 내세우는 게 反共 아닙니까? 그런데 그거 반공 아니잖아요.

백골단이 반공이 아니라고요?

반공 아니죠. 자유민주주의를 지키는 게 반공이지, 민주주의를 파괴하는 게 어떻게 반공입니까? 반공이라는 이름을 그 따위로 쓰니까 반공 하면 비아냥거리고 반공이 무슨 惡인 것처럼 이야기들 하잖아요.

　대한민국은 자유민주주의로만 안 됩니다. 우리는 공산주의자와 싸우니까 그냥 자유민주주의가 아니라 '반공' 자유민주주의를 해야 돼요. 반공만 해서도 안 되고 자유만 해서도 안 되고, 반공과 자유가 섞여 있어야 되는데, 그런 단체가 나오면 반공이 아주 희화화돼 가지고…

　김민전 의원은 기본적인 판단력에 문제가 있다고 생각합니다. 그분이 부정선거 음모론자는 아니겠지만, 말하는 것 보면 '나는 부정선거론은 안 믿지만…' 하면서 그 사람들이 주장하는 걸 받아들이자는 식으로 이야기하는데, 이런 태도가 오늘날의 비극을 불렀습니다.

광장 탈환한 전광훈, 부정선거와는 선 그었으면

　전광훈 목사가 한남동 관저 앞에서 대통령 지키자는 집회를 많이 하고, 자유통일당이라는 세력도 있고요. 그런데 윤상현·김민전 의원은 그 집회 단상에 올라갔어요. 윤상현 의원은 거기서 전광훈 목사에게 90도로 절하고 찬사를 했고. 반면에 예전에 전광훈 목사에 동조했던 김재원 최고위원은 징계를 받았거든요. 지금 국민의힘은 전광훈 목사 세력과 관계에서 어떤 스탠스를 취해야 되는 겁니까?

　전광훈 목사를 비판하는 사람들이 많은데요, 저는 그렇게만 보지 않습니다. 전광훈 목사가 2019년 10월3일, 그때 아마 曺國사태가 절정에 달했을 때인데 그때, 광화문에 實인원으로 50만 명 넘게 모은 적이 있어요. 그냥 추산이 아니고, 휴대전화 추적으로 정확하게 잡아낸 숫잡니다. 실시간으로 53만 명을 모았는데, 그렇게 反문재인 투쟁에 앞장서서 '우파도 동원력이 있다' '우파도 거리에서 싸울 수 있다', 그걸 지금도 보여 주고 있잖아요. 원래 좌파가 대중 동원력이 강한데, 그런 좌파와 대결할 만한 우파의 동원력을 가진 사람이 나타났다는 것을 저는 긍정적으로 봅니다. 그 전광훈 목사 세력 덕분에 지금 한국 정치판에 균형이 맞춰진 겁니다. 이재명 민주당의 조기 대선 드라이브에 대응하는 힘이 하나 생긴 거예요. 만약 전광훈 목사 같은 분의 저항이 없었으면 지금쯤 세상은 완전히 이재명 민주당, 그들이 주도하는 수사 돌풍으로 기울었을 것 아닙니까. 거기에 견제 역할을 했다는 것만은 저는 인정하고 싶습니다.

다만, 1년 전까지는 전광훈 목사는 부정선거 음모론자가 아니었어요. 오히려 부정선거 음모론자들 때문에 골치 아프다는 식으로 이야기를 하더라고요. 그런데 왜 최근에 와서, 부정선거론과 어떤 식으로 연결됐는지 그건 나는 잘 모릅니다. 내가 직접 물어봐야 될 사안이고…. 문제는 全목사 그룹 안에 부정선거 음모론자들이 있다는 거예요. 그래서 저는, 전광훈 목사가 그 그룹 안에서 지도력이 강하니까, 제발 'Stop the Steal' 구호판은 빼라고 해야 됩니다. 스톱 더 스틸, 트럼프가 만든 건데, 표 도둑이라는 이야기죠. 지금 세계 언론이 그것만 찍어요. 그러면 〈뉴욕타임스〉 같은 데서 '한국의 부정선거 음모론자들은 트럼프와 같다' '윤석열 대통령은 유튜브 알고리즘에 중독돼서 반란을 일으켰다' 이렇게 쓰고 있어요. 이건 국제 망신입니다. 그건 부탁을 해야 됩니다. 제발, 세계가 지켜보고 있는데 부정선거 음모론 이야기하지 말고, 스톱 더 스틸 하지 말고, 그냥 이재명 민주당 비판하고 윤석열 지키자고 하든지.

그런데 전광훈 목사가 지금 비상계엄 옹호하고, 당연히 대통령 탄핵도 반대하고 있거든요. 예를 들면 '윤석열 대통령이 계엄 선포를 안 했다면 이 나라는 이미 북한으로 넘어갔다는 거야' 이런 말을 하더라고요. 비상계엄 자체를 옹호하는 건데, 그건 趙대표와 생각이 완전히 다르잖아요.

법리적으로 보면 그건 부당합니다. 그러나 지금 정치 게임으로 가버렸잖아요. 정치 게임에는 정치 논리가 있는 거예요. 정치 논리, 파워 폴리틱스의 제일 기본적인 작동 원리는 균형입니다. 어느 한쪽이 너무 세지면 그걸 막기 위해서 다른 세력이 반작용으로 올라오고, 그렇게 균형이 맞는 게 건강한 나라입니다. 그 균형을 맞추는 게 이성적으로만 되는 게 아니고 감정도 있고. 결국은 힘의 관계에 의해서 균형이 맞춰지면 독재로 안 가는 거죠.

다시 체포영장 이야기로 돌아가서요, 1차 집행 불발 때 국민의힘 의원들 한 40명 정도가 관저 앞에 가있었습니다.

그것도 헌법과 법률, 그리고 사실에 기준하면 말이 안 되는 거죠. 게다가 이건 기록에 남아요. 지금 40명 이름 오르내리는데, 나중에 블랙리스트 안 될까요? 표 달라고 할 수 있겠습니까? 윤석열 대통령은 보수의 배신자고 보수의 궤멸자인데, 결별하고 맨땅에서 다시 출발했어야죠. 그 타이밍을 놓치니까 오히려 거꾸로 윤석열 비호 세력화되고 있잖아요. 조기 대선이 치러질 가능성이 50% 이상인데 국민의힘은 지금 행동이 대선 전략으로서 유효하냐 불리하냐 하는 계산이 전혀 안 된 상태에서 몰려가고 있더라고요.

오늘 인터뷰는 여기서 마무리하도록 하겠습니다. 지금까지 조갑제닷컴 조갑제 대표였습니다.

YTN 라디오 '신율의 뉴스 정면승부'(2025년 1월17일)

"윤석열 지지율 폭등…그래도 파면 확실"

진행 : 신율(명대지 정치외교학과 교수)

尹·국힘 지지율 회복은 '反이재명' 반사이익

'신율의 뉴스 정면승부' 2부, '정면 인터뷰'에서 만나볼 분은 '보수의 원로' '영원한 현역 기자', 누군지 아실 겁니다. 조갑제닷컴의 조갑제 대표, 어서 오십시오. 지금 국민의힘 지지율이 민주당을 역전했습니다. 이유가 뭐라고 보십니까?

한국 여론이 원래 가지고 있는 구조가 좌우거든요. 좌우 구조는 대통령 선거 때 극명하게 나타나는데, 거의 50 對 50입니다. 그쪽으로 복원된 거라고 봅니다. 그러니까 어떻게 보면 균형점을 찾은 건데, 비상계엄령을 선포한 직후에는 윤석열 대통령의 '무도한 계엄 선포'에 대한 비판 여론이 압도적이어서 마지막 지지율 조사가 11% 나왔어요. 한 번 더 조사했다면 아마 한 자릿수까지 떨어졌을 겁니다. 그게 복원된 이유는 저는 이재명 민주당의 실수, 그리고 윤석열 대통령에 대한 수사, 특히 현직 대통령에 대한 수사가 너무 거칠게 진행된 게 서로 상승 작용을 일으켜서라고 봅니다. 저는 처음부터 현직 대통령에 대한 구속 수사는 신중해야 된다고 생각했어요. 前職이 아니잖아요. 또 얼마 전까지 한남동 관저 앞 공수처와 경호처의 대결이 생생하게 중계되면서 한국의 보수 성향 사람들을 자극하고…. 거기에다 부정선거 음모론도 한몫했다고 봅니다. 음모론에 선동된 사람들이 反이재명 여론의 불을 붙이고, 이런 게 합쳐져서.

저는 이게 우리나라 민주적 여론 구조가 살아 있는 증거라고 봅니다. 한쪽으로 확 기우는 것도 위험하잖아요. 일단 이 정도의 균형점을 회복하고, 여기서 또 조정을 거칠 거라고요. 앞으로 가변성이 상당히 높은데, 윤석열 대통령은 법적 절차를 밟을 테니까 당장 제일 코너에 몰린 건 이재명 대표와 민주당이라고 생각합니다. 처음에는 '대한민국 對 법을 어긴 윤석열' 구도였는데 지금은 '윤석열도 싫고 이재명도 싫다', 이 구도로 가면 이재명 대표가 지지율 30%대를 넘어서기가 매우 어렵고….

어제 NBS 31%, 오늘 한국갤럽 32%입니다.

거기다가 법대로 하자, 현직 대통령도 법대로 해서 체포영장, 구속영장 청구하는 판에 이재명도 법대로 처리하자, 그 말은 공직선거법 위반 항소심 재판을 2월15일 이전에 하라, 그리고 대법원 판결은 5월 전에 나와야 된다, 이런 여론이 굉장히 거세게 분출될 거라고 생각합니다.

강경한 보수 쪽에서 줄곧 부정선거 얘기 해왔잖아요.

저는 부정선거 음모론과 지난 4년 동안 제일 열심히 싸운 사람 중 하나입니다.

윤석열 대통령이 부정선거 음모론을 믿고 비상계엄령 선포했다고 자백했잖아요. 끔찍한 거죠. 세계사에 남을 만한 사건입니다. 부정선거론은 황당무계한 거짓말입니다. 부정선거 음모론이 여러 가지 사달을 일으키다가 지난 총선으로 정리가 됐거든요. 부정선거 음모론자들이 항상 이야기 하는 게 전산 투개표 조작 아닙니까? 그거 완전히 거짓말이거든요. 우리는 手개표 아닙니까. 그러니까 해킹이란 안 되는 거예요. 그래서 선관위가 다시 해봤더니, 2800만 표가 계수기를 통과했는데 단 한 표도 착오가 없었습니다. 이러면 완전히 끝난 거예요. 그래서 제가 아는 부정선거 음모론자들도 작년 4월 이후에는 의기소침해져서 부정선거 이야기 안 꺼냈습니다. 그런데 윤석열 대통령이 여기에 속아넘어가서 비상계엄령을 선포하고 선관위를 습격한 것 아닙니까. 서버를 탈취해서 포렌식 같은 걸 해서 '지금 국회는 부정선거로 당선된 사람들이 지배하고 있으므로 이런 국회는 해산해야 된다' 그리고 '비상입법기구를 만들겠다' 이런 망상을 한 것 아닙니까.

윤석열 돌아온다면? 상상만 해도 끔찍, 파면이 순리

탄핵은 기각으로 전망합니까 인용될 거라고 봅니까?

인용될 거라고 봅니다. 제일 중요한 게 '헌법 수호 의지' 아닙니까. 헌법 수호 의지를 무참하게 짓밟았잖아요. 그리고 내란죄를 구성한다고 봅니다. 저는 내란 우두머리 혐의는 있다고 봅니다. 그걸 빼더라도, 헌법을 위반해서 군대를 동원해 비무장한 국민들을 상대로 총을 겨눴죠. 그리고 국회뿐만 아니라 선관위를 덮치고, 야구방망이 가지고 복면 씌워 가지고 다른 데도 아니고 군 지하 벙커로 데려가려고 했잖아요. 계엄령 해제가 2시간만 늦어졌더라면 정말 그렇게 됐을지 모르잖아요. 이걸 기각한다? 그래서 현직으로 돌아온다? 윤석열 대통령이 현직으로 돌아오면 어떤 상황이 벌어질지를 생각해 보면 탄핵은 인용될 수밖에 없다. 즉 파면될 수밖에 없다는 자연스러운 결론이 나온다고 저는 생각합니다.

이렇게 충격을 받은 우리나라 보수에 미래가 있습니까?

한국 보수는 이렇게 될 운명이었어요. 첫째, 우리나라 보수는 자주국방을 포기했습니다. 한미동맹에 너무 의존하니까요. 북한이 핵무장하는데 우리도 핵무장하자는 이야기가 안 나온 곳이 보수입니다. 그럼 그때부터 보수가 아니에요. 두 번째로, 한국어가 망가져 버렸어요. 한글 전용으로 가는 바람에 한국어가 제대로 기능을 하지 못합니다. 그래서 교양이 무너지고 있어요. 보수의 큰 실수죠. 언어 정책이 가장 중요한 정책이거든요. 국어가 바로 국가 아닙니까?

그것들은 원초적인 문제들이고, 최근에는 윤석열 대통령에게 줄을 서면 저는 한국의 보수는 앞으로 100년 안으로는 집권 불가능하다고 생각합니다. 윤석열이 그동안에 한 일은 보수에 내부총질을 해서 하나하나 제거해 온 과정 아닙니까? 청와대에서 나오면서 '제왕적 권력의 상징'이라고 했죠. 청와대에서 가장 오래 일한 대통령 이승만, 박정희입니다. 이승만, 박정희가 제왕적 권력입니까? 아들한테 권력 넘겨줬어요? 성공한 현대사를 총체적으로 부정하면서 청와대에서 나온 뒤 그 후유증이 얼마나 큽니까? '청와대에 있었으면 저런 일 안 벌어졌을 텐데' '명품백 사건도 안 벌어졌을 텐데' 하는 생각을 했습니다.

'공간이 의식을 지배한다'는 말을 윤석열 대통령이 했지만, 막상 용산으로 옮기면서 국가 지휘부가 갈라지고 말았습니다. 어떻게 갈라졌느냐? 청와대에 있으면 숙소와 집무실이 같이 있잖아요. 출퇴근할 필요 없잖아요. 지금 출퇴근하잖아요, 하루에 두 번씩. 그러면서 수시로 청와대를 이용했어요. 그리고 국방부는 옆에 있는 합참 건물로 갔죠. 그래서 합참은 또 남태령으로 옮기게 됐습니다. 지금 한남동 관저는 원래 외교부 장관 공관이었는데 그건 원래 커야 됩니다. 그런데 밀고 들어갔습니다. 용산, 한남동, 청와대, 국방부, 합참, 외교부 장관 공관, 이렇게 6개로 쪼개져 버렸습니다. 그런 일을 했는데 우리 언론이, 특히 보수 언론이 박수를 쳤다 이겁니다.

그중에서도 결정적인 게 부정선거 음모론인데요. 음모론자들이 그동안에 한 게 사전투표 반대운동이었죠. 사전투표 반대하면 누가 유리합니까? 민주당이 유리하잖아요. 이재명 후보가 유리하잖아요. 부정선거 음모론자들이 그동안에 한 것은 좌파 도와주고 민주당 도와준 겁니다.

결과적으로, 이런 윤석열 대통령 앞에 계속 줄을 서겠다 하면 한국의 보수는 재기가 불가능하죠.

박근혜 대통령 탄핵 당시는 새누리당 지지율 회복 속도가 굉장히 더뎠습니다. 그런데 지금 국민의힘 지지율 회복은 빛의 속도 아닙니까?

그 근원은 절대적으로 유튜브입니다. 유튜브의 선동력. 그리고 선동의 핵심은, 만약 이재명 대표가 집권했을 때 어떤 세상이 되겠느냐. 이미 국회를 장악한 데다가 대통령 직한까지 합쳐 가지면 아주 超대형 권력이 등장하는 것 아닙니까. 그에 대한 공포심, 그리고 윤석열 대통령을 너무 몰아붙이는 데 대한 동정심, 여기에 부정선거 음모론이 불을 붙였다고 봅니다.

김문수 장관이 요새 뜨는 건 어떻게 보세요? 왜 지지가 높게 나올까요? 앞으로도 여권 내에서 제일 높은 지지율을 유지할까요?

제일 꿋꿋하게 대응한 거 아닙니까, 여러 가지 면에서. 이념적으로 가장 확실한 우파 성향이거든요. 자연스럽죠. 다만, 金장관은 윤석열 대통령하고 가까운 게 핸디캡이 되겠죠. 오늘 조사 보니까 일주일 전보다는 조금 떨어졌던데요. 딱히 선두 없고 홍준표, 김문수, 오세훈, 한동훈 네 사람이 현재 거의 같다고 봅니다. 다만 저는 윤석열의 계엄 선포와 부정선거 음모론을 지지했던 이력이 있는 후보는 안 된다고 봅니다. 특히 부정선거.

윤석열 컬트 그룹

그래서 趙대표께서는 윤석열 대통령은 보수의 嫡子가 아니다, 오히려 보수를 궤멸한 사람이다, 예전 박근혜 전 대통령 수사한 것부터도 그렇고….

윤석열 대통령이 유명하게 된 계기는 사실 국정원 댓글사건이었습니다. 원세훈 국정원장을 구속한, 그 수사가 잘못됐어요. 댓글은 북한이 사이버 세계에서 계속 우리를 공격하니까 국정원 직원들이 거기 대응하는 건데, 그 과정에서 특정 정당을 비판했다든가 그런 것만 딱 골라서 법 위반으로 몰았거든요. 법률 기술자는 그런다고 칩시다. 그런데 요사이 윤석열 대통령 하는 걸 보면 이건 법에도 없는 일을 하잖아요. 체포영장 거부할 수 있는 법이 어디 있습니까? 이의신청 자체도 안 맞았잖아요. 계속 했지만 법정에서는 다 졌습니다. 법정에서는 졌는데 여론 전선(前線)에서는 이겨서….

계속 메시지를 내서 강성 지지층을 결집시켰다.

그렇게 하기 위해 지금 법정 투쟁을 하고 있는 것 아닙니까. 이건 전형적인 좌파식 투쟁이지, 안 그렇습니까?

우파는 법치, 일단 법을 존중하는 자세를 보여 줘야 하는데, 자꾸 메시지 내놓고….

계속 사건을 만들잖아요. 신청했다가 안 되면 또 하고…. 일단은 어제로 정리가 된 것 같은데, 구속되면 또 하겠죠.

속보 들어왔습니다. 지금 공수처가 윤석열 대통령에 대해 구속영장을 청구했답니다. 아마 서울서부지법에 했겠죠? 공수처가 적부심을 서울중앙지법에 냈다가 기각당했으니까.

서부지법 해도 되고 중앙지법 해도 되는데, 그건 아무런 문제가 없다는 것은 이번에 법적 판단이 나왔어요.

저는 끔찍한 상상을 하나 해요. 윤석열 대통령이 '나는 부정선거 믿어서 비상계엄령 선포했다'고 공개적으로 하는 걸 보고, 이분이 부정선거 음모 컬트 그룹, 邪敎 집단의 敎主가 되려고 하는 것 아니냐…. 위험합니다.

앞으로 종종 모시고 싶습니다. 오늘 말씀 잘 들었습니다. 지금까지 조갑제닷컴의 조갑제 대표와 함께 했습니다.

CBS 라디오 '김현정의 뉴스쇼'(2025년 1월23일)

윤석열이란 썩은 새끼줄 잡고 인수봉 오르려는 국민의힘!

진행 : 김현정 앵커

'보수 참칭' 윤석열 밟고 가야

12·3 내란사태와 법원 폭동 사태 겪으면서 보수의 극단적 우경화 현상이 강해지는 건 아닌가, 건강한 보수가 설 자리 잃는 건 아닌가, 이런 우려의 목소리도 나오는데요. 오늘 그 가운데 한 분의 목소리를 직접 들어 보려고 합니다. 1971년 〈국제신문〉 기자로 시작해서 〈월간조선〉 편집장 거쳐서 조갑제닷컴 대표에 이르기까지 55년째 기자 생활을 하고 있는 대표적인 보수 논객, 조갑제 대표 오늘 뉴스쇼에 모셨습니다.

보수 진영의 대표 논객으로서 윤석열 대통령에 대해서 어떻게 평가하시는가, 이 질문부터 드리지 않을 수가 없네요.

윤석열 대통령은 보수를 참칭(僭稱)한 사람이지 보수가 아닙니다. 보수라고 하려면 보수의 가치를 가져야 되는데, 보수의 가치관을 모조리 부정하고 최근에는 두 가지 사건으로 완전히 보수를 궤멸시켜 버렸습니다. 하나는 의료대란이고 두 번째가 이번의 비상계엄령 선포인데, 아마 최악의 대통령으로 기록될 겁니다.

그런데 흔히들 윤석열 대통령을 보수라고 하는 바람에 보수도 같이 도매금으로 넘어가고, 또 스스로 보수라는 사람들이 윤석열 대통령을 보수라고 착각하고 윤석열 대통령과 한 몸으로 묶여서, 조기 대선이 기다리고 있는데 썩은 새끼줄을 잡고 인수봉을 오르려고 하는 격입니다. 그런 착각을 하는 보수가 많은데, 한국 보수가 다시 살려면 윤석열 대통령과 헤어지면서, 왜 헤어지는지 설명을 해야 됩니다. 윤석열 대통령이 왜 보수가 아니고, 왜 윤석열 대통령을 버려야 보수가 살 수 있느냐 하는 것을 설명할 필요가 있어서, 제가 요새 그 일을 하고 있습니다.

윤석열 대통령은 보수가 아니다, 보수 참칭이다. 왜 보수가 아닙니까?

보수에는 세 가지 가치가 있습니다. 첫째 사실, 둘째 그 사실에 기반한 法, 세 번째가 자유죠. 이번에 윤석열 대통령이 세계적 공명선거인 지난 4월 총선을 부정선거로 몰았잖아요. 이건 사실하고 다른 거짓말이죠? 그 다음에 법을 어기고 비상계엄령을 불법적으로 선포해 놓고 이게 통치권 행사라고 또 거짓말했잖아요. 이중 거짓말 한 거 아닙니까? 그 결과로서 자유를 속박하잖아요. 특히 제일 미스터리가, 체포자 명단에 한동훈 대표가 왜 들어갑니까?

왜 들어갔다고 보세요?

저는 김건희 여사 보호가 이번 비상계엄의 제1목표가 아니었나 하는 생각이 듭니다. 그걸 비교적 정확하게 쓴 분이 양상훈 〈조선일보〉 주필인데, 12월10일 특검법안 표결해서 통과될 위기였잖아요. 그래서 김건희 여사를 보호하기 위해서 그 일주일 전에 이렇게 한 거다….

김건희 괴롭인 한동훈…尹 괴롭힌 의사들

그러다 보니 한동훈 여당 대표도 체포자 명단에 넣었다?

 제일 이해할 수 없는 게 한동훈 대표고요. 그 다음에 선관위 관련자 들어간 것. 그리고 포고령에 전공의가 왜 들어갑니까? 왜 넣었겠어요? 그것은 의료대란 때문에 자기가 실패했다는 걸 알고, 자기를 괴롭힌 게 전공의라고 생각한 것 아닙니까? 그런데 포고령 자체가 거짓말이에요. '파업 중인 전공의' 너희들은 48시간 안으로 돌아오지 않으면 처단하겠다고 했는데, 전공의들은 파업 안 했잖아요. 사직했지.
 한동훈과 전공의, 둘에 대한 억하심정이 있었다고 봅니다.

김건희 여사를 괴롭히는 사람, 자신을 괴롭히는 사람, 미운 사람들….

 한동훈 대표와 의사죠. 그런데 문제는, 한동훈 대표도 보수고 자기편이고, 의사들은 보수 중의 보수 아닙니까? 보수 세력 중에 가장 잘 조직된 사람들이 군대, 기업, 기독교, 그 다음이 의사 집단 아닙니까? 이번에 의사들과 敵이 되는 바람에 지난 총선 망쳤잖아요. 저는 의사 표가 한 100만 표 움직였다고 봅니다. 의사 가족, 간호사 다 합치면.

한동훈과 의사를 저격했다, 크게 보면 윤석열 대통령이 한국 보수를 저격했다?

 첫째, 청와대를 저격했잖아요. 청와대를 '제왕적 권력의 상징'이라고 그랬잖아요. 청와대가 제왕적 권력의 상징 맞아요? 거기 계셨던 역대 대통령들이 고심해서 나라를 발전시켰는데 그걸 총체적으로 묶어 가지고 제왕적 권력의 상징이라고 했는데, 이번에 본인이 제왕적 권력이 된 것 아닙니까. 통치권은 내가 마음대로 할 수 있다, 비상계엄령도 마음대로 내릴 수 있다는 게 그게 바로 왕입니다, 王. 그 다음에 자신을 대통령으로 만드는 데 결정적 역할을 한 이준석 대표를 '유죄 추정의 원칙'에 따라서 몰아낸 것. 그 다음에 자기편인 의사들 저격하고, 이번에 비상계엄령 펴 가지고 헌법을 저격한 것 아닙니까? 다 보수의 가치, 보수의 상징, 보수 세력을 저격한 거예요. 내부총질러.

그렇다고 계엄까지 갔다면 이건 상당히 나간 건데, 그 결정적인 계기, 방아쇠를 당긴 건 뭐라고 보세요?

저는 김건희 여사를 보호해야 되겠다는 절박한 마음이라고 보는데, 김건희·윤석열 두 사람의 인간관계에 대해서 기자들이 알면서도 안 쓰잖아요. 김건희 여사가 甲이고 윤석열 대통령이 乙이고. 그리고 두 분 위에 드리워진 呪術과 음모론의 영향.

부정선거 있었다면 대통령이야말로 책임자

음모론이라면, 지금 나오고 있는 부정선거 이야기 말씀하시는 거죠?

그게 결합됐을 때 망상. 이번 계엄은 망상적 계엄이거든요. 부정선거 없었잖아요. 그런데 부정선거 있었다는 망상을 가지고, 병정놀이하듯이, 군대 안 간 분이, 사람이 총을 든다는 게 얼마나 무서운 거고 총 든 집단을 동원한다는 것이 얼마나 끔찍한 결과를 가져온다는 걸 모르고 한 것 아닙니까. 이건 상상을 초월하는 일입니다. 세계에서 가장 공정한 선거관리를 하는 나라가 한국 아닙니까. 선관위가 만들어진 역사가 올해로 62년인데 한 번도 선관위와 관련된 조직적인 범죄는 없었다고요. 0.73%포인트로 이겼으면 다른 나라에서는 막 들고일어났을 것 아닙니까? 한국은 선관위를 믿으니까 이재명 대표가 바로 승복한 것 아닙니까? 우리 역사에서 아주 좋은 제도를 하나 만든 게 바로 선거관리인데 이 가장 공정한 선거를 부정선거로 모는 것, 그게 바로 부정선거, 그것도 대통령이 주도한 부정선거입니다.

우리 역사에 교훈이 있어요. 4·19 때 이승만 대통령 물러난 다음에 재판을 해서 사형된 사람이 한 사람 있어요. 그 사람이 최인규 내무장관이었어요. 살인범으로 사형된 것도 아니고, 발포명령 내린 사람도 아니에요. 부정선거를 획책했다 해서 사형됐습니다. 그런데 윤석열 대통령이 이번에 공정한 선거를 부정선거로 세계만방에 천명한 이건 계엄령 선포한 것보다 더 큰 범죄입니다. 국민들의 일반의지를 확인하는 게 바로 선거라는 신성한 행위인데 그걸 토털로 부정했어요. 대통령의 헌법상 책무에 '헌법 수호'가 제일 먼저 나오는데. 이에 대해서 언론이나 정치인이나 학자들이 심각하게 다뤄야 됩니다.

趙대표께서는 尹대통령이 '선동 유튜브 중독으로 망상에 빠진 것 같다'는 진단도 내놓으신 적이 있더라고요.

〈뉴욕타임스〉에서 이 부정선거 음모론을 분석했는데, 한국의 한 학자가 계엄령 선포는 '유튜브 알고리즘에 중독된 사람이 일으킨 세계 최초의 반란'이라고 했더라고요. 이게 농담이 아니고 정확하죠. 윤석열 대통령이 유튜브 중독됐잖아요. 그 유튜브가 부정선거론을 계속 전파하니까 그것만 보다가. 또 사실은 자기 때문에 총선 망쳤는데, 그거 보면 위안이 되잖아요. '나 때문이 아니고 부정선거 때문에 졌구나.'

그런데 여기 논리에 중대한 모순이 있습니다. 진짜 부정선거가 있었다면 제일 큰 책임자는 누굽니까?

대통령이네요.

대통령이고, 선관위는 물론 포함되지만, 그 선거를 지원한 정부 각 부처도 있잖아요. 부정선거가 정말 있었다면 그거 하나로 윤석열 대통령이 탄핵감입니다.

서부지법 폭동은 尹이 국민 타락시킨 결과

그렇게 자기모순이 발생하는군요. 그러면, 이번 서부지법 난동사건은 어떻게 보셨습니까?

좀비 영화 보는 거 같았어요. 영혼 없는 사람들이 쳐들어갔는데, 거기도 보니까 젊은 사람들이 많더라고요. 가공(可恐)할 사태입니다. 윤석열 대통령 때문에 부정선거 음모론이 확산돼서 거기 전염된 사람이 저는 수백만 된다고 봐요. 이 부정선거 음모론에 한번 중독되면 정상적인 생활이 안 돼요. 비극입니다. 국민들을 깨우치는 지도자가 위대한 지도자예요. 대표적으로 이승만, 박정희 두 사람이죠. 그런데 윤석열 대통령은 멀쩡한 국민들을 부정선거 음모론자로 만들고 있잖아요. 아니, 대통령이 할 수 있는 가장 나쁜 짓이 국민들 타락시키는 것 아닙니까?

이 법원 폭동, 젊은 층의 극우화 흐름이 자리 잡고 있는 신호는 아닌지 궁금한데요.

돌발적으로 일어난 거죠. 원래 20~30대는 윤석열 대통령을 싫어했잖아요. 이준석 대표 봐서 찍어 줬더니 이준석 쫓아내니까 배신감을 느꼈는데. 그런데 2030이 또 유튜브를 많이 보고, 그리고 反中 정서가 강해요. 윤석열 대통령이 마치 부정선거의 배후에 중국이 있는 것처럼 이야기한 것도 먹혀들고 해서….

그런데 이런 일이 터지면 상대방은 보통 반사이익을 누리는데, 민주당은 이번에 그 반사이익을 충분히 못 누리고 있어서 해석이 분분해요.

지난 한 달 사이에 윤석열 대통령과 국민의힘 지지율이 바닥에서 상당히 올라갔죠? 이런 단기간의 변화는 아주 드문 현상입니다. 이건 이론적, 이성적으로 되는 게 아니고 감정적 반응입니다. 그럼 보수층의 감정적 반응은 뭐냐, 두 가지죠. 하나는 윤석열 대통령에 대한 동정심입니다. 어떻게 대통령을 출국금지시키고 체포영장 신청해서 구속할 수 있느냐, 현직 대통령인데. 더구나 헌법재판소 심리가 진행 중인데 기다려 줄 수 없느냐, 그런 동정론. 그 반면에 이재명 민주당이 하고 있는 점령군 행세, 특히 한덕수 권한대행까지 탄핵시킨 것. 그러니까 윤석열 대통령에 대한 동정심과 이재명 민주당에 대한 반감이 결합해서 대폭발한 거예요.

NO라고 말하지 못하는 국민의힘

자연스럽게 조기 대선 얘기로 넘어가는데요. 대통령은 유튜브에 중독돼서 그렇다 치고, 국민의힘 의원들 일부가 이것을 두둔하는 모양새를 취하는 것, 계엄은 잘못됐다고 하면서도 대통령을 옹호하는 듯 가는 분위기는 어떻게 보십니까?

국민의힘은 지금까지 한 번도 자신이 추구하는 이념이 뭐냐, 가치가 뭐냐 하는 것을 밝힌 적도 없고 거기에 따라서 행동한 적도 없습니다. 단 한 번도. 아니, 국민의힘이 의료대란에 대해서 한 번이라도 수습책을 내본적 있습니까? 한 번이라도 대통령 찾아가서 '이렇게 하면 안 됩니다, 선거에 집니다' '이건 자유민주적 기본질서에 위배되는 방식입니다' 하고 이야기한 적이 있습니까? 없잖아요. 의료대란 문제가 비상계엄 때문에 묻혀버렸는데, '초과사망자'라는 통계가 있어요. 의료대란 때문에 한 달에 초과 사망자가 몇 명이냐, 한 1000명 될 겁니다. 그러면 1년이면 1만 명 넘잖아요. 수술을 제대로 받지 못해서 죽는 사람 등등 합쳐가지고. 인명만 따지면 이건 6·25 이후 최대의 희생입니다. 이 문제에 대해서 한 번도 브레이크를 걸지 못한 정당이 비상계엄령을 자초한 거죠.

이 비상계엄령은 보수로서는 절대로 변호할 수 없고, 마찬가지로 부정선거론도 절대로 보수가 변호할 수 없습니다. 더구나 가장 웃기는 건, 부정선거였다면 먼저 들고일어나야 할 사람이 대통령보다 국민의힘 낙선자 아닙니까? '내가 피해자다' 하고 들고일어나야 되는데 단 한 사람도 없어요. 그럼 거짓말이라는 이야기지. 그런데도 부정선거 음모론 유튜브를 편들고.

그 다음에, 윤석열 대통령을 왜 제명 안 합니까? 아니, 이렇게 국민의힘에 나쁜 영향을 미친 사람이 있습니까? 이런 해당(害黨)행위 한 사람 있습니까? 왜 제명 안 합니까? 일주일 안에 제명을 했어야죠. 그래서 윤석열과의 관계를 끊고 다시 출발했어야지. 그런데 이재명 대표에 대한 반감으로 지지율이 오르니까, 이제는 윤석열하고 같이 가려고 그럽니다. 윤 대통령과 부정선거 음모론자들하고 같이 가려고. 이게 단기적으로는 유리할지 모르죠. 하지만 사람들이 마냥 속을까요? 장기적으로는 희망이 없어요. 여기서 헤어져야지.

그러니까 지금 지지율이 올라가는 것 같으니까 尹 대통령 안고 가야 되나 보

다….

마약입니다, 마약. 일시적인 거예요.

지금 이 지지율은 일부 강성 대통령 지지자들과, 尹대통령도 싫지만 이재명 대표도 싫어하는 사람들이 결합됐다고 보시는군요. 그런데 지금 尹대통령도 싫지만 이재명 대표도 싫어하는 이 층이 끝까지 같이 가 줄 것이냐, 이걸 잘 판단해야 된다는 말씀이네요.

우리나라 대통령 선거는 항상 1 대 1, 좌우 대결 구도입니다. 총선은 참패가 있지만 대통령 선거에서는 5% 이내에서 당락이 왔다갔다 하잖아요. 그러면 결국은 중도가 결정하는 거고 또 젊은 층이 결정하는 건데, 지금 일시적으로 지지율 올라가 봤자 선거판 딱 열리면 극단적인 방식은 항상 실패를 자초했다는 게 과거 선거의 교훈 아닙니까.

이야기를 조기 대선으로 넘겨 보겠습니다. 우선 尹대통령은 파면될까요?

파면 안 되고 현직으로 돌아오면 어떻게 됩니까? 그걸 상상해 보시면 답이 나올 거라고 보고요.

그러면 두 달 안에 대선이잖아요. 지금 야당은 이재명 대표 단독 선두, 여당은 뚜렷한 주자가 안 보이고 다 고만고만하고요. 그럼, 만약 내일 당장 대선을 치른다면 누가 대통령입니까?

저는 모른다고 봅니다. 우선 이재명 대표의 사법 리스크는 리스크가 아니고 명백한 위협입니다. 앞으로 이재명 대표의 운명을 결정하는 게, 하나는 항소심 재판 결과가 나와야 하는 2월15일이고 하나는 그 3개월 안에, 대법원 최종 판단 나와야 하는 5월15일입니다. 李대표는 지연작전 하겠죠. 그럼 거기에 대한 국민들의 반감이 훨씬 더 거세질 겁니다. '현직 대통령도 구속했는데 민주당 대표의 법꾸라지 행태를 우리가 참을 수 있느냐.'

이재명 리스크

2심이 유죄여도 나올 수는 있어요.

출마는 할 수 있지만, 그 3개월 안으로 5월15일까지 대법원 확정판결이 유죄로 나오면, 만약 그게 투표 전이면 후보 선출 무효 되는 거죠. 이 이재명 대표 재판도 윤석열 재판처럼 빨리 하라는 압박이 국민들 사이에서 굉장히 거세질 텐데 그걸 민주당이 과연 감당할 수 있겠느냐. 그리고 대법원 판결이 늦어져서 투표일이 먼저 닥치고, 출마해서 당선되면 어떻게 됩니까? 당선된 다음에 대법원 판결이 당선무효형으로 나오면 어떻게 되죠?

재판이 중단되지는 않을까요?

그게 법적 쟁점이에요. 당선이 무효가 된다는 설도 있고, 이건 내란·외환이 아니니까 당선된 직후부터는 재판을 중단해야 된다는 설이 양립하고 있어요. 그게 얼마나 어마어마한 리스크입니까? 국민들이 대통령 뽑을 때는 그 사람에 대한 확실한 정보를 요구할 권리가 있잖아요, 이 사람이 대통령직을 유지할 수 있는 사람인지 중도에 물러날 사람인지. 그 압박이 아주 심각할 겁니다.

그런데 지금 민주당 내 다른 주자들이 굉장히 미미해요. 거의 보이지 않거든요.

이분들이 움직일 수 있는 공간이 생길 거라고 보시는 겁니까?

소위 1극 체제 하에서 좀 어렵겠죠, 사실은. 몇몇 분들이 거론되고 있고, 그리고 숲씨들이 많던데…. 항소심 선고가 나오면 그때부터 본격적으로 거론되겠죠. 그땐 현실적으로 눈앞에 탁 닥쳤으니까요.

김부겸 전 총리, 김경수 전 지사, 김동연 경기지사, 박용진 의원… 우원식 의장도 여론조사에 포함되는 것 같고. 하여튼 지금의 이재명 원톱 체제에는 변화가 있을 수 있다, 흔들릴 수 있다.

이재명 대표도 윤석열 대통령도 다 법원에 의해서 운명이 결정되는 거죠.

오세훈-안철수 단일화, '汎자유 플랫폼' 성공사례

여당은 훨씬 복잡해요. 거기는 진짜 다 고만고만….

최근에 김문수 장관이 국민의힘 지지층 안에서는 압도적으로 높아진 것 같고…. 그런데 저는 지금 누구누구 거론되느냐는 문제가 아니라고 봐요. 아무래도 불리한 쪽은 국민의힘 아닙니까. 승산이 있으려면 이런 식으로 해서는 안 되고, 국민의힘을 포함한 汎자유 진영에서 단일화를 해야 됩니다.

우리나라에서 성공사례가 있습니다. 2021년 초 서울시장 선거 때 안철수씨가 단일화하자고 나왔잖아요. 그래서 당시, 그때 이름이 미래통합당인가, 하여튼 국민의힘 前身에서 경선을 해서 나경원을 꺾고 오세훈씨가 되고, 그 오세훈이 안철수와 아주 치열하게 TV토론을 하는데 시청률이 어마하게 높았어요. 거기서 오세훈씨가 근소한 차이로 이기면서 안철수

씨와 단일화해서 선거 이긴 그 모델. 단일화 모델. 그러려면 국민의힘 간판으로는 절대 안 된다고 봅니다. 개혁신당까지 다 넣고, 또 바깥에 있는 분들까지 다 넣어서 플랫폼을 만들어야 돼요. 그걸로 미스터트롯 이런 방식, 계급장 떼고 무한토론하는 그런 거, 한국 사람들 좋아하잖아요.

그런 방식으로 했을 때 승리 조건 같은 게 있다면?
최소한 부정선거 음모론에 편승했던 사람은 안 되겠죠. 그리고 윤석열의 비상계엄을 지지한 사람도 안 되겠죠.

그러면 떨어져 나갈 사람이 꽤 많은데요. 예를 들어서 김문수 장관, 홍준표 오세훈 시장….
오세훈 시장은 아니고요. 뭇시장은 자기가 낙선했지만 제 기억으로는 부정선거 음모론 반대했던 사람이에요. 아무튼 공개적으로 부정선거 음모론 반대한 사람이 몇 안 되는데… 하태경, 이준석… 특히 이준석, 이 세 사람일 거예요. 아, 안철수씨도.

이준석 '左도 右도 말고 앞으로' 주목할 만

지금 안 된다는 사람들 다 제외하고 플랫폼에서 경쟁하면 누가 제일 유력하다고 보세요?
누가 유리하다기보다는, 어떤 후보가 시대정신을 반영하느냐가 중요합니다. 이번 대선은 국민들이 '윤석열도 싫고 이재명도 싫다', 쉽게 말해 '검투사 정치' 싫다는 거거든요. 그리고 '과거 이야기 그만 하고 미래로 가자.' 그런 점에서 보면 지금 지지율은 좀 미미한 걸로 나오지만 이준석 의원이 그런 걸 잘 반영하는 것 같더라고요. 사실은 李의원이 최근 출마 선언을 했는데 그 구호가 '낫 레프트, 낫 라이트, 벗 포워드', 좌도 우도 아니고 앞으로 가겠다, 그러면서 국가 생존 전략을 모토로 걸겠다, 이러더라고요. 거기다 정치교체, 세대교체, 문화교체, 그런 걸 들고 나온다면? 그래서 이번 汎여권, 자유 진영에서 경선에 성공하려면 키플레이어, 페이스메이커가 있어야 돼요. 그게 나는 이준석 의원이라고 봅니다. 그래야 재미가 있을 것 같아요.

그럼, 될 사람은 누군가요?

'될 사람'이 중요한 게 아니라 '어떻게' 만들어 내느냐, 그리고 어떤 공약을 무엇으로 던지느냐, 그게 중요할 겁니다.

한동훈 前대표도 나올 거라고 보세요?

물론이죠. 작년 12월3일에 참 영웅적인 역할을 해서 국민의힘을 살린 사람 아닙니까, 그 어려운 상황에서. 지금 쫓겨났어도 이건 역사적인 업적으로 남습니다. 역사적인 순간에 역사적인 역할을 했다고 반드시 보상을 받는 게 아니지만 '기억'으로 남아서 그 사람을 키우는 경우가 많죠.

그런데 강성 지지층이 지지를 해야 경선에 뽑히는 거 아니에요? 뽑혀야 본선 나가고.

앞으로 몇 달 사이에 여론이 어떻게 바뀔지 모릅니다. 특히 요사이 하나 긍정적인 것은, 그동안에 물밑에서 알면서도 모른 척했던 부정선거 음모론이 완전히 수면 위로 나오니까 거의 모든 언론이 비판하고 있습니다. 이게 또 바꿔 주지.

유승민 전 의원, 홍준표 시장 이런 분들은 어떻게 보십니까?

너무 친숙한 것 같아요. 너무 많이 알려진 것 같고요. 홍준표, 유승민, 안철수, 이런 분들은 나온 적 있잖아요. 안 나왔던 사람이라야 신선한 느낌을 주지 않을까요? 나이가 중요할 거라고 봅니다.

만약에 尹대통령 파면 결정이 나면 그 다음부터는 거의 光속도입니다. 두 달 안에 대통령을 뽑아야 되는 상황인데.

지금 이미 준비를 하고 있어야 하는데, 국민의힘은 윤석열과의 관계를 정리 못 해서 조기 대선 준비를 과연 할 수 있는지 그게 저는…. 국민의힘이 이 문제를 해결하지 못하면 국민의 짐이 되고, 국민의 적이 되고, 역사의 낙오자가 됩니다.

대표적인 보수 논객, 보수 원로를 모시고 보수 진영에 보내는 조언들, 쓴소리들 중심으로 들어 봤습니다. 저희가 진보 어르신들을 많이 모시는데, 앞으로 보수 어르신들도 많이 모셔야겠다는 생각이 듭니다.

원로, 어르신, 논객, 이런 말 싫어해요. 저는 기자.

죄송합니다, 지금 현역으로 뛰고 계시죠. 영원한 기자 조갑제 대표, 다시 한 번 감사드립니다.

CBS 라디오 '박재홍의 한판승부'(2025년 2월5일)

국회·선관위에 군대를 투입한 건 尹이 건국 이후 처음

진행 : 박재홍 아나운서
대담 : 조갑제, 이기인(개혁신당 최고위원)

국회에 軍 들어간 건 헌정사상 初有

여러분 안녕하십니까. 보수의 시선에서 세대를 초월한 공감을 보여 주는 화요일의 '더 라커룸' 시작하겠습니다. 오늘 함께하실 두 분을 소개해 드리죠. 먼저 조갑제 닷컴의 조갑제 대표님, 그리고 개혁신당 이기인 최고위원, 어서 오십시오.
윤석열 대통령의 탄핵심판, 다섯 번째 변론 기일이 있었습니다. 일단 대통령의 발언, '호수 위에 떠있는 달그림자를 쫓아가는 느낌을 많이 받았다', 이 발언은 어떻게 들으셨습니까?

| 조갑제 | 굉장히 불성실하고 무책임한 발언이고 사실에도 맞지 않는, 그러니까 저분이 아직도 망상에 사로잡혀 있다고 생각하는데요. 이번 계엄을 저는 '망상적 계엄'이라고 생각하거든요. 부정선거가 없었는데 있었다고 생각해서 선관위를 덮친 건데, 지금 그게 아무것도 아니라고 생각하는군요. 이게 보통 일이 아닌 게, 1948년 8월15일 우리 정부 수립 이후에 77년이 지났는데 그동안에 계엄이 여러 번 있었고 政變이 여러 번 있었지

만 군대가 국회의사당에 들어간 건 이게 처음입니다. 5·16 때 국회 해산했고 유신 선포 때도 국회를 해산했지만, 군대가 국회에 들어간 건 初有의 사태인데요. 1980년 5월 전두환 新군부 때도 국회를 앞에서 봉쇄한 정도입니다. 그걸 아무것도 아닌 것처럼, '호수 위에 달그림자' 이런 이야기를 하고 있는데, 그 결과가 지금 어떻게 돼있습니까? 대한민국에 지금 완전히 권력 공백 상태가 생긴 것 아닙니까?

그리고 지금 윤석열 대통령을 극단적으로 지지하는 사람들의 헌법에 대한 불복, 사실에 대한 부정, 그리고 헌법재판소 결정에 대한 불복으로까지 이어질 수 있는 것은 사실은 내전적 상황이거든요. 내전적 상황을 일으켜 놓고 자기는 감옥에 있잖아요. 수습을 못 하고 있잖아요. 그런데 어떻게 이게 별것 아니라고 합니까?

그러니까 윤석열 대통령의 모든 말은 이제는 믿을 수가 없게 돼버렸습니다. 비상계엄령을 계몽령 정도로 생각하는 사람이니까 더 말할 게 없죠.

이기인 최고위원은 어떻게 들었습니까?

│이기인│ '아무 일도 일어나지 않았으니까 뭐 호수 위에 그림자를 쫓는 것 같다', 망언을 한 셈인데요. 과격한 비유일지 모르겠지만, 살인 계획까지 발표하고 시도까지 했는데 그게 미수에 그쳤다고 해서 무죄는 아니거든요. 마찬가지로 계엄도 국무위원 소집해서 '비상계엄 선포한다'고 분명히 이야기하고 국회에 군대 동원까지 했는데, 또 총까지, 공포탄까지 발사하면서 했는데 '아무 일도 일어나지 않았으니까, 아무도 체포되지 않았으니까, 호수 위에 그림자를 쫓는 것'이라고 하는 것은 '망상도 이 정도면 병'이라고 말씀드리고 싶습니다.

윤석열, '민주화 울타리' 국군 망쳤다

홍장원 前 국정원 제1차장이 증언에서 '계엄이 해제된 다음에 김태효 국가안보실 1차장에게 윤 대통령이 사과해야 한다는 의견을 전달했는데 답이 없었다', 또 '대통령이 눈물을 흘리고 국민 앞에 무릎을 꿇어야 된다'라고 進言했다고 하네요. 洪 前차장의 증언을 趙대표께서는 어떻게 들으셨습니까?

|조| 이분이 체포조에 대해서 윤석열 대통령과 직접 통화한 유일한 직접적인 증인이죠.

군인이 아닌, 사령관 아닌 사람 중에.

|조| 윤석열 대통령이 체포 명단을 불러 주지 않았지만 '잡아넣어라'라고 들었고, 그 다음에 여인형 前 방첩사령관에게 전화해 가지고 그 사실을 확인한 걸로 보면 이 사람이 가장 유력한 증인이라고 생각하는데요. 저는 이분이 상당히 신뢰가 가더라고요. 또 다른 군인들의 말도. 저는 상당히 착한 군인들이라고 생각합니다. 비겁하게 나온다는 이야기도 하지만, 대체로 신뢰가 가요. 대부분은 그렇게 이야기 안 합니다. 말을 막 돌리고 빠져나가려고 하는데, 오늘 군인들 보니까 '본인이 다른 형사재판에 걸려 있어서 답을 못 하겠다' 하는 정도였죠. 홍장원 前차장도 국정원에서 몇십 년 동안 몸담은 사람이고, 오늘 나온 사람, 요새 국회 국정조사에 나오는 사람들, 다 엘리트 군인들입니다. 그런 사람들이 윤석열 대통령의 '아무것도 아닌 것' '하고 아니면 말고' 식 계엄 때문에 지금 이렇게 지금 고초를 받고 있지 않습니까? 국군에 대한 모독이 이보다 더할 수가 없어요. 아니, 야당을 혼내 주는 데 왜 국군을 동원하죠? 국민을 계몽하는 데 왜 국군을 동원합니까? 우리 국군은 20세기 최고 군대 아닙니까?

저는 이스라엘 군대하고 대한민국 국군이 건국의 초석, 호국의 간성, 근대화의 기관차, 민주화의 울타리 노릇을 하고 이제 자유통일로 나아가는 무력으로 존재해야 한다고 늘 말해 왔는데, 이 군대를 작살 낸 사람이 윤석열 아닙니까. 그것도 국군 통수권자가.

그래서 저는 국민의힘도 마찬가지지만 우리 국민들이 빨리 윤석열 대통령과의 관계를 정리해야 된다고 하는 겁니다.

|이| 김태효 차장에게 '대통령이 무릎 꿇고 국민들 앞에 사과해야 된다'고 충언을 하고, '눈물을 흘리며 사과해야 된다'고 전달한 것으로 봐서는 홍장원 前차장이, 후환이 두려울지라도 대통령에게 할 말을 해야 된다는 것이 이 사람의 性情인 것 같고, 아마 이 사람의 말을 곧이곧대로 들었다면 이런 망상적인 계엄은 없을 거라는 생각이 들고요.

또 여인형 前 사령관과 이진우 前사령관이 '대통령과 통화를 했느냐' '대통령이 지시를 했느냐'는 국회측 질문에 '답변을 회피한다' '제한적이다'라고 했는데, 답변을 회피했을 뿐 검찰의 공소장에 분명히 '문을 부수고 들어가라', 그리고 '국회의원 1명당 4명이 감당해라'라고 적시돼 있거든요. 이것은 분명히 진술과 증거가 있었기 때문에 공소장에 들어간 것이고, 이 세 명의 진술로 봤을 때는 대통령의 체포 지시 의혹은 사실로 드러난 것이라고 말씀드릴 수 있겠습니다.

윤석열, 사과할 줄 모르는 사람

홍장원 前차장은 어떤 취지로 '대통령이 국민 앞에 무릎을 꿇고 눈물을 흘리고 사죄해야 된다'고 건의했을까요?

|조| 그 시점이 12월4일쯤 되지 않겠습니까. 제가 12월4일 새벽에 본

멘트 중에서 가장 정확하면서도 가장 과격한 게 천하람 의원이 한 말, '미치광이 윤석열을 계엄군이 체포해야 된다' 그 분위기였잖아요. 도대체 미치광이가 아니고서야 어떻게 이런 짓을 했느냐 하는 그 분위기 속에서 홍차장이 이야기했다면, 그때 상황을 정확하게 전달했다고 봅니다. 대통령이 그렇게 했어야 하고요. 그런데 지금까지 안 하고 있잖아요.

| 이 | 심지어 헌재 변론 기일 시작되기 전에 '증인들이 대심판정에 가림막을 신청하면 허가해 주겠다'고 재판관이 말했는데도 홍장원 前차장은 그런 가림막 없이 그냥 대면해서 '무릎 꿇고 사과해야 된다고 이야기했다'고 말한 것 아닙니까. 결국 본인들이 계엄 때 느꼈던 감정을 이제 분출하듯 토해 버리는 거죠. 대통령이 잘못됐다고 국민 앞에서 이야기하는 거고, 대통령을 지금 혼내고 있는 거다, 홍장원 차장이.

| 조 | 윤석열 대통령은 사과할 줄 모르는 사람 같아요. 이렇게 사고를 치고 사과할 줄 모르는 그게 한두 번이 아니잖아요. 의료대란에 대해서도 한 번도 사과한 적이 없잖아요. 딱 하나 있는 게 부산 엑스포 유치 무산, 그 다음 날 바로 사과한 것.

사람은 잘못을 저지를 수 있는데, 사과를 깔끔하게 하느냐 안 하느냐를 보면 그 인간성을 알 수 있는 것 아닙니까?

'권력, 유튜브, 술' 3大 중독자

尹대통령 심경은 어떨까요? 그러한 直言을 했다는 증언을 듣는 지금 심경은?

| 조 | 저는 윤석열 대통령의 도덕성이라든지 분별력에 대해서 근원적인 회의를 갖고 있어요. 어떤 분은 '감옥보다는 병원에 먼저 가야 된다'는 이야기도 하고. 권력 중독, 유튜브 중독, 알코올 중독, 3대 중독을 앓고 있

다고 그러는데, 저는 하여튼 그분의 정신세계가 정상이 아니라고 생각합니다. 제일 중요한 것 딱 하나만 꼽는다면, 2800만 명이 투표를 해가지고 다 공정하다고 인정해 준 게 지난 4월 총선 아닙니까? 그걸 부정선거라고, 그것도 국제적인 연대를 가진 부정선거라고 한국 대통령이 이야기할 수가 있습니까? 그것도 단정적으로. 그래 놓고 헌법재판소에 나와 가지고는 '증거가 있다는 뜻이 아니고 그냥 사실 확인 차원에서'? 아니, 이런 엄청난 이야기를 하고 아무 표정의 변화 없이 180도로 뒤집어 버리는 이런 사람, 이게 정상인입니까? 이런 문제에 대해서 나는 언론이 너무 온건하게 했다고 봐요. 지금쯤 되면 사실 윤석열 대통령의 정신 상태에 대한 깊은 보도가 나와야죠. 그 다음에 술. 거의 모든 사람들이 이야기하는 게 윤석열 대통령의 失政과 그분의 폭음은 관계가 있다고 그러잖아요. 그리고 주술적 영향력. 이런 것을 기자들이 알면서도 안 쓴 부분도 있고, 지금이라도 써야 됩니다.

대통령이 선관위에 군대를 투입한 이유에 대해서 '엉터리 투표지가 많아서'라고 답변했다는데, 그 엉터리 투표지라는 건 어떻게 생각해야 될까요?

│조│ 그 모든 것은 2022년 7월 대법원 판결에서 다 설명이 됐습니다. 유튜브에서 거론한 것들을 다 실험하고 점검해서, 사실이 아니라고 다 밝혔습니다. 선관위 홈페이지에 들어가든지, 아니면 대법원 판결문을 보든지, 국민의힘도 '사전투표 안전합니다' 하고 올린 글, 지금도 아마 홈페이지에 있을 거라고요.

│이│ 국민의힘 대통령 후보 때도 '부정선거, 있을 수 없다'고 본인들이 친절하게 웹자보까지 만들어서 설명했고. '엉터리 투표지'라는 건 빳빳한 투표지를 얘기하는 것 같은데요, 箇外 사전투표지는 일반 투표지처럼 접

지 않고 회송용 봉투에 넣기 때문에 빼서 보면 빳빳할 수밖에 없습니다. 그걸 친절하게 선관위에서 설명했는데도 그런 진실은 안 보고 계속해서 手개표를 해야 된다? 수개표로 이미 했는데, 전자개표에 문제가 있다고 계속 답습하고 반복하는 거죠. '들으려 하지 않는 것이 부정선거의 핵심'이라고 봅니다.

| 조 | '그러면 까보면 될 것 아니냐' 그러는데, 아니, 선관위가 몇 번이나 깠는데. 까면 믿기나 했습니까?(웃음) 선관위가 까는 것보다 권위 있는 게 대법원인데, 대법원이 정확하게 깠는데.

그리고 이 부정선거 음모론은 여느 음모론과 달라서, 한번 거기 속으면 '행동'으로 나아갑니다. 자기주장을 펴는 거죠. 그러면 다른 사람을 피곤하게 하고 결국 그 조직이 망가져 버립니다. 그래서 지금 보수가 두 동강 났잖아요. 65%의 음모론적 보수와 거기에 넘어가지 않는 35%의 맨정신 가진 보수로. 이건 윤석열 대통령의 책임입니다. 국민을 분열시키고 국민을 저능화시키고.

홍장원 前차장이 헌법재판소 재판정에서 대통령과 대면하자 허리를 숙여서 인사를 했는데 대통령이 고개를 돌렸다는 보도도 나왔는데, 그래도 아직 현직 대통령이고, 홍장원 전 차장 본인이 '대통령 좋아했었다'고 얘기했잖아요? 그래서 존경 같은 어떤 인간적인 도리로 인사를 한 것 같은데 고개를 돌렸단 말이죠.

| 이 | '나한테 쓴소리 한 부하직원은 부하로 받아들이지 않겠다'는 좁은 속내를 나타내는 전형적인 장면이고요. 국정 운영에서 어떤 사람을 쓰느냐를 봐도 자신한테 쓴소리 하는 사람보다는 언제부턴가 뉴라이트 사람을 쓰거나, 이념적으로 극단으로 치우쳐 있는 사람을 쓰고, 또 집권 여당 국민의힘도 대통령에게 쓴소리 하는 당대표를 11번이나 바꾼 것 아닙니

까. 대표적으로 이준석 대표도 쫓아내고. 이런 모습들을 보면서, 듣고 싶은 것만 듣다가 지금 이렇게 탄핵된 것이라고 말씀드릴 수밖에 없습니다.

│조│ 이기인 최고위원, 지금 '뉴라이트'라는 표현은 잘못 쓰고 계신 겁니다. 뉴라이트의 발상은 노무현 정부 때 좌파운동 하다가 우파로 간 사람들이고, 그 사람들 지금 좋은 데서 열심히 일하고 있는데 최근에 좌파가 그 뉴라이트를 다른 쪽으로, 마치 극우 비슷하게 말하던데, 그게 아니에요.

윤석열과 히틀러

대통령이 계속 옥중 메시지를 내면서 옥중 정치를 하고 있는 것이 아니냐 의심을 받는 상황입니다. 국민의힘 권영세 비대위원장, 권성동 원내대표, 나경원 의원이 구치소에 가서 대통령을 접견했는데요. 그런데 나경원 의원이 대통령의 메시지를 전하는 중에 '과거 나치도 선거에 의해서 정권을 잡았는데, 어떻게 보면 민주당의 독재가 그런 형태가 되는 게 아닐지 걱정된다'는 취지의 말을 전했다는데요.

│조│ 굳이 나치를 이야기했으니 설명하자면, 나치는 결국 히틀러인데, 히틀러가 집권하게 되는 데는 당시 바이마르 헌법으로 운영되던 독일 사법부의 책임이 큽니다. 1923년에 뮌헨에서 히틀러가 바이에른 정부를 뒤엎는 일종의 쿠데타 시도를 했습니다. 이틀 만에 진압이 됐는데 10여 명 죽고… 그래서 반역죄로 기소됐는데, 히틀러가 법정 투쟁을 잘했어요. 웅변가 아닙니까. 고작 5년 금고형 받고 감옥에서도 호텔처럼 살면서 거기서 『나의 투쟁』이라는 책을 구술(口述)했습니다. 그래서 영웅이 됐고 13개월 만에 나왔어요. 그때 엄벌에 처했어야 되는데 느슨하게 하니까 이 자

가 그 다음에 선동하고, 폭력단 이용하고. 그 다음에 중요한 게 음모론 아닙니까. 그 음모론이 뭡니까, 나치가 목표로 한 게? 공산주의자와 유대인들을 말살하기 위해 '유대인이 萬惡의 근원이다' 이렇게 해가지고 독일 사람들을 선동한 것 아닙니까? 독일 사람들 사이에 깔려 있던, '1차 세계대전 때 우리가 사실 진 게 아닌데 유대인하고 공산주의자들이 후방에서 칼을 꽂는 바람에 졌다' 하는 생각하고 연결시켜 가지고. 이런 게 지금 우리나라에서 벌어지고 있잖아요.

저는 특히 걱정하는 게 이 음모론입니다. 부정선거 음모론이 인종주의적, 反中 감정으로 가는 경향이 있습니다. 윤석열 대통령이 마치 중국이 부정선거에 관계가 있는 것 같은 뉘앙스를 풍겼잖아요.

지금 제가 설명 드린 것하고 지금 대한민국에서 일어나고 있는 것하고 비교하면, 잘못하면 파쇼나 나치 같은 우익 전체주의로 갈 조짐이 보이는데, 나경원 의원이 전한 대로면 尹대통령은 거꾸로 '민주당이 집권하면 나치가 선거를 통해서 집권한 격'이라는 뜻인데요. 나치가 선거를 통해서 집권한 것 맞습니다. 그러나 나치가 선거를 통해서 집권해 가지고는 어떻게 했냐 하면, '수권법(授權法)'이라는 걸 만들어 가지고 바이마르 헌법을 무력화시켜 버렸습니다. 그래서 수권법이 헌법 위에 올라가요. 그래서 히틀러가 왕이 돼버렸어요. 그런데 이번에 윤석열 대통령이 계엄령 펴놓고 뭐라고 했습니까? '통치권이다' '대통령만 할 수 있는 비상계엄 권한을 행사했다' '이것은 사법적 심사 대상이 아니다'. 똑같은 것 아닙니까? 통치권이 헌법 위에 있는 거예요. 王이야, 왕.

지금 한국에서 벌어지고 있는 이 구도가 끔찍한 피를 보는 상황으로 가지 않도록 모두 자중자애(自重自愛)해야 된다는 그런 화두를 하나 반면교사로 던지네요. 윤석열 대통령 입에서 나치라는 말이 나왔기에 말씀드립니다.

나경원 의원이 이 발언을 들었다고 얘기한 건데, 권영세 비대위원장과 권성동 원내대표는 그런 말 못 들었다고 말하거든요?

|이| 그러니까요. 양해를 구하지 않고 혼자 백브리핑을 했다는 건데요. 원래는 국회에서 기자회견을 해서 이 접견 내용을 공개하려고 했답니다. 그런데 갑자기 나경원 의원이 기자들 앞에 나가서 백브리핑으로, 마치 대통령의 전언(傳言)을 전하는 것처럼 한 것 같은데요. 그 배경이 뭘까 생각해 보니까, 나경원 의원은 이런 돌발행동으로 마치 자기가 대통령의 메신저인 것처럼, 차기 권력과 당권 내지 대권 가도에서 자기가 역할을 할 수 있다, 그런 암묵적 메시지 아닌가 생각됩니다.

60대 오세훈-50대 한동훈-40대 이준석

이준석 개혁신당 의원, 국민의힘 前대표가 지난 일요일 사실상 대선 출마를 선언했습니다. 이준석 의원의 사실상 대선 출마 선언 내용, 어떻게 들으셨습니까?

|조| 그 모토가 '왼쪽도 아니고 오른쪽도 아니고 앞으로', 그게 좋더라고요. 그 다음에 세대교체, 정치교체, 문화교체. 특히 40대, 新 40대 기수론을 편 건데. 1970년대 그때 40대 기수론이 있었거든요. 이철승, 김영삼, 김대중. 그중 두 분은 대통령이 됐고.

우리나라 역사에 진짜 세대교체가 한 번 있었습니다. 1961년 5·16 군사혁명입니다. 그때 박정희 소장 44세, 김종필 37세. 3040이 주동한 게 5·16입니다. 지도층이 한 20년 젊어졌어요. 그분들이 그 뒤에 한국의 근대화를 이끈 거거든요. 이번 조기 대선에서도 나이가 상당히 먹힐 거라고

생각합니다.

한동훈 前대표가 50이 넘었죠. 그 다음에 오세훈 씨가 60대 초반. 4-5-6 이런 식으로 연결되는. 그렇다면 아마 70대 분들은 조금…. 70대가 누구죠? 홍준표, 김문수 두 분이구나. 저는 80대니까 자격이 없고.

하여튼 저는 이준석 의원 연설을 듣고 가슴이 막 웅장해지더라고요. 상당히 감동적인 연설이었어요. 그리고 그 몇 개의 레토릭, '계속 앞으로'라든지, '검투사 정치'를 극복하면서 앞으로 가는. 그리고 찡했던 게, 하버드에서 동문수학했던 사람들이 세계 여러 나라에서 지금 AI를 가지고 이야기하고 있는데 우리는 부정선거 음모론 가지고 이야기하면 되겠느냐든지.

|이| 그냥 대선 출마라고 치부해 버리는 분들이 계신데, 정확하게는 '현안 기자회견'이고, 저는 대선 출마라는 말로는 너무 아까운 회견문 같아요. 무릇 정치인이라면 지금 국가가 처한 위기를 정확하게 진단하고 나침반처럼 나아가야 할 방향을 가리켜야 되는 건데, 이준석이 그걸 한 겁니다. 국회에서가 아니라 민심의 거리라고 하는 홍대 레드로드 거리에서 국가가 어느 방향으로 나아가야 할지를 가리킨 거거든요.

거기서 나온 메시지를 주목할 필요가 있습니다. 다른 나라는 AI 경쟁, 그리고 급변하는 정세 속에서 기술 다툼을 하고 있는데 우리는 지금 '부정선거가 있다 없다' '탄핵 해야 된다 아니다' '끌어내야 한다 아니다' 이런 논의에 매몰돼서는 국가의 장래를 보장할 수 없다. 그러니까 좌도 아니고 우도 아니고 앞으로 나아가자는, 그런 방향성을 가리킨 것이라고 말씀드리고 싶습니다.

일각에서 이준석 의원 비판할 때 많이 나오는 얘기 중에 '갈라치기 아니냐' '세대 간에 갈등을 불러일으키는 게 아니냐' 이런 비판도 있습니다.

| 이 | 남녀 갈라치기를 민주당에서 계속 제기하는데요. 신기하게도 국민의힘이 받지 못했던 여성 표를 얻게 한 게 이준석 대표입니다. 그러니까 민주당식 여성 남성 갈라치기에 반대하는 보편적인 유권자들의 찬성과 동의를 이끌어 낸 게 이준석 국민의힘 대표였거든요. 갈라치기라는 것은 이미 정치적 수사(修辭)이고, 민주당과 그냥 이준석에 동의하지 않는 정치인들이 비판하는 어조일 뿐이기 때문에 저희는 신경 쓰지 않는다, 전 계속해서 이준석이 그동안 해왔던 대로 정치를 했으면 좋겠다는 말씀 드리고 싶어요.

| 조 | 저는 한국 보수가 지금 몰락의 길로 간 원인 중에 하나가, 굴러온 福인 이준석 대표를 싸가지 없다고 해가지고 발로 찬 거라고 생각합니다. 고맙다고 하고 키워야 되는데 싸가지, 버릇없다, 이런 말로 이상하게 만들어 가지고 핍박하다가, 결국 이준석 빠지니까 방화벽이 빠진 것 아닙니까. 음모론자와 윤석열 사이에서 방화벽 역할을 하던 이준석 대표가 나오니까 이런 사달이 난 것 아닌가요?

'배신자' 한동훈? '순교자'로 재평가될 수도

또 화제가 된 게, 조갑제 대표가 한동훈 대표를 만나셨다고요. 한동훈 대표가 먼저 전화를 했습니까?

| 조 | 저는 만났다 안 만났다 이야기 안 합니다. 제가 기자 아닙니까. 기자 생활 하다가 세 번 정보부에 불려가서 조사받고 세 번 신문사에서 쫓겨났어요. 제가 입이 무겁기로 유명합니다. 내가 거기 가서 진술을 해서 나 말고 다른 사람들이 불려가서 피해 본 게 없거든. 그러니까 말은 못 하겠고.(웃음) 다만, 기자들이 나한테 전화를 하면 '사실 같으면 써라, 나는

확인해 줄 수 없다. 내가 기자증 반납할 일 없으니까' 그렇게 이야기했죠.

다만, 한동훈 대표 이야기 나왔으니 말인데요. 50대 한동훈, 40대 이준석, 이 두 사람이 세대교체 내걸고 나오면 어울리겠다는 생각이 들고요. 그리고 두 사람이 다 공적이 있어요. 정치인한테는 '이거다!' 하는 게 있어야 되는 것 아닙니까. 이준석 대표는 일단 대선과 지방선거 이긴 공적이 있고, 무엇보다도 용감한 게 부정선거 음모론과 제일 앞장서서 싸웠다는 것. 그건 역사에 남을 공적입니다. 한동훈 대표는 지난해 12월3일에서 4일로 넘어가는 그 시점에서 어떻게 보면 가장 기민하게, 그러니까 그때는 몰랐겠지만 자기가 체포 대상이 돼있는 그런 상황에서, 역사가 부여한 사명을 완수했다고 봐요. 이런 기회는 좀처럼 오지 않습니다. 김종인 前비대위원장 같은 분은 '별의 순간'이라고 하데요. 아무튼 그래서 결국 계엄을 좌절시켰잖아요. 여당 대표가 그러기 굉장히 어렵잖아요. 본회의장에 들어간 국민의힘 의원이 18명밖에 안 됐는데, 그게 한 50명이 들어갔다면 아마 지금 국민의힘 역학관계가 달라졌을 거예요. 18명 들어간 것 때문에 그 뒤에 밀려났는데, 지금 조기 대선 거의 확실하니까 저는 한동훈 前대표가 반드시 나와서 큰 역할을 해야 된다고 생각합니다.

더구나 지금 한국 보수가 음모론에 접수되고 있잖아요. 거기에 맞설 수 있는 사람이 있어야 돼요.

이기인 최고위원은 일단 이준석 의원과 같은 개혁신당 입장이라 한동훈 前대표를 바라보는 시각 자체가 다를 수도 있고요.

|이| 비판을 위한 비판은 하고 싶지 않고요. 韓 前장관이 최근에 측근을 통해 '언더 73'인가 하는 유튜브 채널로 기지개를 켠 것으로 보이고요. 조갑제 대표뿐만 아니라 김종인 前위원장, 유인태 前 국회 사무총장을 만

났다는 거잖아요. 그러니까 본인의 비교적 일천한 정치적 경력을 보완하기 위해서 원로들한테 지혜를 구하고 정치적 역할을 하겠다는 것으로 보이는데요. 평가하고 싶은 부분이 있습니다만, 그러나 부정선거에 대해서는 한동훈 前장관이 적극적으로 부인한 적은 없고, 법무부 장관 시절에 국회에서 부정선거에 대해서 어떻게 생각하느냐는 질의에 즉답을 하지 못했습니다. 그 부분에 대해서는 차후에 의견을 좀 밝혀야 될 것 같고요.

이준석 의원 같은 경우는 상징적인 연설이라든지, 국민들 뇌리에 인식될 만한 순간들이 있었죠. 전당대회 때 대구에서, 가슴에 멍이 있는 대구에서 '탄핵의 강을 건너야 한다' '박근혜 탄핵은 정당했다'고 용기 있게 얘기한 게 오히려 센세이션을 불러일으켜 당대표가 되는 기염을 토했는데, 한동훈 前대표는 윤석열 검사의 부하라는 자산을 통해서 정치를 시작했지만 계엄을 막은 그 이상의 자산은 아직 보여 주지 못했거든요. 국가가 나아가야 할 방향이라든지 비전을 어떻게 보여 주고 사람들을 설득하느냐가 이 사람이 큰 정치인으로서 평가받을 수 있는 계기가 될 것이라고 생각합니다.

한동훈 前대표가 등판을 해야 하는 상황이 올 것 같긴 한데, 그 시기, 그리고 등판 이후에도 녹록치는 않아 보입니다. 한동훈 前 대표가 가야 될 길, 어떤 게 있을까요?

|조| 평화시와 지금과 같은 격변기는 시간 개념이 달라요. 지금은 '좀 기다려 보자' 이거 안 통합니다. 지금도 오히려 늦었을지 몰라요. 지금 이 순간에도 욕먹을 걸 각오하고 할 말을 해야 됩니다. 그게 나중에 기억이 되는 거거든요. 그게 자기 자산이 되는 것 아닙니까. 이번에 국민의힘에서 밀려난 것도 한동훈 대표의 훈장이 될 수 있습니다. 지금 배신자 프레

임으로 몰고가는데, 나중이 되면 순교자 프레임이 생길지도 모르지. 그러니까 조금 길게 볼 필요가 있는데, 단기적인 승부를 할 때는 정치는 타이밍 아닙니까. 능력이 좀 부족한데도 빠른 결단으로 대통령 되신 분이 있잖아요. 김영삼 전 대통령. 이분은 '시간의 사나이'거든요. 모든 결정을 빨리 합니다. 빨리 하면 나중에 틀려도 바로잡을 수가 있어요. 그런데 다른 분처럼 심사숙고하다가 패착을 하면 회복이 안 되는 거라. 그러니까 빨리 해야 됩니다. 시간을 놓치면 안 돼요.

이준석 대표는 빨리 했네요?(웃음)
│이│ 다시 한 번 말씀드리지만 대선 출마 선언은 아니라는 것.(웃음) 방향을 제시했다는 점에서 평가하셨으면 좋겠습니다.
│조│ 이준석 의원의 제일 큰 능력이 말과 글인데, 토론의 왕 아닙니까. 그런데 예측 능력도 가장 탁월한 사람 같아요. 정국을 보는 예측 능력이.

조갑제 대표께서 또 이렇게 높이 평가해 주시네요.
│이│ 보수의 원로인 우리 대표께서….

원로라는 말 안 좋아하십니다. 55년째 현역 기자.(웃음)
│이│ … 대기자님께서 이렇게 좋게 평가해 주시니까 감사합니다.

오늘 '더 라커룸', 여기까지 말씀 듣도록 하겠습니다. 함께해 주신 조갑제 대표, 이기인 최고위원, 두 분 고맙습니다.

SBS 라디오 '김태현의 정치쇼'(2025년 2월7일)

한동훈 만났다…
'그날' 역할에 자부심 있더라

진행 : 김태현 변호사

대왕고래 프로젝트는 對국민 사기극

윤석열 대통령에 대한 탄핵심판이 6차 변론까지 진행됐습니다. 지금까지의 상황을 어떻게 지켜보고 계시는지, 조갑제닷컴의 조갑제 대표와 이야기 나눠 보겠습니다.

탄핵심판 얘기하기 전에, 오늘 조간신문 대부분의 1면이 '대왕고래 프로젝트 사실상 실패'였거든요. 보수언론의 사설 제목이 더 따갑습니다. 〈동아일보〉는 '사기극', 〈중앙일보〉는 '희망고문' 이렇게 표현했는데요. 이 프로젝트가 애초부터 말이 안 되는 사기극이나 희망고문 이런 수준이었습니까, 아니면 잘해 볼 수 있었는데 결과가 안 좋은 겁니까?

윤석열 대통령의 초대형 對국민 사기극이라고 생각하고요. 이건 감사를 하고 수사해야 됩니다. 1000억이 날아갔잖아요. 그나마 다행히 국회가 예산을 좀 깎았지요. 그만큼, 말하자면 절약한 겁니다. 그런데 이건 거의 코미디 수준인데요, 윤석열 대통령이 이번에 비상계엄령 선포한 여러 이유로 댄 것 중 하나가 바로 이거 아닙니까.

예산 문제 말씀인가요?

대왕고래 예산 삭감한 것. '어떻게 이럴 수가 있느냐' 했는데, 삭감 잘했잖아요.

저는 작년 6월 초에 이 발표가 나온 직후에 바로 이야기했어요. 가장 먼저 제가 기사를 쓰고 동영상을 올렸는데요, '이건 제2의 포항 석유 대소동이 될 것이다.' 제가 기자 생활 하면서 잊을 수 없는 사건이, 1976년 1월15일 박정희 대통령이 포항에서 양질의 석유가 발견됐다고 발표했습니다.

제가 그때 사회부 기자 할 때인데요. 부산에서 석유 개발 취재를 좀 했어요. 딱 직감적으로 이건 잘못됐다고 판단해서 추적 취재를 했더니, 경제성이 없을 뿐만 아니라 그게 원유가 아니라 정유입니다. 박정희 대통령이 속은 거예요. 그걸 논문으로 썼더니 〈산케이신문〉에서 기사로 받아쓰는 바람에 제가 해직됐어요. 그런 기억이 있기 때문에. 그것과 똑같은 패턴이에요.

첫째, 윤석열 대통령이 발표할 성격이 아니었어요. 그러고 140억 배럴이 있다는 건 엄청난 과장 정도가 아니라 거짓말이거든요. 140억 배럴의 초대형 유전이 발견될 곳은 세계에서 중동, 베네수엘라 근방, 시베리아, 알래스카, 카스피海밖에 없어요. 그런데 윤석열 대통령이 그걸 발표하면서 세계적 평가회사에서 결론을 냈다고 했는데 그 세계적 평가회사라는 게 나중에 알고 보니까 엑트지오라고, 세금도 못 내고 체납한 1인 회사 아니었습니까. 그런데 대통령이 이렇게 발표하니까 산업자원부가 계속 희망고문 한 것 아닙니까.

대통령은 진짜 유전이 나올 줄 알고 희망을 가지고 시작한 건데 단순히 결과가 안 좋은 것이라고 볼 수는 없는 건가요?

원래 나올 수가 없는 거예요. 140억 배럴이라는 이 말이 얼마나 황당무계한 말인지. 그리고 그건 대통령이 발표할 사안이 아니고 산업부 과장급이 기자들한테 이야기할 정도인데요. 어떤 이유로 해서, 지금 자본잠식 상태인 석유공사가 대통령을 이용했다 이겁니다.

'선관위에 軍 보냈다' 자백, 맨정신인가

본격적으로 탄핵심판 얘깁니다. 어제 대통령이 나와서 한 얘기들 중에, '홍장원 前 국정원 제1차장이 인터뷰를 하고, 곽종근 前특수전사령관이 김병주 의원 유튜브에 나와서 이야기를 하면서 탄핵공작이 시작이 됐다.' '탄핵공작'이라는 표현을 썼거든요.

그건 대통령의 입에서 나올 말이 아니라고 생각합니다. 저는 그 순간에 대통령이 특수부 검사로 되돌아간 것 같았어요. 대통령 입에서 '공작'이라는 말이 나와도 됩니까? 그리고, 탄핵이 두 사람의 말에 의해서 시작된 겁니까, 아니면 윤석열 대통령의 비상계엄령 선포에서 시작된 겁니까? 그리고 쭉 보면 홍장원, 곽종근 두 사람이 가장 진실에 부합한 증언을 하고 있다고 봅니다. 대통령이 그걸 정치공작으로 만들었는데요, 그동안 윤석열 대통령이 나와서 진술한 것을 쭉 보면 윤석열 대통령이 언론에서 보도하지 않는 결정적 실수를 한 게 있습니다.

헌재에 나와서요?

네, 과정에서요. '내가 김용현 국방부 장관을 시켜서 군대를 선관위에 보냈다.' 그건 바로 국헌 문란이라는 이야기입니다. 그 말을 하는 순간 청구인 측 변호사들이 회심의 미소를 짓더라고요. 그건 자백한 겁니다. 뭐냐, 군대를 선관위에 보냈다는 게 국헌 문란입니다. 왜냐하면 선관위에는 계엄군을 보낼 수 없도록 헌법에 정해져 있어요. 헌법에서 계엄령을 선포했을 때 계엄군이 장악할 수 있는 건 정부와 법원뿐입니다. '정부와 법원에 대해 특별한 조치를 취할 수 있다.' 그러나 국회와 선관위 같은 독립한 헌법기관에는 군대를 보내면 절대 안 됩니다. 그걸 이야기해 버렸어요.

공소장에도 없는 내용인데 대통령은 그 얘기를 왜 했을까요?

이분이 정상적인 사고를 하지 못하고 있잖아요. 부정선거 음모론에 대해서 이야기한 걸 보십시오. 체포돼 갈 때 '국민께 드리는 글'이라고 해서 자필 글 공개한 것 있지요? 거기에 보면, '부정선거의 증거는 너무나 많다'고 했어요. 그리고 이 부정선거는 '국제적 연대 하에서 이루어졌을 것이다', 중국을 딱 끌어들이는 이야기를 했는데요. 그런데 헌재에 가서 뭐라 그랬습니까? 증거가 있는 게 아니고 그냥 '그런 의혹이 있어서 한번 스크린하는 차원에서' 군대를 보냈다 했습니다. 증거가 많다고 하다가 증거가 없다고 하면 그 차이는 천당과 지옥 차이 아닙니까? 이런 이야기를 예사로 하는 분이 지금 공작, 공작 하는데요.

전체적인 맥락에서 보면 유리창을 깨서 군대를 국회 본청으로 보냈지요. 군대를 보낸 것 아닙니까. 그런데 대한민국에서 계엄령이 여러 번 내려졌지만 대한민국에서 군대가 국회에 들어간 건 이번이 처음입니다. 이건 무시무시한 사건입니다. 1980년에 신군부도 국회를 봉쇄만 했지 못 들어갔어요. 봉쇄한 그것 때문에 전두환 대통령이 내란 수괴로 처벌받은 겁니다. 그때도 그 정도였는데, 이번에 군대를 보냈잖아요. 유리창을 깨고요. 그런데 그걸 질서 유지라고 하잖아요. 질서 유지용으로 보냈다는 건데, 거기에 질서 유지할 필요가 있었습니까?

국힘, 尹 엄호하다간 대선 못 치른다

그동안 여섯 번 審理를 지켜보셨는데요, 대통령의 복귀 가능성은 얼마나 된다고 보세요?

저는 없다고 봅니다. 간단하게 말해서, 이분이 현직으로 돌아오면 무슨 일이 생기겠습니까? 윤석열 대통령이 지금 계엄령 선포를 별것 아닌 걸로 생각하고, 변호인 측은 국민 계몽용이라는 이야기까지 하고요.

윤석열 대통령은 본인이 하고 싶은 얘기를 공개된 탄핵심판정에서 적극적으로 하고 있고요, 국민의힘 몇몇 의원들이 접견 올 때 의원들의 입을 통해서 메시지가 나오고 있는데요. 이번 주 초에 권영세 비대위원장, 권성동 원내대표, 나경원 의원이 대통령을 만나고 왔거든요. 거기서 나경원 의원이 나눴다는 말에 따르면, 이건 어제 나경원 의원이 저와 인터뷰할 때 한 얘기인데요, 윤석열 대통령이 '야당의 감사원장 탄핵을 보고 그대로 있을 수 없어 계엄 선포를 했다'는 취지로 말했다고 어제 이 자리에서 나경원 의원이 얘기했거든요.

저는 윤석열 대통령의 최근 발언은 믿을 수가 없어요. 계엄 한 원인에 대해 뭐 감사원장 얘기했다가 부정선거 얘기했다가, 反국가세력 척결 등등 여러 가지 늘어놓은 게 있는데요, 사람은 행동을 보면 알거든요. 행동을 보면, 두 군데에 주력한 것 아닙니까. 국회와 선관위예요. 국회에 보내서 국회의원들을 혼내고, 선관위에 들어가서 부정선거의 증거를 찾는다. 그 동기에 대해서는, 말들은 안 하고 있지만 가장 主원인은 김건희 여사

보호였다. 그러니까 작년 12월10일로 예정됐던 김건희 여사 특검법안을 좌절시키기 위해서 했다.

그리고 이분이 헌재에 나와서 하고 있는 발언의 모순성, 여러 가지 에피소드를 얘기하는데, 논리가 없어요. 이것은 폭음과 관계 있는 것 아니냐, 술을 너무 많이 마셔서.

趙대표의 예측대로라면 대통령이 파면되고 조기 대선이 열리는 거잖아요. 이 상황에서 보수 정당 국민의힘이 정권 재창출 가능합니까?

어렵다고 봐야지요. 윤석열 대통령이 탄핵당하는 것은 국민의힘이 탄핵당하는 것과 같은 의미 아닙니까? 그런데 지금 국민의힘은 윤석열 대통령과 대통령 지지층, 특히 부정선거 음모론과 같이 엉켜 있잖아요. 그런 상태에서 조기 대선에 임할 수가 있습니까? 결정적으로, 지금 윤석열 대통령 엄호하느라 선거 준비를 못 하고 있잖아요. 선거 준비하면 아마 배신자로 몰릴 겁니다. 그러면 100m 경주에 10m 뒤에서 뛰겠다는 것 아닙니까? 그러면 이길 수 있습니까?

계엄 옹호와 반대, 어느 쪽이 역사의 順理인가

여당의 잠룡(潛龍) 중 한 사람인 한동훈 前대표를 만나셨지요? 어떤 이야기를 나누셨습니까?

제가 만났다는 이야기를 안 했는데, 그쪽에서 누가 이야기를 했으니까… 만났습니다. 이야기한 내용은 제가 기자 신분이기 때문에 이야기할 수 없고요.

다만 일반론적으로 얘기하면 그분은 지난 12월3일, 4일 밤에 자신이

한 역할에 대해서 상당한 자부심을 갖고 있는 것 같았습니다. 비상계엄령이 내리자마자 분명한 반대 메시지를 내고, 18명의 동료 의원들과 국회로 달려가서 계엄 해제 요구 결의에 참여하도록 한 것은 역사적인 역할이었다고 그분은 생각하는데. 그건 저도 같은 생각입니다. 만약 국민의힘 의원들이 전부 불참해서 그 밤에 비상계엄령 해제 요구 결의가 되지 않았다면 그 다음 날 서울에서 무슨 일이 벌어졌겠습니까? 100만 명 아니라 몇백만 명이 거리로 나왔을 거예요. 그러다 유혈사태가 벌어질 수도 있었던 것 아닙니까? 그걸 막은 사람이 당시에 이재명 민주당 대표, 한동훈 국민의힘 前대표지요. 그런데 한동훈 前대표가 그렇게 즉각적으로 대응한 걸 보면 뭔가 '준비'가 되어 있었던 것 같은데, 그건 저는 잘 모르겠어요.

그때 한동훈 前대표가 계엄에 대해 취할 수 있는 건 셋 중 하나였지요. 첫째 진압하는 것, 그러니까 표결에 참여하는 것. 둘째 구경하는 것, 그때 국민의힘 의원들 다수가 당사에 있지 않았습니까, 구경꾼으로. 셋째 가담하는 거예요. 한 前대표는 첫째, 진압하는 쪽에 섰지요. 만약에 둘째, 구경꾼이 됐다면 어떻게 됐을까요? 지금 국민의힘이 어떻게 됐을까요? 나는 그 점에서 한동훈 前대표가 국민의힘을 살렸다고 생각합니다.

한동훈 前대표의 바로 그 역할 때문에, 만약에 조기 대선이 열리면 당내 경선에서는 힘들지 않겠느냐 하는 관측이 있잖아요. 일종의 배신자 프레임 같은.

그렇지요. 여론조사를 보면 과거에 압도적으로 당내 1위로 달리다가 지금은 상당히 떨어졌더라고요. 그런데, 결국은 당내 경선에서 한쪽은 비상계엄에 찬성했거나 방관하고 부정선거 음모론 쫓아가는 사람, 반대편에 계엄 반대하고 부정선거 음모론에 선을 긋는 사람, 이렇게 갈릴 것 같아요.

이것은 역사적 사건이고, 비상계엄과 부정선거 음모론에 반대한 사람이 역사적 흐름에 순응한 사람이라고 저는 생각합니다. 그 그룹에 속한 사람 중 한 명이 한동훈 前대표, 오세훈 서울시장도 그 그룹에 들고요. 그리고 이준석 의원.

그러면 국민의힘 경선에서 한동훈 前대표가 배신자 프레임을 뚫고 후보가 될 수도 있다….

가능성이 있다는 거고, 현재로는 어려운 것 같아요. 그러나 조기 대선 시점은 윤석열 대통령 파면 결정 이후가 될 것 아닙니까. 그렇게 되면 여론이 또 바뀌지요.

DJP연합, '敵과의 동침'으로 정권 창출

이런 말씀도 하셨더군요. '한동훈과 이준석이 조기 대선 판에서 경쟁·협력하면서 세대교체의 깃발을 들고 민주당의 검투사 정치에 도전하는 상상을 해본다.'

어디까지나 정치적 상상력입니다. 50대의 한동훈과 40대의 이준석, 두 사람 사이가 감정적으로는 별로 좋은 편이 아니지요. 그런데 공통점도 있습니다. 우선 이번 비상계엄 사태, 그리고 부정선거 음모론에 대해서 확실하게 반대하는 입장이고요. 나이도 50대와 40대지요.

두 사람이 띠동갑이에요.

여기에 한 사람을 더 넣으면 오세훈. 그러면 60대, 50대, 40대이면서 反계엄, 反음모론 세력인데요. 그러면 경선 과정에서 서로 협력할 수도 있는 것 아닙니까? 처음에는 각자 약진하다가, 결선투표로 가야 될 경우에

도와주는 방향으로요.

마지막에 단일화 이런 말씀이신데. 혹시 한동훈 前대표 만났을 때 이런 얘기 해보셨습니까? 하셨지요?

그런 이야기는 안 했습니다.

이번 선거는 주제가 두 개가 되는 것 아닙니까. 우선은 비상계엄에 대한 정치적 심판의 성격을 갖고 있는 겁니다. 지금 탄핵심판이나 수사는 '정치'가 아니거든요. 대선에서는 2024년 12월3일 비상계엄령이 정당했느냐 부당했느냐 하는 것을 국민의 결단으로써 심판하게 됩니다. 그렇게 되면 국민의힘이 결정적으로 불리한데요, 한동훈 前대표 같은 후보가 나오면 그걸 방어할 수 있지요.

그 다음은 정치교체, 세대교체, 문화교체. '윤석열도 싫다, 이재명도 싫다' 하는 여론을 어떻게 모을 거냐. 그런데 그게 한 사람의 힘으로 되는 것보다는, 우리나라 정치에서 손을 잡을 수 없는 사람끼리 손을 잡아서 정권을 만든 사례가 있거든요. DJP 연합 아닙니까.

'결'이 다른 사람들끼리.

김대중, 김종필은 합칠 수 없는 사람인데 합쳤지요. 그리고 또 하나 있잖아요. 2002년 정몽준-노무현 단일화. 마지막엔 깨졌지만.

그런데 한동훈 前 대표는 '윤석열 대통령이 같이 떠오르고, 검사 출신이다. 그게 약점이다', 그건 어떻게 보세요?

그런 주장을 제가 가장 많이 하나 봅니다. 정치검사 이제 그만둬야 된다, 從北도 정치검사도 같이 물러나야 된다, 정치를 해서는 안 된다. 그러나 한동훈 前대표가 지난해 12월3일에 했던 역사적 역할은 그것을 덮고도 남는다고 생각합니다.

지금 여권이 헌법재판소 재판관들의 편향성이라든지 이 부분을 강하게 지적하고 있거든요. 여권 지지자들도 마찬가지고요.
절차상으로 헌법재판소가 잘못하고 있는 게 있지요. 그 지적은 당연한 것이고.

그런데 문제는, 그런 절차상 문제 말고, 어느 어느 재판관이 과거에 성향이 어떤 사람이다 하는 걸 가지고 문제삼는 것은 문제가 있다고 생각합니다. 헌법재판소란 그 자체가 정치적 성향이 굉장히 강하잖아요. 어떻게 보면 중도·진보·보수가 3등분해서 공존하도록 만든 건데요. 그렇다면 재판관들의 정치적 성향이 우파냐 좌파냐에 초점을 맞춰서 헌재를 전반적으로 부인하는 것은 안 되고요. 아무튼 우리나라에서 헌법재판소와 대법원의 판단은 최종입니다. 이건 마음에 안 들어도 받아들일 수밖에 없고, 만약 저항하면 그때는 법치가 무너지잖아요. 그래서 개별적인 비판은 활발히 하더라도 전면적인 부정은 안 된다고 생각합니다.

오늘 인터뷰는 여기서 마무리하도록 하겠습니다. 지금까지 조갑제닷컴의 조갑제 대표였습니다. 감사합니다.

JTBC '뉴스룸'(2025년 3월 2일)

보수의 헌재·선관위 공격은 自我부정

진행 : 안나경 앵커

보수는 헌법 수호 세력…헌재 공격 도 넘었다

지금부터는 전 〈월간조선〉 편집장, 조갑제 조갑제TV 대표 모시고 관련 이야기 함께 나눠 보겠습니다. 어서 오세요.

尹대통령의 탄핵심판 선고를 앞두고 어제도 전국 곳곳에서 대규모 찬반 집회가 열렸습니다. 그런데 탄핵 반대 집회에서는 '탄핵이 인용된다면 수용하지 않겠다' 이런 발언들이 나왔거든요.

말씀하신 대로 헌법재판소의 결정에 불복한다든지, 어제 여의도에서는 또 선관위를 해체하라는 이야기까지 하더라고요. 아시다시피 대한민국이라는 민주공화국이 작동하려면 선거 결과에, 그리고 헌법재판소의 결정과 대법원의 판결엔 승복해야 돼요. 승복하지 않으려면 대한민국 국적 반납해야 돼요. 그것은 선택의 여지가 없어요. '승복하지 않는다'는 말이 말로서 끝나야지, 그게 행동이나 폭력으로 진전되면 우리 공동체가 유지될 수 없습니다.

부정선거를 주장하고 탄핵 반대 집회를 주도하는 전광훈씨 같은 경우는 '헌재를 해체해야 한다'는 이야기도 했는데.

그런 이야기가 우파 진영에서 나온다는 게 이해가 안 됩니다. 원래 보수나 우파는 헌법 수호 세력이거든요. 지금 헌법에 도전하는 이야기들을 하는데, 대표적인 것이 부정선거 음모론입니다. 부정선거 여부는 신념의 문제가 아니고 사실의 문제 아닙니까. 1 더하기 1은 2인데, 음모론자들은 1 더하기 1이 4라고 주장하고 있다고요. 한국에서 부정선거가 없었다는 것은 이미 대법원 판결을 통해서, 특히 작년에 2800만 명이 투표한 총선 개표 과정의 정확성에 의해서 이미 입증된 것입니다. 그런데 이것을 마치 논란이 있는 것처럼 키우는데, 여기에 국민의힘 의원들이 가세하고 있다는 게 지금 가공(可恐)할 사태예요. 부정선거가 없었다는 것을 누가 제일 잘 아느냐? 국민의힘 의원들이거든요. 부정선거가 있었다면 제일 큰 피해자는 국민의힘 낙선자 아닙니까? 그런데 한 사람도 이의를 제기하지 않고 있지 않습니까. 그런데 지금 국민의힘 안에 '부정선거는 없었다, 여기 속으면 안 된다'고 이야기하는 사람이 보이지 않아요.

어제 여의도 탄핵 반대 집회에도 국민의힘 의원들이 37명 정도 참석한 것으로 보도해 드렸는데, 국민의힘 의원들도 좌파 독재설, 북한 지령설 이런 이야기들을 하고 있거든요. 이게 집권 여당의 모습으로서 어떻습니까?

헌법재판소에 대한 국민의힘의 공격은 지나치다고 봅니다. 그리고 일부 언론도 그런 비판을 계속 하고 있는데, 저는 헌법재판소의 지금까지의 심리(審理) 진행에는 별문제가 없었고, 다른 외부적 요인에 의해서 문제가 제기되고 있다고 봅니다. 한 달여 진행된 심리 과정을 저는 처음부터 끝까지 다 봤는데 아주 공정하게 진행되었고, 더구나 윤석열 대통령도 참여해서 적극적으로 자신을 변호하지 않았습니까. 그렇다면 결과에 승복해야 되는데, 윤석열 대통령이 최종 변론에서 '결정에 승복한다'는 말 한마디를 안 하더라고요. 어떻게 보면 윤석열 대통령이 옥중에서 자기 지지 세력한테 계속 어떤 메시지를 보내고 있는 것 아니냐 하는 생각이 듭니다. 대통령으로서 해서는 안 될 일을 하고 있습니다.

尹, 최후진술에서도 기대 저버려

尹대통령이 계속해서 지지자들에게 메시지를 보내는 걸로도 읽힌다고 하셨는데, 실제로 서부지법 폭동 사태가 있기도 했잖아요. 그렇게 격렬하게 번지는 모습은 어떻게 보셨을까요?

있어서는 안 될 일이 벌어졌는데, 윤석열 대통령은 최종 진술에서 그 사람들을 위로하는 말을 하더라고요. 그리고 어제 광장에 모였던 이 우파 진영 사람들 대부분은 대통령의 부정선거 선동에 속아서 나온 사람들입니다. 이 책임을 어떻게 질 겁니까? 저는 최종 변론에서 '부정선거를 나도 믿었지만, 이게 사실이 아니더라. 미안하게 됐다. 여기에 더 이상 연연하지 말라' 이 한마디는 할 거라고 내심 기대했는데 말입니다.

지금까지의 탄핵심판 과정에서 윤 대통령이 보인 모습들은 어떻게 평가하십니까?

윤석열 대통령과 변호인들은 전략 전술을 완전히 잘못 세웠다고 봅니다. 유리한 변론이나 증언이 없었고, 오히려 자신이 헌법을 위반했다는 것을 자백하는 장면들이 있었어요. '김용현 장관을 시켜서 선관위에 계엄군을 보냈다'고 제 입으로 얘기했는데, 잘 아시다시피 선관위는 독립된 헌법

기관 아닙니까. 거기에 계엄군을 보내면 안 되는 거예요. 그런데 윤석열 대통령이 헌법과 계엄법에 대해서 몰라요. 나는 이게 제일 놀라웠습니다.

탄핵이 8-0으로 인용될 거라고 전망하셨는데, 근거는?

작년 12월3일, 세계가 보고 모든 국민들이 봤습니다. 바로 그게 탄핵 사유 아닙니까? 비상계엄이란 '戰時·사변 또는 이에 준하는 비상사태'에 군대를 동원해서 질서를 유지하기 위해 선포하는 것 아닙니까. 만약 윤석열 대통령에게 파면을 선고하지 않으려면 사후적으로 소급해서 헌법을 개정해야 합니다. 비상계엄령은 '전시·사변 또는 이에 준하는 비상사태' 이외에 '국민들에게 특별히 호소할 일이 있을 때' 선포할 수 있다고요. 계엄이 '對국민 호소용'이라고 尹대통령이 말했잖아요. 그걸로 끝난 것 아닙니까? '對국민 호소용' 비상계엄을 허용하는 헌법 조항이 없으면 파면일 수밖에 없지 않습니까.

8명의 헌법재판관 각각이 진보냐 보수냐 따지는데, 그분들이 법률가 아닙니까. 법률가로서 '이 계엄은 합헌적이었다'는 문장을 쓸 수 있겠습니까?

만약 탄핵이 인용된다면 조기 대선이 실시될 텐데, 현재 야권에서는 이재명 대표가 가장 앞서는 걸로 나오고, 여권에서는 김문수 장관이 가장 앞서는 걸로 나옵니다.

국민의힘은 부정선거론에 대해 어떤 입장을 취해야 할지를 경선 과정에서 정리해야 한다고 봅니다. 그걸 놓고 격돌할지도 모릅니다. 그래서 이를테면 윤석열 대통령 쪽에 가까운 김문수 장관과, 계엄에 반대하고 탄핵에 찬성한 한동훈, 두 사람의 대결 구도가 된다면 이건 노선 투쟁입니다.

보수의 노선 투쟁. 그 노선 투쟁의 핵심은 헌법을 수호할 거냐 아니냐, 과연 부정선거가 있었느냐 없었느냐입니다. 한국 보수가 지금 음모론에 속는 사람들과 안 속는 사람들로 분열돼 있는데, 이걸 어떻게 하나의 연합전선으로, 즉 反이재명 또는 反민주당으로 모을 수 있느냐가 경선 과정에서 결정될 거고, 국민의힘 경선 과정은 굉장히 재미있을 거라고 봅니다.

오늘 말씀 여기까지 듣도록 하겠습니다. 조갑제 대표와 함께 했습니다. 고맙습니다.

CBS 라디오 '박재홍의 한판승부'(2025년 3월11일)

윤석열 구속취소, 석방.
마른하늘에 날벼락!

진행 : 박재홍 아나운서
대담 : 조갑제, 이기인(개혁신당 최고위원)

71년 만의 구속 취소, 왜 하필 尹 사건에

여러분 안녕하십니까, 박재홍입니다. 보수의 시선에서 세대를 초월한 공감을 보여 드리는 화요일의 '더 라커룸', 두 분과 함께합니다. 조갑제TV의 조갑제 대표, 그리고 개혁신당 이기인 최고위원, 어서 오십시오.
 법원이 윤석열 대통령에 대해 구속 취소 결정을 내렸고, 또 헌재의 탄핵심판 선고가 예상보다 늦어질 수 있다는 전망이 나오고 있습니다. 오늘 최상목 대통령 권한대행은 '헌재의 최종 판단 이후에 지지자들 간의 물리적 충돌이 우려된다'고까지 했는데, 尹대통령의 석방을 어떻게 보셨습니까?

| 조갑제 | 청천벽력 아닙니까? 마른하늘에 날벼락이 친 건데. 첫째, 윤석열 대통령은 잡범이 아니잖아요. 우리 형사법 상 가장 엄중한 죄를 지은 혐의를 받는 사람 아닙니까? 내란 우두머리 혐의자인 이분을 석방하려면 납득할 만한 이유가 있어야 되는데, 납득할 수 없는 이유 아닙니까? 그리고 지난 수십 년 동안 구속 취소로 석방한 경우는 아마 윤석열 대통

령밖에 없을 겁니다.

71년 만이라고 하더라고요.

│조│ 그것도 충격적이고, 더 충격적인 것은 검찰총장이 즉시항고를 하지 않은 것. 더구나 수사 일선인 특수본에서는 법리적, 헌법적 근거를 대면서 즉시항고를 해서 상급심에서 판단받아 봐야 된다고 하는 걸 묵살하고 즉시항고를 포기하도록 지시한 이게 더 충격적입니다. 그래서 지난 3개월 동안 한국을 뒤흔들었던 게 윤석열 대통령 체포 구속인데 그게 도루묵이 됐습니다. 그 정도에 그치지 않고 앞으로 이 내란죄 수사뿐만 아니라 재판이 어떻게 진행될지, 그 근거를 뒤흔들어 버렸습니다. '공수처의 수사권이 있는지 없는지 애매하다'고 했기 때문입니다. 그래서 윤석열 대통령이 마치 개선장군처럼 활동하면서 현실정치에 직접적인 영향을 미치도록 했습니다. 내란 우두머리 혐의를 받는 사람, 우리나라에서 가장 위험한 인물에게 이런 특혜를 줄 수 있느냐, 이게 문제라고 생각합니다.

│이기인│ 저도 말씀에 적극 공감하고요. 검찰의 바닥난 신뢰가 더 떨어질 수 있겠다는 생각이 드는 것이, 심우정 검찰총장이 마치 즉시항고를 한 번도 안 한 것처럼 언론에 이야기했는데, 알고 보니까 2년 전에 울산에서 공동공갈 혐의를 받고 있는 피고인의 구속 취소 결정이 있자 곧바로 검찰이 즉시항고를 했더라는 것 아닙니까. 심우정 총장이 거짓말을 한 셈이죠.

'구속 집행정지에 대한 즉시항고가 이미 위헌 결정을 받았기 때문에 구속 취소 즉시항고도 위헌 결정을 받을 수 있어서 안 한다'는 것도 궤변입니다. 구속 집행정지와 구속 취소는 완전히 다른 겁니다. 당시 판례는 구속 집행정지에 대해 즉시항고를 하면 피고인이 일주일 동안 구속 집행정지 적용을 못 받기 때문에 권리가 침해된다는 이유였고, 이번 구속 취소는 완전히 다른 거거든요. 검찰총장 말대로면 형사소송법 상 구속 취소에 대한 즉시항고 조항 자체가 위헌일 수 있다는 건데, 거기 대해 상급심 판단도 받아 보지 않고 그대로 남겨 두면 나중에 비슷한 사례가 발생했을 때 또 논란이 일어날 거거든요. 이런 점에서 검찰이 이번에 무책임한 결정을 내렸다고 생각합니다.

검찰, 법적 안정성 위해 즉시항고 했어야

법원이 구속 기간을 날수가 아니라 시간으로 계산한 것을 두고도 혼란이 있습니다. 지귀연 판사 자신이 집필한 책에도 날로 계산한다고 나와 있는데, 같은 사람이 이번엔 시간으로 계산했단 말이죠.

│조│ 지금 법률가들의 일치된 견해는 형사소송법을 위반한 (구속취소) 결정이라는 거 아닙니까? 법에 시간 아니고 날이라고 돼있는데. 그렇다면 판사는 윤석열 측 변호인들이 한 주장을 그냥 받아들인 게 됩니다. 검찰 총장은 인권 보장 차원에서 그렇다고 했는데, 법이라는 것은 안정성이 있어야 됩니다. 이런 식으로 하면 선례를 다 뒤집어 버리는 것 아닙니까? 지난 3개월 동안의 법적 절차가 있잖아요. 체포영장 발부돼 체포되고, 그러면 체포영장에 대해서 이의신청 하고 적부심도 신청하고, 그랬는데도 구속영장 발부됐는데 구속 사유에 '증거 인멸의 위험이 있다'고 한 건 무효입니까? 지귀연 판사 주장대로라면 그동안의 법적 절차는 무효라는 이야기 아닙니까.

더 애매한 건 이 결정문의 내용입니다. '공수처의 수사권이 애매하다'고 했어요. 아니, 결정문에 애매하다고 하면 됩니까? 자기 판단이 있어야 되는 것 아닙니까? 그러면서 은근히 검찰이 즉시항고를 하기 바란다는 뉘앙스를 풍기고 있어요. 어떻게 보면 지귀연 부장판사가 제일 놀라지 않았을까요? 즉시항고를 할 줄 알았는데 안 하니까. 그래서 지금 애매한 상태에서 흘러가고 있어요. 대법원까지 올라갔다면 얼마나 좋은 기회였겠습니까? 검찰이 즉시항고를 했다면 결국 대법원이 공수처에 수사권이 있다, 없다까지 판단을 내렸을 것 아닙니까? 그러면 이 모든 혼란이 정리가 됐을 텐데, 즉시항고를 하지 않음으로써 정리할 기회를 날려 버리고 일대 혼란을 가져왔다는 게 문제의 핵심입니다.

지귀연 부장판사가, 자기가 쓴 책에 날로 적혀 있다는 언론 보도에 대해 입장을 설명하면서 이렇게 말했더라고요. '재판부의 판단이 옳다는 게 아니고, 公的 비판과 논의에 열려 있다.' 재판부 판단이 옳다는 게 아니라는 것은, 어마어마한 혐의를 받고 있는 윤석열 대통령을 석방하는 데 확신이 없었다는 말 아닙니까? 법적 확신이 없으니까 앞으로 토론을 한번 해보자는 건데, 토론은 민간이 하는 거고, 판단은 즉시항고를 통해서, 재판을 통해서 하는 거거든요. 그러니까 이건 오히려 검찰총장더러 '왜 즉시항고 안 했느냐, 나는 그런 가능성을 열어 놨는데' 하는 격이에요.

|이| 이 정도의 결정문이면 당연히 상급심으로 올라가라는 메시지를 정확하게 준 거죠. 명확하게 '내란죄 수사권이 없다'고 딱 잘라서 규정한 게 아니라, '구속 취소에 해당하는데, 의문점이 있다'고 의문을 던진 거죠. 그러면 당연히 검찰에서는 즉시항고를 통해서 이것이 위헌인지 아닌지 판단 받아 봐야 되는데 그걸 안 해서 지금 혼란이 가중된 것이고요. 그러면 지금 수감돼 있는 사람들도 '그러면 (구속기준이) 날이냐 시간이냐'고 당장 異見을 제시할 수 있고, 당장 명태균씨도 '나도 구속 취소 신청한다' 이러고 있다는 거 아니에요. 형사소송법 제정 이후에 71년간의 관행을 완전

히 뒤엎은 것이기 때문에 혼란이 가중될 것이 뻔하고요.

|조| 어떤 부장검사가 〈경향신문〉하고 익명으로 인터뷰한 걸 보니까 '잡범이었으면 즉시항고를 했을 것'이라는 겁니다. 그런데 내란 우두머리 혐의는 잡범보다 더 위험한 거 아닙니까? 그 말은, 판사와 검찰총장이 대통령 한 사람을 위해서 관례를 뒤집고 무리한 법리를 적용해서 특혜 석방을 했다고 볼 수밖에 없는 거 아닙니까. 전례가 없는 특혜 석방을 그런 식으로 했으면 국민들한테 차분하게 설명도 하고 미안한 표정이라도 지어야지, 검찰총장이 자신은 '소신대로 했다, 절차를 따랐다, 인권 보장의 원칙이다' 이렇게 말하더라고요. 그런데 이런 사달이 나오도록 원인 제공한 사람은 검찰총장 아닙니까? 구속 기소할 때 괜히 시간을 이틀 늦췄잖아요. 자기가 잘못해 놓고 한마디 사과도 안 하고, 오히려 두 번째 잘못, 즉시항고 안 한 걸 자랑스럽게 이야기하더라고요. 아까 이기인 최고위원이 지적했지만, 즉시항고에 위헌 소지가 있다고 검찰총장이 말했는데, 위헌 소지가 있으면 즉시항고 제도를 없애야 될 것 아닙니까?

그리고 말씀하셨듯이 '구속 집행정지'에 대한 즉시항고와 '구속 취소에 대한 즉시항고'는 완전히 다른데, 어떻게 법률가가 국민들을 멍청하게 보고 그런 이야기를 하는지. 더구나 구속 취소가 나오려면 구속했던 이유를 따져야 되는데, 윤석열 대통령 구속 이유는 한마디, '증거 인멸의 소지가 있다'는 것 아니었습니까?

尹 구속 취소, 헌재 심판엔 영향 없을 것

(구속영장 발부할 때) 서부지법의 판단은 그거였습니다.

|조| 그러면 석방할 때는 증거 인멸의 소지가 없도록 주거를 제한하든

지 해야 될 것 아닙니까? 한마디도 안 하고, 그래 놓으니까 지금 윤석열 대통령이 저렇게 개선장군처럼 활발하게 활동하면 지금 從犯들의 재판에 영향을 안 주겠어요? 이게 증거 인멸 아닙니까? 다른 사람들이 마음대로 발언 못 할 이런 분위기를 만들어 놓으면.

심우정 검찰총장을 향한 검찰 내부 반발, 이를테면 특수본 내부에서 담당 검사와 의견 대립이 있었다는 보도가 잇따르고 있고, 또 일각에서는 '이건 쇼다'라며, 약속대련처럼 '내부 논란이 있었지만 총장이 큰 결단을 했다' 이런 모양새를 만든 것 아니냐고도 하는데.

|이| 업무에 혼선을 초래한 건 확실하잖아요. 지금 수감돼 있는 피고인들, 그리고 수감됐었던 피고인들 측에서 수많은 이의 제기가 있을 수 있는데 이건 법원과 검찰이 감당해야 되는 것이라서, 이번에 즉시항고를 포기한 바람에 큰 부담을 지게 됐다며 검찰 내에도 혼선이 있고 반발도 한 것으로 알고 있어요. 그런데 이걸 가지고 민주당은 기획설, 음모론, 쇼 이런 얘기를 하는데, 거기까지는 안 갔으면 좋겠습니다. 심우정 총장의 판단엔 문제가 있다고 지적할 수 있지만, 검찰이 수사 의지가 없는 것은 아니거든요. 계엄 직후 곧바로 특수본 만들어서 수사 착수했고, 5일 만에 김용현 장관 긴급체포했고, 검찰이 작성한 공소장에 윤석열 대통령을 내란 우두머리라고 적시하지 않았습니까. 공소사실이 그대로 인정될 경우 무기징역이나 사형에까지 이를 수 있기 때문에, 검찰의 의지가 없는 것은 아닙니다. 이걸 가지고 기획이다, 음모다, 쇼다 하는 것은 과한 망상 아닌가 싶습니다.

이런 가운데 헌법재판소의 최종 판단에 대한 전망이 이번 주 내내 계속 나오고

있습니다. 일단 조 대표께서는 일관되게 8-0 인용을 예상하고 있습니다만, 이번에 대통령의 구속 취소 결정이 나오면서 헌법재판소도 영향을 받지 않겠느냐는 얘기도 나오거든요.

|조| 그건 뭐 분위기가 그렇다는 거고, 법리에 영향을 끼치지는 않을 거라고 봅니다. 제가 농담 삼아 하는 이야기 있지 않습니까. 윤석열 대통령 탄핵을 기각할 수 있는 유일한 방법은 소급 개헌이라고요. 헌법 77조를 소급적으로 바꿔서, 대통령은 전시, 사변 및 이에 준하는 비상사태 및 '특별히 국민들에게 호소할 필요가 있을 때' 계엄령을 펴도 된다는 조항을 하나 만들면 됩니다. 그 조항이 없는 한 어떻게 법률가가 다른 판단을 하겠어요? 우선 헌법 위반은 부인할 수 없을 거라고요, 법률가라면.

헌법 위반은 일단 인정하고 나서, 만약에라도 尹대통령을 봐주려면 그 위반이 '중대하지 않다'고 판단해야 돼요. 윤석열 대통령 때문에 지금 한국 사회에서 빚어지고 있는 이 혼란이 중대하지 않다고 말입니다. 선관위에 쳐들어간 것도, 국회를 장악하고 국회의원을 끌어내려 한 것도, 요인인지 요원인지 10여 명을 체포하려 한 것도.

그 다음에, 무엇보다 그에 대해서 전혀 반성이 없다, 그러니까 복직하면 제2, 제3의 계엄령이 나올 가능성이 충분하다는 그 위험성을 윤석열 대통령 자신이 최근 며칠 동안 보여 주고 있지 않습니까? 내란 우두머리 혐의자가 개선장군처럼 불끈 주먹을 쥔다든가. 이런 걸 보면 복직시켰을 때 한국에서 무슨 일이 벌어질까요? 이것은 민주공화국에 대한 도전입니다. 민주공화국을 지키는 판결을 할 것이냐, 아니면 민주공화국을 친위 쿠데타가 가능한 나라로 후퇴시킬 것이냐가 8명의 재판관의 판단에 달려 있다고 봅니다.

SBS 라디오 '김태현의 정치쇼'(2025년 3월14일)

"8-0 파면 확신, 헌재의 헌법수호 의지 의심 말라"

진행 : 김태현 변호사

共和냐 독재냐…헌재 결정에 달렸다

오늘은 과연 어떤 말씀을 해주실지 벌써부터 궁금해집니다. 조갑제닷컴의 조갑제 대표와 함께합니다.

요즘 여권, 좀 넓게 얘기하면 보수 진영에 대한 걱정, 근심 많이 하십니까?

걱정 많이 하지만, 방법이 없어요. 헌법재판소가 길을 마련해 줘야 돼요. 이번 탄핵심판에서 어떤 결정을 하느냐가 대한민국이 공화국을 유지할 수 있느냐 없느냐를 결정한다고 생각합니다.

미국이 건국할 때, 왕국으로 하느냐 공화국으로 하느냐 논쟁이 있었어요. 그때 벤저민 프랭클린이 이렇게 말했습니다. '당연히 공화국 해야 된다, 단 여러분들이 지킬 수만 있다면.' 공화국은 지켜야 되는 겁니다. 그래서 이번에 헌법재판소가 대한민국이 앞으로 공화국으로 유지되느냐 독재로 가느냐의 갈림길에서 역사적 선고를 할 거라고 봅니다.

만약 헌재에서 탄핵이 기각돼서 대통령이 복귀하면 공화국이 무너질 수도 있다는 말씀이세요?

물론이죠. 비상계엄령을 선포한 사람이, 비상계엄령이라고 하면 실감이 안 나고 영어로 'martial law', 말 그대로 군대가 정치를 좌지우지하는 겁니다. 쉽게 말해 軍政 아닙니까? 군정을 하겠다는 사람을 대통령에 복귀시켜서 국군 통수권을 행사하도록 하면, 앞으로 수시로 계엄을 하라는 면허증을 주는 것 아닙니까? 그러면 공화국은 무너지는 거죠.

여전히 8-0 인용 전망하세요? 왜냐하면, 대통령 구속 취소된 후에 여당에서 '뭔가 해볼 만한데' 이런 움직임이 있는 것 같아서요.

저는 어제 헌법재판소가 감사원장과 검사 3명에 대한 탄핵을 기각해서, 윤석열 대통령에 대한 전원일치 탄핵 인용, 즉 파면 가능성이 높아졌다고 봅니다. 어제 전원일치로 기각할 때 진보, 보수 구별이 없었잖아요. 왜 그랬겠습니까? 사안이 명백하니까 그런 것 아닙니까? 그런데 윤석열 대통령의 탄핵을 인용할 이유는 그보다 훨씬, 몇십 배 명쾌하잖아요. 그러면 진보, 보수 가릴 것 없이 8-0의 전원일치로 인용 나올 가능성이 충분하다고 봅니다. 자꾸 보수 성향의 헌법재판관들이 기각 또는 각하 쪽에 설 거라고들 하는데, 그건 잘못 보는 것 같아요. 보수 성향이라는 게 뭡니까? 헌법 수호 의지가 강하다는 것 아닙니까?

8-0 파면 확신…헌재의 헌법 수호 의심 말라

어제 윤석열 대통령 변호인 측에서 대통령이 '비상계엄 한 이유로 야당의 무분별한 탄핵 얘기했는데, 탄핵이 또 기각된 것은 비상계엄의 정당성을 입증하는 거다' 이렇게 얘기하던데요.

 무분별한 탄핵이란 말은 맞죠. 특히 감사원장에 대한 소추는 무리 아닙니까? 그 정도 사안으로 감사원장을, 흔히 감사원을 제4부라고 하지만 그건 아니고 행정부 안에 속해 있지만 독립성이 강한데, 그런 사안을 가지고 감사원장을 탄핵소추한 야당은 정말 잘못한 거죠. 그것도 계엄 진압된 직후 12월5일에 한 것 아닙니까? 그에 대한 비판은 야당이 받아야 됩니다.

 다만 여기서 국민의힘 또 윤석열 대통령 측이 놓치고 있는 게, 8-0이라는 것, 그동안에 탄핵소추한 것 중 여덟 번이 다 기각됐다는 거 아닙니까? 그 기각을 누가 했습니까?

헌법재판소요.

 그렇죠? 그러면 헌법재판소를 공격하면 안 되죠. 헌법재판소가 공정하게 심판을 했다는 것 아닙니까? 야당이 무리를 하더라도 헌법재판소가 버텨서 헌법 수호 의지를 관철한 것 아닙니까? 그러면 언론도 마찬가지예요. 헌법재판소를 공격하면 안 됩니다. 존중해야 됩니다.

 그리고 아주 절묘하게, 헌법재판소가 다 계획이 있다고 저는 생각하는데, 어제 선고의 타이밍 말입니다. 어제 오늘 언론 보도 보세요. 헌법재판소 인기가 높아지고 있습니다. '헌법재판소가 역시 할 일을 했다'고요. 이런 분위기가 윤석열 대통령 사건의 선고 날까지 유지되면 헌법재판소의 결정에 승복하지 않겠습니까?

그런데 왜 헌재의 선고 기일이 예상보다 늦어지는 걸까요? 많은 분들이 오늘 정도 예상했는데 다음 주로 넘어가거든요. 다음 주도 될지 안 될지 모르고.

 아마 다음 주 되지 않겠습니까, 화요일에서 금요일 사이에. 헌법재판소의 타임 스케줄에 따라가는 것이고, 늦어지는 건 아니라고 보고요. 어제 감사원장 등 탄핵 기각 결정을 먼저 하고 나서 윤석열 대통령 선고를 하는 게 민심의 흐름이나 정치권에 대한 설득에 아주 절묘한 판단이었다고 생각해요.

대통령 구속 취소된 다음에 민주당이 장외 집회 하고 이러니까 일각에서는 '민주당이 조급한 것 아니냐, 혹시 기각될까 봐 걱정하는 것 아니야' 하는 시선도 있던데요.

오늘 발표된 전국지표 여론조사 보니까 탄핵 찬성이 훨씬 더 많더라고요. 16%포인트 차이더라고요. 하지만 광장의 여론은 중요하지 않다고 봅니다. 객관적인 과학적 여론이 중요한 거고, 제일 중요한 게 법리 판단 아니겠어요? 물론 약간의 정치적 고려도 할 겁니다. 뭐냐, 여론 동향에 신경 쓰고, 특히 국회에서 누가 다수 의석을 차지하고 있느냐도 고려할 것이고. 이런 정치적 판단에서 제일 중요한 것은, 탄핵이 기각돼서 윤석열 대통령이 돌아오면, 특히 국군 통수권자로 돌아오면 과연 軍을 통솔할 수 있겠습니까? 군 장교단이 윤석열 대통령의 명령을 따를까요? 국군 통수권자의 명령을 군인들이 저번 12월3일 밤처럼 안 따르면 어떻게 됩니까? 그것까지 다 고려한다면 8-0 전원일치 인용 이외의 시나리오는 법률가들 머릿속에 있을 수 없다고 저는 생각합니다.

尹 복귀해도 '임기 단축·개헌' 공약해야

대통령이 만약에 복귀해서 국군 통수권을 가지는 것 자체가 위험하다는⋯.
말 잘라서 죄송한데, 이번 국가적인 토론 과정에서 하나 빠진 게 있어요. 바로 헌법 제5조입니다. 헌법 제5조 2항은 "국군은 국가의 안전보장과 국토방위의 신성한 의무를 수행함을 사명으로 하며, 그 정치적 중립성은 준수된다"고 명문으로 규정했습니다. 국가 안전보장, 국토방위, 그리고 정치적 중립. 윤석열 대통령은 국가의 안전보장에 써야 할 국군을 동원해서 국회와 선관위를 점거하고 민간인들과 정치인들에게 총부리를 대도록 함으로써 국군의 정치적 중립성을 훼손했습니다. 이것만으로도 탄핵은 불가피하고 복귀는 불가능한 거죠.

지난번에 대통령이 탄핵 선고 전에 下野하는 카드를 말씀하신 적 있는데, 지금은 만약에 대통령의 탄핵이 기각돼서 돌아오면 우리 공화국이 무너지는 거라고 하셨어요. 만약에 탄핵이 기각돼서 정말 돌아왔다, 그러면 대통령이 선택할 수 있는 옵션은 어떤 게 있을까요?

그럴 경우에 이런 방법이 하나 있겠죠. 돌아오면서 첫 번째 성명에서 '나는 약속대로 1년 안에 그만둔다. 이 1년 동안에 국회와 상의해서 헌법을 개정하도록 하겠다' 그 정도 이야기하는 게….

지난번 최후변론 때 얘기했던 것처럼요. 그러면 탄핵이 기각돼서 돌아오더라도 어떤 형태로든지 나머지 임기를 채우면 안 된다는 말씀이신가요?

자기가 약속했잖아요. 내가 주장한 것은 사전 하야가 제일 효과적이라는 건데 그건 이미 물 건너갔고, 이번에 그분이 말한 건 사후 하야를 이미 공약한 거예요.

그걸 지킬 거라고 보십니까, 돌아오면?

안 할 수가 없죠. 왜냐하면, 탄핵이 기각되는 순간부터 한국은 거의 내전적 구도로 들어갈 것 아닙니까. 지금까지 힘을 비축하고 있었던 좌파 진영, 민주당 세력이 들고일어날 것 아닙니까. 그때 윤석열 대통령이 할 수 있는 최소한의 조치가, 1년 뒤에 하야한다고 선언하는 겁니다.

대통령이 구속 취소로 석방됐습니다. 그 결과 국민의힘 내 탄핵 찬성파의 입지가 위축되는 것 아니냐는 관측도 있던데.

저는 윤석열 대통령의 석방이 국민의힘에 毒이 될 거라고 봅니다. 사실 작년 12월3일 직후부터 국민의힘이 윤석열 대통령과 관계를 끊을 수 있는 골든타임이 한 2주 있었거든요. 그때 끊지 않고 오히려 윤석열 대통령과 같이 가기로 결정하잖아요. 그리고 끊으려고 했던 한동훈 대표를 추방했잖아요. 그 뒤에 지금까지 뭘 했습니까? 윤석열 대통령과 한 덩어리가 돼버렸잖아요. 윤석열 대통령을 밟고 가야 조기 대선에 희망이 있는데, 윤석열 대통령을 업고 인수봉을 지금 오르고 있지 않습니까? 그런데다가 갇혀 있던 윤석열 대통령이 바깥으로 나왔으니까, 바깥에 있다는 그 존재 자체가 국민의힘에 아주 짙은 그림자를 드리우고 있는 것 아닙니까? 이러다 윤석열 대통령 탄핵 인용 결정이 나왔을 때 태세 전환을 할 수 있느냐? 관성(慣性)이라는 게 있잖아요. 윤석열 대통령과 한 덩어리가 되고 광장 세력과 한 덩어리가 됐는데 갑자기 유턴할 수 있느냐? 자동차 몰다가 급회전하면 넘어지잖아요. 그렇다고 급회전 안 하면 절벽으로 떨어져 버리고.

정권 재창출보다 당권·공천권에 더 관심

국민의힘 지도부는 그래도 혹시 모를 조기 대선에 대비해서 말을 아끼고 있는

것 같던데.

지도부래 봤자 두 사람인데, 권성동 그리고….

권성동 원내대표, 권영세 비대위원장.
… 두 검사 출신인데, 다 친윤 쪽으로 쏠리고 있잖아요. 저는 이건 대선을 포기한 걸로 봅니다. 지도부부터, 소위 당권파 내지 친윤은. 그리고 지금 문제가, 광장 세력을 많이 끌어들이고 있는 거 아닙니까? 이게 국민의힘에 아주 어두운 그림자를 장기적으로 드리울 거라고 생각합니다.

대선에서 승부를 하려면 이런 식으로 행동하면 안 되는 것 아닙니까? 그러니까 대선은 포기하고, 속셈은 당권만 확보하면 된다. 그 다음에 내년에 있을 지방선거에서 자기 기득권을 지키면 된다. 그렇다면 대선에서 지느냐 이기느냐, 윤석열 대통령 탄핵이 인용되느냐 기각되느냐는 부차적인 관심일 뿐이고 당권 잡는 데, 기득권 유지하는 데 더 신경을 쓰고 있다고 봅니다. 대선 승리, 윤석열 대통령 지키기는 그냥 겉이고, 속은 결국 기득권 지키기가 아니냐는 생각입니다.

앞으로 광장 세력 때문에 국민의힘은 계속 극우화될 수밖에 없다는 말씀이죠?
그걸 끊을 수 있는 게 이번에 나올 탄핵 결정문입니다. 이번 결정문은 굉장히 역사적인 문서가 될 것이고 상당히 설득력이 있을 거라고 봅니다. 반론이 불가능할 정도로. 국민의힘이 사느냐 죽느냐의 날은 바로 탄핵 선고일입니다. 선고일에 나와야 될 제일 첫 성명은 '수용한다, 존중한다' 이렇게 돼야 돼요.

국민의힘이 살려면, 보수가 살려면 대통령을 가차 없이 끊어내야 된다.

그렇죠. 논리적으로. 물론 정치적 고려, 정치 현장의 현실은 다를 수 있겠지만, 그것을 클리어-컷(clear-cut)해야 된다고 저는 생각하고, 그러기 위해 정치 하는 사람들이 지혜를 발휘해야죠. 최소한 윤석열 대통령을 업고 갈 수는 없다. 왜냐하면 파면되는 즉시 윤석열 대통령 자신이 反국가 세력이 되는 거예요. 헌법을 무너뜨리고 더구나 음모론까지 끌어들여서 보수가 가장 중요시하는 '법치'와 '사실'을 부정한 대통령과 계속 같이 갈 수는 없어요. 분명히 태세 전환을 할 텐데, 그 전환하는 과정에서 어마어마한 내부적 갈등이 예상됩니다.

탄핵이 인용돼서 조기 대선이 열려도 대통령이 서울구치소에 계속 있으면 모르겠는데, 이제는 밖에 있으니까 자유롭게 활동하고 메시지도 자유롭게 낼 수 있을 텐데요.

그러려고 하겠죠. 말 안 하고 가만히 있어도 그 존재 자체가, 자유로운 활동을 할 수 있다는 것 자체가 국민의힘 경선에 엄청난 영향을 끼치겠죠. 그러니까 국민의힘은 윤석열 대통령과의 관계를 끊을 찬스를 놓치고 지난 3개월을 허송한 바람에 밟고 가야 할 윤석열을 업고 가다가, 이제는 윤석열 대통령에게 기대서 조기 대선을 하려고 할지도 모릅니다.

경선에서 김문수 장관이나 홍준표 대구시장같이 탄핵에 반대하는 반탄파가 유리하다는 말씀인가요?

아니죠. 그땐 새로운 국면이죠. 현재로는 그쪽이 유리한 것 같지만, 일단 탄핵이 인용으로 나오면 이후는 또 완전히 새로운 국면이 펼쳐진다는 겁니다. 여기에 얼마나 신속하게 적응하느냐? 신속하게 적응하면 윤석열 대통령과 헤어진, 윤석열 대통령을 거부하는 쪽에서 후보가 나와야 본선 경쟁력이 있는 거죠. 친윤 후보는 본선 경쟁력이 없잖아요. 중도층을 잡을 수가 없잖아요. 그리고 무엇보다도 역사적 맥락에서, 역사의 패배자 편에 서는 것 아닙니까? 현직 대통령이 탄핵된다는 것은 전두환, 노태우 두 대통령이 법원에서 심판받은 것과 똑같은 역사의 패배자가 되는 겁니다. 정당이 역사의 패배자 편에 서면 안 되죠. 정당이 패거리도 아니고.

김건희가 甲, 윤석열은 乙

며칠 전부터 여의도 주변에, 조기 대선이 열릴 경우 플랜 B로 김건희 여사가 대선 출마하는 것을 대통령실이나 여권 일각에서 검토하고 있다는 받글(지라시)이 돌았거든요.

저도 들었는데, 처음에는 웃었다가 그 다음부턴 웃지 않았어요. 이런 생각을 할 수도 있겠구나. 김건희 여사가 윤석열 대통령에게 미치는 영향이 너무 크구나. 오히려 김건희 여사가 甲이고 윤석열 대통령이 乙 아닌가 하는 생각에서요. 그러면서 아르헨티나 생각이 났어요. 아르헨티나에서 페론이 독재를 하다가 밀려났는데, 부인인 에비타가 워낙 인기가 있었는데 일찍 죽으니까 페론이 재혼을 했습니다. 수십 년 지나 1970년대에 페론이 아르헨티나 대통령으로 복귀했다가 일찍 죽어요. 그 다음에 그 사람 부인이 대통령이 됐어요. 그러다가 조금 있다가 군사 쿠데타로 밀려났습니다.

실제로 김건희 여사가 출마할 수는 없겠죠. 다만 그런 루머가… 루머도 아니고 상상이겠지만, 그런 말이 나온다는 것 자체가 지금 윤석열, 김건희 두 사람의 인간관계, 오늘날의 윤석열 대통령을 이 처지로 내몰고 국민의힘과 보수를 이 지경으로 만든 가장 큰 원인 아니겠습니까?

대통령이 비상계엄으로 탄핵까지 되고 국민의힘이 어려워진 근본 원인에 김건희 여사가 있다?

정확히는 두 사람의 '관계'죠. 김건희 여사 혼자서 그렇게 되는 게 아니고, 김건희 여사와 윤석열 대통령과의 인간관계가 오늘날 우리가 이 온갖 문제의 뿌리인데, 이 부분은 기자들이 취재해서 밝혀야 돼요. 두 사람이 무슨 관계인지, 그리고 巫俗과 무슨 관계가 있는지. 거기다 윤석열 대통령의 실제 음주 행태가 어느 정도 되는지. 이런 건 기자가 취재해서 보도할 의무가 있지 않습니까? 사실은 기자들이 상당 부분 알고 있어요. 알면서도 안 써왔잖아요.

김건희 여사가 대통령의 의사 결정에 많은 영향을 끼치고, 대통령보다 김건희 여사의 생각이 더 중요하다는 취지인가요?

저는 金여사가 尹대통령에게 강력한 영향력, 부정적인 영향력을 끼쳐왔다고 생각합니다. 특히 의료대란과 관련해서. 왜 2000명에 집착을 했느냐? 1900명도 아니고 1500명도 아니고 왜 딱 떨어지는 숫자냐? 좀 이상하지 않아요?

'대통령이 석방되는 바람에 이재명 대표에게 동아줄이 내려왔다'고 표현하는 사람도 있던데요.

그것도 일리가 있는 이야기예요. 윤석열 대통령이 내란 우두머리 혐의자 아닙니까. 쉽게 말해 대역죄 혐의자입니다. 동양적으로 이야기하면. 우리나라에서 법적으로 가장 위험한 사람입니다. 좀도둑보다, 잡범보다 훨씬 위험하죠. 그런 위험한 존재를 사실상 검찰총장이 석방하도록 해서 마음대로 활동할 수 있게 하면, 이재명 대표의 사법 리스크를 비판하는 동력이 약해지지 않겠습니까?

　야권에게 유리하게 돌아가는 상황이다. 오늘 말씀은 여기서 마무리하도록 하겠습니다. 지금까지 前 〈월간조선〉 편집장이신 조갑제닷컴의 조갑제 대표와 함께 했습니다. 감사합니다.

CBS 라디오 '박재홍의 한판승부'(2025년 3월18일)

'계엄 가해자' 윤석열만 승복하면 돼

진행 : 박재홍 아나운서
대담 : 조갑제, 이기인(개혁신당 최고위원)

與野 함께 탄핵…승복 운운 자체가 난센스

여러분 안녕하십니까, 박재홍입니다. 보수의 시선에서 세대를 초월한 공감을 보여 드리는 화요일의 '더 라커룸' 시작하겠습니다. 오늘도 함께하셨어요. 조갑제TV의 조갑제 대표, 개혁신당의 이기인 최고위원.

오늘쯤 헌재가 윤석열 대통령 탄핵심판 선고 기일을 발표하지 않을까 온갖 추측이 무성했었는데요, 이런 가운데 정치권에서는 탄핵 선고 승복 공방이 있었습니다. 국민의힘과 더불어민주당 이재명 대표는 승복하겠다는 뜻을 밝혔는데요. 이기인 최고위원, 왜 웃으세요?

| 이기인 | 제가 지금 방송 들어오기 전에 기사를 하나 봤는데, 이재명 대표가 박근혜 대통령 탄핵 전에 기사 한 줄 났을 때 '탄핵 기각 시에 승복할 수 없어'라고 했거든요. 그때의 이재명 시장과 지금의 이재명 대표가 사뭇 다른 모습으로 보여서 웃음이 나왔습니다.

그랬군요. 조갑제 대표께서는 최근에 '승복은 가해자 윤석열만 하면 되는 것이다' 이런 글을 쓰셔서 화제를 모았습니다. 어떤 취지로 말씀하신 건지?

|조갑제| 그게 왜 화제가 되고 뉴스거리가 됐는지 잘 모르겠더라고요.

조갑제 대표가 말씀하셔서 그렇습니다.(웃음)

|조| 아무튼 그걸 조갑제닷컴에 올렸더니 어제 온통 그거 가지고 여러 이야기를 하던데, 사실 제가 싫어하는 게 양비론(兩非論)입니다. 이건 양비론으로 이야기할 게 아니고, 분명하지 않습니까? 작금의 사태의 유발자, 가해자는 윤석열 대통령 아닙니까. 윤석열 대통령의 행위의 위헌·위법 여부의 판단을 곧 내릴 텐데, 거기에 승복해야 될 사람은 한 사람, 윤석열 대통령밖에 없어요. 민주당은 물론이고, 심지어 국민의힘도 승복해야 된다는 이야기 할 필요 없어요. 왜냐? 탄핵소추를 누가 했습니까? 민주당 혼자 한 거 아니잖아요. 국회 탄핵소추안 표결하는 데 국민의힘 의원들도 가세했잖아요. 그래서 승복하라는 말은 한 사람한테만 하면 되지, 국민의힘, 이재명, 민주당 이렇게 넓혀 버리면 우선 윤석열 대통령 쪽에서 받는 압박이 희석되는 거예요. 양비론이라는 게 그래서 허무한 겁니다. 너도 잘못했고 당신도 잘못했으니까 적당히 하라는 말이나 마찬가지 아닙니까.

그리고 승복은 양심의 자유입니다. 그러니까 승복은 강요하면 안 돼요. 비슷한 일로 위헌 결정 난 게 있습니다. 최근에 신문에 사죄 광고가 없어진 거죠. 옛날에 '상표권을 盜用했습니다' 하는 광고가 나오곤 했는데, 헌법재판소에서 '사죄 광고는 양심의 자유를 침해한다'고 했거든요. 그러니까 원칙적으로 윤석열 대통령한테도 승복할 거냐 말 거냐 강요해서는 안 되지만, 다만 탄핵이 인용됐을 때 만에 하나라도 지지자들이 폭력적 사

태를 벌여서는 안 된다는 걸 당부하기 위해서라도 윤석열 대통령이 승복해야 된다고 요구는 할 수 있어요. 2017년 박근혜 탄핵 선고일에 시설물이 넘어져 가지고 현장에서 4명이 죽었거든요. 그런 사태도 있었으니까, 윤석열 대통령이 양심의 자유를 굽히라는 것이 아니라, 자기 지지자들에 대해 자중할 것을 요구하라는 뜻으로 해석해야 됩니다.

승복 논란에서 '계엄을 이재명 대표가 했냐?' 이런 말도 많이 나오는데요.

|이| 승복이라는 건 마음가짐인데 이걸 강요하는 것도 이상하지만, 이걸 굳이 안 하겠다고 고집하는 것도 이상하거든요. 일반 사람들이 서로 싸울 때의 승복과 정치인들이 말하는 승복의 의미는 하늘과 땅 차이라고 생각합니다. 정치인들의 승복이 중요한 것은 지지자들에게 화해의 메시지를 준다는 의미에서인데, 지금 윤석열 대통령은 사실상 '불복의 빌드업'을 쌓고 있다는 생각이 들거든요.

2017년 박근혜 대통령 선고 앞두고도 정세균 총리와 野 4당 원내대표가 모여서 승복하겠다는 기자회견 하지 않았습니까. 그때 집권 여당 국민의힘은 정우택 원내대표가 '절대 승복하겠다' 이 정도로 강하게 얘기했어요. 박근혜 대통령도 불복 사인 일체 주지 않았고요. 그런데 지금은 윤석열 대통령이 승복할 의지가 없어 보입니다. 그래도 승복해야 된다, 분열된 국민들을 통합하기 위한 방법으로서도 해야 된다고 생각합니다.

'尹의 침묵', 기각보다 각하 노린 전략인 듯

이런 가운데 윤 대통령 측에서는 앞으로 선고가 나올 때까지 메시지를 내지 않고, 내란죄 수사 대응하는 데 집중하면서 독서와 관저 내부 산책을 하고 있다, 특히 구치소에서 읽던 성경책을 다시 열심히 읽고 있다 이런 얘기도 나오고 있습니다. 대통령 입장에서는 침묵하는 게 유리하다고 판단했을까요?

|조| 상황이 불리하게 돌아간다고 판단한 것 아닐까요? 우선 광장의 열기가, 요사이는 그동안 광장에서 밀렸고 동원된 숫자도 적었던 탄핵 찬성파들이 지난 주부터 뒤늦게 불붙어서 더 열심히 하는 것 같더라고요. 그리고 탄핵 찬반 여론은 항상 찬성 60, 반대 40으로 6 대 4 구도가 고착돼 있지 않습니까? 그리고 법원이 법리 판단하는 데 뭐 새로운 게 없잖아요. 윤석열 대통령 석방되니까 자꾸 각하 가능성 이런 주장들을 하는데, 그건 전혀 맞지 않고 헌법재판소의 판단에 전혀 영향을 미치지 않을 겁니다. 그런데도 요새 윤석열 대통령 측은 기각보다 각하 이야기를 많이 하더라고요. 기각될 가능성이 없어 보이니까 각하, 그러니까 절차상의 문제를 가지고 지적하는데, 각하는 논리가 전혀 맞지 않아요.

각하 논리에서 제일 많이 나오는 게 소추 사유에서 내란죄를 왜 뺐느냐는 건데, 그건 헌법재판소에서 '그건 우리가 판단하겠다' 해버리지 않았습니까? 그리고 아마… '내란죄'는 뺐지만은 '내란행위'는 안 뺐을 겁니다. 내란행위 자체는 여전히 소추 사유에 있고. 그리고 검찰 調書를 왜 증거로 채택했느냐는 건데, 그건 헌법재판소에서 증거가 된다고 판단한 거예요. 헌법재판소가 쭉 진행하면서, 그런 문제가 있을 때는 헌법재판관들끼리 회의를 해서 이걸 받아들일 거냐 안 받아들일 거냐 결정해서 한 거 아닙니까. 헌재 소장이나 누가 독단적으로 한 것도 아니고, 양측 의견도 다 듣고 해서 증거 채택했죠. 지금까지의 심리는 다 절차를 지키면서 해온 거예요. 그런데 이제 와서 그 절차가 다 잘못됐다고 말을 뒤집어 버리면 지금까지 심리한 거 다 무효가 되고, 그래서 각하를 하면 그건 헌법재판소가 '우리가 재판 잘못했다'고 자백하는 건데, 그런 일이 있을 수가 있느냐

이거죠. 각하 얘기는 윤 대통령 측이 스스로 불리하다고 인식한다는 증거라는 생각이 듭니다.

직무 정지 중 용산 벙커 방문, 있을 수 없는 일

JTBC 보도였는데, 윤 대통령 도주설이 퍼졌었죠. 체포영장 집행 전인 지난 1월 8일에, 직무가 정지된 대통령이 용산 대통령실 지하 상황실을 둘러봤다는 건데.

| 이 | 관저 지하 상황실이 있고 대통령실 지하 상황실이 있는데, 관저 지하 상황실은 일반 근무자가 근무하는 보통 상황실이고 대통령실 지하 상황실은 벙커입니다. 이번에 보니까 천장, 벽, 바닥이 전부 2m 이상 두께로 만들어졌고 전부 철문으로 돼있어서 적국의 EMP 공격, 전자파 공격도 막을 수 있는 시스템이고, 공기 정화 장치까지 잘돼 있고 몇 개월 동안의 식량까지 준비된, 정말 요새라고 할 수 있거든요. 그런데 거기를 둘러봤다는 것은, 체포영장 집행이 계속 시도되는 상황에서 바깥으로 나갈 수는 없으니까 벙커 안에 들어가서, 체포영장 집행을 저지하기 위해서 혼자 스스로 고립돼 버리는 게 가능할까 하고 둘러본 것 아닐까, 벙커로 도주하는 시도를 생각한 것은 아닐까 생각하게 됩니다.

| 조 | 저는 1월8일에 이런 행동을 했다는 게 믿기지 않네요.

그때 관저는 기자들이 둘러싸서 그야말로 물 샐 틈이 없었잖아요. 밖에서 계속 카메라로 찍고 있었고.

| 조 | 그리고 거기까지 이동하려면 차량도 좀 필요했을 거고. 그런데 허를 찔렸으니 기자들이 좀 창피하게 생겼는데.(웃음) 뒤늦게 특종을 한 건데, 만약 이 사실이 당시에 밝혀졌으면 어떻게 됐을까요? 늦어도 1월9일

에 밝혀졌으면?

그런데 이게 적당한 형동이냐 하는 건 쟁점이 있어요. 직무정지 된 사람 아닙니까? 그 시설을 이용하는 것 자체가 직무정지된 대통령 권한 밖이잖아요.

관저 안에서 산책 같은 것은 할 수 있을지 몰라도….

| 조 | 그렇죠. 국가 중요 시설인데.

| 이 | 1월8일이면 오랜만에 대통령 같은 인물이 관저에서 멀리서 찍은 카메라에 찍힌 그날 아닙니까. 계속 안 보이다가 경호원들에 둘러싸여서 언덕을 내려오면서 여기저기 가리키며 시설을 점검하는 듯한. 그 영상이 낮에 공개됐는데, 만약 그날 오후나 저녁에 대통령실 지하 벙커를 둘러봤다면, 관저의 시설을 점검하고 나중에 체포영장 집행을 막을 수 없으면 도주할 공간을 확보해 놓는다. 그 정도 합리적 추론은 가능하겠다고 생각합니다.

검찰, 경호처 영장에 미온적…연루 의혹 자초

그리고 현재 김성훈 경호처 차장에 대해 경찰이 또 구속영장을 청구했는데, 네 번째죠, 그전에 계속 기각됐단 말이죠. 그래서 대통령실의 비화폰, 서버 이런 것들을 다 수사해야 되는데 지금 여전히 안 되고 있는 상황인데요.

| 조 | 근데 왜 여러 번 신청을 하고, 그리고 뭡니까, 고검 영장심의위원회가 영장을 청구하는 게 옳다고 했는데, 물론 이번 네 번째 청구에서는 결과가 달라질지 모르겠지만, 자꾸 기각된 이유를 잘 모르겠어요. 혹시 이런 고려를 했을지는 모르겠습니다. 윤석열 대통령도 구속돼 있는데 경

호처 차장을 또 구속하는 것은 인간적으로 너무 몰아붙이는 것 아니냐 하는. 그거라면 난 좀 이해를 하겠습니다만, 그게 아니라면 결국 尹대통령 체포영장 집행을 차장이 지휘하는 경호처가 거부한 거 아닙니까? 그걸 김성훈 차장이 독단으로 하지는 않았을 거고 누구 명령을 받았을 텐데, 그건 윤석열 대통령일 수밖에 없잖아요. 그러면 특수공무집행방해죄의 공범이 되는 건데. 그리고 그 비화폰 이런… 하여튼 석연치는 않아요.

그래서 심지어 '그런 데이터가 넘어가면 검찰도 곤란해질 게 있어서 그러는 것 아니냐' 이런 의혹까지 나오는데요.

│이│ 거기까지 넘겨짚기는 좀 어렵고…. 아무튼 서울고검 영장심의위원회 9명의 외부 위원 중 6명이 영장 청구가 적법하다고 이미 결론을 내렸고요. 그리고 많은 분들이 법원에서 영장이 기각된 줄 아시는데, 그게 아니라 1차로 특수본에서 검찰한테 영장을 청구해 달라고 요청하면 2차로 검찰이 검토해서 법원에 영장을 청구해야 되는 건데 그 2차 과정 자체가 안 됐다는 것 아닙니까. 검찰이 영장 청구를 안 했다는. 재범 우려가 없고 증거 인멸의 우려도 없다, 보완 수사가 필요하다는 건데요. 아니, 대통령이 구속 취소돼서 관저로 들어왔고, 체포영장 집행 저지 때문에 본인의 부하, 자신의 말 안 들은 사람을 징계하기도 했는데, 이건 형사상의 혐의를 받는 사람들을 한데 모아 놓고 '말을 맞출 가능성이 없다'고 판단한 거나 다름없거든요. 이걸 어떻게 받아들일 것인가, 검찰은 도대체 무슨 생각을 하고 있는가? 이러니까 팔이 안으로 굽는다는 논란이 나올 수밖에 없는 거죠.

│조│ 이건 작은 일 같지만 아주 중대한 의미가 있을 수 있습니다. 윤석열 대통령 측은 석방되고 나서 '불법 구금됐다'는 주장을 계속 하고 있어

요. 그런데 체포영장을 거부한 행위는 변명의 여지가 없는 공무집행방해거든요. 영장에 대해서는 불복할 방법이 없잖아요. 일단 체포에 응하고 적부심을 신청하든가 해야 하는데, 이것은 윤석열 대통령의 우리 대한민국 사법 체계에 대한 도전의 시작이었거든요. 지리한 관저 공방전도 그래서 벌어진 것 아닙니까. 김 차장의 증언을 통해서 윤석열 대통령이 지시했다는 확실한 증거가 나온다면, 그것은 윤석열 대통령에 대해 또 다른 구속영장을 청구할 이유도 된다고 봅니다.

| 이 | 지금까지 비화폰에 대한 압수수색이 전혀 이루어지지 않았거든요. 검찰 진술 조서에는 '비화폰을 통해서 누구의 전화를 받았다'는 진술만 있습니다. 그러면 당연히 비화폰과 서버를 압수수색해야 되는데 안 했다는 건, 특히 검찰이 그 영장 청구를 안 한다는 건 '그 통화 내역 중에 검찰도 있는 것 아니냐', 이를테면 방첩사 내지 과학수사본부가 검찰과 통화했다는 의혹까지 지금 제기됐거든요. 그 계엄 국면에서 검찰의 간부든 누구든 비화폰으로 통화한 게 있다면 그건 검찰이 민감하게 받아들일 수 있다, 그것이 검찰이 압수수색영장이나 체포영장을 청구 안 하는 요인으로 작용했을 수 있다는 생각입니다.

JTBC '뉴스룸'(2025년 4월5일)

조갑제가 본 '전원일치 파면'…
"헌법의 칼로 윤석열 응징한 것"

진행 : 안나경 앵커

헌재 결정문은 '한국의 마그나 카르타'

지금부터는 전 월간조선 편집장 조갑제 조갑제 TV 대표 모시고 관련 이야기 나눠보겠습니다. 어서 오세요.

안녕하세요.

네, 그동안 윤 전 대통령이 '전원일치로 파면될 거다'라고 예상을 해 오셨는데 그대로 결과가 나왔어요. 헌재 결정을 어떻게 좀 보셨을까요?

저는 작년 12월14일 탄핵 소추안이 국회를 통과하면서부터 그날부터 8-0 전원 일치 파면일 수밖에 없다는 주장을 해 왔는데 어제 선고 장면을 보면서 너무나 상식과 사실에 부합하는 법리 해석을 하고 있는 데 대해서 제가 감탄을 했습니다. 이번 사건의 본질은 윤석열 대통령이 망상에 사로잡혀 가지고 군대를 불법적으로 동원해 대한민국을 공격한 사건이거든요. 그러니까 대한민국이라는 공화국이 체제를 지키기 위해서 헌법의 칼로 윤석열 대통령을 응징한 것 아닙니까? 특히 윤석열 대통령을 국민 신임을 배반한 사람이라고 했습니다. 국민 신임 배반자, 줄이면 '국민 배반자'예요. 그런데 문제는 여기서 배반이라는 게 군대를 동원한 배반이니까 그 의미는 내란 또는 반역이라는 뜻이 거기에 포함되어 있습니다. 앞으로 두고두고 어제 결정문은 우리나라 민주주의 역사에서 계속 레퍼런스로 찾아보면서 지침으로 삼아야 할 어떻게 보면 '한국의 마그나 카르타' 같은 역할을 할 것이라고 저는 기대합니다.

윤석열 전 대통령 같은 경우에는 국민들에게 사과를 한다거나 아니면 헌재 결정을 받아들이겠다는 직접적인 언급을 하지 않았거든요. 이 부분은 좀 어떻게 보셨을까요?

자기를 지지하는 사람들에 대한 어떤 죄송한 마음만 적혀 있더라고요. 그러니까 이건 대통령이 아니고, 이제 물론 전직 대통령이 되었지만, 어떤 집단의 보스 같은 생각을 하고 있는데 저는 그런 생각을 가지고 계속 국민의힘에 영향을 끼치지 않을까 하는 생각이 들었습니다.

윤 전 대통령은 어제(4일) 국민의힘 지도부를 만나서 대선 승리를 당부한 걸로 알려졌는데 앞으로 국민의힘은 윤 전 대통령과 관계를 좀 어떻게 가져갈까요? 출당 같은 조치를 할까요? 어떨까요?

아니, 그게 도대체 말이 됩니까? 윤석열 대통령이 지금 형사법상으로는 내란 우두머리 혐의자고 어제 헌법재판소에서는 국민 배반자로 찍혀가지고 옷을 벗은 사람 아닙니까? 그 사람이 여당 지도부를 불러가지고 대선에서 이기라고 당부한다는 게… 이거 잘못되면 마치 내란 공범처럼 여겨질 수도 있습니다. 왜 그런 위험한 행동을 하고 왜 거기에 국민의힘 지도부가 응했는지… 윤석열 대통령이 군대를 동원해 가지고 건국 이후 처음으로 국회와 선관위에 군대를 보냈다는 이 명백한 사실, 그로 인해서 지금 내란 우두머리 혐의로 형사 재판을 받고 있다는 사실을 안다면 윤석열 대통령이나 국민의힘 지도부나 그런 식으로 처신하면 안 되죠. 국법을 어기는 것 아닙니까?

윤석열 옹호? '역적당' 되는 것…살아나려면 광장 세력 끊어야

국민의힘 같은 경우에는 그럼 어떻게 좀 해야 한다고 보실까요? 출당 조치나 이런 것들을 다 해야 한다고 보실까요?

아니 출당 제명 이것은 12월4일 했어야죠. 그러다가 어제 결정적인 선고문이 나왔어요. 이것은 대한민국의 결정입니다. 이 문서는 헌법재판소가 결국 대한민국의 헌법적 가치를 수호하는 조직인데 국민 배신자라고 했으면 그 사람을 옹호한다든지 협조한다든지 지도를 바란다면 국민의힘은 국민 배반당이 되는 것 아닙니까? 국민 배반당이라는 것은 줄이면 '역적당' 되는 것 아닙니까? 그러니까 왜 이렇게 법을 무시하느냐 이겁니다.

알겠습니다. 이제 뭐 본격적으로 조기 대선 레이스가 시작이 됐는데 국민의힘 경선 같은 경우는 좀 어떻게 예상을 하실까요? 지금 당내 구도로만 보면 친윤 후보들이 유리한 걸로 보여지기도 하는데 어떻게 좀 예상하세요?

국민의힘은 지난 4개월을 완전히 허송세월한 것 아닙니까? 지난 4개월을 깔끔하게 윤석열 대통령과의 관계를 정리하고 새출발 했어야죠. 그런데 4개월 동안 윤석열 대통령과 한 묶음이 돼 버린 것 아닙니까? 그래서 지금 한 묶음이 된 채로 낭떠러지로 떨어지느냐 마느냐의 그 지금 가장자리에 놓여 있는 것 아니겠습니까? 광장 세력과 손을 잡고 해가지고 지금 진퇴양난이 되어 있는데 그래도 공당으로 살려면, 붕당이 아니고 패거리가 아니고 공당으로 살아나려면, 더구나 여당 아닙니까? 끊어야죠. 그런데 지금 현실적으로 국민의힘에서 경선 후보감으로 오르고 있는 사람 중에서 명백하게 反윤석열 노선을 지금 표방하고 있는 사람은 한동훈 전 대표 그리고 안철수, 유승민 이 정도 아닙니까? 이번 국민의힘 경선을 통해서 親尹으로 갈 거냐 그래서 국민 배반당이 될 거냐, 아니면 反尹으로 해가지고 딱 끊고 재생할 거냐 하는 게 이번 국민의힘 경선에서 치열한 노선 투쟁을 통해서 결정되어야 한다고 생각합니다.

　결론적으로는 보수 진영에서 배출한 대통령이 8년 만에 또 파면되는 이런 비극을 맞게 됐는데 그 가장 큰 이유가 어디에 있다고 좀 보실까요?

　법치를 부정해서 계엄군을 불법적으로 동원하고 사실을 부정하고 부정선거 음모론을 퍼뜨리고 한 사람을 어떻게 우리가 보수라고 부를 수 있습니까? 가짜 보수고 보수 참칭자입니다. 그래서 보수적 국민뿐만 아니라 국민 모두가 윤석열 대통령과는 선을 그어야 됩니다. 그게 헌법재판소의 명령 아닙니까?

　네, 알겠습니다. 저희가 오늘 말씀은 여기까지 듣도록 하겠습니다. 조갑제 대표와 함께했습니다. 고맙습니다.

SBS 라디오 '김태현의 정치쇼'(2025년 4월8일)

헌재의 '국민신임 배반?'
尹은 반역자란 뜻

진행 : 김태현 변호사

尹은 '국민배반자'…파면으로 악몽 끝, 광명 되찾아

윤석열 전 대통령에 대한 탄핵선고가 내려지면서 탄핵정국은 끝이 났습니다. 앞으로 그러면 보수정치가 나아가야 할 길은 어디일까요. 이분과 함께 보수의 미래에 대한 이야기를 나눠볼까 합니다. 조갑제닷컴의 조갑제 대표입니다. 안녕하세요.

안녕하세요.

문형배 헌법재판소장 권한대행이 피청구인 대통령 윤석열을 파면한다 이렇게 주문을 낭독하는 순간에 대표님은 어떤 단어, 어떤 문장이 머릿속을 좀 스쳐 지나가시던가요?

악몽이 끝났다. 4개월 동안의 음모론과 주술이 판치는 그런 터널을 지나서 광명을 되찾았다 하는 느낌이 들었어요.

네.

그리고 제가 8–0으로 전원일치로 파면될 거라는 이야기를 워낙 많이 해서요. 요사이 지나가면 택시기사가 인사하는 사람들도 있어요. 자영업자들도요. 그런데 그때 이야기한 것 중에 하나가 더 있었습니다. 파면되면 나라가 순식간에 정상화될 것이다. 왜냐하면 바로 대선 국면으로 가기 때문에 국민들도 받아들일 것이다. 결정문이 결정적인 역할을 할 것이다 이렇게 생각했거든요.

그런 말씀을 많이 하셨지요.

그런데 그 결정문이 너무나 설득력이 있었어요. 명문이기도 하고요. 또 얼마나 쉬웠습니까? 그중에 중요한 부분을 한 22분 동안 읽었는데, 국민들을 거의 다 설득했다고 봅니다. 어제 여론조사를 보니까 80%의 국민이 납득을 한다는 것 아닙니까. 그러고 보수성향의 약 70%도 납득한다. 깨끗이 정리가 된 거예요.

그러면 대표님, 결정문 다 보셨을 건데 가장 공감하셨던 문장이나 부분이 어디일까요?

'국민 신임을 배반했다' 이렇게 됐어요. 국민 신임 배반자. 그걸 줄이면 국민 배반자입니다. 물론 배반이라는 표현은 2017년 3월 박근혜 당시 대통령 탄핵선고문에도 나와 있어요. 그런데 그때의 배반과 지금의 배반은 성격이 달라요.

왜지요?

여기에서 국민 배반이라고 했을 때 이 배반은 사실상 반역이라는 뜻입니다. 왜냐하면 군대를 동원해서 대한민국을 공격했거든요. 망상에 사로 잡혀서요. 거기에 대한 그 내용이 선고문의 주된 내용 아닙니까. 국민에 대한 반역을 했다, 헌법에 대한 반역을 했다. 그걸 줄이면 반역자란 뜻이에요. 결국 윤석열 대통령을 반역자로 보고 파면을 선고했고, 이것을 형사사건으로 지금 다루고 있지 않습니까? 반역자가 돼버린 거예요.

저랑 처음 인터뷰하셨을 때 우리 대표님이 윤석열 前 대통령을 향해서 어떻게 말씀하셨냐 하면요. "무능한 통치자는 1만 번 목을 베어도 모자란 역사의 범죄자다." 이렇게 말씀하셨었거든요. 만참(萬斬)을 해야 된다.

그건 제 이야기가 아니라 제가 인용을 했는데요. 김성한 선생이 쓴 '7년 전쟁', 임진왜란을 다룬 총 5권의 책의 맨 앞에, 이분이 작심을 하고 책머리에 그걸 꼭 집어넣었어요. 이분이 '7년 전쟁'을 쓰고 무능한 통치자가 얼마나 위험한 존재냐 하는 것을 알았던 것 아닙니까. 그 무능한 통치자 중에 한 분이 윤석열 전 대통령이었잖아요.

尹 파면으로 끝 아냐…형사재판·대선으로 심판받아야

헌재 심판으로 파면이 됐어요. 그러면 이걸로 충분히 심판을 받았다 이렇게 보세요, 아니면 뭔가 좀 부족하다 이렇게 보세요?

이제는 기록으로 심판을 해야지요. 윤석열 대통령의 잘못한 점, 거기에서 느낄 교훈이 뭔지, 그리고 형사적 책임은 따로 진행이 되니까요. 지금 파면되는 걸로 끝나면 안 되지요.

형사 책임도 물어야 된다는 말씀이시군요.

또 정치적 심판은 이번 조기대선으로 이루어지는 게 아닌가 하는 그런 생각도 듭니다.

알겠습니다. 저희가 이걸 먼저 소개해 드릴게요. 한국갤럽이 서울경제신문 의뢰로 4~5일 무작위 추출하여 유무선 전화인터뷰 방식으로 조사한 내용인데요. 헌재의 결정을 받아들이겠다 이런 응답이 81%, 받아들일 수 없다가 17%라는 점. 자세한 내용은 중앙선거여론조사심의위원회 홈페이지를 참조하시면 되고요. 대표님, 보수진영의 입장에서 보면 두 번째 대통령 탄핵입니다.

그렇습니다.

배출한 대통령마다 연속 두 번 다 탄핵이 됐거든요. 이 점을 어떻게 받아들여야 되는 겁니까?

박근혜 전 대통령의 탄핵은 억울한 측면이 많습니다. 그때 국정농단이라는 상당히 선동적 용어가 전국을 휩쓸고, 촛불시위가 일어나는 과정에서 저는 헌법재판소도 영향을 받았다고 생각해요. 그때도 8-0이었는데 그 선고문은 아주 질이 낮습니다. 제가 아는 아마 이름을 밝히면 금방 아는 유명한 법률가가 그 선고문을 읽고 자기가 여기에 대해서 비판문을 쓰고 판사직을 그만둘까 했다는 생각도 했다는 겁니다. 그러나 이번 선고문은 명백하지요. 그리고 이번에 윤석열 대통령이 이렇게 된 것은 비상계엄 선포로만 그렇게 된 게 아니고, 그전에 여러 가지 전조가 있었지 않습니까. 그것의 필연적인 결과라고 봅니다.

네.

특히 청와대에 들어가지 않고 두 달 만에 국방부로 들어간다, 국방부보고 두 달 만에 방 빼 한 것 아닙니까. 아버지가 아들 집에 들어와서 그렇게 이야기해도 아들이 화를 낼 것 아닙니까. 그때 그걸 보고 제가 뭘 느꼈느냐, 윤석열 대통령은 국군통수권자인데 이분은 도대체 국군을 어떤 존재로 보느냐는 겁니다. 만약 미국의 새로운 대통령이 들어서서 갑자기 내가 펜타곤으로 이사갈 테니까 두 달 만에 방 빼 하면 미국에서 무슨 일이 일어나겠습니까? 그러다가 결국 군대 안 간 윤석열 전 대통령이 병정놀이 하듯이 군대를 동원했다가 이런 결과를 맞이한 것 아닙니까?

국힘·보수지식인, 부정선거론 악령에 접수된 사교집단 행태 보여

그러면 윤석열 前 대통령을 제어하지 못한 대통령실의 참모들, 내각관료들, 국민의힘의 소위 말하는 친윤 핵심의원들인 이런 사람들도 대통령의 잘못된 행동에 대한 도의적인 책임이 있다 이렇게 보세요?

도의적인 책임이 아니라 거의 공범관계이지요. 그러니까 여러 가지 이야기할 필요 없이 청와대에서 무리하게 나올 때 반대한 사람이 단 한 명이라도 있느냐. 그리고 의료대란을 일으켜서 6·25 이후에 가장 많은 한국 사람들을 억울하게 죽도록 만든 겁니다. 그걸 초과사망자라고 하는데, 아마 수천 명일 겁니다.

그 이상 될지도 모르지요. 그때 국민의힘 국회의원 중에 단 한 사람이라도 '이건 안 됩니다'라고 한 사람 있습니까? 아, 있기는 있어요. 안철수 의원 빼고요. 정말 거의 공범에 가까운 집단이 소위 보수지식인, 보수언론인입니다. 윤석열 대통령이 그동안 보수적 가치를 짓밟는 데 침묵하는 정도가 아니라 박수를 쳤잖아요. 팬클럽이었잖아요. 박수부대 역할을 했잖아요.

일부 지식인들이요?

아니, 상당수 지식인이요. 지난 4개월 동안 윤석열 대통령이 부정선거 음모론을 퍼뜨릴 때 거기에 또 편승했잖아요. 그래서 이번에는 보수적 지식인과 보수적 언론이 같이 망가져버린 겁니다. 저는 이걸 어떻게 회복할지 참 어려울 거라고 생각합니다.

그래서 보수유권자들, 보수적 가치를 추구하는 국민들 입장에서 보면 보수정치가 살아나야 될 것 아니에요. 어디로 가야 됩니까? 재기할 수 있습니까?

딱 논리적으로 얘기하면 국민배반자 윤석열을 싸고돈 국민의힘도 국민배반당이 된 것 아닙니까? 그러면 논리적입니다. 이론적으로 이야기하면 귀책사유가 국민의힘에 있는 이 조기대선에는 출마자를 안 내야 되지요. 그런 당헌당규도 있잖아요. 귀책사유가 우리한테 있으면 구청장 보궐선거에는 후보 안 낸다든지. 그러나 현실적으로는 10명 이상이 나와서 지금 후보가 되겠다고 뛰고 있는데요. 논리적으로는 그렇다는 이야기입니다.

당위로 보면요.

지금 윤석열 전 대통령과의 관계를 깔끔하게 청산하지 못하고 있잖아요. 오히려 지나놓고 보면 한동훈의 호소가 맞았어요. 한동훈 전 대표의 계엄반대와 탄핵찬성이 결국 맞았지 않습니까?

결과적으로는 맞았지요.

맞았는데요. 오히려 한동훈 세력을 쫓아내야 한다든지 하는 이런 이야기가 나오는 정당이면 이건 영원히… 악령한테 넘어간 것 아닙니까? 아니, 지난 4개월 동안 국민의힘의 행태를 보면 악령에 접수된 어떤 사교집단.

악령에 접수된 사교집단이요?

네. 그 악령은 뭐냐. 부정선거 음모론입니다. 부정선거 음모론이 악령 아닙니까? 그 악령을 퍼뜨려서 국민 중에서 한 30%, 지금은 좀 줄었을 걸로 보는데요. 자칭 보수의 60%가 부정선거가 있었다고 믿도록 만든 그 정당이 국민의힘인데요. 그 부정선거를 했다는 중앙선거관리위원회가 이번 조기대선도 관리할 것 아닙니까.

그렇지요.

그러면 불참해야지요. 논리적으로는 그렇다 이겁니다.

'국민배반자' 尹 끼고 대선? 국민·역사·헌법에 대한 모독

그런데 당위로써는 귀책사유가 있으니까 후보를 내면 안 되는데요. 현실적으로 안 낼 수는 없을 거 아니에요. 그러면 국민의힘이 조기대선 상황에서 해야 될 가장 최우선의 급한 조치는 뭐가 있을까요?

저는 이게 헌법재판소의 결정적 결정문이 나온 겁니다. 그러니까 국민의힘을 역적 당으로 규정한 것과 마찬가지라 이거지요. 그러면 여기에 대한 논리적인 입장표명이 있어야지요. 지나가듯이 간담회해서 한마디 슬쩍 걸치고 그러지 말고, 지난 4개월 동안의 반성문을 써야 된다 이겁니다. 문서로 해야 되는 것 아닙니까.

윤석열 대통령이 이번에 탄핵당한 이유 중에 하나도 문서로 해야 될 국무회의를 문서로 하지 않은 겁니다. 국민의힘은 여당 아닙니까. 문서로 정리된 입장문을 발표해서 그걸 국민한테 설득해야 됩니다. 그래서 윤석열과의 관계를 이렇게 정리했다, 그 다음에 우리한테 한번 기회를 달라. 이 정도는 국민에 대한 예의 아닙니까? 보수가 예의 빠지면… 보수가 예의가 있어야 되고 유능해야 보수 아닙니까? 무능하고 이렇게 무례할 수가 있어요?

그러면 윤석열 전 대통령, 지금 보니까 권영세 비대위원장은 조기대선 때까지 윤리위를 열지 않겠다. 그러면 윤리위가 안 열리니까 출당조치를 못 하는 거잖아요. 전 대통령과 관계를 철저히 끊고 출당조치해야 된다 이렇게 보시는 거예요?

국민배반자로 해서 파면된 사람, 그리고 내란 우두머리 혐의로 형사재판을 받고 있는 사람을 끼고 계속 가겠다고 하면 조기대선에서 무슨 승산이 있겠습니까? 그건 또 국민과 역사와 헌법에 대한 모독이지요.

그러면 이제 대선 준비하기 위한 첫 번째 조건이 윤석열 전 대통령과의 철저한 관계단절을 말씀하시는 거잖아요. 그리고 비상계엄과 탄핵정국에 대해 당이 어떤 반성문을 쓰라는 말씀이신데요.

특히 음모론, 지금도 부정선거 음모론을 믿느냐에 대해서 확실하게 해야 될 것 아닙니까. 지금도 부정선거 음모론을 믿고 있다면 보수적 유권자들은 투표 안 해야 됩니다. 투표해 봤자 다 도둑맞을 건데, 'Stop the Steal'이라는 푯말을 들고 설친 시간이 뭐 3년 전입니까?

국힘 대선후보, 反계엄·反음모론 내세운 자가 돼야

알겠습니다. 그런 것에 대한 공식적인 지도부의 답변이나 입장표명이 있어야 된다 이런 말씀이신 거잖아요. 어쨌든 그러면 경선이 펼쳐질 겁니다. 한 15명 정도 얘기를 하던데요. 어떤 후보를 국민의힘이 세워야 조기대선에서 그나마 승산이 있다고 보십니까?

反尹이라기보다는 反계엄 입장에 섰고, 또 음모론에 반대했던 사람 중에서 한 사람이 나와야 그나마 명분은 서는 거지요.

그렇지 않으면 명분이 없다?

명분이 없는 정도가 아니라요. 지금 국민의힘은 보수 대표성이 없습니다. 그러니까 보수정당으로 볼 수 없다는 이야기입니다. 보수정당으로 볼 수 없으면 대표성이 있는 후보를 뽑아야 되는데 그 대표성의 최소한의 요건이 헌법재판소의 결정문에 합치되어야지요.

그러면 만약에 국민의힘이 비상계엄에 반대하고, 탄핵에 찬성하고, 부정선거 음모론을 믿지 않는 사람을 후보로 세웠어요. 그 사람이 주도해서 말씀하신 대로 반성문을 쓰고, 전 대통령과의 관계를 철저히 끊어내요. 그러면 60일 이후에 있을 조기대선에서 승부를 볼 수 있습니까?

그렇게 해야 승산이 있다고 생각합니다. 그렇게 해도 불리하지요. 그러나 희망이 있지요. 그럴 경우 또 하나 변수가 있지요. 지금 바깥에 있는 이준석 개혁신당 의원. 저는 여기서 정치적 상상력을 발휘한다면, 정치적 상상력이라는 게 다소 현실로부터 멀어진 이야기인데요. 전략공천하는 방법도 있다고 생각해요.

후보를요?

국회의원을 전략공천하잖아요. 전략공천하는 방법으로 아예 국민의힘은 후보를 안 내든지, 아니면 낼 경우에 反尹 후보를 내서 이준석 후보와 단일화를 하든지, 아예 이준석 후보를 밀어서 세대교체를 건 이준석 對

이재명. 그런 게임을 상상할 수 있고요. 그게 되려면 훌륭한 전략가가 있어야 되겠지요.

알겠습니다. 주제를 바꿔볼게요. 우원식 국회의장이 이번 6월3일에 동시 개헌 국민투표를 같이하자, 4년 중임제 정도요. 이 입장에 찬성하시는 입장이십니까? 아니면 너무 급하지 않아? 이런 생각을 가지고 계세요?

조금 의외의 발언으로 봤는데요. 개헌은 그런 화두를 계속 던져야 돼요. 그러다가 그게 쌓이고 쌓여서 개헌은 역사의 대세다 이렇게 되는 것 아닙니까. 그러고 현실적으로는 이재명 대표가 그걸 다 거부를 했잖습니까. 그러니까 대선투표와 국민투표를 같이하겠다는 것은 이루어지지 않을 것으로 보이지만, 그런 취지는 찬성하나. 저는 이겁니다. 그러면 어느 쪽으로 개헌하겠다는 정도는 국민적 합의가 있어야 되거든요, 지금쯤.

개헌 방향? 사고 치는 대통령을 어떻게 막을 것이냐가 핵심

그렇지요.

그런데 중임제 개헌을 많이 이야기합니다. 저는 아직도 이해가 안 가요. 4년제 중임이 5년 단임보다 뭐가 더 낫지? 4년 중임제, 그건 정치하는 사람들 이야기예요. 한 번 더 해먹겠다는 거고, 실질적으로 이번 계엄사태를 통해서 국민들이 절감하는 것은 사고치는 대통령을 어떻게 막을 거냐 라는 겁니다. 대통령제를 유지한다는 것은 결국 국군통수권을 가지는 대통령이라는 뜻인데 너무나 무서운 존재예요. 사고치는 것을 못 막는다 이겁니다. 그러니까 우리나라 역대 대통령 중에 몇 분 사고쳤잖아요. 윤석열 전 대통령만 사고친 게 아니잖아요.

문재인 전 대통령은 탈원전에다가 4대강 보(洑) 해체 이게 다 사고거든요. 그러니까 이제는 우리 국민들도 사고 안 치는 대통령 밑에서 좀 안정적으로 한번 살아보고 싶다는 그런 희망이 있는데요. 그건 4년 중임제 개헌으로 안 되고, 개헌안에 내용이 구체적으로 들어가야 됩니다.

알겠습니다. 오늘 말씀 여기서 마무리하도록 하겠습니다. 지금까지 전 월간조선 편집장이신 조갑제닷컴의 조갑제 대표와 함께했습니다. 고맙습니다.

MBC라디오 권순표의 뉴스하이킥(2025년 4월28일)

한덕수 출마는 원천적 불공정 게임!

진행 : 권순표 선임기자

이재명 후보 만든 1등 공신은 윤석열

예고해드린 대로 조갑제 조갑제닷컴 대표 만나보겠습니다. 안녕하십니까?

안녕하세요.

민주당 경선 과정 보셨을 텐데요. 거의 90% 압도적인 표 차입니다. 이 과정 어떻게 평가하십니까?

　저는 이 과정은 작년 12월3일, 4일에 결정됐다고 봅니다. 12월4일 새벽에 비상계엄령이 간단하게 진압된 걸 보고 많은 국민들이 느꼈을 겁니다. 이걸로 윤석열 대통령은 망하고 이재명 대표가 결국 대통령이 되는 것 아니냐 하는 생각을 했을 것이라고 생각하는데 그 뒤에 많은 기복이 있었지만 결국 12월4일에 많은 부분이 결정된 것 아니냐 그런 생각이 들고 그런 면에서는 윤석열 전 대통령이야말로 오늘의 이재명 후보를 만든 제1등 공신이 아닐까 생각합니다.

조 대표님은 그날을 말씀하셨는데 그날 역사적 변화랄까 이걸 짐작하셨습니까?

느꼈습니다. 첫날, 밤 10시 30분 비상계엄령 선포 이야기가 나오자마자 밑에 딱 자막이 붙었어요. 한동훈 '계엄 선포는 잘못된 것 국민과 함께 막겠다' 그 뒤에 '군경은 복종하지 말라' 그 다음에 이재명 대표가 '시민들 국회로 모여라' 난 그걸 보고 끝났다고 봤어요. 한국 현대사의 결정적인 날이죠.

이따 윤석열이라는 인물에 대해서 다시 번 여쭤보겠습니다. 이재명 대표가 압도적인 표 차이로 됐는데요. 첫 번째 행보가 외연 확장입니다. 어떻게 평가하십니까?

사실은 한국 보수가 거의 궤멸 상태입니다. 그런데 이재명 후보는 중도화를 한다고 그래요. 근데 중도화를 하는 정도가 아니라 보수화를 하는 거 아니냐 하는 그런 생각이 듭니다. 왜냐하면 기존 보수에서 부정선거 음모론을 믿는 사람을 저는 가짜보수라고 보는데 이 사람들이 극우화해버렸잖아요. 진짜 보수는 비어 있는 거예요. 속으로 이재명 후보의 우클릭 노선이 먹히고 있는 과정이 아니냐 하는 생각이 드는데 저는 좋다고 봅니다. 그런 시도를 하는데 앞으로 나중에 정책으로 실천이 돼야 되겠죠.

대표님 말씀하시는 이 상황이라면 지금 민주당은 좌부터 보수의 무주공산 거기까지 다 차지하게 되는 이런 상황이 펼쳐지는 건가요? 지금 상황으로.

상당히 스펙트럼이 넓어진 거죠. 기존의 이념 지형이 바뀐 것 아닙니까? 반공이냐 아니냐 이걸로 지금 따질 수가 없는 거 아닙니까? 두 가지

기준 아닙니까. 헌법을 수호하느냐 아니면 사실을 인정하느냐 이 두 가지를 가지고 공감대를 가지면 다 대한민국 안에서 허심탄회하게 이야기할 수가 있습니다. 이번에 다행히 그런 새로운 패러다임이 생긴 거예요. 좌든 우든 이렇게 가리지 말고 진보 보수 가리지 말고 계엄에 반대하느냐 찬성하느냐. 그 다음에 부정선거 음모론 믿느냐 안 믿느냐로 나눠버리면 제 기준으로는 상식파와 음모론파로 나눌 수 있다고 생각을 해요.

尹, 한덕수 내세워 당권 계속 장악하겠다는 속내

말씀하신 상식파와 음모론파로 나눈다면 국힘에 그럴 만한 후보가 있습니까, 보시기에 없습니까?
있죠. 국민의힘 안에 한동훈 안철수 두 사람 계엄에 반대하고 부정선거 음모론에 반대하는 사람이죠.

그 둘 중에 한 분은 대통령의 자격도 있다고 보십니까, 어떻게 보십니까?
그건 국민의힘 지지자들이 선택할 문제인데 저는 두 사람 다 있다고 봐요.

승산도 있습니까? 지금 상황에서 민주당 이재명 후보랑 그 둘 중에.
객관적인 여러 가지 통계 나오는 거 보면 승산은 어렵다고 봐야죠. 다만 국민의힘 입장으로서는 결정적으로 기울어진 운동판에서 어떻게 하면 지더라도 정정당당하게 지느냐. 아니면 추하게 지는 수가 있거든요. 지금 추하게 지는 꼴로 가는 것 아니냐 하는 그런 생각도 듭니다.

그쪽으로 가는 거 아닙니까? 객관적인 여론조사 지표 같은 걸 보면 그래도 자격이 있다는 후보들은 최종 경선을 못 통과할 수도 있는 상황이라서요.

최근에 조금 바뀌었지 않습니까? 최근에 한동훈 후보의 지지율이 조금 높아지고 다만 윤석열의 그림자는 아직 짙게 드리워져 있고 특히 한덕수 권한대행의 출마 자체가 윤석열의 그림자를 느끼게 하지 않습니까. 국민의힘 경선판이 치열한 노선투쟁을 해야 됩니다. 쉽게 말하면 계엄파와 계엄에 반대한 세력 사이의 치열한 노선 투쟁을 통해서 계엄에 반대한 사람이 공식 후보로 된다면 그때부터 그 사람이 강한 논리적 무장을 가지고 이재명 후보와 대결할 수가 있어요. 근데 거기에 한덕수 카드가 나오는 바람에 혼미해졌다고 생각합니다. 그러나 아직은 가능성이 있다고 봐요. 내일 그리고 누가 최종 후보가 되느냐에 따라서.

한덕수 카드는 기정사실처럼 거론되고 있는데요. 혼미함이 걷어지겠습니까?

저는 그게 믿겨지지가 않아요. 상식적이지 않지 않습니까? 지금 투표일까지 40일인데 국민의힘에 입당해서 경선에 참여해야지 왜 무소속으로 나오느냐, 저는 아직 확정이 안 돼서 믿기지 않는다고 그러는데.

워낙 여러 가지 행보나 보도가요. 거의 확정된 것으로 생각하는 게 차라리 합리적인 추측 같아서요. 어떻게 보십니까? 한덕수 대행의 행보를.

이해할 수 없는 행동에는 누가 가장 큰 영향을 미쳤느냐 하면 제일 가까이 있는 사람이 제일 큰 영향을 미쳐요. 제일 가까이 있는 사람은 부인 아닐까요? 그리고 윤석열 세력, 윤석열 잔존 세력이라고 봐야 되겠네요. 윤석열 세력이 한덕수 권한대행을 내세워서 지더라도 당권은 계속 장악해서 가겠다. 한덕수 권한대행은 당내에 뿌리가 없잖아요. 예컨대 김문수 특히 홍준표 한동훈 이런 사람들이 후보로 나서면 후보로 나오는 순간부터 당무우선권이 적용될 거예요. 그러면 나중에 지더라도 당권을 장악할 수가 있으니까 저는 당권을 놓지 않으려는 시도가 한덕수 권한대행의, 나는 소동이라고 봅니다만 출마소동으로 나타난 것 아니냐 하는 그런 생각이 들어요.

의료대란 더 악화시켰던 한덕수, 전형적인 식민지 관료형

소동은 어떻게 결말을 맺을 것으로 전망하십니까?

실패한다고 봐야죠. 우선 시간이 없지 않습니까? 40일 동안에, 한번 생각해 보십시오. 국민의힘 바깥에서 나와서 출마해서 국민의힘에서 후보로 뽑힌 사람하고 경선한다는 이 자체가 말이 안 되잖아요. 이 순간 국민의힘은 정당이 아닌 걸로 보여요. 그게 얼마나 우스꽝스럽게 보이겠느냐. 또 거기서 한덕수 후보가 단일화해서 이긴다는 보장도 없습니다. 예컨대 한동훈 후보가 등장하면요. 아주 바람을 일으키는 거거든요. 한동훈 바람으로 한덕수 후보와 단일화를 하면 한덕수 후보가 나는 질 거라고 봅니다.

부인과 윤석열 세력 한덕수를 밀어올리려고 그러고 있다고 말씀하셨는데요. 그 세력의 이해관계는 알겠는데 한덕수 대행 본인은 뭡니까, 욕심입니까? 보시기에.

저는 한덕수 권한대행의 부인이 그림 그리는 사람이지 않습니까? 그분에 대한 정보는 제가 이미 나와 있는 인터뷰 기사를 보니까 이런 표현을 썼더라고요. 국장 승진이 늦어서 점을 보러 다녔다. 그러다가 '관상전문가가 됐다' 그런 표현을 쓰더라고요. 그건 출세욕이거든요. 출세욕이 조금만 바뀌면 권력욕으로 갈 수가 있어요. 권력욕을 부추기는 데는 아마 윤석열 추종 세력이 몰려가서 나와 달라고 한 것 아니냐 하는 생각이 들었는데, 그런 이야기가 한 3주 전에 나왔잖아요. 그때만 해도 상당히 신선한 카드처럼 보였어요. 그러나 시간이 흐르면서 신선미가 떨어져 버리고 말았습니다.

조 대표님은 옛날에 한덕수 인물에 대해서 관찰하셨습니까? 관심 있게.

관심 있게 관찰한 것은 작년 의료 대란 사태입니다. 이 의료 대란 사태는 윤석열 대통령이 아무런 과학적 근거도 없이 2000명 의과대학 정원을 늘려야 한다에서부터 출발한 거 아닙니까? 그런데 시작하자마자 의료 개혁이 아니라 의료 대란으로 갔잖아요. 이걸 막아야 했을 사람이 당시 국무총리, 지금도 국무총리지만 국무총리 한덕수 씨였습니다. 그런데 말릴 생각은 하지 않고 이걸 더 악화시켰어요. 그러니까 윤석열 대통령의 잘못된 정책을 더 악화시키는 쪽으로 가는 걸 보고 저는 이런 사람은 심한 말인지 모르겠는데 식민지 관료가 아니냐. 위의 나쁜 정책이라도 무조건 밀고 나간다? 그리고 무조건 밀고 나갈 때는 과학적 근거가 있어야 돼요. 그게 없었어요. 그래서 초과 사망자가 지난 1년 사이에 수천 명 생긴 거잖아요. 그 첫째 책임은 윤석열 두 번째 책임은 한덕수 총리가 져야 합니다. 한국에는 관료 독재라는 게 있구나, 관료주의라는 게 있구나, 그 표본적인 인물로 저는 한덕수 대행을 떠올렸습니다.

낙천적인 이재명, 한번도 남을 미워해 본 적 없다고 해

요새 대표님께서는 이재명 대표를 자세히 관찰하시고 여러 가지 언급도 하시고요. 또 식사 자리도, 과거와 인식이 어떻게 달라지셨습니까? 아니면 확인하는 계기였습니까? 인물평에 대한 인식이요.

제가 한 번도 페이스 투 페이스로 만난 적이 없어요.

이번이 처음이시군요.

정규재 전 한국경제신문 주필과 함께 초대를 받았습니다. 저녁에 그래서 3시간 동안 이야기를 했는데 55년째 기자 생활을 하는데 제 전공이 한국 현대사처럼 됐어요. 역대 대통령 13명 중에 최규하 윤보선 빼고는 11명에 대해서는 다 제가 책을 한 권씩 쓴 사람입니다. 저로서는 대통령이 될 통계적 가능성으로는 제일 높은 사람이니까 그분이 만나자고 하니까 좋은 기회죠. 역시 사람은 만나서 서로 이야기를 한 3시간쯤 하면 느끼는 바가 있지 않습니까? 그것은 글로서 알 수 있는 것하고 또 다르죠. 직접적인 만남이니까. 저로서는 상당히 앞으로 이재명 후보에 대해서 글을 쓸 때 많은 정보를 얻었습니다. 그분도 마찬가지일 거고.

많은 정보를 얻으셨다는 건 정책이나 이런 부분도 있겠지만 인간에 대한 어떤 정보 아니겠습니까? 어떤 사람이라고 일단 평가하십니까?

제가 이런 농담을 했습니다만 굉장히 쾌활하고 경쾌하게 보이더라고요. 밝게 보이더라고요. 그분의 한자 이름이 있을 재(在)자, 밝은 명(明)자 아닙니까? 그래서 부모님이 이름을 참 잘 지은 것 같다고 했더니 이분이 그래요. 자기는 한 번도 좌절해 본 적이 없다고. 그러면서 남을 미워해 본 적이 없다는 그런 말을 하더라고요. 아주 인상적으로 들었습니다.

미워해 본 적이 없다. 그분의 인생 역정을 보면요, 굉장히 좌절도 많이 하고 미

워할 일들도 많은 것 같은데요. 그 미워한 일이 없다는 성격적 측면이 형성된 건 뭐라고 보셨습니까? 그날.

흔히 성격이 운명이라고 그러잖아요. 높게 올라간 분들 보면 운명적인 성격을 타고난 사람들이 많아요. 저는 타고났다고 봅니다.

낙관론자 비슷한 건가요? 보시기에.

낙천론자라고 봅니다.

과거의 면대면으로 보시기 전에 그때는 어떻게 평가하셨습니까?

그때는 간접적으로 그분의 말과 정책 이런 걸 보고 기사를 쓰고 말로 하고 했는데 주로 비판적인 내용이 많았죠.

그때 비판적이셨던 생각이 이번에 바뀐 게 있습니까?

그것은 객관적인 사실이니까 그 사실은 바뀔 리가 없고, 다만 느낌은 많은 새로운 면을 알게 되었고 특히 실용적인 면을 강조하더라고요. 오늘 그런 말을 했죠. 대통령이란 말은 한자로 보면 크게 통합하는 우두머리다. 그건 아주 멋진 이야기 아닙니까? 대통령이 그런 자리인데 제가 이야기한 것 같기도 한데 대통령이 되면 진보 보수 이런 이야기 쓰지 말고 대통령은 링컨의 말대로 헌법의 눈만 가지면 돼요. 그러면 개인 아니면 국민입니다. 그런 이야기를 했는데 서로 의견이 맞았어요. 그런 부분에서.

또 제가 우려했던 건 있습니다. 만나면 꼭 한번 확인해 봐야 되겠다는 게 세종시로의 수도이전입니다. 저는 세종시로의 수도이전은 해서는 안 된다고 생각해요. 청와대로 복귀하는 게 맞다고 생각했습니다. 공약인지 약속인지 모르겠지만 일단 청와대로 다시 들어갔다가 세종시로의 이전을 개헌 문제를 통해서 추진한다. 그 문제에 대해서 이야기를 들어보니까 일단 청와대로 들어가는데 그 뒤에 추진하려면 수도이전이니까 개헌을 해야 돼요. 개헌을 하면 반드시 반발이 일어납니다. 특히 수도권에서. 초기에 귀중한 시간을 에너지를 낭비할 수가 있다 하는 걸로 봐서 청와대까지는 들어가는데 그 이후에 세종시로의 이전은 무리하게 추진하지는 않을 것 같은 인상을 받았습니다.

대통령은 링컨 말처럼 헌법의 눈만 가지면 된다

상식파와 반헌법파, 반헌법파에 속한 많은 분들이 가장 두려워하는 건 이재명 대표가 되면 큰일 날 것처럼 얘기하는 속내는 정치 보복을 내세우고 있습니다. 그 부분은 어떻게 보세요? 만나셨을 때 느낌은.

그 부분은 과거를 돌아보면 대통령의 의지도 있지만 검찰의 속성이라는 게 있지 않습니까? 벌써 긴건희 씨에 대한 수사가 거의 전면적으로 시작되고 있지 않습니까. 그건 저는 누구도 말릴 수 없다고 봅니다. 그것 이외에 굳이 만들어서 뒷조사를 해서 누구를 괴롭히고 이념적 잣대로 갈라서 보수는 쓸어버리겠다든지 이런 식으로 나오면 그거는 아주 처음부터 실패하는 거죠. 문재인 전 대통령이 실패한 것도 첫 시작이 적폐수사 여기서부터 실패한 것 아닙니까?

근데 이재명이라는 인물을 만나보신 다음에,

그렇게 무리를 하지는 않을 것 같은 느낌을 받았습니다. 의도적으로 적폐수사 식의 보복 수사는 하지도 않을 거고 아마 할 수도 없을 거예요.

그러나 헌법 유린이나 내란 혐의에 대한 수사는 해야 될 거 아니에요.

진행되고 있는데요. 그건 다른 문제죠. 완전히.

그건 완전히 다른 문제라고 보시는군요. 역시. 그러나 과거 정권에서 이루어졌던 그런 식의 정치 보복은 없을 것이다. 만나보시니까.

보복 수사라고 하면 이런 거죠. 싸잡아서 잡아넣는 거 있잖아요. 싸잡아서 잡아넣는 거. 그럼 억울한 사람 많이 들어가잖아요. 그 다음에 없는 걸 캐내서 또는 이상한 법리를 적용하는 것, 그건 안 할 걸로 봅니다.

보수 진영의 대표적 분 중에 한 분이신데요 대표님. 여러 가지 결과 유력하다고 표현을 하셨으니까 된다면 뭘 가장 크게 하나를 요구하시겠습니까? 이재명 대표에게, 만약 된다면.

이재명 대표가 이미 어제 이야기를 했지 않습니까? 대통합이죠, 대통합. 이재명 대표를 만났다니까 이게 뉴스가 됐잖아요. 참 이상한 일 아닙니까?

언론인이 후보를 만났는데

기자가 제일 중요한 정보를 갖고 있는 사람을 만났는데 이게 뭐냐. 최근에 보니까 뼈저리게 느낀 게 한국의 진영 논리가 너무 심해요. 특히 좌우간에 소통이 없습니다. 만나야 될 것 아닙니까? 우선. 저는 서로 만나기 운동이라도 펼쳐야 될 것 같아요. 서로 안 만나니까 서로를 잘 몰라요.

SBS 라디오 '김태현의 정치쇼'(2025년 5월6일)

"김문수-한덕수 단일화 대소동… 대선 포기한 것"

진행 : 김태현 변호사

국힘 전대 쇼였나? 정치윤리 안 맞는 단일화 시도

국민의힘 김문수 후보와 무소속 한덕수 후보의 대선 단일화 논의가 시작도 하기 전에 진통을 겪고 있습니다. 그리고 민주당은 이재명 후보의 대선 전 파기환송심 선고를 막으려는 결사항전에 들어가 있습니다. 혼돈의 대선정국을 이분은 과연 어떻게 보고 있을까요. 보수논객이신 조갑제TV의 조갑제 대표 나오셨습니다. 안녕하세요.

안녕하세요.

대표님, 일단 국민의힘 얘기부터 해 보지요. 김문수 후보가 국민의힘 후보로 선출이 되었어요. 그 장면은 어떻게 지켜보셨어요? 우리 대표님 예상과는 조금 다른 결과가 나왔는데요.

우선 이번 대통령선거를 실질적으로 포기했다는 느낌을 받았습니다.

김문수 후보의 선출은 국민의힘의 포기다? 왜지요?

탄핵에 반대하고 부정선거 음모론을 믿는 사람 아닙니까. 그런 후보가 대통령 후보로 나오면 그 결과가 어떻게 되겠습니까? 역사가 이렇게 흘러가는데 그 반대편으로 역류하는 건데요. 누구든지 그 전당대회의 장면을 보면서 지금 뽑히는 사람은 '임시 후보다' 하는 느낌을 주지 않았습니까?

밖에 있는 한덕수?

그러니까요. 언젠가는 전당대회를 한번 더 할 것 같다. 그러면 이게 쇼 아닙니까. 그렇지요? 한국 정치윤리상, 그리고 계산상 맞지 않는 단일화 시도를 하고 있는 것 아닙니까. 이 단일화라는 것은 사람과 사람의 단일화보다는 정책과 정책의 단일화가 먼저 있어야 합니다. 그런데 지금 김문수-한덕수 두 사람의 공약이나 정책에 대해서는 아무도 얘기 안 합니다. 심지어는 언론도 이야기를 안 해요. 당사자들도 그건 도외시하고요. 그런데 두 사람이 차이가 많잖아요. 우선 부정선거 음모론 하나만 딱 떼면 한덕수 전 국무총리는 아마 거기에 반대할 것 아닙니까.

부정선거 음모론이요?

그렇지요. 자기가 선거관리 했잖아요. 부정선거가 있었다면 본인의 책임인데 어떻게 그런 사람하고 단일화가 가능합니까. 그런데 그걸 다 묻어놓고 일단 단일화하자고 하는 것은 대선 승리를 목표로 하는 것 같지만 결국은 이번 대선은 포기하고 당권을 누가 장악하느냐. 그 다음에 모든 사달의 배경에는 윤석열의 그림자가 있다고 봅니다.

그러면 대표님, 김문수 후보가 민심은 그렇다 치더라도 당원들의 당심에서 사

실 한동훈 전 후보한테 크게 이겼어요.

크게 이겼지요.

그것도 한덕수 예비후보와의 단일화가 배경이 됐다고 보시는 거잖아요.

지금 누가 뒤에서 시나리오를 쓰는 사람, 또는 시나리오를 쓰는 세력이 있다면 김문수 후보를 내세워서 한동훈 후보를 제치고, 그 다음에 김문수 후보를 불쏘시개로 삼아서 한덕수 후보를 미는 이런 구도 아닙니까.

대선은 포기, 당권 장악이 목표…尹의 그림자

그 목적은요? 대선승리보다 당권?

그렇지요.

어차피 질 거 우리가 당권을 유지하는 데 좀 만만한 사람을 후보로 만든다 이런 건가요?

이번에 게임이 성립되려면 한동훈 후보를 뽑았어야지요. 그렇게 해야 탄핵의 강, 계엄의 강을 넘어서고 홀가분하게 이재명 후보를 공격할 수 있게 되지 않습니까? 그런데 지금 대선의 주제가 다시 계엄, 탄핵, 윤석열 이걸로 변해버렸잖아요. 그러니까 결과적으로는 지금 파기환송 사태로 코너에 몰린 이재명 후보를 탈출시켜주는 것 아닙니까.

그러면 김문수 후보든 한덕수 후보든 최종 둘 중에 한 사람이 이재명 후보의 상대가 되면 대선기간 내내 비상계엄, 탄핵 이야기만 줄기차게 해도 선거를 편하게 가져갈 수 있다.

그렇지요.

말씀하신 대선승리보다 향후에 당권 말씀하셨잖아요. 그 시나리오를 짜는 최종 설계자나 기획자의 배후에 윤석열 전 대통령이 있을 것이다라는 게 대표님 추측이신 거지요?

윤석열 또는 윤석열 세력이라고 봐야 되겠는데요. 결국 지금 당권을 장악하고 있는 사람들이 윤석열 세력 아닙니까?

그런데 윤석열 전 대통령은 그렇게 해서 대선 지면 본인한테 얻을 게 없는데 왜 그렇다고 보세요?

윤석열 전 대통령은 낙관주의자입니다. 그런데 아무 계산 없는 낙관주의자예요.

계산 없는 낙관주의자요?

네. 그런 사람들이 제일 위험하거든요. 계산이 안 되는 사람이에요. 계산이 되면 어떻게 김문수-한덕수 단일화를 구상합니까? 지지기반이 다른 사람들끼리 모여야 플러스알파가 되는데 거의 지지기반이 80~90% 중첩되는 사람끼리 단일화를 해서 거기에 무슨 효과를 얻으려고 그러는 겁니까? 오히려 단일화 과정의 문제점이 지금 적나라하게 노출돼서 컨벤션효과도 날아가버렸지 않습니까. 컨벤션 역효과가 지금 나타나고 있잖습니까.

그러면 이런 건가요? 윤석열 전 대통령은 밑도 끝도 없이 김문수-한덕수 내가 이렇게 뒤에서 밀어서 한덕수가 최종후보가 되면 대통령 될 거야, 그러면 나도 편

해질 거야 이 생각인 거고요. 親尹의원들은 대선은 지겠지만 당권은 우리가 장악할 수 있어. 이렇게 계산하고 있다는 그런 말씀이세요?

한동훈 공포증이 있는 것 아닙니까.

윤석열 전 대통령하고 친윤의원들 사이에요?

한동훈 후보가 당권을 잡는 사태는 완전히 국민의힘이 뒤집어지는 것 아닙니까. 그래서 저는 이번 대선의 역사적 의미가 오히려 국민의힘 심판인 것 같아요. 어떻게 보면 한국 보수세력에 선택을 요구하는 것 같아요. 진짜보수와 가짜보수가 갈라져야 된다. 저는 이번 선거를 통해서 국민의힘이 국민들로부터 혹독한 심판을 받아야 된다고 생각합니다. 그 다음에 재기의 발판이 열릴 것이고요.

국힘 혹독한 심판 받아야…
진짜보수-가짜보수 분열돼야 재기 가능

네.

저는 경상도 당과 수도권 당으로 차라리 분열되는 게 낫다고 생각합니다. 나뉘어져야 된다고 생각해요. 그렇지 않으면 또 연명하다가 과거로 돌아가서 보수 재기의 돌파구가 열리지 않을 것이라고 생각합니다.

대표님의 말씀은 이번 대선을 통해서 그냥 속된 말로 궤멸·폭망하고, 그 이후에 폐허에서 다시 새집을 짓는 것이 낫다?

네. 그래서 분당해도 좋고요. 그러니까 가짜보수와 진짜보수로 나뉘어져야지요. 내가 가짜보수라고 하는 것은 그 객관적 증거가 있습니다. 4월

4일 헌법재판소의 결정문에 반하는 행동을 하면 그건 가짜보수예요. 그 결정문이 뭡니까? 계엄은 불법이었다, 부정선거가 없었다는 것 아닙니까.

그렇지요.

그 결정에 지금 도전하고 있는 게 국민의힘 오늘의 당권파이고, 그 사람들이 만든 후보가 김문수 후보이고요. 그 다음에 한덕수 후보는 약간 입장은 달라요. 그렇지만 결국 윤석열 정권의 제2인자였으니까 이번 선거는 다시 한번 윤석열 대 이재명의 리턴매치처럼 된 것 아닙니까.

만약에 김문수-한덕수 후보 중에 한 사람이 최종후보가 되면요.

그러니까 윤석열 그림자와의 싸움인데요.

윤석열 전 대통령의 그림자를 걷어내는 것, 결별하는 게 국민의힘에게 힘든 일일까요? 왜 그걸 끊어내지 못한다고 보세요?

역시 선택을 잘못한 거지요. 그럴 찬스가 있었는데, 작년 12월4일 비상계엄령이 좌절되고 나서 한 일주일 사이에 결별을 했어야 되는데 결국 한동훈 노선이 옳았다는 게 증명된 것 아닙니까. 그런데 그 한동훈 대표를 추방했죠. 그런데 저는 이번 선거에서 의미가 하나 있다고 봐요.

어떤 의미요?

한동훈 전 후보가 졌지만 사실상 이겼어요.

사실상 이겼다?

그 정도 표를 모을 줄 생각 못했잖아요. 한 달 사이에 이렇게 급변했잖아요. 한 달 사이에 이렇게 한동훈 후보가 2위까지 올라간 것은 헌법재판소 결정문 덕분이거든요. 헌법재판소 결정이 한동훈 노선이 옳았다 하는 것을 보여준 것 아닙니까. 그리고 이번 단일화 사태에서도 결국 한동훈 후보는 단일화에 사실상 반대했어요.

독자노선 쪽을 좀 강조하기는 했지요.
그 말이 맞잖아요. 지난 5월3일 전당대회를 보면 얼마나 김문수 후보를 띄웠습니까? 우리의 최종후보라고요. 그렇게 해놓고 당선되자마자 한덕수 후보와 단일화하라, 그 말은 한덕수 후보를 위해서 희생하라는 뜻 아니겠어요? 일종의 희생타로 지금 삼고 있는 것 아닙니까. 김문수 후보가 거기에 감정적으로 순응하겠습니까?

쉽지 않을 수 있지요.
이용당하고 있다는 것 아닙니까. 그러니까 이 상황을 어젯밤의 대소동부터 우리 국민들이 실시간으로 지켜보고 있잖아요.

한덕수와의 단일화 안 될 것. 되더라도 효과 없다

지금 양쪽 입장도 많이 나오고, 심야 의원총회에다가 거의 12시가 다 돼서 최종 입장이 나왔지요.
그래서 이재명 파기환송 이슈가 오히려 뒤로 밀렸잖아요. 아무 계산이 없다는 게 이런 겁니다. 대선에 이길 생각을 가지고 있으면 이런 짓을 하겠습니까?

결국 당권 때문에 이런 일을 벌인다 이런 말씀이신 거지요? 그러면 대표님, 말씀하셨지만 어제 하루 온종일 난리도 아니었잖아요. 양쪽 입장문 나오고 뭐 선대위를 구성하네 마네, 뭐 사무총장을 자르네 마네. 그리고 심야의원총회 끝에 뭔가 결과물은 조금은 나왔어요. 결국은 한덕수-김문수 이 단일화가 어떻게 될 것으로 보십니까?

김문수 후보는 공식적으로 지금 국민의힘 대통령후보입니다. 그리고 전당대회를 통해서 뽑혔어요. 굉장한 정통성을 갖고 있습니다. 그래서 시간은 자기편이라고 생각하는 것 아닙니까.

버티면 내가 이긴다.

그러면 어차피 11일쯤 해서 두 사람이 등록할 것 아닙니까. 두 사람이 딱 등록하면 그 순간부터 입장이 강해지는 사람이.

김문수 후보겠지요?

그렇지요. 정당 배경을 갖고 있고, 한덕수 후보는 무소속이니까 순번에서도 밀릴 것이고요. 그러면 선거기간 중에 단일화하느니 마느니 하면 결국은 김문수 후보가 주도권을 잡는 그런 계산을 하고 있는 것 같습니다.

당 지도부가 그냥 놔둘까요? 애가 탈 것인데요.

그러면 어떻게 합니까? 후보 사퇴운동을 합니까?

예전에 민주당에 후단협이 있었잖아요.

정몽준-노무현 그건 한참 전에. 선거기간 앞두고 하지는 않았거든요.

그렇군요.

그러니까 세상에 이런 일이 어디 있습니까? 지금 아마 등록 6일 전이지요.

그러면 결국에는 대표님이 보시기에도 버텨서 김문수 후보가 최종후보가 될 것이다 이런 말씀이신 거지요?

지금 예상은 두 사람이 동시등록하는 것 아닙니까. 동시등록한 다음에는 또 단일화하자는 이야기가 많이 나오겠는데요. 전에 안철수, 윤석열 단일화가 투표 4일 전인가 3일 전에 했잖아요. 그런 식으로 이루어지더라도 그때는 이미 아무런 효과가 없고요. 지금 발표되는 모든 여론조사가 이길 수 없는 구도 아닙니까.

대선 이후 한동훈과 이준석의 시간이 올 것

알겠습니다. 대표님, 예전에 저랑 처음에 인터뷰하실 때도 그렇고, 그 중간에도 보수세력이 이번 대선 이길 수 있을까요라고 질문 드리면 대표님의 계속되는 답이 국민의힘에서는 한동훈 후보를 선출하고, 밖에 있는 이준석 후보와 한동훈-이준석 단일화를 통해서 세대교체를 해야 이길 수 있다 이렇게 말씀하셨잖아요. 그런데 한동훈 후보가 최종후보가 못 되는 바람에 일단 그 전제는 깨져버렸어요. 남은 건 개혁신당의 이준석 후보입니다. 이준석 후보는 최종 완주할 것으로 보세요, 아니면 어떤 형태로든지 한덕수 또는 김문수 이쪽과 단일화해서 빅텐트를 칠 것으로 보세요?

본인이 완주한다고 선언을 했으니까 그걸 믿어야 되고요. 또 계산상으로 누구하고 단일화를 해서 단일화된 사람이 이길 승산이 있어야 단일화에 응할 것 아닙니까. 이번 한동훈과 이준석, 50대와 40대 두 사람 중심으로 앞으로 아마 한국 보수세력이 개편된다고 봅니다. 또 그렇게 되어야 되고요. 50대와 40대 다 전문성이 있고, 지적능력이 뛰어나고, 말과 글이 되는 사람이고요. 그리고 무엇보다도 윤석열의 무도한 계엄에 반대했고요. 이번 대선 이후에는 한동훈과 이준석의 시간이 올 것이라고 생각합니다.

그래요? 보수진영 내에도 이른바 찬탄파가 있잖아요. 이번에 최종결선에서 한동훈 후보가 어쨌든 떨어졌고, 그전에는 안철수 전 후보도 떨어졌고요. 오세훈 시장은 아예 불출마를 해버렸고요. 지금 봤을 때는 찬탄파가 궤멸 수준이거든요, 지금 이 순간에는요. 그러면 대선 이후에는 바뀔 것이다?

그것은 국민의힘 지지자, 국민의힘 당원들이 판단을 잘못한 것이지요. 어떻게 보면 역사의 낙오자편에 선 거지요. 역사의 낙오자가 윤석열 아닙니까? 그 윤석열 편에 서서 뽑은 후보가 김문수 후보니까 지금 일어나고 있는 이 사태는 바로 역사에 도전한 세력이 겪고 있는 지리멸렬 상황입니다.

그러면 이번 대선을 지나고 나면 국민의힘 당원들이나 지지자들이나 다시 판단을 하게 될 거고요.

그렇지요.

예를 들면 한동훈 전 대표와 같은 찬탄파의 경우에 다시 재기할 수 있다 이런 말씀이신 건가요? 보수세력의 중심이 될 수 있다.

역사의 흐름이라는 게 무섭거든요. 역사의 뒤바람을 받으면 한동훈과 이준석처럼 나갈 겁니다. 그런데 역사의 흐름과 반대되는 방향, 그게 역사의 흐름이라고 하지만 사실은 대한민국 자유민주주의, 그리고 헌법정신에 반대되는 행동을 하던 그게 바위에 계란 던지는 것과 마찬가지지요. 지금 이 선거에서 처참하게 질 확률이 굉장히 높잖아요. 그러면 그 참패의 책임을 져야 하는 사람들은 역사의 무대에서 사라져야 되는 것이지요.

알겠습니다. 앞서 이번 대선은 여론조사상 보수세력이 이길 수 없는 선거다 이렇게 말씀을 해 주셔서요. 제가 관련해서 오늘 아침에 나온 여론조사를 하나 소개해 드릴게요. 중앙일보가 한국갤럽을 통해서 발표한 여론조사고요. 5월3~4일 무선전화 면접조사로 이루어졌습니다. 3자 대결에서 호칭 생략하고요. 이재명 49% 대 김문수 33% 대 이준석 9%. 이재명 49% 대 한덕수 36% 대 이준석 6%. 양자대결을 하면 이재명 52% 대 김문수 39%, 이재명 51% 대 한덕수 41%, 이재명 51% 대 이준석 29%. 이렇게 나왔다는 점을 말씀을 드리면서요.

대법원의 李 파기환송? 타격 없어…결국 유권자가 결정할 것

민주당 얘기를 해 보지요. 이재명 후보의 사법리스크가 다시 불거졌어요. 대법원에서 유죄 취지의 파기환송이 나오면서요. 이게 앞으로 어떻게 전개될 걸로 보십니까? 이재명 후보에게 좀 타격이 될까요?
지금 여론조사 보면 별 타격이 없는 것으로 나옵니다.

지금 제가 말씀드린 거요.
네. 지금 민주당의 과잉대응에 대해서는 비판적인 여론이 많아요.

조희대 대법원장 탄핵하겠다, 대법관 10명 탄핵한다 이런 얘기들이요.

그게 지지율에는 별로 반영이 안 되는 것 같은데요. 너무나 상황이 구도가 꽉 짜여 있어서 그게 전체 선거판을 흔들 정도는 아니라고 생각합니다. 다만 이게 이렇게 돼버렸어요. 결국은 파기환송 재판이 6월3일 이전에 결론을 내기는 어렵게 된 것 아닙니까.

고등법원이요?

그렇지요. 그리고 거기에 또 재항고를 하면 확정판결은 안 나오게 돼 있습니다.

물리적으로 재상고까지 하면 조금 어렵지요.

어렵지요. 하여튼 뭐 불가능하다고 본다면 민주당이 이 사이에 대법원장 탄핵이라는 말을 꺼내는 것은 과잉대응이라고 보고요. 이 상황은 이런 의미가 있다고 봅니다. 그때 상고기각 판결을 내릴 것이라는 예측이 상당히 많았어요. 왜 그런 생각을 했느냐 하면 선거 전에 이 문제를 헌법재판소의 4월4일 결정처럼 깔끔하게 논란을 정리할 수 있다라고 생각해서 그런 기대를 했는데요. 선고기각을 하든지 아니면 자판을 해버리든지.

차라리요?

네. 그런데 제일 논란이 많은 결정을 한 거예요. 그래서 신속하게 문제 해결을 하겠다고 그렇게 서둘러서 재판을 했는데 그 결과가 신속하게 문제를 악화시키고 말았다 이겁니다. 그러면 이 문제는 누가 결정해야 되느냐, 우리 유권자가 결정해야 됩니다. 이제 이재명 후보의 사법리스크 내용을 다 알게 됐습니다. 사실상 유죄 확정이에요. 그래도 국민들이 이재명 후보를 대통령으로 당선시킨다면 그건 주권적 결단입니다. 국민들의 주권적 결단은 그 뒤의 재판에 큰 영향을 줄 것이라고 봅니다.

　알겠습니다. 오늘 인터뷰는 여기서 마무리하도록 하겠습니다. 지금까지 조갑제TV의 조갑제 대표였습니다. 감사합니다.

CPBC 라디오 김준일의 뉴스공감 (2025년 5월19일)

"보수, 추하게 져서는 안 돼…
당당하게 져야"

진행 : 김준일 앵커

첫 TV토론 이준석의 디테일이 이재명의 허점을 드러내

어제 있었던 대선 TV토론 그리고 향후 대선의 흐름, 한국의 대표 보수 논객이죠. 조갑제 조갑제닷컴 대표와 이야기 나눠보겠습니다. 대표님 안녕하세요.
예. 안녕하세요.

대표님께서 생일이.
1945년생입니다. 해방둥이죠.

예. 해방둥이. 대한민국 건국이 1948년에 됐다고 일반적으로 얘기를 하니까. 임시정부를 제외하고. 그러면 일단 어렸을 때라서 기억은 안 나시겠지만 대한민국의 모든 대선을 다 보신 거네요.
거의 모든 대선은 다 보고 선거에 참여한 것은 1967년. 그때 대통령 선거가 박정희 對 윤보선.

그렇군요.

그때는 군대에 있었고 그 뒤 4년 뒤가 아주 유명한 선거인데 1971년 4월 대선 박정희 對 김대중. 이때는 제가 기자로서 취재를 했습니다.

그러시군요. 제가 옛날에 있었던 모든 대선을 여쭤볼 수는 없고 시간 관계상. 많은 대선을 보셨는데 이번 대선을 좀 어떻게 보시는지. 대선의 성격이나 구도를 어떻게 보시는지 좀 궁금해요.

민주주의 국가에서 제일 중요한 유권자의 주권자로서의 결단은 선거입니다. 그런데 이번 선거는 특히 아주 중대한 의미가 있습니다. 12·3 비상계엄이라는 예기치 못한 대사건이 발생해서 그 뒤 5~6개월 동안 한국이 진통을 겪다가 지난 4월4일 헌법재판소의 윤석열 파면 결정에 의해 이번 조기 대선이 이루어지게 된 겁니다. 그동안의 문제를 총괄적으로 정치적으로 해결하는 것이 이번 선거의 의미죠. 그래서 새로운 정부와 새로운 진로를 갖게 되는 것 아닙니까? 그래서 한 고비를 넘기는 거고. 또 선거를 통해 피 흘리지 않고 이런 어마어마한 문제를 해결할 정도로 한국의 민주주의가 성숙됐다는 걸 지금 체험하고 있습니다. 특히 어제 TV토론이 있었는데, 민주주의가 확립되지 않는 나라는 저런 토론이 아니라 총 들고 내전을 통해 문제 해결을 합니다. 그런데 얼마나 근사합니까.

그렇군요. 윤석열 대통령이 단행한 비상계엄 이후에 수습하고 새로운 대한민국으로 나아가는 게 이번 대선의 의미다, 이렇게 말씀해 주셨는데. TV토론 말씀하셨으니까 여쭤볼게요. 어떻게 보셨습니까?

어제 아주 재미있었어요. 왜 재미있었냐면 40살 이준석 후보가 끼는 바람에 대화가 아주 구체적으로 되고 발랄하게 되고. 또 이준석 후보가 유머감각이 있고 언어감각이 좋은 사람이어서 아주 날카로운, 어떻게 보면 짓궂은 이야기도 하고 해서 전체 분위기가 아주 생동했습니다.

이준석 후보를 딱 찍어서 발랄했다라고 하셨는데. 4명의 후보 이재명 김문수 이준석 권영국. 좀 하나씩 짧게 총평을 해주시면 어떨까요?

이준석 후보에 대해서는 발랄하다, 순발력이 있다. 이렇게 평을 드리겠고. 무엇보다도 제일 주목받는 분은 이재명 후보죠. 사실상 지금 대통령이 될 가능성이 제일 높잖아요. 그래서인지 벌써 대통령 후보로서 보다는 대통령으로서 하는 이야기처럼 들릴 때도 있었어요. 그만큼 신중하게 했다는 거죠. 왜냐하면 지금 하는 발언은 나중에 대통령이 되었을 때 어떤 책임을 져야 될 수도 있으니까요. 그래서 공격적으로 방어를 안 하더라고요. 그러나 큰 실수가 없었어요. 그런 점에서는 성공적이라고 봅니다.

그렇군요.

그리고 김문수 후보는, 사람이 아주 바른 분이거든요. 그분 인격대로 남의 이야기를 상당히 경청하더라고요. 아주 신사적으로 토론을 전개하는 게 인상적이었고. 권영국 후보는 그분의 배경대로 상당히 운동권적, 어떻게 보면 좌파적 시각을 가지고 자기를 지지하는 세력의 이해관계를 직설적으로 대표했습니다. 그것도 좋다고 봅니다. 원래 토론이 그런 거거든요.

이재명, 문재인 정부 탈원전에 상당한 미련 갖고 있는 것으로 보여

알겠습니다. 저도 제 개인적인 의견을 말씀드리면, 이 4명의 정당의 색깔이 또

달랐잖아요. 노란색에. 그래서 약간 우리나라 대한민국의 어쩌면 이념 성향을 각각 대표하는 분들이 쫙 나와서 하는 걸 보니까 내용을 떠나 그런 것들은 굉장히 좋더라고요.

어떻게 보면 2대 2로 나눌 수 있잖아요. 이념적으로 나누면. 김문수·이준석을 오른쪽이라고 보고. 그리고 이재명 후보는 자기가 중도라고 이야기하지만 그래도 권영국 민주노동당 후보 측과 역시 친밀한 관계니까 2 대 2의 구도인데. 꼭 그렇게 되지는 않았어요. 오히려 이념적인 2대 2 대치는 어제 그렇게 선명하지 않았습니다.

그렇게 말씀을 주신 게 노란봉투법. 소위 말하는 노란봉투법을 두고는 이재명 후보와 김문수 후보가 좀 격론을 벌였고. 또 최저임금 지역별 차등 적용, 이건 이준석 후보의 공약인데, 권영국 후보하고 이준석 후보가 좀 맞붙었습니다. 좀 흥미롭게 보신 부분이 있나요?

지금 이번 선거가 말이죠. 너무나 1위 후보가 압도적으로 달리고 있으니까 사실은 2위 3위 대결이 굉장히 중요합니다. 이건 보수의 미래를 걸고 싸우고 있는 입장이거든요. 이준석 對 김문수 후보. 한쪽은 윤석열 편에 섰고, 한쪽은 줄곧 윤석열의 반대. 계엄에 반대하고 탄핵에 찬성했던 이준석. 그래서 두 사람이 격론을 벌일 줄 알았는데 어제는 주제가 경제 분야다 보니까 두 사람이 한 편이고. 두 사람이 이재명 후보를 몰아붙이는 그런 형국이 몇 군데 있었어요.

커피값 120원 논쟁도 있었고.

그 논쟁도 포함하고. 그런데 인상적이었던 것은 이재명 후보가 아주 큼직한 정책을 발표했는데, 이준석 후보는 아주 그런 큰 정책의 미세한 점을 파고들더라고요.

디테일을 굉장히.

디테일에 들어가서 허점을 발견하더라고요. 예컨대 해남에 AI 데이터센터를 만드는 데 거기 전기를 재생에너지, 풍력발전으로 쓰겠다고 했잖아요. 그런데 풍력 발전은 안정적이지 않다. AI 데이터센터는 안정적인, 원자력 발전이나 석탄 발전과 같은 안정적인 질이 높은 전기를 써야 되는데 거기에 대한 대책이 있느냐고 몰아붙이는 것은 상당히 인상적이었습니다.

알겠습니다. 참고로 전문가들이 얘기하는 건 이미 전기가 생산되면 질이 높다 낮다라는 개념은 없고. 다만, 풍력 발전이 바람 상황에 따라서 아니면 태양광이나 햇볕 상황에 따라서 조금 더 불안정성이 있을 수 있다. 이런 얘기들이 있고, 그런 것은 송전망 등으로 해결할 수 있다. 이런 쟁점들이 있다는 것 말씀드립니다.

그것도 중요하지만 그걸 통해서 문재인 전 대통령의 탈원전 정책에 대해 아직도 이재명 후보는 상당히 미련을 갖고 있다는 느낌을 받았어요.

그래요?
저는 딱 정리가 됐었어야 된다고 생각을 하거든요.

탈원전은 안 하겠다고 거의 캠프 내에서는 이미.
예. 그런데 어제 이야기하는 거 보면 역시 재생에너지가 마치 대체주력 대체전력원이 될 수 있는 것처럼 이야기하는데 그건 불가능하거든요. 역시 원자력 중심으로 가야 되는데 그런 점이 어제 조금 노출이 됐습니다.

알겠습니다. 전 세계가 탈원전으로 가다가 최근에는 덴마크가 탈탈원전을 선언하기도 하고 이탈리아도 그렇게 가고 다시 원전이 좀 각광받고 있는 부분을 좀 말씀해 주신 것 같고요.

이재명, 대법원장 탄핵·특검으로 삼권분립 흔들면 새로운 독재화의 길

TV토론은 이 정도로 얘기하고. 큰 틀에서 지금 대선판 얘기해 볼게요. 제가 대표님께 여쭤보고 싶은 건, 최근 보수 진영 인사들의 이재명 후보 지지 선언이 잇따르고 있어요. 홍준표 전 시장의 지지자들도 지지 선언을 했고, 오늘은 박근혜 전 대통령 지지자들 일부가, 거기에다가 김상욱 무소속 의원이 더불어민주당 입당. 그리고 허은아 전 개혁신당 대표. 그리고 김용남 전 의원. 이런 분들이 다 가고 있거든요. 어떻게 보십니까?

크게 의미가 없다고 봅니다. 그 지지 선언을 하시는 분들이 정통 보수 세력에서 큰 영향력을 행사했던 사람이 아니고. 지금 정통 보수 입장에서는 윤석열 전 대통령의 무도한 비상계엄에 대해서는 가차 없이 비판할 수 있지만, 그렇다고 해서 이재명 후보 지지로 넘어가기에는 그 사이의 거리가 너무나 넓어요. 그리고 선거 때마다 이런 좌우를 넘나드는 형식의 변화는 있습니다. 2007년 이명박 후보가 굉장히 앞서갈 때는 좌파 운동을 하던 사람이 오른쪽으로 와 가지고 흔히 뉴라이트라고 하면서 상당한 역할을 했던 적도 있습니다.

대표님께서는 최근 민주당이 대법원장과 대법원을 공격함으로써서 중도 보수 이미지가 상당히 퇴색됐다, 이런 얘기를 하셨는데 표에 악영향이 있다는 것과는

또 다른 차원의 중도 보수 이미지가 퇴색됐다. 어떻게 해석하면 될까요?

여론조사에는 진영 논리로 상당히 지금 갈려 있는데, 지금 여론조사 보면 아직 결정하지 않는 사람이 한 10%밖에 안 되잖아요. 그러니까 거의 다 짜여 있다는 겁니다. 지지율에는 나쁜 영향을 미치지 않는 것으로 보이지만, 장기적으로 보면 상당히 위험하다고 봅니다. 국회를 장악한 세력이 머지않아 대통령을 배출해서 행정부까지 장악하고, 거기서 또 대법원장 탄핵이나 대법원장 특검 쪽으로 몰아붙이기 시작하면 그건 삼권분립이 위태롭게 되는 거죠. 그래서 민주주의가 아주 덜 정착한 예컨대 튀르키예나 헝가리 등을 보면 권력을 잡은 사람이 최종적으로는 결국 사법부를 굴복시켜서 일종의 독재화를 완성하는 경우가 있더라고요.

우리나라는 그쪽으로 갈 수 없다고 생각합니다. 우리나라가 가지고 있는 그런 독재화에 대한 반발이 주로 야당이나 언론에서 나오는데, 또 선거는 항상 있어야 할 시간에 선거가 있잖아요. 그건 피할 수가 없잖아요. 우리나라가 참 희한한 나라인 게, 지금까지 여러번 쿠데타도 있었고 비상계엄령도 터졌는데 예정된 선거가 없었던 적은 한 번도 없습니다.

선거는 다 했나요?

다 했어요. 예정된 선거는 다 했어요. 심지어 1952년 전쟁 중에도 대통령 선거와 지방선거를 했습니다. 그것도 최대 규모의 선거를 했어요.

기록으로만 봤습니다.

1952년에 지방자치단체장 선거를 했는데 면의원까지 뽑았어요. 1만 5천 명을 뽑았습니다. 그래서 한국 사람들 DNA에 남아 있는 이 선거에 대한 욕구, 그걸 눌러야 독재가 되는데 그럴 사람이 있겠습니까?

오늘 이슈가 워낙 많은데, 윤석열 전 대통령 내란 사건을 재판하는 지귀연 판사가 "나는 삼겹살에 소주만 먹는다" 얘기했는데 룸살롱 사진을 또 민주당 쪽에서 공개해서. 완벽하게 확인이 된 건 아니지만 룸살롱에 간 것으로 추정되는데. 이것도 사법부에 대한 공격으로 보십니까?

이건 민주당에서 위험한 도박을 하고 있다고 봐요. 지귀연 판사가 승부를 걸었습니다. 아니 재판하다가 모두 발언을 통해서 자기가 신상 발언을 한 것 아닙니까? 처음 봤어요. 그만큼 자신 있다는 이야기로 보입니다. 지 판사가 '삼겹살이 아니라 소맥 대접 받은 적도 없다'고 한 이후, 민주당에서 사진을 공개했는데 그냥 어떤 실내에서 남자 두 사람하고 같이 찍은 사진이더라고요. 그게 룸살롱 접대하고 무슨 관계가 있어요? 지금 문제 제기한 것은 룸살롱에서 부도덕한 접대를 받았다는 것인데 그것을 증명할 사진은 아니잖아요. 그런데 판사가 룸살롱 가면 안 됩니까?

그건 추후적으로 법원에서 확인해야 된다라고 지금 압박하고 있는 상황인 것 같고. 추후 공개하겠다 하고 있는데 어쨌든 전체적으로 보면 민주당이 사법부를 과도하게 압박하고 있다?

예.

이번 선거판은 이미 12월4일 새벽에 결정, 한동훈 노선이 옳았다!

자 이제 이런 게 있으면 민주당에 조금 불리한 이슈일 수도 있는데. 이게 김문수 후보 지지율에는 딱히 반영이 안 되는 것 같아요. 좀 활용을 못하는 건가요? 아니면 사람들이 이미 판단을 한 건가요? 어떻게 보십니까?

이번 선거판은 언제 결정이 됐느냐면 작년 12월에 결정이 됐습니다. 12월4일. 비상계엄령이 해제된 다음에 거의 대부분의 사람들이 느꼈던 것은 '조기 대선이 있을 수밖에 없다. 즉 윤석열 전 대통령은 끝났다. 그러면 조기 대선이다. 조기 대선이면 이재명 후보가 당선될 것이다' 하는 구도가 결정 되었어요. 다만, 변수가 하나 있었어요. 한동훈 당시 대표가 윤석열을 제명하고 윤석열과의 관계를 청산하고, 개헌 반대 탄핵 찬성 쪽으로 돌자고 했지 않습니까? 그런데 당내 반발이 일어나 그 노선이 좌절되고 한동훈 대표를 쫓아내버렸잖아요. 그 다음에 광장에 나와서, 말하자면 윤석열 보호에 국민의힘이 동참하고 광장 세력과 한 덩어리가 됐습니다. 그 뒤 넉 달 동안 대선 준비를 안 했어요. 그리고 윤석열과 같이 몸을 묶고 인수봉을 올라갔잖아요. 썩은 새끼줄을 잡고 인수봉을 올라가다가 결국.

추락했다?

추락 일보 직전이니까. 그때 이미 선거판의 구조는 결정이 됐고 당시 전략적 판단을 잘못한 거죠. 한동훈 노선이 옳았다니까요.

그렇군요. 한동훈 노선이 옳았다.

또 실수는 지난 전당대회 때 한동훈 후보를 뽑았어야 된다고 봅니다. 그랬으면 이번 조기 대선이 아주 긴장감 있고 의미가 있었다고 생각하는데, 윤석열 세력에 속한 김문수 후보를 뽑았던 것, 두 번째 실수죠. 그게 바로 지지율에 반영되고 있죠.

근데 지난 토요일에 윤석열 대통령이 자진 탈당하면서 좀 정리가 되고 보수 진

영이 좀 규합할 수 있는 반전의 계기가 마련된 건 아닐까요?

이미 늦었죠. 지금 여론조사를 하면 보수층의 김문수 지지율이 40% 나오는 데도 있어요. 또 60% 나오는 데도 있고. 그래서 크게 보면 반반으로 나눠졌다고 봅니다. 보수가 반반으로 분열돼 버렸어요. 윤석열 계엄지지, 윤석열 계엄 반대로 거의 반반으로 보수가 분열됐습니다.

쉽게 얘기하면 탄핵 찬반으로 반반 갈라졌다고 보시는군요.

그렇죠. 그게 지금 김문수 지지율이 안 오르는 가장 큰 이유 아닙니까? 그리고 중도는 60~70%가 이재명 후보 쪽으로 갔고.

탄핵에 찬성한 사람들이 그 정도 되는 거죠?

그렇죠. 지금 여론조사에서도 그렇게. 그러면 구조적으로 완전히 이변은 없다는 것이니까 아마 국민의힘은 두고두고 후회할 겁니다.

그렇군요.

윤석열과의 관계를 딱 정리하고 윤석열 잘못했다, 동시에 그 원인의 일부를 제공한 이재명 민주당도 잘못했다. '윤석열도 이재명도 안 된다'는 노선으로 갈 수 있었는데, 윤석열 편에 서면서 역사적 기회를 놓치고 이제 후회도 늦어버린 상황이 될 겁니다.

진짜 보수가 가짜 보수를 심판하는 선거

대표님께서 이런 말씀을 하셨어요. "이번 대선에선 진짜 보수가 가짜 보수 국민의힘 윤석열 세력을 심판하는 사상 초유의 사건이 일어날 것." 이렇게 평을 하셨는데 그럼 진짜 보수가 누구냐, 이게 궁금해요. 대표님이 생각하시는 진짜 보수.

진짜 보수는 기준이 두 가지죠. 하나는 헌법을 수호하느냐 안 하느냐. 두 번째는 사실을 존중하느냐 안 하느냐입니다. 우선 윤석열의 위헌적인 계엄, 그것은 법치를 부정한 거죠. 그 다음 윤석열 씨는 부정선거 음모론을 주장했습니다. 그건 완전히 거짓말 아닙니까? 이건 사실을 부정하는 것이죠. 그렇다면 그건 가짜 보수입니다.

가짜 보수인가요?

보수의 두 개 기준, 아니 세 개 기준으로 해야 되겠네요. 첫째가 사실이고 두 번째가 법치, 세 번째가 자유. 이걸 다 부정하면 그건 가짜죠. 그래서 앞으로 보수가 누가 진짜냐 가짜냐를 가려야 되는데. 지금 정치적으로 보면 그래도 진짜 보수에 속하는 두 사람이 있다면 한동훈 이준석 두 사람입니다.

한동훈·이준석 두 사람이 진짜 보수? 방금 말씀하셨던 사실, 그리고 법치, 자유.

그렇죠. 계엄에 반대했고 부정선거 음모론은 거짓말이라고 규탄했고 싸웠잖아요. 그래서 앞으로 보수는 어차피 큰 타격을 받는데 재기하려면 한동훈 이준석의 역할이 있을 겁니다.

알겠습니다. 대표님께서는 대선 이후 국민의힘이 분당, 소수 극우화, 아니면 소멸. 이렇게 여러 가능성이 있다고 얘기해 주셨는데 어떻게 전개될 거라고 보시는지요?

이번 대선에서 김문수 후보 참패 즉 국민의힘 참패로 갈 것 아닙니까?

그러면 그 타격은 결국 당권파 친윤 세력의 어떤 신뢰성의 추락으로 갈 것이고 그러면 당내 기반이 약해질 것 아닙니까? 그 틈을 타고 저는 한동훈 전 대표가 다시 전당대회를 한다면 또 대표 선거에 도전할 거라고 봅니다.

만약 그분이 대표로 선출되면 국민의힘이 어떤 자체 개혁의 계기를 잡을 수 있을 것이고, 그때도 한동훈 전 대표가 당권을 잡지 못한다면 그 뒤에는 분당이라든지 '헤쳐모여' 같은 것도 있을 수 있지 않느냐. 이런 움직임이 하나 있고. 그 다음 바깥에 있는 개혁신당 이준석 세력과의 또 연대라든지 여러 가능성이 있는데, 하여튼 이런 대혼란으로 한번 가야 됩니다. 거기서 새로운 어떤 재생의 길이 열리고 철저하게 반성해야죠.

대한민국 70년은 보수가 주도한 문명건설의 역사, 국힘은 실력과 자질 없어

그러니까 보수 세력이 지금 영남 중심 또는 친윤 사람들이 중심이 돼서는 보수는 희망이 없다. 이렇게 보시는 군요.

그렇죠. 한국의 보수라는 것은 세계적으로 위대한 업적을 남긴 사람들 아닙니까? 이승만 박정희 전두환 노태우 그 다음에 김영삼 이명박 박근혜 이쪽으로 쭉 이어져 오면서 위대한 문명건설을 주도한 사람 아닙니까? 중요한 제도는 거의 다 한국 보수가 만들었어요. 보수. 그런데 지금 이 국민의힘 당권을 쥐고 있는 사람들이 그런 보수를 대표할 실력이 있습니까? 자질이 있습니까? 그럼 바꿔야 돼요. 보수를 대표할 자격이 없어요. 그러면 새로운 리더십을 만들어 내야 됩니다. 또 그만한 충분한 에너지가 지금 저축되고 있다고 봅니다. 이번 조기 대선을 통해서.

민주당에서 이재명 후보부터 중도 보수론 얘기를 많이 해요. 또 민주당 지지자들 중 일부가 사실 민주당이 보수다, 유럽 기준으로 보면 국민의힘은 극우다, 이런 얘기를 하면서 민주당이 보수의 자리를 잡고 국민의힘이 약간 더 오른쪽으로 가고 왼쪽에 뭐 다른 세력이 나오게 되지 않겠냐, 이렇게 예측하시는 분들도 있던데 어떻게 보십니까?

이재명 후보가 말하는 중도 보수가 득표용이 아니고 진짜 그쪽으로 가겠다라고 한다면 그것을 증명하는 정책을 펴야 되죠.

정책이요?

대통령 되고 나서. 몇 가지 정책이 있을 겁니다. 그것을 증명할 수 있는. 그중에 하나가 아까 말씀드렸지만 사법부에 대한 압박을 중단해야 됩니다.

알겠습니다. 마지막으로, 보수 대표 논객으로서 국민들한테 하시고 싶은 말씀 한마디만 해주십시오.

한국의 지난 70년은 보수가 주도를 했고. 그것은 세계 인류 역사상 유례가 없는 가장 위대한 이야기입니다. The Greatest Story Ever Told라고 해요. 그러나 요사이 보수가 너무나 게을러서 이 위대한 스토리를 이어가지 못하고 있습니다. 그리고 윤석열 전 대통령을 만나서 파산 지경에 이르렀어요. 그러나 절대로 한국의 보수는 죽을 수도 없고 죽지도 않을 겁니다. 그러나 한국 보수는 지금 벼랑 끝에 섰죠. 이제 뛰어내릴 거냐 아니면 기사회생 할 거냐의 기로에 서 있는데, 저는 이번 선거에서 추하게 져서는 안 된다고 생각합니다. 당당하게 져야 된다.

보수가 당당하게 져야 된다?

당당하게 지고 그 다음 김문수 이준석 대결에서 이준석 지지율이 적어도 15%까지는 근접해야 저기의 발판을 마련할 수 있다고 생각합니다. 그래서 이번 선거의 의미는 이재명 후보의 당선 여부, 그리고 이준석 후보의 득표율이 어느 정도 가느냐. 이 두 가지가 하나의 가늠자, 지표가 아니겠느냐. 그렇게 생각합니다.

이준석 후보, 소위 말하는 중도보수 상식보수가 어느 정도 획득하느냐 이것을 많이 보시겠다 말씀하셨습니다. 지금까지 조갑제 대표와 함께 대선 흐름 그리고 대선 이후의 정국 이야기 나눠봤습니다. 대표님 감사합니다.

SBS 라디오 '김태현의 정치쇼'(2025년 5월27일)

"이준석에 단일화 스토킹…
말 꺼낸 김문수가 사퇴해야"

진행 : 김태현 변호사

국힘과 언론이 합세한 단일화 스토킹

딱 일주일 남았습니다. 대선, 이분과 찬찬히 한번 짚어보도록 하겠습니다. 보수논객, 조갑제닷컴 조갑제 대표입니다. 대표님, 안녕하세요.

안녕하세요.

일주일 남았습니다. 그리고 내일부터는 여론조사 공표 금지 기간이고 사전투표 시작되는데 일주일 동안 지금 판세가 변할 것이냐 이게 관건이거든요. 어떻게 전망하세요?

지금 단일화가 어떻게 보면 제일 큰 이슈가 됐는데.

마지막 변수죠.

단일화를 먼저 꺼낸 사람은 국민의힘 김문수 후보 쪽 아닙니까? 그러면 책임지고 단일화를 해야 될 것 아닙니까?

김문수 후보 입장에서는요.

그렇죠. 하는 방법이 있죠.

뭐요?

오늘 텔레비전 토론 있을 것 아닙니까?

정치 분야 마지막.

마지막 토론 마무리 발언에서, 김문수 후보가 '단일화를 하겠다. 그런데 이준석 후보가 안 하겠다고 하니 내가 이준석 후보 지지 선언하고 사퇴하겠다' 하면 단일화되는 거 아닙니까?

그건 이준석 후보가 주장하는 건데.

그런데 며칠 전부터 이재명 캠프에서 말은 안 하는데 굉장히 예민하게 생각하는 게 제가 지금 말하는 시나리오예요. 그렇게 하면 막판 선거판이 어떻게 됩니까? 윤석열 심판에서 이재명 심판으로 바뀌고, 신 40대 기수론에 의한 세대 교체, 정치 교체로 확 바뀌어 버리잖아요.

마지막 프레임이요?

그리고 그건 국민을 감동시킵니다. 감동시킨다는 것은 사람들이 기득권을 포기하고 희생정신을 발휘할 때 국민들이 감동하는 거 아닙니까? 1987년 6·29 선언이 그랬잖아요. 근데 그럴 가능성은 낮다고 봅니다마는 단일화를 꺼낸 사람이 결자해지해야 될 거 아닙니까? 단일화를 이준석 후보가 꺼낸 건 아니잖아요. 김문수 후보의 가장 큰 전략이 단일화였는데, 지금까지 한 열흘 동안 가장 큰 전략으로 삼았잖아요. 결말을 자신들이 내야지.

그런데 대표님, 그 가능성은 낮지 않을까요?

낮죠. 낮을 때 드라마가 만들어지는 거 아닙니까?

그러면 반대로 김문수 후보 입장에서 보면 이제 제2당의 후보니까 포기가 쉽지 않다고 하면 3당의 후보인 개혁신당 이준석 후보가 양보해서 단일화되는 가능성, 그건 얼마나 있다고 보세요?

우선 본인이 여러 번 안 한다고 했잖아요.

이준석 후보는 안 한다고 했죠.

또 당원들에게 메시지까지 보냈잖아요. 지금 완전히 언론과 국민의힘이 짜고 이준석 후보에게 단일화를 압박하는 것과 마찬가지입니다. 이게 뉴스가 안 되잖아요. 이준석 후보가 안 하겠다고 했으면 그 다음에 단일화라는 뉴스가 사라져야 될 것 아닙니까? 국민의힘과 언론이 짜고 스토킹하는 거예요. 안 하겠다는 사람을 왜 자꾸 한다, 한다. 이루어질 가능성이 없잖아요. 있습니까?

이준석 표는 사표 아닌 미래 위한 투자

저야 모르죠.

없잖아요. 그리고 지금 다른 선거판과 다른 게 제3후보의 지지율이 막판에 가서 올라가고 있어요. 원래는 빠지는 거 아닙니까? 사표 방지 심리가 작동해 가지고. 이번에는 이준석 후보가 텔레비전 토론을 두 차례 잘해 놓으니까 지지율이 올라가고 있더라고요. 이런 사람이 왜… 그리고 이번에 명언이 하나 나온 게.

뭐요?

홍준표 전 시장의 명언이라고 생각합니다. 이준석에 대한 지지는 사표가 아니라 미래를 위한 투자다. 그게 팩트잖아요. 그런데 왜 사퇴를 합니까? 근데 본인이 사퇴 안 하겠다고 했는데 왜 언론이 자꾸 사퇴할 거라는 걸 가정을 해서 이걸 뉴스로 만들어 가지고 결국 국민의힘을 도와주고 있는 것인지.

그러면 결과적으로 대표님 보시기에는 김문수 후보도 사퇴 안 할 거고 이준석 후보도 사퇴 안 할 거고 그럼 단일화가 없다, 결과적으로는?

그렇죠. 그러나 책임지는 사람이 있어야죠.

책임지는 사람이요?

단일화를 먼저 꺼낸 김문수 후보 쪽에서 책임져야죠.

어떻게 책임져요?

단일화를 해야지.

그러니까 대표님의 주장은 김문수 후보가 사퇴하라는 주장이신 건데 현실적으로는 안 될 거라는.

현실적으로 안 되더라도 그게 정치 윤리 아닙니까?

알겠습니다. 김문수 후보가 단일화 꺼냈는데 실패하면 책임지고 사퇴해라?

단일화를 하면 되는 거지. 단일화를 하겠다고 했으니까 단일화를 해야 되는 것 아닙니까?

그렇지만 현실적으로는 어려울 거라고 보시는 거죠? 알겠습니다. 근데 최근에 그 얘기도 나오잖아요. 이준석 후보한테, '만약에 당신 말이야. 3자 구도로 가면 이준석 후보 당신 득표율만큼 표차가 나서 김문수 후보가 지면 이재명 대통령 만들어 주는 건데, 너 때문에 그런 거다' 이런 얘기가 나온다고 지금 이준석 후보도 얘기를 하고, 최근에는 친윤 진영에서 '들어오면 당권 줄게', '40대 총리' 얘기들도 나오고. 일종의 당근과 채찍이 다 나오는 것 같던데.

둘 다 야비한 이야기고 사실에도 맞지 않고.

그래요?

이준석 찍으면 이재명 된다 이런 말 하는데 그게 말이 됩니까? 지금 모든 여론조사에서 이준석으로 단일화되든지 김문수로 단일화되든지 이재명 후보에 대해서 약 10%포인트 차가 나는 걸로 나오잖아요. 거의 모든 조사에서 단일화하더라도 이길 수가 없잖아요. 그런 여론조사가 대부분인데 지금 이준석 때문에 김문수 후보가 떨어졌다. 그러니까 안 될 줄 알면서도 스토킹하듯이 단일화를 압박하는 이유는, 크게 졌을 때 그 책임을 이준석 후보에게 넘기려고 하는 거 아닙니까?

알겠습니다. 일단 단일화는 안 될 거다, 현실적으로.

저는 이렇게 생각합니다. 앞으로 선거법 바꿔서 일단 선거운동이 시작된 이후에는 단일화를 못하도록 해야 돼요.

그건 후보의 진퇴의 자유를 너무 제약하는 것 아니에요?

모든 선거운동은 페어플레이 아닙니까, 그렇죠? 지금 400m 경주에 비교하면 스타트를 해서 뛰고 있는데 지금 한 300m까지 온 거 아닙니까? 그런데 2등 하는 사람이 3등 하는 사람보고 '야, 너 내 등을 밀어주고 너는 빠지라'고 하면 그건 실격 조치해야 되는 것 아닙니까? 세계 어느 나라에서 선거운동 기간 중에 단일화를 하는 나라가 있습니까?

알겠습니다. 어쨌든 단일화가 안 될 거다라고 하시니 세 사람을 기준으로, 그걸 전제로 놓고 저희가 얘기 좀 해 보겠습니다. 김문수 후보 지금까지 선거운동에서 보인 모습은 어떻게 평가하세요, 대표님?

저는 이번 선거판은 5월3일에 결정됐다고 봅니다.

김문수 선택한 국힘, 승산 없다!

5월3일이요?

5월3일 전당대회 때 지금 이 선거가 윤석열 심판 선거가 될 거는 분명했잖아요.

그렇죠.

그러면 윤석열을 부인하는, 윤석열과 가장 멀리 있는 후보자를 냈어야 되는 것 아닙니까?

국민의힘이?

그런데 윤석열과 가장 가까이 있었던 친윤석열로 불리는 김문수 후보를 선출한 그때부터 사실은 선거판은 결정돼 버린 거 아닙니까? 반대로 그때 한동훈 후보를 국민의힘이 뽑았으면 한동훈, 이준석 단일화는 굉장히 힘이 있었을 겁니다.

세대 교체론을 명분으로?

그것도 있고 윤석열에 대해 같은 입장이니까. 지금 김문수, 이준석 단일화가 안 되는 이유가 한 사람은 부정선거 음모론자에 가깝고 한 사람은 부정선거 음모론과 싸운 사람 아닙니까? 한 사람은 윤석열 추종자에 가깝고 한 사람은 윤석열과 싸운 사람인데 두 사람을 어떻게 합방을 시킵니까? 근데 한동훈의 경우에는 다르잖아요. 그래서 한동훈, 이준석 단일화 이건 굉장한 드라마를 만들었을 겁니다.

예전에도 한번 말씀하셨었어요, 대표님이.

그런데 결국 국민의힘의 당원과 지지자들이 선택을 잘못한 겁니다. 윤석열 심판이라는 것은 이번 선거의 가장 큰 주제가 될 거라는 걸 알았잖아요. 그런데 어떻게 그런 선택을 합니까?

그런데 어쨌든 선출이 됐잖아요. 근데 한동훈 전 대표가 본인이 독자 유세, 어제는 물론 김문수 후보 옆에 서기는 했지만 그동안 독자 유세를 하면서 세 가지 조건을 항상 얘기했어요. 국민의힘이 승리하기 위한 조건. 그러니까 부정선거 음모론과 절연, 윤석열 전 대통령 부부와 절연, 계엄과 탄핵에 대한 사과. 이거를 김문수 후보가 지금이라도 적극적으로 받아들이면 남은 일주일 동안 뭔가 그래도 좀 판세를 바꿀 수 있는 승산이 있다고 보세요?

이미 늦었죠.

늦었어요?

그러니까 김문수 후보가 후보 등록한 그날 했어야지, 그날 확실하게. 또 거기에 플러스 알파를 해야 돼요. 내가 대통령이 되면 사면 안 한다. 윤석열 부부가 형 확정되었을 때 사면 안 한다. 나는 비상계엄에 대한 특검 받아들이겠다, 이 정도로 이야기했어야죠. 그러니까 윤석열 심판 선거에서는 윤석열을 비판하는 후보라야 득표를 할 수 있는 것 아닙니까? 그런 행동을 안 하고 표를 달라고 하니 이재명 후보 비판이 먹혀들지가 않는 거예요. 윤석열을 변호하면서 이재명 후보만 비판하면 그건 좀 모순 아닙니까? 양쪽을 다 비판했어야지.

알겠습니다. 그거를 못 했던 게 제일 아쉬운 부분이다. 그리고 지금 하더라도 이미 늦었다?

늦었습니다.

TV토론회 주인공은 이준석

알겠습니다. 잠시 주제를 바꾸기 전에 아까 인터뷰 중에 언급된 여론조사 관련해서 말씀을 드릴게요. 동아일보가 리서치앤리서치에 의뢰해서 지난 24일에서 25일 전화면접 방식으로 조사한 결과 이재명 45.9%, 김문수 34.4%, 이준석 11.3%. 5일 전에 채널A 의뢰로 같은 기관에서 한 조사보다 이준석 후보 2.3% 포인트 올랐고요. 같은 조사에서 이재명 대 김문수 이렇게 양자대결 붙였더니 이재명 50%, 김문수 41.6%. 이재명 대 이준석 이 양자 대결 시에는 이재명 49.3%, 이준석 34.9%. 모두 10%포인트 이상 격차가 나는 조사 결과가 있었다는 점을 말씀드리면서 자세한 사항은 중앙선거여론조사심의위원회 홈페이지를 참조하시면 됩니다. 김문수 후보 얘기했으니까 그러면 이제 단일화 대상으로 꼽혔던 이준석 후보 얘기 좀 해 보죠. 아쉬운 점 없으셨어요? 이준석 후보 캠페인 과정에서.

이번 선거에서 제일 성공한 사람이 이준석 후보 아닌가요?

성공했어요?

특히 지금까지는 속설이 텔레비전 토론은 아무리 잘해도 지지율에 반영이 안 된다는 것이었는데 이번에는 반영되는 것 같거든요.

그렇게 보시는군요.

1차, 2차 토론에서 제일 잘한 사람이 저는 이준석 후보라고 봅니다. 그리고 이준석 후보의 이재명 공격이 주효했어요.

호텔경제학 이런 거요?

그래서 이재명 후보가 가지고 있는 중요한 정책, 호텔경제학 그것보다도 에너지 정책. 에너지 정책에서 역시 문재인 전 대통령의 탈원전 시즌2가 될지 모르겠다는 생각을 준 것 아닙니까? 이준석 후보의 공격에 의해서 그런 정책이 드러난 거예요. 그런데 이게 세계 대세에 안 맞거든요. 지금 원자력 발전은 클린에너지로 분류되지 않습니까? 세계 모든 나라가 원자력 발전 중심으로 가지 대체에너지 중심으로 안 가잖아요. 그런데 이 후보는 마치 재생에너지 중심으로 간다고 하니까 아주 중요한 걸 하나 보여줬어요.

그러면 이준석 후보가 항상 얘기한, 화성 동탄에서 자기 국회의원 당선됐던 것처럼 동탄 모델로 승리하겠다, 가능하다고 보세요?

그건 현실적으로 불가능하죠. 불가능하지만 상당히 그쪽으로 끌고 가고 있다는 게 대단해요. 돈 적게 쓰는 선거운동 하잖아요. 돈 적게 쓰면서 순수하게 자기의 글과 말로 지금 선거를 하고 있어요. 제가 한동훈, 이준석을 높게 평가하는 이유는 두 사람이 글과 말이 되는 사람인데 저는 말의 힘을 느낍니다. 지금 이준석 후보의 지지율이 11%까지 올라갔잖아요. 오늘 발표된 것 보면. 그 힘은 돈에서 생긴 것도 아니고 조직에 의해서 생긴 것도 아니고 말이거든요. 우리 국민들이 그 논리적인 말에 설득을 당했다는 겁니다.

그러면 동탄 모델로 승리하는 건 현실적으로 불가능하다. 그럼 이준석 후보의 현실적인 목표, 이건 뭐라고 보세요? 두 자릿수 득표요?

우선 이번 대선을 통해서 이준석 후보의 실력을 우리 국민들이 알게 됐잖아요. 그럼 미래를 위한 투자지. 그러니까 저는 홍준표 시장의 말이 아주 정확하다고 봅니다. 이준석을 찍는 표는 사표가 아니고 미래를 위한 투자라고 생각하니까. 지금쯤은 지지율이 낮아져야 돼요. 양쪽으로 표가 다 빠져버리거든. 거의 대부분의 선거에서 제3후보가 왜 10% 득표를 못 하느냐 하면 막판에 가면 사표 방지 심리가 작동하기 때문인데, 이번에는 사표 방지 심리가 작동하지 않는 것 같아요. 이건 이준석의 실력입니다.

사표 방지 심리가. 알겠습니다. 그리고 방금 전에 이준석 후보 오늘 자 11.3%, 나왔다는 게 제가 찾아보니까 이거네요. 동아일보가 리서치앤리서치에 의뢰해서 24일에서 25일 전국 18세 이상 성인 남녀 1008명 대상으로 전화면접 100% 방식입니다. 이재명 45.9%, 김문수 34.4%, 이준석 11.3%. 이 여론조사 말씀하시는 거고 중앙선거여론조사심의위원회 홈페이지 참조하시면 되고요. 그러면 마지막으

로 이재명 후보 좀 짚어보죠. 이재명 후보 선거 캠페인 방식은 어떻게 보셨어요, 대표님?

좀 너무 앞서 가니까 안주하는, 즉 수비형 선거운동을 했고, 내란이라는 말을 너무 많이 하더라고. 내란이라는 말도 너무 많이 들으면 좀 식상하잖아요. 그리고 토론에서는 태도나 안정적인 어떤 모습, 이런 점에서는 큰 실수는 안 했다고 봅니다. 원래 1등 하는 사람은 결정적인 실수를 안 해야 되거든요. 그런데 그 정도까지는 성공을 했는데 구체적 정책의 디테일이 약하다는 게 드러났어요. 특히 이준석 후보의 공격에 의해서. 약점이 좀 드러났다고 봅니다. 그래서 중도 보수화 전략이 이번 선거운동 기간을 통해서 '저게 맞을까' 하는 생각. 왜냐하면 에너지 정책에서 재생에너지로 가겠다는 것은 이건 과학적 정책이 아니라 이념적 정책이거든요. 좌파적 정책이 바로 그런 재생에너지 중심의 에너지 정책이라고요. 그런데 이 에너지 정책은 우리나라 모든 산업의 기반 아닙니까? 우리가 이렇게 경제 성장에 성공한 것은 원자력 발전 중심으로 가서 값싸고 질 좋은 전력을 공급한 건데 이걸 근본적으로 지금 바꾸려고 하니까 불안감을 준 점에서는 조금 실수한 것 아니냐 하는 생각이 들어요.

이재명 후보가 중도 보수론 많이 얘기했었잖아요. 원래부터 민주당은 중도 보수 포지션이 있었다, 이런 발언. 그게 진정성이 없다 그렇게 보시는 거예요?

이번 선거운동 기간을 통해서 거기에 대해서 국민들이 조금 불신하는 쪽으로 간 것 아니냐 하는 생각이 듭니다. 역시 좌파적 이념과 정책을 갖고 있구나 하는 생각을 준 걸로 그렇게 봅니다, 저는.

알겠습니다. 마지막으로 선거 일주일 남았어요. 이번 21대 대선, 그간 봐오신 많

은 대선에 비춰 보면 어떤 의미가 있다고 보십니까?

요새 선거관리위원회에서 좋은 구호를 만들었어요. 투표로 화합하는 대한민국, 투표로 화합하는. 지금 비상계엄 사태는 그동안 헌법재판소의 파면, 윤석열 파면 결정을 통해 법률적으로는 정리가 됐습니다. 이번에는 국민들이 직접 심판하는 거거든요. 그래서 윤석열 비상계엄 그리고 부정선거 음모론을 확실하게 이번 투표 행위를 통해 청산하는 겁니다. 그리고 새로운 정부를 만들 것이고 새로운 방향으로 가는 거니까, 대한민국이 민주적 방법으로 가장 심각한 문제를 해결하는 위대한 주권적 결단의 투표가 될 것이다, 선거가 될 것이다. 그래서 저는 굉장히 감동적으로 지금 진행 상황을 지켜보고 있습니다.

보수세력은 멸망 단계…뉴리더 만들어야

알겠습니다. 마지막 주제가 하나 더 남았습니다, 대표적인 보수 논객으로서 이번 대선 끝나고 나면 앞으로 한국의 보수 세력들은 대선 이후에 어떻게 될 것이라고 보십니까?

정치 세력으로서의 한국 보수는 사실상 거의 이번 선거를 통해서 멸망의 단계로 들어갔다고 봅니다.

멸망이요?

멸망의 단계. 몇 번 결정적 실수를 했거든요. 12월3일 그 다음에 한동훈 후보를 몰아낸 12월16일인가, 14일인가 그때. 그 다음에 4월4일 파면 결정이 나오고도 김문수 후보를 선택한 것. 이게 다 실수와 실수의 연속이었고 그 결말이 이번에 표차로 나올 거라고요. 다만 그 과정에서 두 사람의 지도자를 만들었다고 봅니다.

누구요?
한동훈, 이준석. 그러면 보수 구명정이 있으니까 나는 치열한 이론 투쟁을 통해서 재기할 수 있을 거라고 생각합니다.

국민의힘은 어떻게 될까요? 앞서는 멸문, 멸망 그 다음에 재기면 일단…
국민의힘은 일단 정신적으로 완전히 망가지는 것 아닙니까, 국민의힘은. 그러나 완전히 망가지는 속에서도 한동훈 세력이 있잖아요. 한동훈 노선이 옳았다는 게 이번 선거가 증명하는 것 아닙니까, 그렇죠?

그러면 일단 만약에 국민의힘이나 개혁신당 둘 다 이재명 후보가 당선이 돼서 차기 대통령이 되면 그럼 국민의힘은 한동훈 전 대표 위주로 재편되고 밖에 있는 이준석 후보, 개혁신당 의원이 있고 그렇게 해서 경쟁에 들어가서 재편한다?
서로 경쟁하는데 그 경쟁은 누구를 상대로 한 경쟁이냐 하면 당원을 상대로 경쟁해야 합니다. 국민의힘도 당원이 한 70~80만 명 된다고요. 특히 국민의힘 당원은 우리가 지난 경선 과정에서 무슨 잘못했는지 한번 반성해야 됩니다.

알겠습니다. 어쨌든 보수 세력은 한동훈과 이준석의…
뉴리더를 만들어낸 거죠, 이번 선거가.

그렇게 재편이 될 거다라는 말씀이시군요. 알겠습니다. 대표님, 오늘 조갑제닷컴 조갑제 대표와의 인터뷰는 여기서 마무리하도록 하겠습니다.

• 제 5 장 •

趙甲濟는 누구인가?

〈문화일보〉 '데스크가 만난 사람' (2025년 1월16일자)

"부당한 지시 응하지 않은 '적법 항명'…
여기서 희망을 본다"

대담 : 장재선 부국장(전임기자), 1월9일(대면), 15일(통화)
정리 : 김지은 기자

12·3 비상계엄 본질은 '친위 쿠데타'

| 질문 | 윤석열 대통령의 계엄 발동 이후 나라의 어지러운 상황이 지속되고 있다.

혼란스럽지만, 전체적으론 헌정 질서 속에서 이 문제가 풀리고 있다. 지금까진 아무도 총을 들고 저항하지 않고 누구도 폭력을 쓰지 않았다. 우리가 70여 년 발전시킨 민주주의 뿌리가 깊구나 하는 생각이 들면서 이 문제를 역사 속에서 보게 된다. 매사를 역사적 관점에서 들여다본다는 점에서 나는 히스토리언(historian·사학자)이다.

영국이 가장 오래된 민주주의 역사를 갖고 있는데, 1215년 6월 〈마그나 카르타(대헌장)〉에서 시작했으니 800년이 넘었다. 우리는 1948년부터 77년 됐으니 딱 10분의 1이다. 이 정도의 도전과 혼란은 당연한 것이다. 프랑스 민주주의는 혼란이 많았는데, 우리나라가 닮았다. 좌우 대결이 극심하고 국민성이 상당히 격동적이다.

윤 대통령 체포를 둘러싼 한남동 대치가 무력 충돌 없이 끝난 것은 불행 중 다행이다.

나는 당초 불구속기소하는 게 옳다고 봤다. 현직 대통령을 출국금지시키고 체포까지 나서면 나라의 격이 뭐가 되나? 헌법재판소 판결 결과가 나올 때까지 기다린 다음 수사를 할 필요가 있었다. 전직 대통령이 되면 구속돼도 충격이 덜하니까. 하지만 尹 대통령이 적법한 체포 영장에 불복하는 모습을 보니 생각이 달라지더라. 검찰총장 출신이 법에도 없는 억지를 부리며 버틴 것 아닌가.

체포영장 집행 과정에서 경호처 직원들이 尹 대통령 경호를 포기한 것은 잘한 일이다. '상관의 지시가 부당하니 응하지 않겠다'는 '적법한 집단 항명'이었다. 계엄 발동 때도 군인들이 부당하다는 판단으로 항명했기에 친위 쿠데타가 실패한 것 아닌가. 이런 나라의 미래는 긍정적이다. 여기서 희망을 본다. 쿠데타, 혁명이 불가능하다는 것이니까.

그리고 이 기회에 軍과 관련해 할 말이 있는데, 우리 군은 건국의 초석, 6·25 때 호국의 간성(干城), 근대화의 기관차, 민주화의 울타리, 그리고 자유 통일로 가는 무력으로서 역할을 할 것이다. 국가 발전에 군이 이렇게 큰 역할을 한 나라는 한국과 이스라엘밖에 없다. 군대를 갔다 오지 않은 윤석열이 무도하게 계엄사태를 일으켜 우리 군대를 당나라 군대로 만들었다. 억울하게 군이 쑥대밭이 됐고 벌을 지나치게 많이 받는다. 수사를 이렇게 하면 안 된다. 정치인들이 군대를 욕보이면 무신란(武臣亂)으로 돌아올 수도 있다. 내란 특검이 군대를 막 들쑤시면 우리 군인들이 북한군하고 싸울 생각이 있겠나. 反軍 정서가 퍼지면 北이 제일 좋아하지 않겠나.

계엄 사태로 國格이 떨어져 자존심 상한다는 국민이 많다. 체포 과정도 전 세

계에 생중계되지 않았나.

국제적 망신이다. 나는 이렇게 된 우리 내부 구조를 본다.

첫째 보수층 문제다. 보수 대통령과 그 극렬 지지자, 부정선거 음모론자들이 계엄사태 주체다. 한국의 보수가 가짜인 탓에 이런 일이 벌어졌다. 보수의 기본 가치는 安保이고, 그 핵심은 核문제 아닌가. 그런데 핵무장 해야 한다는 이야기를 못 한다. 무사안일, 무책임, 웰빙에 젖어 있다. 좌파에 비해 나을 게 뭔가.

두 번째는 우리 국민 전체에 해당하는 한글 전용(專用) 문제다. 한글 전용을 한 40년 동안 한국어가 반신불수가 됐다. 국민 사고력, 어휘력이 부족하고 인문적 기반이 약해져 국가 엘리트가 나오지 않는다. 정치 수준이 1950, 60, 70년대보다 낮다. 정치는 '말'인데 그 수준이 떨어져 험악해지고 분별력이 약해졌다. 사실 판단력이 약화해 부정선거 음모론이 일어난 것이다.

부정선거說, 유튜버 선동에 젊은층까지 확산

지성인 중에도 부정선거가 실제로 있었던 게 아니냐며 궁금해 하는 이들이 있더라.

그들은 2020년 4월 총선에 대해 부정선거를 이야기했지, 작년(2024년) 4월 총선에 대해선 그러지 않았다. 수개표에 수검표 과정까지 더해서 한 표의 오차도 없었기 때문이다. 부정선거론이 깔끔하게 정리됐는데, 尹 대통령이 무덤에서 꺼내 계엄을 합리화시킨 거다. 여기에 부정선거 음모론이 대폭발해 뭉쳐서 윤석열 수호천사로 나섰다.

그들을 '극우'라고 하면 우파를 욕보이는 것이라고 한 적이 있는데.

사교(邪敎), 컬트다. 부정선거 음모론이 선동 유튜브를 통해 노년층뿐만 아니라 젊은층에까지 확산하고 있다. 반복 시청으로 세뇌돼 정신적 전염병이 퍼지고 있다. 그걸 언론 자유라고 봐줄 수 없다. 메신저를 처벌해야 한다. 선동 유튜브 중독으로 망상에 빠진 윤 대통령이 가장 큰 메신저다. 컬트 그룹의 敎主가 될 가능성이 크다. 尹 대통령이 이미 2021년부터 부정선거 음모론에 기울어져 있었다는 이준석 당시 국민의힘 대표의 증언이 있다. 주술에 빠진 사람과 음모론에 빠진 사람은 같다. 과학을 믿지 않는다.

그쪽에서 전광훈 목사가 주도적으로 활동하는데.

그분은 원래 그쪽이 아니었다. 부정선거 음모론을 믿지 않았다. 그런데 지난 4월 이후로 달라졌더라.

趙 대표께서는 全 목사와 함께한 적이 있다. 이제 다른 길을 가는가?

부정선거 음모론과 같이 갈 수는 없으니까.

尹 대통령 부부를 공격하기 위해 '무속(巫俗)'을 들먹이는 이들이 많다. 어느 좌파 지식인은 유튜브 방송에서 무당처럼 춤을 추는 흉내를 내며 낄낄대더라. 그런데 무속은 우리 전통문화 일부 아닌가.

무속과 주술(呪術)은 구별해야 한다. 무속, 즉 샤머니즘은 우리나라 사람들의 원초적 종교 심성이다. 불교, 유교, 기독교가 그 다음에 들어왔다. 동아시아 문화권에서 샤머니즘은 기본이다. 소중한 문화유산이고 정신세계의 뿌리를 이룬다. 점술, 주술과 다르다.

주술, 점술이 私的인 수용에 머물지 않고 국가 정책에 활용됐다는 의혹이 있다.

'제왕적 권력의 상징'이라며 청와대에서 나와 갑자기 용산으로 가겠다고 한 것부터 의심을 살 만하다. 한국 현대사를 부정하고 선배 대통령들을 욕보인 것인데, 移轉해야 할 근거가 없다. 그리고 의과대학 증원 2000명이 어떻게 나왔는지를 아무도 설명하지 못하고 있지 않은가. 또 하나, 尹 대통령이 작년 4월 총선 때 事前투표하러 간 부산 명지1동 행정복지센터 지번이 2000번지였으니….

극우 유튜버들은 계엄까지 옹호한다. 극렬 지지자들의 후원이 돈이 되기 때문이라고 한다.

'극우'가 아니라 '선동 유튜버'들이다. 지금 사태가 오기까지 유튜버 이전에 보수 언론과 지식인의 책임이 크다고 본다. 청와대 이전, 이준석 대표 축출, 의대 증원 문제 등에서 제대로 된 비판이 없었다.

尹 대통령이 주요 언론을 멀리하게 된 분기점으로 김건희 여사 명품백 사건 보도를 꼽을 수 있다. 물론 尹 대통령 부부가 대응을 잘하지 못했으나, 의료대란에 비해선 작은 사안인데 보수 언론조차 지속적으로 크게 다룸으로써 尹 대통령 감정을 자극한 면이 있다. 언론이 대소완급(大小緩急)을 가려야 하는데 그러지 못했다.

汎보수 후보는 反尹에서 나와야

계엄 사태 이후 시간이 지나면서 윤 대통령과 여당 지지율이 오르고 있다.

그건 더불어민주당과 이재명 대표가 만든 것이다. 마치 혁명사령관처럼 행동하고 정권을 잡은 것처럼 굴고 있다. 그 결과 '윤석열도 싫지만 이재명도 싫다'는 정서가 확산하고 있다. 이건 대선에도 영향을 미쳐서 대선판이 바뀔 것이라고 본다. 문제는 제3지대에서 누가 나올 수 있냐는 건데, 창조적으로 판을 만들 사람이 있느냐… 그걸 보면 재미있는 일이 일어날 것이다.

이준석 의원을 응원하는 것으로 알려졌는데.

응원까진 아니고…. 이준석 의원이 2021년 당시 윤석열 대선 후보를 들이받았을 땐 좋지 않게 봤다. 정보가 부족했던 거다. 그 후 계속 관찰해 보니 大전략을 가진 정치 천재더라. 정권을 가져오는 전략을 펼 줄 알아야 大전략가인데, 이준석 의원은 대선에서 '세대포위론' '여성가족부 폐지' 공약을 들고 2030에서 윤석열, 이재명 표가 반반으로 나오도록 이끌었다. 과거에는 계층·지역이었는데 세대·젠더 문제를 갖고 선거 전략을 편 것은 최초였다.

이준석 의원은 젊은 여성들 사이에 '꼰대'라는 이미지가 있지 않나.

그렇지 않다. 지난 대선 때 20~30대 여성의 윤석열 지지율이 박근혜 때보다 높았다. 이준석 당시 당대표가 그때 던진 것은 '公正'이다. 남녀 구분하지 말고, 장애인이라도 시민에게 폐를 끼치는 걸 관용하면 그게 불공정이라는 화두를 던졌다. 그게 먹힌 거다.

이준석 의원의 북한관(觀)은 趙 대표와 다른데, 대화하면서 趙 대표가 좀 봐주는 느낌이더라.

그가 아직 달라져야 할 점 중 하나다. 그런데 나는 그 나이 때 무슨 생각 했나 돌이켜보면 그가 더 멀리, 정확히 본다. 유머와 여유가 있고….

그 밖에 우파 쪽 대선 후보가 될 만한 사람은?

反윤석열 스탠스를 확실히 한 사람만이 다음 대통령 후보 자격이 있다고 본다. 한동훈, 이준석, 안철수, 오세훈, 유승민. 그중에서도 한동훈 전 국민의힘 대표다. 나는 한동훈 씨를 정치검사라는 점에서 비판했는데, 그걸 덮을 만한 업적을 남겼지 않나. (작년) 12월3~4일에 계엄을 확실하게 반대함으로써 나라를 구하고 국민의힘을 구했다. 그런데 국민의힘이 韓 대표를 축출함으로써 정체성 혼란을 겪고 尹 비호당이 됐다.

趙 대표가 국민의힘을 비판한 내용의 동영상을 정청래 민주당 의원이 국회 법제사법위에서 틀었다. 그런 뒤에 정 의원이 관계기관장들에게 '어느 쪽에 설 것이냐'며 일장 훈시를 했는데.

그런 기분을 뭐라고 해야 하나…. 정 의원이 왜 그런 영상을 띄웠는지는 대충 알겠는데, 내가 논평할 게 없다.

趙 대표가 집중취재해 온 영역 중 하나가 항공이다. 12·29 무안공항 제주항공 참사에서 우리가 얻어야 할 교훈은?

참사에 정말 분노한다. 공항에 로컬라이저를 세우면서 시멘트를 흙으로 덮어서 둔덕처럼 보이게 해놨는데, 그 아찔한 것을 조종사들도 몰랐을 것이다. 당국에선 규정에 맞다는 말만 계속하는데, 말이 안 된다. 그런 게 어떻게 10년 이상 방치될 수 있을까? 몇 개 공항에도 더 있다는 것 아닌가. 179명이 죽었는데, 말장난으로 은폐하는 게 어떻게 허용되나. 세월호 사건에서처럼 관료주의가 한국의 가장 큰 문제라는 생각이 든다. 의료대란에서도 마찬가지다. 관료주의를 어떻게 혁파할 것인가… (한숨) 좌우를 떠나서 해야 한다.

1997년 '통일은 탱크가 주석궁에 들어가야 완성된다'는 글로 논란이 됐다. 근년엔 '反共 保守는 수명을 거의 다했다'고 했는데, 생각이 달라졌나?

'주석궁 탱크' 발언은 〈조선일보 노보(勞報)〉에 쓴 글에 있다. 1996년에 베트남에 가서 영화를 봤는데, 월맹군 탱크가 남베트남 대통령궁 정문을 밀고 들어가는 순간에 통일이 완성되더라. 한반도 통일도 북한에 우리 군사력이 들어가야 되는 거다. 이런 취지로 이야기한 건데, 앞뒤 다 잘라내고 '전쟁狂'이라고 비판하더라.

스스로 무슨 주의자(主義者)라고 생각하는지?

나는 '주의자'가 아니다. 기자는 주의자가 될 수 없다. 그러나 굳이 분류하자면 정치적 성향으로는 反共 자유민주, 영어로 말하면 '컨서버티브 리버럴리스트(conservative liberalist)'다. 정치 성향은 컨서버티브하고, 사실을 중시하는 면에서 리버럴리스트다.

기자로 오랫동안 일하셨는데, 지금은 유튜브 활동을 겸한다. 팩트 중심으로 기사 쓰던 때와 달리 유튜브에선 '추정한다'는 표현을 많이 쓰시더라.

유튜브 방송은 스트레이트와 논평이 섞여 있다. 장점은 어떤 사안에 대해 신속하게 올릴 수 있다는 것이다. 내가 하고 싶은 이야기를 하는데 많은 사람이 들어 준다. 매체 특성이 나랑 맞는다. 단점은 글 쓸 시간이 줄어든다는 것이다.

그래도 역시 남는 것은 글이라고 생각한다. 나는 옛날부터 역사를 좋아했는데, 취재한 것 중 상당수는 한국 현대사와 관련된 것이다. 히스토리언으로서 내가 한 미래 예측이 꽤 들어맞는 경험을 여러 번 했다.

부인이 '기자 안 했으면 굶어 죽었을 사람'이라고 하더라.

어릴 적부터 책 읽고 글 쓰는 걸 좋아했다. 고등학교 때 일본 책 읽고 싶어서 일본어 공부했고, 메이저리그 야구에 빠져서 영어를 배웠다(그는 60년 동안 메이저리그를 시청해 온 야구광이다). 호기심도 많지만, 아는 척하며 다른 사람에게 신기한 이야기 해주는 걸 좋아해서 기자가 잘 맞았다. 1971년부터 기자로 일했는데 세계사적 사건을 많이 취재했다.

한국에서 기자로 일한다는 건 행운이다. 수많은 사건이 일어나는 '한국 드라마'의 로열박스에서 취재하는 것이니까. 그 출발은 호기심, 명예욕, 그리고 정의감일 것이다.

〈국제신문〉 (2025년 2월26일자)

巨與+이재명 대통령=독재

대담 : 김태경 기자

　　인터넷 언론사 조갑제닷컴을 운영하는 원로 보수 논객 조갑제 대표는 "헌법재판소가 윤석열 대통령 탄핵심판을 8-0으로 인용해 파면 결정을 할 것"이라고 내다봤다. 조 대표는 서울 광화문 조갑제닷컴 사무실에서 가진 〈국제신문〉과의 인터뷰에서 이처럼 말하며 "헌재의 결정문이 국민을 설득시키고, 극렬 지지층에 치우친 국민의힘이 노선을 정리하는 데도 결정적인 역할을 할 것"이라고 내다봤다. 다음은 조 대표와의 일문일답.

尹, 보수의 가치 부정… 8-0 파면 마땅

| 질문 | 탄핵심판 결과를 어떻게 전망하나?

　　헌재가 윤석열 대통령 탄핵을 인용하고 결정문을 공개하면 결정문에는 '비상계엄령 선포는 헌법 위반이다. 대통령의 헌법 수호 의지가 없다'는 내용과 함께 여러 증거가 제시될 거라고 본다. 헌재와 대법원 확정판결 불복은 법치와 민주주의에 대한 도전이다. 승복할 수밖에 없다. 지금 윤 대통

령이 억울하다고 하는 사람 중 극히 일부만 빼고는 돌아서지 않을까. 조기 대선 국면으로 전환되면 탄핵 반대를 부르짖어도 소용없다. 국민의힘도 대선 국면으로 들어가지, 극렬한 사람들과 손잡고 탄핵 반대운동 할 여력이 없을 것이다.

일각에선 국민의힘 지지율 상승, 탄핵 반대 집회 규모 등을 언급하며 기각을 전망한다.

유리한 점만 이야기하면 얼마든지 그런 전망을 만들 수 있다. 그런 기대를 거는 사람은 헌재의 재판은 형사재판이라고 생각하고 엄격한 증거 조사를 통해서 판결이 나올 거라고 한다. 헌법재판이라는 게 원래 정치적 재판이다. 사람을 감옥으로 보내느냐 마느냐가 아니고 파면 여부를 따지는 징계 재판이다. 증거에 대한 조건이 형사재판처럼 엄격하지 않다. 그래서 헌법 수호 의지가 있느냐를 제일 중요하게 본다. 비상계엄령을 선포해서 국회와 선관위로 병력을 보낸 것이 헌법 위반이냐 아니냐를 본다. 두 번째는 그게 중대성이 있느냐 없느냐를 보고, 세 번째는 본인이 반성하느냐를 본다.

보수 성향 재판관들이 탄핵 기각에 동조할 거라고 생각하는 사람도 있는데, '보수적'이라는 말은 '헌법 수호 의지가 강하다'는 뜻이다. 보수 성향 재판관들이 헌법 수호 의지가 강하다고 봐야 한다. 이들이 오히려 좌파 성향 판사보다 더 확실하게 파면 결정에 동조할지도 모른다. 헌재의 형평성을 두고도 비판하는데, 미시적인 문제다. 전체로 보면 헌재는 자기가 할 일을 하고 있다고 본다.

헌법재판을 빨리 해야 되는 것은 분명하다. 국가 지도부 공백 상태가 석 달째 접어들었는데, 이게 지연되면 한국이 어떻게 되나. 지금 재판 진행에서 딱 부러지게 잘못됐다, 불공정하다는 게 없다고 본다. 더구나 윤 대통령이 직접 심리에 나와서 방어권도 충분히 보장되고 있다. 윤 대통령 변호인들이 너무 정치적으로 선동하고, 사실을 침소봉대하고, 영장도 불법이라고 주장하는데 이것은 法治에 대한 도전이다.

지금까지 우리 정치에서 거리와 광장에 모이는 숫자가 표가 안 된다는 게 여러 번 밝혀졌다. 대중운동으로서는 의미가 있지만, 선거에 큰 도움이 안 된다. 극렬하게 운동을 할수록 중도층의 지지를 잃는다. 대통령 선거는 중도 표심을 잡지 못하면 승산이 없다.

부정선거를 주장하는 사람들이 탄핵 반대 세력의 핵심이다. 부정선거 음모론은 거짓말이다. 대법원 판결로 증명된 것도 있지만, 지난해 4월 총선에 2800만 명이 투표를 했는데 단 한 표도 착오 없이 완벽하게 개표가 됐다. 그걸 여야가 다 지켜봤고, 그 선거 결과에 다 승복했다. 그런데 윤 대통령 혼자 계엄 선포를 합리화하기 위해 음모론을 다시 불러냈다. 그게 '이재명 민주당'에 대한 반감과 손잡으며 놀라운 속도로 퍼졌다.

보수, 음모론 '독약'에 경련 일으키는 중

윤 대통령에 대해서 강하게 비판하고 있다.

저는 기자다. 시시비비를 가린다. 윤 대통령이 한미일 동맹 관계 복원, 노조 활동에 대해 법대로 해야 된다고 밀어붙인 것은 잘했다. 그런데 실수가 너무 크다. 청와대에 있던 대통령실을 국방부로 무리하게 옮겼다. 대통령 당선자로서 법적 권한이 없을 때 국방부에 두 달 안으로 짐 싸서 나가라고 하고, 출퇴근하는 대통령이 됐다. 세계에서 국군 통수권을 가진 대통령이 출퇴근하는 나라는 없다. '공간이 의식을 지배한다'는 말을 윤 대통령이 했는데, 딱 그렇게 돼버렸다.

이준석 전 대표를 몰아내는 과정에서 2030 중도가 이탈하고 지지율이 50%에서 20%대로 떨어지고, 회복이 안 된 상태에서 지난 총선을 맞아 치명상을 입었다. 작년 2월6일 의과대학 증원 2000명을 발표한 것, 이건 총선에서 지겠다는 자폭이었다. 비상계엄을 선포해서 세계적 强軍인 대한민국 국군을 완전히 당나라 군대처럼 만들었다. 보수는 제도를 만드는 사람이고, 제도를 파괴하는 사람은 좌파다. 그러니까 윤 대통령이 가짜 보수라는 게 여기서 증명된다. 윤 대통령은 또 국민을 분열시켰다. 대한민국을 대외적으로 부정선거 하는 국가로, 말하자면 대한민국의 명예를 훼손했다. 추종자들이 'Stop the Steal(스탑 더 스틸)'이란 구호로 '우리나라는 부정선거 국가입니다'라고 세계만방에 선전하고 있다.

중도보수가 논란이다.

국민의힘이 윤 대통령 지지 세력과 손잡으면서 극우화가 돼 버렸고 중도보수가 비어 버렸다. 그러니까 이재명 좌파가 중원을 차지하려고 하는데, 이게 어느 정도 먹히고 있다. 왜냐하면 민주당 내부에서도 이를 비판하는데, 중도는 '좌파가 李 대표를 비판하니까 李 대표가 진짜 보수화하려고 하는구나, 종북은 아니구나'라고 생각하게 된다.

국민의힘이 윤석열 세력과 계속 가면 이번 대선 판은 결국 계엄에 대한 심판 선거로 가고, 민주당에 유리하다. 그러니까 국민의힘은 빨리 윤석열과 손 끊고 미래로 가는 어젠다를 내놔야 한다. 그런데 지금은 끊기 어려울 정도로 너무 (극우와) 엮여 있는 느낌이 들지 않나.

한국 보수가 위기라고 한다.

보수는 '사실, 법치, 자유'의 세 가지 원칙을 갖고 있다. 윤 대통령은 부정선거 음모론으로 사실을 부정하고, 계엄령으로 법치도 부정했다. 그래서 자유를 지킬 수 없게 만들어 버렸다. 그 책임은 보수에 있다. 윤 대통령과 같은 反보수적 인사를 대통령으로 뽑고, 대통령이 反보수적 행동을 해도 박수만 치다가 부정선거 음모론까지 들고 나오니까 그것까지 덥석 받았다. 부정선거 음모론은 독약이다. 그 독약을 먹고 지금 보수가 발작 경련하고 있다.

보수에서 누가 차기 주자가 돼야 하나?

계엄에 반대하고 부정선거 음모론에 반대한 사람들이 경선 과정에서 뭉쳐야 된다. 한동훈 前 대표, 안철수 의원, 오세훈 서울시장, 유승민 前 의원 등이 있다. 대승적 차원에서 합리적 보수 세력이 연대할 수 있느냐 하는 게 쟁점이다. 경선 과정에서 부정선거 음모론을 놓고 노선 투쟁이 있을 거라고 본다. 아니, 있어야 한다. 왜냐하면 부정선거 음모론을 퍼뜨리는 사람들은 무모하니까 행동력이 있다. 거기에 반대하는 사람들은 너무 얌전해서 목소리를 죽이고 있지만 그 세력이 분명히 크다. 그런 사람들을 믿고 싸워 주는 사람이 큰 정치인이 된다.

한동훈 前 대표에 대해 '계엄 반대에 가장 선명한 역할을 했다'고 평가했는데.

12·3 계엄사태 당시 가장 먼저 '계엄은 불법이다. 군경에 경고한다, 부역하지 마라. 우리가 당신들을 보호해 주겠다'는 연속적인 메시지를 냈다. 친위 쿠데타인데 여당 대표가 그렇게 하기 쉽지 않다. 국회의원 18명을 끌고 계엄 해제에 역사적 역할을 했다. 그 때문에 이 사람이 밀려났지만, 이게 韓 前 대표의 훈장이다. 언젠가는 그에 대한 보상을 받을 것이다.

〈법률방송뉴스〉 (2025년 2월 27일)

"자유를 파괴하는 자유를 허용하는 나라, 자유 누릴 자격 없다"

인터뷰 : 조나리 법률방송 기자

　보수의 가치와 품격이 실종된 시대다. 법원이 공격을 받고 재판관이 타기(唾棄) 당하는 작금의 상황에서 진짜 보수의 목소리가 절실하다. 한국 사회의 대표적 보수 논객인 조갑제 조갑제닷컴 대표는 "자유를 파괴하는 자유를 허용하는 나라는 자유를 누릴 자격이 없다"고 강조한다.

　조 대표는 12·3 비상계엄 사태와 관련해 윤석열 대통령을 향해 강도 높은 비판을 이어왔다. 그의 이름 앞에는 늘 '보수 논객', '보수 원로'라는 수식이 붙는다. 배신자라는 욕을 먹어도, 혹은 해가 서쪽에서 뜬다고 소리치는 세상에서도 "결국은 진실이 이기게 돼 있다"고 말하는 그의 모습은 원로나 논객에 앞서 '기자' 그 자체였다.

윤석열은 역사적 범죄자

│질문│ 부정선거론 확산에 대해 조 대표는 지속적으로 위험성을 경고해 왔습니다.

지금 한국에서 일어나고 있는 여러 사건 중에서 가장 걱정되는 부분이 부정선거 음모론 확산입니다. 이 문제는 여야의 문제도 아니고 국가적 대응이 필요한 상당한 정신질환적 사건이에요. 코로나는 육체적 전염병이지만 음모론은 정신적 전염병이거든. 본인만 불행해지는 게 아니라 주변 인물들, 친구라든지 가족이라든지 공동체에 굉장히 나쁜 영향을 끼칩니다.

여론조사를 다 믿을 건 아니지만, 대충 짐작한다면 보수의 30%가 부정선거론을 믿고 있다고 봅니다. 단순히 '케네디를 누가 암살했느냐'는 식의 흥미 차원의 음모론이 아닌 정치적 성향을 띠는 음모론입니다. 때문에 항상 행동을 동반하죠. 굉장히 위협적이라고 생각해요.

부정선거론이 온라인에서 주로 노출되면서 세대를 가리지 않고 확산되고 있습니다.

새로운 현상이에요. 그러니까 젊은 사람들은 원래 부정선거 음모론에 넘어가지 않았어요. 주로 나이 많은 사람들이 넘어갔는데, 윤석열 대통령이 비상계엄을 선포한 후로 현상이 달라졌어요. 아마 거기에는 상당한 감정도 끼어 있을 것입니다. 한국에서 이념이 중요하다고 하지만 사실 이념 밑에는 감정이 있습니다. 즉, 이재명 민주당 대표에 대한 증오심이죠. 동시에 윤석열 대통령을 지지하지는 않지만 탄핵소추에 이어 구속까지 한 것은 너무한 것 아니냐는 동정론, 이런 감정이 밑에 깔려 있다고 생각합니다.

윤석열 대통령의 영향은 없었을까요.

영향이 아니라 결정적입니다. 국회에 군대를 보냈잖아요. 우리나라 역사상 국회에 군대를 들여보낸 최초의 대통령입니다. 이승만·박정희·전두환 대통령들도 계엄령을 선포했지만 국회를 봉쇄하는 수준에 그쳤지, 군대가 유리창 깨고 국회의사당으로 들어간다는 것은 상상도 하지 못했습니다. 행동이 너무나 과격한 거예요. 국민들은 '대통령이 저렇게까지 하는데 분명히 뭔가 있을 거다' 이렇게 생각 안 하겠습니까?

　선관위를 습격한 것도 처음이에요. 선관위는 1963년에 만들어졌어요. 전에는 선거 관리를 행정기관에서, 즉 정부에서 했습니다. 그러니까 부정선거를 할 수도 있었죠. 그래서 1960년 3월 15일 대통령 선거가 부정선거였다고 해서 마산에서 의거가 일어나고 그게 확대돼서 4·19 혁명으로 이어졌죠. 이승만 대통령은 하야하게 됐고, 부정선거를 지휘했던 당시 내무장관 최인규는 사형을 당했어요. 그가 발포 명령을 내린 것도 아닙니다. 그러니까 부정선거는 사형이라는 관례가 생겼어요. 그래서 이후 선거관리위원회를 헌법상 독립기관으로 만든 거죠.

　한국의 선거 관리 제도는 세계적으로 가장 공명하고 우수합니다. 윤석열 대통령 말대로 작년 4월에 대규모 부정선거가 있었다고 하면 그 책임은 대통령이 져야 하는 거 아닙니까? 그 말만으로도 탄핵 사유예요. 반면 부정선거가 없었는데도 자신의 비상계엄령을 합리화하기 위해 거짓말을 한다면, 그것 또한 탄핵 사유가 되겠죠.

　더구나 탄핵 반대 집회 현장에 'STOP THE STEAL'이라는 팻말이 보이는데, 이는 도널드 트럼프 지지자들이 부정선거를 주장하며 만든 구호였죠. 지금 외신 기자들이 우리나라 집회 현장을 보도하고 있는데, 이는 한국이 부정선거의 나라라고 알리는 것이나 마찬가지 아닌가요? 이 정도까지 간 것은 형사처벌을 해야 하는 문제입니다. 자유를 파괴하는 자유를 허용하는 나라는 자유를 누릴 자격이 없습니다.

　앞으로 보수 지식인 중 부정선거를 옹호하거나 주장하는 사람들은 명단을 작성해야 합니다. 친일파 명단 작성하듯이요. 취업 제한과 같은 제재가 있어야 합니다.

음모론 추방은 기자의 몫

기자로 활동하면서 많은 음모론을 취재해 왔습니다. 과거와 현재의 다른 점이 있다면?

기자는 거짓말과 싸우는 일을 하는 사람 아니겠어요? 이는 언론의 책임입니다. 언론은 팩트 파인딩 스페셜리스트(Fact Finding Specialist) 집단이거든요. 팩트와 거짓말을 구분해 주고 사실을 전달하는 게 기자의 고유한 권한이고 의무잖아요. 그런데 그 임무를 기자들이 해왔느냐 이거예요.

과거에는 음모론이 그렇게 많지는 않았지만 늘 팩트 파인딩을 하려고 노력했거든요. 기존에 한국에서 가장 큰 음모론은 북한이 남침한 게 아니라 우리 국군이 북으로 쳐들어갔다는 거죠. 북침론. 그런 음모론부터 시작해서 2008년 광우병 선동, 2010년에는 천안함 사건이 북한 소행이 아니라는 주장 등 주로 좌파들이 선동을 해왔어요. 부정선거 음모론도 김어준 씨가 처음 제기한 것 아닙니까?

그런데 어떻게 된 판인지 최근 들어 보수라는 사람들이 음모론을 만들어 내더라고요. 대표적인 게 5·18 광주사태 당시 북한군 600명이 들어왔다는 음모론, 박원순 전 서울시장의 아들 박주신 씨가 가짜 신체검사로 병역 면제를 받았다는 음모론, 그게 다 우파들이 만들었다고요. 그러다가 부정선거 음모론까지 오게 된 겁니다.

과거에 농담으로 '기자정신의 반대말이 뭐예요?' 하고 물으면 '맨정신'이라고 이야기하던 시절이 있었습니다. 그러나 지금은 기자들이 맨정신을 가지고, 맨정신을 위협하는 음모론과 싸워야 합니다. 이건 기자의 의무라고 봅니다. 한국에서 음모론을 추방하는 것은 정부의 힘보다는 기자들의 노력에 의해 이루어져야 언론도 좋고 나라도 좋아집니다.

윤석열 대통령의 12·3 비상계엄 목적에 대해 조 대표는 '김건희 여사를 지켜야 한다는 절박감과 민주당에 대한 울분이 겹친 자해(自害) 행위'라고 분석했는데요.

명태균의 휴대폰 이슈는 윤석열 대통령에게 그렇게 절박하게 와닿지 않았을 것이라 생각합니다. 다만 지난해 12월 10일 예정돼 있었던 김건희 여사 관련 특검법안이 국민의힘 의원들의 이탈로 통과될 것을 걱정했을 가능성은 상당히 높다고 봅니다.

특히 이번 헌재의 탄핵심판 과정에서 재미있는 장면이 하나 있었어요. 국회 측 변호인이 김용현 전 국방부 장관에게 '처음에는 계엄령 선포를 반대하지 않았냐'고 물어요. 그러니까 김용현 전 장관이 "대통령께서는 하루 24시간 국민과 민생을 생각하시는 분인데 가끔 감정적으로 기복이 올라가는 경우도 있고, 그러다 보니 그런 말씀(계엄 선포)을 할 수도 있는데, 다음날 되면 이상 없이 정상적으로 업무를 수행하기 때문에 오랫동안 대통령을 겪으면서 그런 생각에 대해 충분히 이해하고 존중한다"고 말해요.

그러니까 이 답변을 통해 대통령의 감정 기복이 굉장히 심하다는 것을 알 수 있어요. 나는 이번 사태의 가장 큰 동기가 윤석열 대통령의 불안정한 심리 상태에 있다고 봅니다. 그게 윤 대통령의 가장 큰 문제입니다.

대통령 후보는 정신감정서 제출해야

대통령은 계엄 선포가 아닌 무엇을 해야 했을까요?

대통령의 권한이 얼마나 큽니까? 대통령의 말은 항상 톱뉴스죠. 그게 자신의 힘이잖아요. 그걸 활용해야죠. 기자회견을 많이 하든가, 對국민 성명을 발표해서 설명을 했어야죠. 민주당이 反국가세력이라고 본인이 판단했다면 위헌정당해산심판을 청구할 수도 있었겠죠. 경고용으로 비상계엄을 선포했다고 하는데, 정당해산 청구가 훨씬 경고가 되지 않겠어요?

그런 합헌적인 방법이 있는데도 헌법을 부정하면서까지, 아니면 말고 식으로 계엄을 선포하는 것 자체가 정상적인 사고라고 볼 수 있나요? 이런 문제를 막으려면 앞으로 대통령 선거 후보로 등록하는 사람들은 신체검사뿐 아니라 정신감정서를 제출해야 한다고 봐요. 이런 제도를 만들어야 해요.

특히 대통령 중심제 하에서는 대통령이 너무나 막강한 사람이에요. 한국 대통령은 3관왕입니다. 대외적으로 국가를 대표하는 국가원수고, 행정부의 수장 그리고 국군 통수권자죠. 이런 사람이 사고를 치면 큰일 나는 겁니다. 지도자는 평정심을 가지고 있어야 하거든요. 지도자라는 존재는 위기를 극복하는 사람입니다. 위기는 항상 닥치는데, 위기가 닥쳤을 때 지도자가 평정심을 갖고 냉정하고 침착하게 대응해야 하거든요. 그런데 김용현 전 장관이 이야기했던 대로 대통령이 감정의 기복이 심하다는 거 아닙니까? 이런 가운데서 비상계엄이 튀어나왔다고 생각해요. 그래서 지금 그 대책으로서 헌법 개정 이야기도 나오고 있는 거죠.

개헌이 필요하다고 생각하십니까?

필요성을 느껴요. 내각제로 가는 게 맞다고 봐요. 그런데 한국은 내각제에 대한 불신이 강해요. 내각제는 국회가 권력을 행사하는데, 국회에 대한 불신이 너무 강하거든. 그래서 우선은 지금의 대통령제가 갖고 있는 문제를 조금 고칠 필요가 있어요.

첫째, 부통령제를 두는 겁니다. 부통령제를 둔다는 것은 대통령이 탄핵을 당해도 같은 당의 부통령이 승계하잖아요. 정권 교체의 효과가 없죠. 그러면 지금처럼 대통령 탄핵에 목매지 않을 것이고, 그것만 해도 긴장이 완화되는 겁니다.

그리고 현재 탄핵소추안이 국회에서 통과되면 직무가 바로 정지되는데, 헌법재판소의 결정이 나오기 전에는 직무를 중지하면 안 됩니다. 무죄 추정의 원칙에도 그게 맞아요. 그래야 탄핵 남발을 막을 수 있습니다.

또 지금 감사원이 대통령 소속으로 되어 있는데, 국회 소속이 되는 게 맞다고 봐요. 감사원은 국가 예산을 제대로 썼는지 감사하는 곳이니까 예산을 통과시키는 국회와 기능을 결합시켜 놓는 게 정상적이라고 봐요.

마지막으로 대선에서 결선 투표를 도입했으면 합니다. 그러니까 아슬아슬하게 이기는 걸 피하고 큰 차이로 확실하게 이겨서 당선자가 힘을 받을 수 있도록 하는 겁니다. 40%, 30% 지지율로 당선되는 건 어딘가 좀 약해 보이잖아요. 이 정도면 되지 않을까요? 다음 대선 때 이런 공약을 들고나오는 후보가 당선된다면 의외로 개헌의 문이 쉽게 열릴 수도 있다고 생각합니다.

한동훈의 역사적 역할

한동훈 전 국민의힘 대표를 만나셨지요. 특별히 강조한 이야기가 있습니까?

나눴던 이야기를 공개할 수는 없지만, 다만 인상적으로는 한동훈 대표는 12월 3일 자신의 역할을 자랑스럽게 생각하고 있는 것 같더라고요. 더구나 여당 대표로서 그렇게 하는 것은 힘들거든요. 이번 비상계엄령 선포는 집권자가 자신의 권력을 강화하기 위해, 정적을 제거하기 위한 친위 쿠데타였거든.

한 대표는 비상계엄령 선포 소식이 나오자마자 가장 먼저 입장을 냈잖아요. '대통령의 비상계엄 선포는 잘못된 것입니다. 국민과 함께 막겠습니다'라고. 이어서 군경을 향해 反헌법적 계엄에 동조하고 부역하지 말라고 했지요. 그리고 국회의원 18명을 데리고 가서 계엄 해제 표결에 참여하도록 했습니다. 만약 한 대표가 추경호 당시 원내대표처럼 당사에 옹기종기 모여 앉아 TV로 구경만 하고 있었으면 지금 국민의힘은 어떻게 됐을까요? 아마 해산하자는 얘기가 나왔을 겁니다.

그러니까 역사의 구경꾼이 되느냐, 역사를 거스를 것이냐, 아니면 역사의 대세에 순응할 것이냐의 문제인데, 한 대표는 역사의 대세에 순응하고 역사가 그 순간 여당 지도자에게 부여한 임무, 즉 민주주의를 지키는 임무 쪽으로 리더십을 발휘한 것입니다. 이에 대해 자부심을 갖고 있고, 정치적 자산으로 생각하는 것 같았어요. 지금 배신자 프레임도 있고 잘했다는 평가도 있지만, 길게 보면 그게 다 자산이 된다고요.

그래서 나는 그분이 특수부 검사 출신, 정치검사 출신이라고 보고 있었는데, 그래서 곤란하다는 생각이었지만, 이런 역사적 공을 세우면 그것 또한 덮을 수 있을지도 몰라요. 문제는 이 자산을 어떻게 활용할 것이냐인데, 민심이 또 한 번 바뀌어야 하거든요. 헌법재판소 결정이 나오면 여론이 또 바뀔 수도 있겠죠.

보수가 줄을 잘못 서면 다시는 재기할 수 없을 것이라고도 말씀했지요.

국민의힘은 윤석열 대통령과 결별했어야죠. 조기 대선을 치를 경우, 표를 달라고 할 수 있겠어요? 그런데 그 타이밍을 놓쳐버렸어요. 놓쳤는데 그 사이 대통령 지지율이 오르고 국민의힘 지지율도 높아지니까 국민의힘과 윤석열 대통령이 마치 한 몸인 것처럼 되어버린 거예요. 어떻게 보면 국민의힘이 하이재킹된 거죠.

그런데 다음 대통령 선거에서 이길 수 있느냐, 그건 모르는 일이거든. 대통령 선거는 중도에 의해 결정되는데, 중도에 있는 사람들이 지지하겠느냐? 나는 어렵다고 봐요. 지금 국민의힘은 대선 준비를 해야 하는데 대선 준비를 하면 '배신자'라는 공격이 들어올 거 아니에요. 그러니까 애초에 잘못한 거죠. 시간을 잃어버렸잖아요. 100m 경주를 하는데 10m 뒤에서 뛰는 거 아닙니까? 이러면 금메달 못 받죠.

대통령 스스로 보수의 3대 가치를 저버렸다고도 지적했습니다.

보수의 3대 가치는 사실과 법치, 자유입니다. 보수적 사람은 역사를 존중하는 사람이고 문명 건설을 하는 사람이에요. 문명 건설은 상당 부분 제도의 건설입니다. 좋은 제도를 만드는 게 문명입니다. 의료 제도, 국군 제도, 그리고 거대한 댐을 만든다든지 도로를 닦는다든지 산업을 만든다든지, 이게 다 문명적 건설이거든. 문명 건설은 제도의 건설이에요. 반대로 제도 파괴는 문명 파괴란 말이고요. 복잡하게 이야기할 것 없이 국가 시스템에서 제일 중요한 게 의료 제도와 국방이라고요. 윤 대통령은 그 둘을 허물어 버렸잖아요.

역사를 존중한다는 것은 보수적 교양이라고 할 수도 있습니다. 한마디로 보수의 품격입니다. 반면 윤 대통령은 특수검사를 오래 해서 그런지 제왕적 생각을 갖고 있는 것 같아요. 갑질은 보수가 아니죠. 일례로 법을 자기 마음대로 해석하고 있잖아요? 체포영장이 불법이라고 하는데, 체포영장은 불법일 수가 없거든. 일단 받아들이고 불만이 있으면 적부심을 하든지 적법한 절차를 거쳐야죠.

계엄령 선포 후에도 통치권 행사라서 사법심사 대상이 아니라고 하는

데, 그건 대통령이 아니라 왕이죠. 계엄령도 헌법의 조건 하에 적법한 절차를 거쳐야지, 헌법에서 요구하는 조건에도 맞지 않고 헌법기관인 선관위와 국회에 군대를 보내놓고 사법심사를 받지 않겠다는 것은 왕이나 다름없지요. 만약 헌법재판소에서 탄핵 결정이 나왔을 때도 불법이라면서 응하지 않는다면 그때부터는 반역죄입니다. 국가체제에 도전한 거니까요.

보수와 진보가 각각 한국 사회 발전에 기여한 것이 있다면?

보수는 역사를 소중히 여기고 문명 건설을 하는 사람이기 때문에 민족사의 정통성을 대표한다는 생각을 갖고 있어야 해요. 책임감과 자부심을 가져야죠. 또 자주국방 의지가 강해야 하고요. 다만 민주화 부분에서는 진보의 공이 크죠. 그건 인정해줘야 해요.

보수는 나라 발전시키고 제도를 만들고 돈을 버는 데 너무 바쁘다 보니까 민주주의 원칙을 훼손시키는 경우가 많았습니다. 이런 점을 민주투사들이 문제를 제기하면서 바로잡았잖아요. 좋은 상호 관계고, 좋은 경쟁 관계였습니다.

보수가 주로 나라의 주인 역할을 했지만 가끔은 김대중·노무현·문재인 전 대통령과 같이 소수파였던 진보에서도 대통령이 나오면서 균형이 맞춰졌거든요. 어느 한쪽으로만 기울면 독재가 되거든. 양쪽의 힘의 관계에 의해 지금까지는 항상 긴장 관계가 있었고, 잘 굴러왔다고 봐요.

지금까지는 잘 왔는데 앞으로는 그렇지 않을 것이라는 말씀인가요?

앞으로 우리나라가 맞을 위기는 진보와 보수라는 개념으로만 설명되지 않을 것입니다. 특히 각종 정치적 음모론이 우후죽순 나오고 있는데, 이런 음모론들을 기준으로 진영이 나뉠 것 같아요. 즉 진실을 말하는 사람과 거짓을 추종하는 사람들로 나뉘겠죠.

국민 분열이 심각한 수준입니다. 앞으로 닥칠 후폭풍도 가늠이 안 될 정도입니다.

진실이 이기게 돼 있죠. 진실의 힘은 큽니다. 진실이라는 무기를 드는 사람이 많아지는 순간부터 지금의 혼란은 잦아들 거라 생각해요.

실사구시(實事求是)의 교훈을 생활화해야 합니다. 어떤 올바른 판단을 하기 위해서는 반드시 현실과 사실에 기초해야 한다, 그러니까 공리공론 말고, 현실이 어떠냐? 그리고 사실이 뭐냐? 이걸 봐야죠. 그래야 합리적인 사람이 돼요. 실사구시, 나는 이게 답이라고 생각합니다.

주부생활 2025년 3월호 인터뷰

"언론이 단어 하나 잘못 쓰면 나라가 혼란에 빠진다"

"1+1=2라고 말할 수 있는 사회는 망하지 않는다"

55년간 기자로 활동한 조갑제 대표는 국내 언론계에서 누구보다 생생히 저널리즘의 변화를 경험한 인물이다. 과거 〈월간조선〉 편집장으로 활약했던 그는 지금도 '조갑제닷컴'을 운영하며 유튜브와 개인 미디어를 통해 뉴스를 발신하고 있다. 그런 그가 가장 우려하는 것은 '팩트'가 사라지는 시대다. 사실과 견해는 구분되어야 하고, 거짓과 의혹은 엄연히 다른 것이다. 하지만 이런 언어들이 무분별하게 또는 의도적으로 산재되고 오용되면서 시민 정신과 사회 정체가 답보 상태라는 것. 추천받은 뉴스만 소비하고 편향된 정보와 주장이 극단으로 확산되는 환경 속에서 우리는 어떻게 사실을 분별하고 판단해야 할까.

| 질문 | 정해진 출퇴근 시간이 없을 것 같은데, 하루 일과가 어떻게 흘러가나요?

출퇴근 개념이 없어요. 집에서도, 비행기 안에서도, 차 안에서도 일합니다. 기자라는 직업은 24시간 깨어 있어야 하니까요. 그래서 새벽에 올리는 동영상도 많아요. 유튜브가 좋은 게 바로 편집해서 올릴 수 있거든

요. 나는 편집을 최소화해요. 그래야 바로 올릴 수 있잖아요. 기자 생활 55년, 결국 기자라는 직업은 마감 시간이 있다는 뜻이에요. 요즘은 사건이 나면 그 즉시 마감 시간이 되는 거죠.

전통적인 미디어에서 오랫동안 활동하다가 지금은 유튜브와 개인 미디어를 운영하고 있습니다. 직접 해보면서 기자 활동과 가장 큰 차이점이 있다면 무엇인가요?

전통적인 미디어와 달리 유튜브나 개인 미디어에는 마감 시간이 없어요. 사건이 터졌을 때 즉각적으로 대응할 수 있죠. 나는 기사를 써서 읽지 않고, 현장에서 바로 말하는 방식을 택해요. 예전 사회부 기자 시절에도 사건이 터지면 바로 전화로 기사를 불러줬어요. 그 습관이 지금도 남아 있어서 유튜브 방송할 때도 거의 편집 없이 바로 올립니다.

기자로서 가장 중요하게 생각하는 원칙이나 철학이 있다면 무엇인가요?

기자는 무엇보다 사실을 최우선으로 해야 합니다. 사실관계가 명확하면 도덕적 판단은 자연스럽게 따라와요. 사실에 기반하면 정책도 정확하게 풀 수 있고요. 정의도 사실에 입각해야지, 거짓말 위에서 정의를 외치면 안 되잖아요. 기자는 팩트-파인딩 스페셜리스트(Fact-Finding Specialist)예요. 팩트와 루머를 구별하는 것이 기자 역량의 핵심이고요. 만약 기자가 사실을 왜곡하고 거짓을 사실인 양 퍼뜨리면, 그 순간부터 사회 전체가 거꾸로 가요. 우리나라 기자 수가 아마 세계에서 가장 많을 겁니다. 하지만 양적 팽창에 비해 질적 수준은 낮아요. 그래서 내가 요새 언론 비판을 많이 해요. 기자는 분명 사회적 특권을 가지고 있어요. 이것을 이용해 거짓을 퍼뜨리면 그 자체로 사회악이 됩니다. 지금 한국에서 그런 현상이 벌어지고 있고요.

'기자는 팩트를 최우선으로 해야 한다'는 원칙은 단순히 마음가짐이나 태도만으로 지키기 힘든 것 같아요. 이러한 직업 윤리를 갖추려면 어떻게 해야 하나요?

기자는 교육을 제대로 받아야 해요. 그래서 수습 기자 시절이 정말 중요하죠. 기자로서 어떤 태도를 취해야 하는지도 잘 배워야 해요. 상대가 권력을 가졌든 안 가졌든 똑같이 대하고, 사실을 확인하는 기술을 배워야 해요. 그 다음은 '문장을 어떻게 쓰는가'입니다. 짧고, 정확하고, 쉽게 쓸 것. 특히 짧은 문장이 중요하고, 무엇보다 반드시 양쪽 의견을 들어야 해요. 누가 '해가 동쪽에서 뜬다'고 하면, 반대로 '해가 서쪽에서 뜬다'고 주장하는 사람은 없는지 반드시 확인해야 해요. 기자는 한쪽 이야기만 듣고 기사를 써서는 안 되죠. 이것이 기자가 지켜야 할 기본 원칙이에요.

시민들을 호도하는 불분명한 언어, 자극적인 미디어 환경의 위험성을 계속해서 지적하면서 우려하는 것이 바로 각종 음모론이에요. 그런데 비단 한국만의 일이 아니라고요.

부정선거 음모론 같은 것들은 앞으로도 계속 나올 거예요. 이건 한국만의 문제가 아니라 세계적인 현상이에요. 문제는 이런 음모론을 맹목적으로 믿는 사람들이 생기면, 사회적 혼란이 커진다는 거예요. 음모론은 아주 끈끈한 사교 집단과 비슷한 구조에서 양산되기 때문에 한 번 빠지면 나오기 어려워요. 정치 조직화되면서 법을 무시하고, 믿지 않는 사람들을 물리적으로 공격하는 단계까지 이르죠. 이걸 막기 위해서는 애초에 언론이 정확한 정보를 전달했어야 합니다. 음모론이 나오면 '거짓이다' 딱 잘라버리면 되는데 이걸 언론이 '의혹'이라고 보도하는 거예요. 그게 오보예요. 완전한 거짓말에 '의혹'이라는 월계관을 씌워주는 셈이죠. 그러니 사람들은 '뭐가 있긴 한가 보네?'라며 그 자체를 사실로 받아들이게 되고요. 언론이 정확한 용어를 써야 하는 이유가 바로 이거예요. 단어 하나 잘못 쓰면 나라가 이렇게 혼란에 빠지는 겁니다.

사람들이 가짜 뉴스나 선동에 쉽게 빠지는 것이 단순히 언론 때문만은 아닐 텐데요.

한국 사람들은 세계적으로 학력 수준도, 평균 지능도 굉장히 높은 편인데 왜 가짜 뉴스에 쉽게 속을까요? 저는 우리 사회의 언어 사용 방식과 정보 해석 능력과도 관련이 있다고 생각해요. 한국어는 70%가 한자(漢字)로 표기해야 의미가 정확하게 전달되는 언어예요. 그런데 한글 전용(專用) 정책으로 한자를 배제하면서 어휘의 정확성이 떨어지고 개념이 흐려지는 문제가 발생했어요. 예를 들어 실사구시(實事求是) 같은 단어도 한자를 보면 '현실과 사실에 기초해 옳고 그름을 가린다'는 의미가 명확하지만, 한글로만 쓰면 그 깊은 뜻이 잘 전달되지 않을 수 있어요. 언어가 정확해야 사고도 명확해지는 법입니다. 또한 어휘력이 풍부해야 정보 해석 능력도 올라가죠. 단어의 정확한 뜻을 이해하지 못한 채 단순히 감정적인 반응으로 정보를 소비하는 경향이 생겼어요. 이런 흐름이 잘못된 정보가 확산되는 데 영향을 줄 수도 있다고 봅니다.

지금 같은 미디어 환경에서 무분별한 음모론을 완전히 차단하기는 어려울 것 같아요. 이에 잠식당하지 않기 위해서는 어떻게 해야 할까요?

학교 교육이 매우 중요하다고 생각해요. 어떻게 하면 음모론에 빠지지 않는지 체계적으로 가르쳐야 해요. 알고리즘 교육도 같은 맥락이죠. 동시에 악질적인 음모론 유포자는 형사 처벌해야 해요. 사회적으로 계속 영향을 미치게 두면 안 된다고 봐요. 이렇듯 강력한 대응이 필요할 정도로 현재 상황을 심각하게 바라보고 있어요.

뉴스 소비 방식 또한 빠르게 변하고 있어요. 특히 알고리즘이 추천해주는 뉴스만 소비하는 사람이 태반이고요.

이건 결국 주체성의 문제입니다. 성숙한 시민이라면 스스로 정보를 찾고 선택하는 능력을 갖춰야 해요. 그런데 편하게 알고리즘이 제공하는 뉴스만 보다 보면 점점 확증 편향이 생겨요. 이걸 극복하는 가장 빠르고 핵심적인 방법은 '독서'입니다. 책을 읽어야 세상을 넓고 깊게 보는 눈을 기를 수 있어요. 또 생각이 깊어지고 논리적인 사고력이 생기고요. 단순한 뉴스만 소비해서는 이런 능력을 절대 키울 수 없어요. 스스로 다양한 정보를 탐색하고, 비교하고, 판단하는 습관을 들여야 합니다. 또 교양이 중요해요. 스포츠, 예술, 문학, 철학, 역사 등을 두루 접하면서 깊이 있는 사고를 하려고 노력해야 해요. 주체적으로요. 안타깝게도 한국 교육에서는 이런 과정이 부재(不在)해요. 깊이 있는 사고보다는 기능적으로 지식을 익히는 데 급급하죠. 독서와 교양 교육이 더 중요한 시대가 됐어요.

'조갑제' 하면 흔히 대표적인 보수 인사로 떠올리는 사람이 많아요. 하지만 전체 언론에 대한 비판뿐만 아니라, 최근에는 보수 진영도 거침없이 비판하고 있습니다. 이분법적 사고에 익숙한 대중에게는 다소 의외로 다가올 수도 있을 것 같은데, 이러한 반응에 대해 어떻게 생각하나요?

저는 언제나 사실을 가장 중요한 판단 기준으로 삼아왔어요. 제 정치적 성향이 보수이긴 하지만, 보수란 본래 사실과 법을 가장 중요하게 여기는 사람들이라고 생각해요. 그래서 저 역시 사실에 부합하는지, 법에 맞는지 여부를 기준으로 사안을 판단하고 비판합니다. 결국 저는 보수냐 진보냐 하는 이분법적 잣대가 아니라, 사실과 법에 맞느냐를 기준으로 입장을 정해왔어요. 그렇기 때문에 양쪽에서 비판을 받기도 하고, 양쪽에서 지지를 받기도 하는 상황에 익숙합니다.

평소 뉴스를 종이 신문에서 접하는지, 온라인 뉴스를 보는지 궁금합니다.
요즘은 거의 다 온라인으로 봅니다. 종이 신문을 보더라도 기사량이 제한적이잖아요. 온라인에서는 더 방대한 정보를 접할 수 있고, 깊이 있는 분석도 많아요. '뉴욕 타임스' 같은 경우 온라인 구독자가 1000만 명이 넘어요. 원래는 100만 부 정도 팔리던 신문인데, 온라인 서비스를 강화하면서 살아남았죠. '뉴욕 타임스'는 기사 수준이 워낙 높아요. 칼럼 하나만 읽어도 세상이 보일 정도죠. 그래서 저는 그런 신문들의 칼럼을 스크랩해서 보기도 해요.

과거에는 '정보'를 가지는 것 자체가 권력이었지만, 지금은 원하면 누구나 정보를 얻을 수 있어요. 다양성 시대에 천편일률적인 잣대를 들이대는 것 자체가 요원한 일일 수 있지만, 그럼에도 지켜야 할 최소한의 것이 있다면 무엇이라고 보나요?
소설 《1984》와 《동물농장》을 쓴 작가 조지 오웰은 원래 사회주의자였다가 스페인 내전에 참전한 뒤 공산주의 세력도 나치처럼 부패하고 위험하다는 것을 깨닫고 생각을 바꾸었어요. 조지 오웰이 남긴 명언이 있어요. "1+1=2라고 말할 수 있는 사회는 망하지 않는다." '1+1=2'라는 단순한 진실조차 검열하는 사회는 결국 무너질 수밖에 없어요. 사실을 말할 수 있어야 하고, 과학을 존중해야 합니다. 그리고 법을 지켜야 하죠. 그게 문명국가의 기본이에요. 한 개인이 교양을 갖추는 것이 중요하듯, 한 국가의 교양이 곧 문명(文明)이에요. 우리는 지난 100여 년간 많은 시행착오를 거치며 문명을 건설해왔어요. 그 문명을 유지하려면 언제나 사실을 기반으로 논의를 해야 하고, 거짓을 배격해야 합니다. 그것이 우리가 반드시 지켜야 할 최후의 방어선이라고 생각해요.

〈한국일보〉 '위기의 보수, 길을 묻다' (2025년 4월22일자)

"失政에도 박수만 쳤던 보수 주류… 윤석열 실패의 공범"

인터뷰 : 조철환 오피니언 에디터

'모두가 노(No)라고 할 때 예스(Yes)라고 할 수 있는 용기.'

2000년대 초반 유행했던 한 증권사 광고 문구다. 남의 눈치를 보지 않고 '팩트'의 편에 서는 조직이나 인물의 중요성을 부각시켰다. 그 덕분일까, 그 회사는 자본시장의 주요 플레이어가 됐다. 언론계에서 이 카피를 연상시키는 보수 논객 명단을 만든다면, 조갑제 '조갑제닷컴' 대표가 앞줄에 포함될 것이다. 1990년대 박정희 재평가에 가장 먼저 나섰고, 2024년부터는 윤석열 전 대통령의 실정(失政)을 비판했다. 조 대표는 18일 서울 광화문 자신의 사무실에서 진행된 인터뷰에서 '한국의 보수가 이권(利權)에 안주하는 타락한 집단으로 변질됐다'고 우려하면서도, 환골탈태의 보수개혁 방향도 제시했다. 다음은 일문일답.

| 질문 | 계엄 이전부터 윤 전 대통령 실정을 비판한 이유.

"많은 분들이 저를 '보수'라고 부르신다. 굳이 부인하진 않지만, 저는 기

자라는 직업윤리가 중요하다. 실사구시가 내 신념이다. 현실과 사실을 기초로 옳은 방향을 찾아야 한다. 그런 관점에서 윤 전 대통령에 대한 시각은 지난해 2월 6일 전과 후가 완전히 다르다. 의대 2,000명 증원으로 의료대란을 일으켜 많은 분들을 억울하게 돌아가시게 만들었고, 총선까지 망쳤다. 의사 표가 약 100만 표가량인데, 국민의힘 수도권 참패의 가장 큰 이유다. 의료대란 이전에도 대통령 집무실의 용산 이전, 이준석 전 국민의힘 대표 축출에 실망했다. 대통령 당선자가 법적 권한이 없는데도 작은 천도인 대통령 집무실 이전을 즉흥적으로 몰아붙이는 걸 보면서 '이 사람이 말하는 보수나 자유라는 말은 진실되지 않다'고 알았다. 의료대란, 집무실 이전, 이준석 몰아내기는 3대 실책이다. 과학적 근거 없는 의료대란의 연장선에 계엄 사태가 있다."

최근 보수진영의 행태를 평가한다면.

"윤 전 대통령 당선 이후 보수진영 다수가 박수부대로 전락했다. 보수정당, 보수 지식인 그리고 보수 언론이 거의 비판을 하지 않았다. 그의 3대 실책은 자유민주주의자, 시장경제론자가 할 수 없는 짓이다. 보수적 가치는 법과 사실에 기초해야 하는데, 그걸 모두 무시했다. 보수를 공격하는 정책이었는데, 국민의힘과 지식인, 언론이 박수만 쳤다. 윤석열 실패의 공범자가 됐다."

건전한 보수를 재건하는 방법은.

"가짜와 진짜 보수의 구별 작업이 필요하다. 누가 진짜인가를 놓고 이론투쟁도 하고, 국민의힘 경선도 그게 주된 쟁점이 돼야 한다. 최종적으로는 선거를 통해서 결판을 내야 한다. 조기 대선의 의미도 거기에 있다.

누가 대통령이 되느냐도 중요하지만 한국 보수세력의 재기(再起) 여부도 달렸다. 국민의힘이 '탄핵 반대·계엄 찬성' 인물을 후보로 뽑는다면 가망이 없다. 그 경우 보수의 대표성을 상실한다고 봐야 한다."

누가 후보가 돼야 하나.

"국민의힘 경선관리위원회에서 가이드라인을 정해야만 했다. 헌법재판소 결정문에 따라서 계엄 찬성, 탄핵 반대한 사람은 출마 자격이 없다. 후보 가운데 한동훈과 안철수만 자격을 갖췄다. 둘 중 한 사람이 최종 후보가 된다면, 국민의힘이 재기할 수 있다고 본다. 선거공학적으로 이기려면 이준석 개혁신당 후보와의 단일화도 필요하다. 단일 후보가 나오면 60대인 이재명 전 민주당 대표와의 대결에서 논점이 바뀔 것이다. '계엄'이나 '탄핵'이 아닌, '시대 교체' '정치 교체'가 될 것이다. 선거판이 상당히 건설적으로 될 것이다. 민주당도 가장 위협적으로 생각할 것이다."

전광훈 목사 진영과의 관계는.

"그들과는 같이 갈 수 없다. 한국 사람들은 (그들과 결별할 정도로) 머리가 좋다. 다만 걱정되는 게 있다. 부정선거 음모론이다. 진영 논리와 음모론이 결탁하면 가공할 사태가 일어날 수 있다."

구체적으로 설명해달라.

"부정선거 음모론을 믿는 '자칭 보수'가 꽤 많다. 이들은 진짜 보수가 아니기 때문에 자칭 보수라고 할 수밖에 없는데, 전 국민의 30%가량 된다고 한다. 그런데 작년 4월 총선거로 음모론은 정리가 됐다. 수검표 단계를 하나 더 도입한 뒤 확실해졌다. 그런데도 (계엄 이후) 전국적으로 확산이 됐는데, 후유증이 단기간에 치유가 안 될 것이다. 음모론은 사교 집단의 믿음 같아서 한 번 빠지면 돌아오기 쉽지 않다. 한국 사회 곳곳에서 분열을 일으키고 있다. 국가적 대책이 필요한데, 음모론 유포자는 형사처벌해야 된다. (유튜버 등) 일부는 거짓인 줄 알면서 돈벌이 수단으로 퍼뜨렸다. 명단도 공개해서 부끄럽게 만들고, 심한 경우에는 입학이나 취업시험에도 제한을 둬야 한다."

이재명 전 민주당 대표에 대한 인식이 바뀌신 건가.

"그에 대해서는 변한 게 없다. 우리나라 기자 중에서 제가 이재명, 문재인을 가장 많이 비판했을 것이다. 다만 지금 윤 전 대통령 잘못이 너무 크기 때문에 그것만 비판하는 것이다. 형식적으로 양비론을 맞추려고 이재명씨를 끌어들이는 건 비겁한 논리다. 비판할 때는 하나만 해야 한다."

부정선거 음모론이 이재명을 돕는다는 주장도 하셨다.

"이런 음모론 선동은 원래 좌파에서 시작됐다. 2008년 광우병, 2010년 천안함 폭침이 북한 소행이 아니라는 선동 등이다. (18대 대선의) 2012년에는 문재인 후보가 부정선거로 졌다는 주장을 김어준이라는 사람이 했다. 그러나 얼마 안 가 그쪽에서 딱 정리를 했다. 너무 퍼뜨리면 사전투표율이 떨어진다고 스스로 정리를 했다. 2020년 4월 총선 이후 (보수 진영에서) 음모론이 퍼질 때의 논리 구조가 김어준 음모론과 비슷한데 그걸 국민의힘이 수습하지 못했다. '이재명 전 대표에게 안 좋은 건 설사 거짓말이라도 괜찮다'는 비겁한 심리 때문인데, 결과적으로는 이 전 대표를 도와준다는 걸 알아야 한다. 퍼뜨릴수록 선거 불신이 생기고, (보수진영) 투표율만 떨어진다."

한덕수 추대론에 대한 생각은.

"국민의힘이 노예적 정당이라는 것을 증명하는 것 아닌가. 경선을 하고 있는데 한덕수에 무게를 두면 지금 경선은 이거 '2부 리그'라는 건가. 정당은 투쟁 조직이고 협회가 아니다. 권력을 쟁취하기 위한 치열한 자세로서 덤벼야 될 조직인데, 지금 국민의힘은 '동호인 클럽' 비슷하다. 경상도에 기반을 두고 있으니까 토호당 비슷하게 보이기도 하고, 어떤 권력 의지도 보이지 않는다. 권력의지가 있어야 치밀한 전략 전술이 나오는데 그것도 없다."

개헌에 대한 생각은?

"여러 사람에게 물었는데, 개헌에 대해 겉과 속이 다르다. 겉으로는 4년 중임제 또는 연임제 얘기를 많이 하는데, 실제로 속마음을 물어보면 대부분 정치인이 내각제를 원하고 있다. 일단 대통령 중심제와 내각제 사이에서 큰 선택을 해야 한다. 우리 헌법은 개정이 굉장히 어려운 '경성헌법'인데, 이걸 좀 쉽게 만들고 유연한 권력분립을 이루려면 내각제가 타당하다고 본다. 세계의 주요 민주주의 국가도 대부분이 내각제 국가다."

윤 전 대통령 탄핵 이후 언론의 추가 역할이 있다면은.

"윤 전 대통령이 계엄의 진짜 명분으로 내놨던 것들이 진실인지에 대한 치열한 취재가 필요하다고 본다. 反국가세력의 준동과 부정선거론을 내세웠는데, 진짜 원인은 다를 수 있다. 실제 원인이 윤 전 대통령의 사적 영역과 관련된 것이라면, 계엄을 바라보는 시각이 달라질 것이다."

조갑제 대표는 해방 이후 한국 보수진영을 '문명건설세력'으로 평가했다. 또 윤석열 전 대통령을 보수의 가치와 역할을 역행한 '문명 파괴자'로 규정하는 한편, 안보의 소중함을 망각하고 웰빙에 빠진 보수정당도 윤 전 대통령과 책임을 같이 져야 한다고 비판했다.

대한민국 전통 보수의 역할은 뭔가.

"정부 수립 이후 77년 동안 보수 진영은 '문명건설세력'이었다. 우리의 지금 생활을 보장하는 좋은 제도 거의 대부분이 보수라는 사람들이 욕을 먹어가며 만들어냈다. 헌법도, 의료보험도, 국군도, 헌법재판소도 그렇다. 윤 전 대통령이 그중에 몇 개를 부숴버렸다. 세계 최고 의료시스템을 위기로 몰아넣고, 무도한 비상계엄으로 군대를 오합지졸로 만들고, 헌법재판소를 공격했다. 지금 이 단계에서 윤석열과 추종 세력은 보수가 아니다. 보수 궤멸자이고 문명파괴세력이다.

현재 보수의 문제는 뭔가.

"이승만, 박정희, 전두환, 노태우 등까지는 6·25를 경험한 세력이 중심이었다. 자주국방, 안보를 아주 중시했다. 1993년 김영삼 정부 이후 안보를 중시하지 않게 됐다. 북핵 위기 등에서 미국에 의존하는 사대주의적 속성을 보이기 시작했다. 자주국방 의지가 약해지고 요즈음에는 거의 실종됐다. 이스라엘 같은 안보를 추구해야 하는데, 그렇지 못하다."

'안보'가 보수 가치의 핵심인가.

"잘 먹고 잘 살게 됐으면서도 안보를 미국에 의존하니까, 안보를 책임져야 될 보수가 타락했다. 우리의 경제력을 국방력으로 전환하면 미국 도움 없이 북한 핵무장에 대응할 수 있는데, 그런 돈을 쓰기 싫어한다. 미국에 계속 의존하는 과정에서, 보수 정치의 제일 핵심인 안보가 빠졌다. 안보와 자주국방을 외면한 보수는 가짜다."

국민의힘의 문제도 거기에 있나.

"(안보를 신경 쓰지 않으면) 그때부터 껍데기다. 그 껍데기 안에는 이권 투쟁이 들어간다. 이권은 당권일 수도 공천권일 수도 있다. 한국 보수의 품격이 떨어지고 '웰빙'에만 전념하다 보니, 야성도 잃어버리고 윤 전 대통령의 실정을 전혀 견제하지 못했다. 박수부대가 됐다. 윤 전 대통령은 국민의힘이라는 정당을 자기 종처럼 생각하지 않았을까. 정당 정치에서는 정당이 주인이고, 대통령은 피고용인이어야 하는데 주객이 전도됐던 것이다."

• 제 6 장 •
국민의힘, 추하게 진 다음 극우화로 질주!

국민의힘은
최악의 선택을 했다!

　국민의힘이 최악의 선택을 했다. 2025년 5월3일 전당대회에서 윤석열 편에 서고 부정선거 음모론을 믿는 김문수 후보가 국민의힘 대통령 후보가 된 것은 선거판을 다시 윤석열 심판 성격으로 만든 것이다. 득표율은 김문수 후보가 56.53%, 한동훈 후보가 43.47%였다.

　김문수 후보는 윤 전 대통령의 비상계엄 선포 및 탄핵사태에서 일관되게 윤석열 편에 섰고 한동훈 후보를 배신자로 공격했던 사람이다. 부정선거 음모론을 버리지 않고 있음을 국힘당 경선과정에서 보여주었다. 이날 대선후보 수락연설에서도 감사원을 통해 선관위를 감사하고 사전투표제를 폐지하겠다고 공언했다.

　국민의힘은 김문수를 선택함으로써 다시 한번 윤석열 진영으로 돌아갔다. 헌법재판소가 국민신임배반자로 규정, 파면한 윤석열 비호 후보를 선택함으로써 대선의 본질은 윤석열 對 이재명 리턴 매치가 되고 말았다. 이재명 후보의 사법리스크가 극도로 악화되고 있음에도 불구하고, 내란 우두머리 혐의자를 편드는 이를 후보로 뽑았으니 이재명을 공격할 명분을 스스로 던지고 말았다. 내란우두머리 혐의자를 편들면서 허위사실 유포혐의자를 공격하기란 논리적으로 難望하다.

한동훈 후보는 비록 졌지만 잘 싸웠다. 이번 선거를 통해 보수세력이 한동훈이라는 새로운 지도자를 갖게 되었다는 점은 의미가 있다. 윤석열 계엄에 반대하고 부정선거 음모론에 분노하는 합리적 보수는 김문수 후보를 받아들이지 않았다.

문제는 국민의힘이 윤석열의 그림자로부터 벗어나지 못했다는 사실이다. 경선 과정에서 안철수와 한동훈 두 사람을 빼고는 윤석열의 비상계엄과 부정선거 음모론에 대해 제대로 반성하는 사람이 없었고 오히려 비호했다. 계엄을 진압하는 데 앞장섰던 한동훈 후보를 배신자로 몰아붙이는 모습을 보이기도 했다.

국민의힘은 5·1 전당대회로 보수세력의 대표성을 상실했다. 계엄을 '계몽령'으로 옹호했던 음모론적 보수세력의 정당으로 전락하고 말았다.

김문수 수락연설문의 충격!

김문수 전당대회 후보수락 연설

　우리 모두, 혹독한 겨울을 보냈습니다. 좌절과 분노를 뚫고, 오늘 이 자리에 모였습니다. 수많은 국민들의 함성에도, 대통령은 탄핵됐습니다. 우리의 민주주의가 위기를 맞고 있습니다. 기필코 이번 대선에서, 승리하겠다는 각오로 오늘, 우리는 모였습니다.

　윤석열이 억울하게 탄핵되었다는 뜻이다. 헌법을 위반하여 헌법에 의하여 탄핵된 것은 민주주의의 승리인데 김문수 후보는 민주주의의 위기라고 생각한다. 그가 말하는 대선 승리는 헌법 수호 세력에 대한 복수로 읽힌다.

　민주당은 31명에 대한 탄핵안을 제출했습니다. 국무총리와 경제부총리, 장관, 감사원장에 방송통신위원장, 검찰총장, 수사검사에 이르기까지, 무차별 줄탄핵을 했습니다. 자유 민주주의 시장경제, 헌법에 어긋나는 온갖 악법을 만들어 냈습니다. 예산을 삭감해서 정부를 마비시키고 있습니다.

　헌법재판소의 윤석열 다면 결정문이 부인한 윤석열의 억지 주장을 되풀이하고 있다. 위의 탄핵안들이 헌법재판소의 현명한 결정으로 모조리 기각된 사실은 이야기하지 않는다. 유리한 부분만 떼어내 과장한다. 범죄가 多發하고 있다고만 하고 범인들이 다 잡혔다고 이야기해주지 않으면 범죄천국으로 알려진다. 국회의 본래 권한인 예산삭감을 '정부마비 시키기'라고 했다. 국회의 탄생은 왕이 귀족들에게 세금을 마음대로 부과하지 못하도록 한 1215년 영국의 마그나카르타(대헌장)에 유래한다. 국회의 기본임무가 정부 예산 삭감이다. 대통령 후보가 이를 국회독재로 보는 것이 독재적이다. 국회가 허황한 대왕고래 시추예산을 삭감했기에 예산낭비를 1000억 원으로 끝낼 수 있었다.

　국회의원을 동원해서, 방탄국회를 만들었습니다. 도대체, 세계 어느 나라 국회가 이런 적이 있습니까? 역사상 최악의 국회독재가 아닐 수 없습니다. 벌써 두 번째, 국민의 손으로 뽑은 대통령을 탄핵했습니다. 국회가 대통령을 끌어내고, 법원과 헌법재판소까지 지배하며, 삼권분립을 파괴하고 있습니다.

　'역사상 최악의 국회독재'는 '역사상 최악의 과장'이다. 대통령이 군인들에게 국회의원을 끌어내라고 명령한 사실은 숨기고 국회가 대통령을 끌어냈다니! 이런 주장을 되풀이하면 공직선거법상의 허위사실 유포죄에 해당할지 모른다. 국회가 법원과 헌재까지 지배하고 있다는 말도 과장이다. 국회가 법원을 지배하는데 대법원이 이재명 후보에게 유죄취지의 파기환송을 하나?

　낡은 1987년 체제를 바꾸는 개헌을 추진하겠습니다. 정치와 사법, 선거제도를 개혁하겠습니다. 감사원이 선관위를 감사하고, 사전투표 제도를 폐지하겠습니다. 국회의원 불체포 특권을 폐지하겠습니다.

　헌법상 독립기관인 선관위에 대한 감사원 감사는 위헌이다. 헌법재판소가 최근 위헌이라고 결정한 사안인데 이를 무시하고 감사원이 선관위를 감사하도록 한다고? 같은 논리로 국회도 감사하나? 대통령이 헌법개정 없이 그렇게 하면 탄핵사유가 된다. 세계에 자랑하는, 편리한 사전투표 제도를 폐지한다고? 작년 총선, 2022년 대선 때 국힘당이 사전투표를 해달라고 호소한 것은 對국민사기였나? 김문수 후보는 부정선거음모론자이다. 선관위를 범죄집단으로 본다는 이야기이다. 이번 조기대선도 부정선거로 치러질 것이 확실하다면 결과는 뻔한데 왜 굳이 출마하겠다는 것인가?

　거짓과 범죄로 국회를 오염시킨 사람을 대한민국 대통령으로 만들어서는 안됩니다.
　군대를 동원, 국회를 無力化시키려 한 대통령 아래에서 근무한 사실에 사과한 다음에 할 말이다.

　김문수 후보의 수락연설문은 윤석열이 써준 것이 아닐까 생각될 정도로, 난폭한 표현과 논리가 비슷했다.

윤석열 결국 출당,
제명 못 시키고 자진 탈당

尹 탈당문은 天下惡文이다!
私益추구에 몰두한 그가 白衣從軍 하겠단다!

5월17일 발표된 윤석열 전 대통령의 국민의힘 탈당문은 논설공부 때 惡文의 사례로 분석할 만하다. 글은 이렇게 쓰면 안된다는 교재로 쓰일 만하다.

"사랑하는 당원 동지 여러분, 저는 오늘 국민의힘을 떠납니다. 그동안 부족한 저를 믿고 함께 해주신 당원 동지들께 고개 숙여 감사드립니다."

이 의례적 인사 다음엔 비상계엄에 대한 사과가 있어야 하는데 그 단계를 생략하고 체제논쟁으로 비약한다.

"지금 대한민국은 자유민주주의 체제가 존속될 것이냐, 붕괴되느냐 하는 절체절명의 갈림길에 서있습니다. 제가 대선 승리를 김문수 후보 본인 못지 않게 열망하는 것도 이번 대선에 대한민국의 운명이 걸려있기 때문입니다. 자유민주주의 없이는 지속가능한 경제 발전도 국민 행복도 안보도 없습니다."

누가 이런 위기를 불렀는가에 대한 설명을 생략한 글이다. 자신이 저지른 행위를 건너 뛰어 지속가능 경제 운운하니 탈당에 즈음한 사과문이 아니라 시정연설문 같다.

"길지 않은 정치 인생을 함께 하고 저를 대한민국 대통령으로 만들어 준 국민의힘을 떠나는 것은 대선 승리와 자유민주주의를 지키기 위해 지금 제가 할 수 있는 최선의 길이라고 생각합니다."

위헌적이고 무도한 계엄령을 펴서 자유민주주의를 공격한 행위로 국가에 의하여 중징계(파면)를 받은 윤석열이 자유민주주의를 지키기 위하여 할 수 있는 최선의 길은 자랑이 아니고 진솔한 사과와 침묵일 것이다.

"당원 동지 여러분, 저는 비록 당을 떠나지만 자유와 주권 수호를 위해 백의종군할 것입니다. 동지 여러분께서는 자유 대한민국과 국민의힘을 더욱 뜨겁게 끌어 안아 주시기 바랍니다. 각자의 입장을 넘어 더 큰 하나가 되어 주시기 바랍니다. 그것만이 나라와 국민을 지키고 미래세대에게 자유와 번영을 물려 줄 수 있는 것입니다."

白衣從軍은 이순신의 公人정신으로서 억울해도 나라를 위해서는 자신의 利害관계를 떠나 봉사하는 자세이다. 윤석열은 전투지휘 중 소환되어 고문 받고 파면된 이순신처럼 억울한가? 최소한의 公私구분을 모르는 이런 사람이 대한민국을 대표했다니!

"제가 국민의힘을 떠나는 것은 자유대한민국을 지키기 위한 책임을 다하기 위해서입니다. 이번 선거는 전체주의 독재를 막고 자유민주주의와 법치주의를 지키기 위한 마지막 기회입니다."

망상에 사로잡혀 발작적으로 선포한 비상계엄령은 헌법과 사실을 무시한 우파전체주의적 친위쿠데타인데 이 반역행위에 대한 반성은커녕 잘한 일이었다는 것을 전제로 하여 국민들에게 건방진 훈수를 두고 있다. 남의 고통에 무신경한 소시오패스적 문장이다.

"지난 겨울 자유와 주권 수호를 위해 뜨거운 열정을 함께 나누고 확인한 국민 여러분, 청년 여러분, 국민의힘 김문수에게 힘을 모아 주십시오. 반드시 투표에 참여해 주십시오. 여러분의 한 표 한 표는 이 나라의 자유와 주권을 지키고 번영을 이루는 길입니다."

지난 겨울 그를 비호했던 이들의 태반은 황당무계한 부정선거론을 믿는 문제적 국민들이었다. 이들이 자유와 주권 수호세력이란 그의 시각은 교정불가, 구제불능임을 드러낼 뿐이다. 국민 전체에 대한 생각이 없고 오로지 광신적 지지자들만 챙겨 국민을 분열시키는 자에겐 전 대통령이란 말도 사치이다. 大統領은 국민을 크게 통합하는 우두머리라는 뜻인데 그는 대분열자이다.

이준석
"윤석열과 함께 김문수도 같이 물러나라"

"부정선거 망상에 빠져 이 사단을 일으킨 장본인이 자유, 법치 운운 역겹다"

이준석 개혁신당 후보는 5월17일 윤석열 전 대통령의 국민의힘 탈당에 "비상계엄 원죄(原罪) 지울 수 없다"며 "(국민의힘) 김문수 후보도 함께 물러나라"고 했다.

李 후보는 이날 페이스북에 올린 글에서 윤 전 대통령을 향해 "부정선거 망상에 빠져 이 사단을 일으킨 장본인이 자유, 법치, 주권, 행복, 안보를 운운하는 것이 역겹다"고 비판했다.

이준석 후보는 윤 전 대통령이 김문수 후보 지지를 호소한 것과 관련해 "탈당으로 비상계엄 원죄를 지울 수 없고 헌법재판소의 탄핵 인용이 김정은 독재국가 같다던 김 후보의 시대착오적 인식이 가려질 수 없다"고 했다. 김 후보는 지난 5월15일 기자회견에서 헌법재판소의 윤 전 대통령 만장일치 파면 선고에 '독재국가에서나 볼 법한 매우 위험한 결정'이라고 언급했었다.

이준석 후보는 "이 사단에 공동 책임이 있는 후보가 윤석열과 함께 물러나는 것이 이준석과 이재명의 진검(眞劍)승부의 시작점이 될 것"이라면서 김 후보의 사퇴를 요구했다. 李 후보는 오늘 서울 강남구 코엑스에서 열린 '젊은의사포럼' 강연 뒤 기자들과 만나서도 "국민의힘 요청에 윤 전 대통령이 당을 위해서 본인이 대단한 결단을 했다는 듯이 나서는 모양새 자체가 중도층의 표심에 영향을 주기 어려울 것"이라고 했다.

이어 "대한민국 정치를 나락으로 보낸 이 윤석열이라는 사람의 정치 입문부터의 과정은 저 개인에게나 대한민국에게나 여러모로 反面교사와 他山之石이 될 것"이라고 말했다.

국민의힘에 대해서는 "지금 상황 속에서 국민의힘 빼기 윤석열은 무엇인가. 마치 자유통일당 모습 같다"며 "윤 전 대통령이 빠져나간 것이 국민의힘 내에 새로운 문화가 싹트는 계기가 될지, 다시 자유통일당이 똬리를 트는 계기가 될지는 국민이 지켜볼 것"이라고 했다.

부정선거 영화 관람한 尹 향해 국민의힘에서 터져나온 불만과 경멸!

이재명 더불어민주당 대선 후보는 5월21일 윤석열 전 대통령이 부정선거를 주제로 한 영화를 관람한 데 대해 "그 선거 시스템으로 본인이 (지난 대선) 선거에 이겼는데 (이제 와서) 부정선거라고 하면 어떻게 되는 것이냐, 잘 이해가 안 된다"고 말했다.

李 후보는 이날 국민의힘이 尹 전 대통령의 영화 관람에 대해 '우리 당을 탈당한 자연인'이라며 별다른 입장을 내지 않은 데 대해선 "제가 2월16

일에 '100일 안에 국민의힘이 윤석열 전 대통령을 부인할 것이다'라고 했는데 실제로 그렇게 됐다"며 "앞으로 더 강력히 부인할 것"이라고 했다. 그러면서 "그러나 그것은 겉보기에 국민들이 보시라 하는 虛言이고 실제로는 깊이 연관이 돼 있다"며 "탈당하면서도 응원하면서 나갔지 않느냐"라고 했다. 李 후보는 "결국은 여전히 一心同體라 보여진다"고 했다.

이어서 "그리고 조만간 국민의힘이 아마 큰절을 하면서 석고대죄, 국민사죄 쇼를 하게 될 텐데 국민들이 그런 것에 속을 만큼 정치 의식 수준이 낮지 않다"며 "국민을 진지하게 존중할 필요가 있단 말씀을 충고로 드린다"고 했다.

국민의힘에선 윤 전 대통령을 향한 불만이 나왔다. 김용태 국민의힘 비상대책위원장은 이날 오전 국회에서 기자들과 만나 "윤 전 대통령은 탈당했다. 저희 당과 이제 관계가 없는 분"이라며 "개인적 입장에서 봤을 때 윤 전 대통령은 계엄에 반성·자중을 할 때 아닌가"라고 했다. 신동욱 국민의힘 수석대변인은 기자들과 만나 "윤 전 대통령은 저희 당을 탈당한 자연인"이라며 "윤 전 대통령의 일정에 대해 코멘트해 드릴 것이 없다"고 했다. '선거에 도움이 안 된다'는 지적에는 "그런 평가도 하지 않는다"고 했다.

한동훈 전 국민의힘 대표는 이날 페이스북에서 "국민의힘은 '윤 어게인', 자통당(자유통일당), 우공당(우리공화당), 부정선거 음모론자들과 손잡으면 안 된다"며 "국민의힘이 자멸하는 지름길"이라고 했다. 조경태 의원도 페이스북에 "이재명 민주당 제1호 선거운동원을 자청하는 건가"라며 "본인 때문에 치러지는 조기 대선에 반성은커녕 저렇게 뻔뻔할 수 있는지 참으로 어처구니없고 한심하다"고 했다. 김근식 송파병 당협위원장은 "제발 윤석열, 다시 구속해주세요"라며 "우리 당이 살고 보수가 거듭나기 위해서는 재구속만이 답"이라고 했다.

윤석열 석방은 국힘에 큰 짐이 됐다

이상한 법리를 적용, 윤석열 구속취소를 결정한 지귀연 부장판사가 결과적으론 이재명 후보에게 유리한 행동을 했다는 건데 민주당은 그런 지귀연 판사를 겨냥, 룸살롱 접대 의혹을 제기하고 있으니 피아(彼我)구분이 어렵다.

지난 3월9일 나는 〈윤석열 대통령 석방은 조기(早期)대선을 준비해야 할 국민의힘에 큰 짐이 될 것이다〉고 예언했는데 그 뒤 전개과정을 비교적 정확히 예언한 셈이다.

1. 그는 어제 개선장군 행세를 했는데 이 모습을 본 극단적 우파야 박수를 치겠지만 합리적이고 온건한 중도성향 국민들은 반감(反感)을 갖게 되고 이는 국민의힘 대선(大選)전략에 치명적이다.

2. 헌법재판소의 결정에도 불리할 것이다. 헌재 재판관들은 반성 없는 저런 사람을 대통령직에 복귀시키면 계엄령을 수시로 펼 것이고 보복에 나설 가능성이 있다고 생각할 것이다.

3. 국민의힘은 윤석열을 딛고 가야 하는데 윤석열은 "나를 업고 가라"고 할 것이고, 지지자들이 동조할 것이다.

4. 이런 윤석열 세력이 탄핵인용 후 국민의힘 경선 과정에 개입하면 계엄찬성파와 반대파, 부정선거음모론파와 맨정신파의 노선투쟁이 벌어질 것이다. 여기서 맨정신파가 이겨 그런 후보를 낸다면 조기선거에서 승산(勝算)이 생기지만 음모론-계엄 찬성파가 이기면 대선 본선에선 중도표를 잃고 큰 차이로 질 것이다.

5. 석방된 윤석열이 강경우파 세력의 보스 같은 행동을 하면 할수록 대선판은 윤석열 심판이 주제가 될 것이다. 모든 여론조사에서 계엄반대,

탄핵찬성, 정권교체론이 상당한 차이로 우세한데 이 구도의 선거에서 국민의힘이 이길 가능성은 낮다.

6. 윤석열이 내란 우두머리 혐의자임에도 석방되어 자유로운 활동을 하면 이재명의 사법 리스크에 대한 비판이 무디어지게 된다. 사형 아니면 무기징역형 혐의자가 활보하는데 고작 선거법 위반 혐의자를 때려, 라는 감정적 반응이 일어날 것이다. 윤석열은 약한 처지에서 동정표를 받아야 강해지지 강한 입장에 서는 순간 역풍(逆風)이 불 것이다.

7. 이재명 후보가 당선될 경우 진행중인 재판이 중단되느냐 여부(與否)가 논쟁거리가 될 터인데 '활보하는 내란 우두머리 혐의자, 전직 대통령'의 존재는 이재명에게 유리하게 작용할 것이다.

8. 윤석열의 부하들(軍警 수뇌부 인사 9명)은 구속재판중인데 우두머리가 저렇게 설치고 다녀도 되나, 라는 상식적 감정 또한 국민의힘에 불리하다.

9. 윤석열과 헤어질 결심을 하지 못하는 국민의힘은 그와 함께 계엄의 강에 익사(溺死)할지 모른다. 윤석열은 역사의 발전에 逆行하는 인물이고 따라서 역사의 패배자일 수밖에 없으며, 국민의힘은 파면당한 인물 편에 섰다가 국민으로부터 파면 당할 것이다.

이준석 긴급 기자회견
"비상계엄·음모론세력 김문수로는 이길 수 없다"

 이준석 개혁신당 대선후보가 5월27일 오후 긴급 기자회견을 열고 "비상계엄에 책임이 있는 세력으로의 후보 단일화는 이번 선거에 없다"며 김문수 국민의힘 대선후보와 단일화하지 않겠다고 밝혔다. 이 후보는 이날 서울 여의도 국회에서 "김문수로는 이길 수 없다"며 "끝까지 싸워 이기는 반전의 역사 위에 제가 퍼스트 펭귄이 되겠다"고 말했다.

 이준석 후보는 27일 중앙일보·한국갤럽의 대선 여론조사 결과를 언급하며 "관건은 추세"인데 "동탄의 기적이 대한민국의 기적으로 되살아나고 있다"고 강조했다.

 그는 "지난 조사에서 29%이던 저의 (이재명 후보와의) 양자 대결 지지율은 이번 조사에서 40%로 퀀텀 점프했다"며 "이 추세대로라면 오늘 진행되는 조사에선 김 후보를, 내일 조사에서는 이재명 후보를 뛰어넘는 결과가 나올 것"이라고 주장했다. 전화면접 방식으로 24~25일 진행된 중앙일보·갤럽 조사에서 양자 대결 시 이재명 후보 지지율은 51%, 이준석 후보 40%로 나타났다. 3~4일 조사 때와 비교해 이재명 후보 지지율은 그대로였고, 이준석 후보 지지율은 11%포인트 올랐다.

이 후보는 지난해 4월 총선 때 경기 화성을 선거에서의 승리와 비교하며 "당시 여론조사 공표 전 마지막 조사에서 제가 10%포인트 뒤져있다가 실제 개표 결과에선 3%포인트 앞질러 당선됐다"며 "동탄의 기적은 민주당에 악몽이지만 국민에겐 희망"이라고 말했다.

이 후보는 김문수 후보와 국민의힘을 강도 높게 비판했다. 김 후보를 향해 "주야장천 저와의 단일화만 외치며 대국민 가스라이팅을 계속하고 있다"며 "제가 이재명 후보의 무능과 무식, 반지성을 파헤쳐 반사이익을 얻은 것 외에 스스로 이룬 것이 대체 무엇이냐"고 따졌다. 또한 김문수 후보를 "윤석열 탄핵에 반대하고, 자유통일당 대표를 지냈으며, 부정선거 음모론에 빠져 있던 분"으로 직격하며, "이런 후보를 낸 국민의힘은 국민에 대한 예의가 없는 것"이라고 비판했다.

민주당 이재명 후보를 향해서도 "원내 189석의 부패 골리앗"으로 지칭하면서 "이재명을 막을 수 있는 방법은 압도적으로 새로운 다윗이 나서야 한다. 계엄세력도 포퓰리즘 세력도 모두 밀어내야 한다"고 목소리를 높였다.

다음은 이준석 후보 기자회견문 全文.

〈존경하는 국민 여러분. 개혁신당 이준석입니다.

어제 저는 저희 당 전체 당원과 지지자, 그리고 국민 여러분께 문자메시지와 이메일을 발송했습니다. 거듭 말씀드렸습니다. 비상계엄에 책임이 있는 세력으로의 후보 단일화는 이번 선거에 없습니다.

저를 응원해주시는 모든 분들에게 또렷하게 응답합니다. 끝까지 싸워 끝내 이기겠습니다. 어제 편지에서 말씀드렸던 것처럼, 오늘 우리가 함께 만드는 역사를 훗날 우리의 후손들이 전설처럼 이야기하는 날이 분명 있을 것입니다. 거침없이 전진합시다. 이 반전의 역사 위에 제가 퍼스트펭귄의 역할을 마다하지 않겠습니다.

국민 여러분.

최근 며칠간 민주당이 급발진 버튼을 누른 듯 가짜뉴스를 퍼트리면서 저를 몰아치는 이유가 있습니다.

오늘 공개된 갤럽 여론조사에서 저 이준석과 김문수 후보의 경쟁력 격차가 1%로 줄었습니다. 관건은 추세입니다. 지난 조사에서 29%였던 저의 양자대결 지지율은 이번 조사에서 40%로 퀀텀 점프를 했습니다. 동탄의 기적을 만들었던 바람입니다.

이 추세대로라면 오늘 진행되는 조사에서는 제가 김문수 후보를 뛰어넘을 것이고, 내일 조사에서는 이재명 후보를 뛰어넘는 조사 결과가 나올 수 있을 것입니다.

여론조사 공표 전 마지막 조사에서는 10% 뒤져 있다가, 실제 개표 결과에서는 3% 앞질러 저는 동탄에서 당선됐습니다. 민주당은 그때의 악몽이 두려울 것입니다. 민주당에게는 악몽이지만 국민에게는 희망입니다. 동탄의 기적이 대한민국의 기적으로 되살아나는 순간입니다.

국민 여러분.

김문수 후보로는 이재명 후보를 이길 수 없다는 사실은 국민의힘 의원 모두가 잘 알고 있습니다. 그럼에도 버티는 이유는 그들에게는 당선보다 당권이 우선이기 때문입니다.

한덕수 총리와 단일화를 하겠다는 공약으로 후보가 됐던 김문수 후보는 목적을 달성하자마자 그 약속을 무시했고, 국민의힘 후보가 되고 나서도 난데없이 저와의 단일화만 주야장천 외치면서 대국민 가스라이팅을 계속하고 있습니다. 단일화 이외에는 내세울 게 없는 후보라는 것이 증명되었습니다.

제가 이재명 후보의 무능과 무식, 反지성을 파헤쳐 반사이익을 얻은 것 이외에 김문수 후보가 지난 선거운동 기간 동안 스스로 이룬 것이 대체 무엇입니까. 전광훈 목사를 풀어달라고 눈물 흘리는 영상이 돌아다니는 것 이외에 김문수 후보가 보여준 국가 경영의 비전은 무엇입니까.

비전이 없어 겨우 생각해낸 것이 '반이재명'이라는 기치 아래 역사 속으로 사라졌어야 이낙연, 전광훈과 같은 이상한 재료들을 모아다 잡탕밥을 만드는 것입니까? 둥근 사각형, 따뜻한 아이스아메리카노처럼 존재할 수 없는 물건을 팔기 때문에 이재명 후보에 비해 비교우위도 없습니다.

고정표를 바탕으로 여론조사 최대치까지 올랐다가 이제 추락만 남은 김문수 후보가 있고, 추세로 밀고 올라가 끝내 이재명 후보를 뒤집을 에너지가 충분한 저 이준석이 있습니다. 국민의 선택은 분명합니다.

이준석만이 이재명을 잡을 수 있다는 판단이 빠르게 확산되고 있습니다. 2030세대에서 시작한 이 혁명의 바람은 놀라운 속도로 전 세대로 확장되고 있습니다. 지금 민주당은 두려울 것입니다. 공포에 질려 있습니다.

국민 여러분.

비상계엄에 책임이 있는 정당 국민의힘은 이번 대통령선거에 후보를 낼 자격이 없는 정당입니다. 국민 모두가 동의하는 사항입니다.

그럼에도 윤석열 탄핵에 반대하고, 전광훈 목사의 자유통일당 대표를 지냈으며, 부정선거 음모론에 빠져 있던 분을 후보로 내세웠으니 이건 기본적으로 국민에 대한 예의가 없는 겁니다.

원내 189석의 부패 골리앗 이재명을 막을 수 있는 방법은 단 하나뿐입니다. 압도적으로 새로운 다윗이 나서야 합니다. 계엄세력도 포퓰리즘 세력도 모두 밀어내야 합니다.

이제 더 이상 김문수 후보를 선택할 그 어떤 명분도 남지 않은 상황에서 이제는 국민 여러분이 대한민국을 위한 결단을 내려주십시오.

이준석입니까? 이재명입니까? 이준석이 만들 나라와 이재명이 망칠 나라의 차이는 분명합니다.

대한민국을 중국보다 기술 경쟁력 있는 혁신국가로 거듭나게 할 것인가, 중국과 대만 사이에서 '셰셰'만 하다가 국제사회에서 완전히 고립되는 나라로 전락할 것인가, 바로 그 차이입니다.

보수와 진보를 가리지 않고 최고로 실력 있는 사람들이 모여 토론하고 타협하는 정치로 것인가, 서초동-광화문-시청-여의도로 갈라져 전쟁 같은 대결을 반복하는 국가로 갈 것인가, 바로 그 차이입니다.

대통령을 두려워하는 나라가 아니라 대통령과 토론할 수 있는 나라를 만들겠습니다. 총통이 아니라 국민의 시대를 열겠습니다. 그게 바로 이준석 정부입니다.

국민 여러분.

결단의 시간입니다. 어둠이 물러나 해가 뜨는 것이 아니라, 해가 뜨기 때문에 어둠이 밀려납니다. 겨울이 물러나 봄이 오는 것이 아니라, 봄이 차올라 겨울을 밀어냅니다. 어둠의 편이 된 햇볕은 어둠을 밝힐 수 없습니다. 이재명으로는 세상을 바꿀 수 없습니다.

오늘 밤 마지막 TV토론을 보시면 판단은 더욱 분명해질 것입니다. 이준석에게 압도적 지지를 몰아 주십시오. 반드시 승리하겠습니다. 감사합니다.〉

김문수의 이준석에 대한
단일화 스토킹은 더럽게 지는 방법

사전투표일 3일 前

1. 이번 早期(조기) 대선은 윤석열의 불법계엄과 부정선거 음모론 때문이다. 김문수 국힘당 후보는 윤석열, 계엄, 음모론을 비판한 뒤 민주당 이재명 후보의 위험성을 비판해야 설득력이 있고, 득표(得票)효과가 있다.

2. 그는 윤석열, 계엄, 부정선거음모론에 대하여 비판하지 않는다. 이번 선거의 본질이 윤석열 심판인데 윤석열 비판을 포기한 것은 선거를 포기했다는 이야기다. 그는 대한민국 대통령 선거운동을 국민의힘 대표 선거운동처럼 하고 있다.

3. 이준석 개혁신당 후보가 두 차례 TV 토론에서 윤석열을 비판하면서도 이재명 후보의 무능, 무책임, 그리고 위험성을, 팩트체크 식으로 여지없이 드러냈다. 김문수 후보가 하지 못한 역할을 이준석 후보가 대신 해주고 있다. 그런데 김 후보 진영은, 이런 이준석이 마음껏 이재명을 공격하도록 내버려두지 않고 단일화 스토킹으로 괴롭혀 힘을 빼고 있다.

4. 거의 모든 여론조사에서 김문수로 단일화하면 이준석 지지자들의 과반이 김 후보 쪽으로 따라가지 않고 일부는 이재명 쪽으로 이탈, 효과가 없다는 사실이 드러났는데도 단일화 스토킹을 계속하는 것은 대패(大敗) 이후 이준석 때문에 졌다는 알리바이를 만들기 위한 의도라고밖에 볼 수 없다.

5. 이재명 캠프에서 걱정하는 시나리오는 김문수 후보가 드라마틱하게 이준석 지지를 선언하고 사퇴, 막판 대선(大選)구도를 〈낡은 정치 對 세대교체(정치교체)〉로 만드는 것이라고 한다. 6·29 선언의 성공에서 보듯이 국민들은 기득권을 포기하는 자기희생에 감동한다. 김문수 후보가 그런 드라마를 연출할 수 있는 가장 좋은 찬스는 내일 마지막 TV 토론의 마무리 발언일 것이다. 물론 그렇게 할 경우 국민의힘은 선거비용을 국가의 보전 없이 자비(自費)부담해야 한다.

6. 최근 수많은 여론조사가 난무하지만 신용 있는 기관의 조사를 골라서 보면 이재명 후보가 김문수 후보를 15%p 내외(약500만 표차)로 앞서고 있는 것으로 보인다. 표본수가 많고, 방송사 출구조사에 참여한 적이 있으며, 보수 過표집을 제거한 여론조사가 믿을 수 있다. 김문수가 이재명과 오차범위 내에서 접전중이라느니 서울에선 김문수가 앞섰다는 식의 돌출 조사는 믿을 수 없다. 이런 조사에 응한 이들의 이념성향을 보면 보수 過大대표, 진보 過小대표임을 알 수 있다. 여론조사 꽃은 김어준 계열이라고 불신하는 이들이 많지만 조사방법은 크게 왜곡되지 않아 한국리서치, NBS, 한국갤럽처럼 신뢰도가 높은 편이다.

7. 1987년 12월 대선 이후 아홉번째 大選이다. 선거운동이 시작된 시점 여론조사에서 앞선 후보가 여덟 번 모두 당선되었고 이번에도 그렇게 될 듯하다. 덩어리가 큰 대선에선 역전(逆轉) 드라마나 기적은 없다. 국힘당

은 작년 12월 초순 윤석열과 결별하자는 한동훈 대표를 몰아내고 극우음모론 세력과 손잡고 탄핵반대 운동을 벌이면서 넉 달을 허비했다. 400m 달리기를 하는데 30m 뒤에서 출발, 이제 300m 지점을 지나고 있다. 그럼에도 3등을 달리는 이준석을 향하여 "나를 밀어주고 빠져라"고 한다면 失格감이다.

8. 김문수 후보는 한덕수를 상대로 단일화 사기극을 벌여 국민의힘 후보가 되었는데 이준석을 상대로 또 그런 짓을 하려 한다. 이는 더럽게 지는 방법이다. '윤석열을 딛고'가 아니고 업고서, 그것도 썩은 새끼줄(부정선거론)을 잡고 인수봉으로 오르면 추락이 답이다.

9. 이번 대선은 그러나 이준석이란 정치천재의 등장을 국민들에게 널리 알린 점에서 역사적 의미가 있을 것이다. 정치천재이자 말의 천재인 이준석에게 찍는 표는 '사표(死票)가 아니라 미래를 위한 투자'라는 홍준표 전 시장의 말은 이번 대선을 관통하는 명언(名言)이다.

"더럽게 진 국민의힘의 마지막 봉사는 자발적 해산"

천영우 전 외교 안보 수석(이명박 정부)은 2025년 8월1일 자신의 페이스북에 국민의힘 자진해산을 촉구하는 글을 올렸다.

〈추락하는 국민의힘은 날개가 없다. 시대착오적 반탄세력이 지배하는 국힘은 속히 완전하고 확실하게 사라져야 보수의 희망이 살아날 수 있다. 대선에서 국민의 준엄한 심판을 받았는데도 윤통의 계엄이 탄핵받고도 남을 만한 과오가 아니라고 아직도 우기는 자들이 당권을 잡을 수 있는 정당이라면, 보수의 가치를 대변할 자격이 없고 진정한 보수를 욕보이는 패거리에 불과하다. 국힘 지도부가 친윤-反민주세력과 절연하고 당을 재건할 능력과 의지가 없다면 이 나라의 합리적 보수세력을 위해 할 수 있는 마지막 봉사는 당의 자발적 해산을 결정하는 것이다.〉

그는 며칠 전 조선일보에 실린, "국민의힘 사라지면 '2030 보수'가 온다"라는 제목의 칼럼(영남대 김영수 교수)을 첨부했다.

김 교수는 이 칼럼에서 〈사이비 보수 유튜버들과 종교 집단이 기웃거리는 '좀비 정당'엔 답이 없지만〉 역설적으로 희망이 생겼다고 했다. 보수가 물러나면 공정한 경쟁을 지지하는 2030, 그들이 보수를 이끌 것이다.

그는 2025년 7월24일 발표된 전국지표조사(NBS)의 국힘당 지지율이 17%를 찍었는데 더 심각한 것은 언론에서도 국민의힘 기사가 사라지고 있다는 사실이라고 했다. 대선 후 열을 내며 개혁을 독촉했지만, 이젠 그런 성화도 지친 것이다. 그래서 국민의힘은 고쳐 쓸 수 없는 당이고, 미래가 안 보이는 게 아니라 아예 미래가 없다고도 했다. '늙은 건물주와 한물 간 판검사의 당'이라는 조롱도 소개했다. 김 교수는 〈국민의힘은 대선보다 대선 이후 더 크게 지고 있다〉고 했다. "우리 모두의 책임이고, 모두가 혁신의 객체이면서 주체"라는 송언석 비대위원장의 말은 개혁을 거부하는 말장난으로 길이 남을 명언이란 것이다.

이렇게 된 데는 누구도 책임이 없고, 따라서 청산이나 개혁도 없다는 걸 이렇게 우아하게 말하기란 쉽지 않다는 것이다.

〈국민의힘 내부에 팽배한 '졌잘싸'도 유치한 정신 승리다. 국민의 회초리를 이렇게 맞고도 이처럼 막무가내로 버티면 좀비 정당이 틀림없다. 정당으로서 생명이 다한 것이다.〉

그는 윤석열, 김문수, 전광훈, 전한길의 책임을 거론했다. 전한길씨는 국민의힘 당권 주자들이 "윤 전 대통령과 절연할 것인지 계속 함께할 것인지 공개 질의서를 보낼 것"이라며, '국민의힘 내 프락치 축출'을 주장했다. 김 교수는 〈일종의 이단(異端)재판을 하겠다는 선언인 셈인데 민주정당에서 기가 막힌 일이 벌어지고 있다〉고 했다. 그런데도 당 대표 경선에 나선 김문수 전 고용노동부 장관은 전씨를 포용해 "용광로 같은 단합을 이뤄야 한다"고 하고 장동혁 의원도 전씨가 문제가 아니라 "내부 총질자들에 의해 당이 극우 프레임에 빠지는 것"이 문제라고 주장했다.

그는 한국 보수의 실천 이념은 반공·애국·친미였지만 脫냉전 후, 그리고 선진국 반열에 오른 오늘날 그 이념은 별 호소력이 없다고 진단한다. 자유민주주의·법치주의·인권 같은 훌륭한 정통 보수 이념이 있지만, 국민의힘을 그 이념의 대표자로 생각하는 사람은 많지 않기 때문이다. 〈국민의힘 홈페이지를 보면, 당의 역사는 1997년 한나라당, 이회창 후보부터다. 이승만, 박정희가 없다. 보수 정당의 역사에서 건국과 산업화가 사라진 것이다. 국민의힘에는 과거도, 미래도 없고, 그냥 현재만 있다. 한마디로 이념의 진공 상태다.〉

사이비 보수 유튜버들과 종교 집단이 기웃거리고, 당 스스로 그 유혹에 빠져 끌려다니는 것도 그 때문이다. 심지어 대통령조차 그랬다. 〈떴다방처럼 당명(黨名)을 바꾸고, 스타 마케팅으로 그 공허(空虛)를 버텨왔지만, 이제 한계에 달했다. 도저히 대통령이 될 수 없는 상대가 승리했다는 건 국민의힘은 아예 답이 아니라는 뜻이다.〉

김 교수는 역설적이지만, 그래서 보수에 희망이 생겼다고 했다. 국민의힘이 사라지면 새로운 세대가 떠오를 것이다. 2030이라는 새로운 보수다. 그들은 닥치고 평등보다 공정한 경쟁을 지지하는 反사회주의 우파다.

〈보수의 겨울이 혹심할수록, 두꺼운 얼음장 밑에는 새 희망이 들끓고 있는 게 느껴진다. 그 열망과 함께 가는 정치 세력이 미래의 보수를 이끌 것이다.〉

보수의 자살은 극우이고 극우는 윤석열의 자식이지만 그래도 위대한 문명건설의 주류로서 보수층(약40%)은 건재한다. 이들을 지도할 보수세력과 이 세력이 미는 보수당의 재건이 문제이다. 현실적으론 계엄과 음모론에 반대한 한동훈 이준석 두 사람이 보수의 구명정 역할을 넘어 공정보수의 뉴 리더로 성장하는 것인데, 천영우 전 수석의 희망처럼 먼저 보수대표성을 상실한 국민의힘이 사라져야 한다는 이야기이다. 국민의힘 해산운동이 보수의 새로운 담론으로 떠오르고 있는 느낌이다.

왜 극우파는
부정직하고 머리가 나쁜가?

※ 윤석열 극우파는 이재명 세력을 공격하는 척하지만 실제로는 맨정신 보수와 국가를 공격, 분열시킨다. 그 결과로 이재명을 대통령으로 만들었다. 그들이 민주당 프락치고 '내부총질러'이다. 극우(極右)는 정직하지 못하고 머리가 나쁘다. 정직하지 못하니 불법계엄을 옹호하고 머리가 나쁘니 음모론에 넘어간다.

※ 부정선거 음모론을 신도들에게 설파했던 유명 목사들이 참회도 없이 설교를 계속하고 있는 것을 보면 천당과 지옥이 있어야겠구나 생각된다. 하나님 이름을 망령되이 부르며 거짓을 퍼뜨려 증오와 분열의 씨앗을, 순진한 이들 가슴 속에 심은 거짓 선지자들을 기다리는 곳은 천당이 아닐 것이다. 진리가 너희를 자유케 하리라고 외친 거짓 목사들은 거짓이 너희를 부자유하게 만들 것임을 스스로 증명하게 될 것이다.

※ 한국의 극우는 전직 대통령을 수괴로 하고 폭력과 음모론을 겸비한

세계 최악의 집단이다. 부정선거론은 감염자를 정신이상자로 만들고 국가를 분열시키는 질병이다. 극우는 보수의 자살이고 어둠의 자식이다. 헌법제도와 민주주의, 그리고 정상적 삶을 파괴하는 야만이다. 내란특검이 계엄의 직접 원인을 제공한 부정선거 음모론자들을 수사하지 않는 것은 국가분열을 방치하는 게 아닌가 하는 의심을 살 것이다. 극우는 보수의 문제가 아니라 공화국의 문제이다.

＊ 8월8일 대구 국민의힘 후보 연설회 난장판은 윤석열·김문수·장동혁·전한길이 역사 퇴행의 극우세력임을 증명했다. 이런 전당대회는 보수 장례식장이 될지 모른다. 맨정신 보수가 행동하여 대표성이 있는 보수당을 새로 만들어야 할 것이다. 고쳐 쓰기엔 너무 늦은 느낌이다.

＊ 윤석열과 국힘당이 무너지기 전에 보수知性이 먼저 무너졌다. 이재명 욕만 하면 무슨 거짓말을 해도 정당화된다는 생각은 계급해방을 위한 거짓선동과 폭력은 정당하다는 생각과 통한다. 이런 無知性 속으로 파고든 부정선거 음모론이 보수지성을 마비시킴으로써 좌익에 대한 도덕적 우월성을 주장할 수 없게 되었다. 스스로를 무장해제시켜버린 것이다. 음모론자들을 잘라내는 결단 없이는 보수재생도 좌파타도도 불가능하다. 음모론을 비판한 적이 없는 지식인은 이재명 집권을 도운 프락치 역할을 自認하고 絕筆하거나 말문을 닫는 게 예의일 것이다.

＊ 한국인의 主敵은 헌법 제3조의 해석대로 대한민국 영토인 북한지역을 강점한 북한노동당 정권(북한군)이다. 공정한 선거를 통하여 合憲的으

로 당선된 현직 대통령을 주적이라고 생각하는 세력이 있다면 그들이 주적이다.

※ 음모론에 정신이 팔리면 아무리 막강한 권력을 잡고 최고급 정보를 받아도 못난 짓만 골라서 한다는 좋은 보기가 윤석열과 트럼프이다. 윤석열이 체포영장 집행을 피하려고 민소매, 사각팬티 입고 드러누운 날 트럼프는 일자리 통계가 마음에 들지 않는다고 노동부 통계국장을 파면했다. 윤석열이 지난 총선 때 진 책임을 부정선거에 뒤집어씌운 것처럼 트럼프는 경제가 나빠진 게 통계조작이라고 조작, 충직한 공무원을 자른 것이다. 공산주의가 망한 이유 중 하나가 경제통계 조작인데 트럼프가 그 길을 달린다. 조지 오웰은 "1 더하기 1이 2라고 말할 수 있는 사회는 망하지 않는다"고 했는데 미국조차 그런 언론자유가 위협을 받고 있다.

※ 정치판에서 반박되지 않는 거짓말은 진실로 통한다. 부정선거 음모론을 반박하지 않은 사람은 음모론자로 간주해야 한다. 국힘당 의원 107명 중 대부분은 이 그룹에 속한다. 거의가 부정선거가 없었다는 걸 알면서도 눈치를 보며 침묵한다. 김정은 치하에서도 충성스럽게 일할 식민지 관료형 정치인들이다.

※ 한국의 선거관리는 그 공정성이 세계적으로 입증되어 한국 민주주의에 대한 높은 평가를 이끌어냈다. 윤석열·김문수·전한길 등 음모론자들은 공정한 선거관리를 부정선거로 몬다.
영어로 'Stop The Steal'은 이들이 애용하는 거짓말인데 한국은 '표 도둑 국가'라는 모함이다. 이들은 이완용보다 비열한 매국(賣國)행위를 하

고 있는데 처벌도 받지 않는다. 공정선거를 부정선거로 모는 것은, 최고 수준의 주권적 결단에 대한 도전으로 공화국에 대한 敵對행위이고 그 자체가 부정선거이므로 최고 수준의 형사처벌을 내려야 한다. 내란특검이 이 부분을 내란죄와 연관시켜 조사하지 않는 것은 이해하기 어렵다.

   ＊ 앞으로 진짜보수와 기회보수, 가짜보수를 구별할 일이 많을 것 같은데 질문은 하나로 족하다.
   "부정선거 음모론에 지속적으로 공개적으로 반대하신 적이 있습니까."
   "없다"고 답하는 이는 보수가 아니다. 자유민주주의의 핵심인 공정한 선거제도를 위협하는 행위에 침묵했다면 보수가 아니다. 공산당과 싸운 적이 없는 자가 민주투사를 사칭하는 것과 같다. 일제(日帝)와 싸운 적이 없으면서 독립투사를 사칭하는 것과 같다. 특히 말과 글로 먹고 살아온 보수지식인이 침묵했다면 용서받기 어려울 것이다. 음모론에 침묵한 기회주의 지식인과 동조한 가짜 지식인들의 반성은 보수再生을 위한 필수과정이다.

   ＊ 부정선거 음모론자들의 공통적 행태는 수치심의 실종이다. 부끄럼을 모르는 이들이 못할 짓은 없다. 이들의 이간질로 해서 가족 친구 조직 정당 보수 국가, 그리고 동맹이 분열된다. 전직 대통령이 사각팬티 입고 드러누워 체포영장 집행을 막았다는 이야기는 이들에겐 무용담으로 전해질 것이다. 보수의 불치병이 될지 백신이 개발될지 아니면 세월의 무게로 역사의 쓰레기통으로 들어갈지 모르지만 한국은 상당기간 음모론이란 암덩어리를 안고 견뎌야 하게 되었다.

• 제 7 장 •

부정선거 음모론자들과 같이 살아야 하는 고통

대통령의 망상

어리둥절했던 선관위 계엄군 투입

12·3 계엄에서 중앙선거관리위원회에 투입된 계엄군은 국회(280명)보다 많은 300여명이었다. 그 이유가 부정선거 음모론에서 비롯된 것이었음이 드러나자 모두가 경악했다. 최고급 정보를 보고받는 대통령이 유튜버의 음모론에 중독돼 선관위를 장악하려 했다는 사실은 충격 그 자체였다.

부정선거 음모론은 2020년 21대 총선 직후부터 보수진영을 휩쓸기 시작했다. 사전투표에서 일정한 비율로 민주당 후보가 국민의힘(21대 총선은 미래통합당)을 앞서는 것은 통계학적으로 있을 수 없는 일이라는 주장부터 시작하더니, 개표 과정에서 '투표지 분류기'를 해킹해 표를 도둑질한다는 투개표 조작설로 이어졌다. 배춧잎 투표지·일장기 투표지·빳빳한 투표지 등 가짜 투표지 투입, 투표함 바꿔치기, 선관위 서버 해킹 등 음모론은 수백 가지의 거짓말로 확대되어 그들만의 음모론적 세계관을 만들었다. 급기야 이런 규모의 투개표 조작은 국내 세력만으로는 불가능하다며 배후에 중국 또는 북한이 개입되어 있다는 주장으로 이어졌다.

윤석열 대통령의 계엄은 보수진영의 일부 유튜버들의 주장으로 존재하던 음모론을 대한민국 전체로 확산시키는 역할을 했다. 악성 바이러스를 퍼트린 것과 마찬가지다. 그것도 활동성을 잃고 죽어있던 바이러스를.

尹, 무덤 속 부정선거 음모론 바이러스를 부활시키다

21대 총선 이후 확산된 음모론은 민경욱 전 의원의 2022년 인천 연수구을 선거무효 소송에 대한 대법원 판결로 사실상 일단락 되어 있었다. 판결문에는 음모론자들의 거의 모든 주장, 심지어 헛웃음만 나오는 황당 주장들까지 하나하나 반박하는 근거와 판단 과정이 자세히 기록되어 있다. 원고 측(민경욱)이 추천한 감정인을 통해 가짜 투표지에 대한 상세한 검증도 이루어졌다. 현미경과 종이 전문가까지 동원되었다.

2024년 4월 총선을 앞두고 선관위는 개표과정에서 수검표 단계를 하나 더 추가하기로 결정했다. 우리나라 개표는 전자적 방식이 아닌 사람의 손과 눈으로 이루어지는 수개표인데, 음모론자들은 '전자개표'라고 주장하며 '해킹에 의한 투개표 조작'을 주장해왔다. 선관위 결정은 이런 음모론을 확실히 차단하겠다는 의도였다.

투표지 분류기를 통과한 투표지를 심사계수기로 넘기기 전에 한장 한장 다시 세어보는 단계가 추가되었다. 결국 삼중 사중의 검증이 동원된 22대 총선 개표 결과, 2800만여표 중 단 1표의 오차도 없었다. 선관위의 투개표 관리가 그 어떤 나라보다 신뢰성이 높고 정확하다는 점이 확인된 셈인다. 이후 보수진영의 부정선거 음모론은 여당의 패배에도 불구하고 힘을 잃고 죽어 있었다.

윤 대통령의 느닷없는 계엄은 이렇게 죽어있던 음모론을 부활시킨 것이다. 일부 극단 세력의 망상에 대통령이 편승함으로써 부정선거 음모론을 대한민국 중앙무대에 데뷔시켰다.

다행스러운 점은 부정선거 음모론의 모든 주장을 주요 언론사들이 팩트체크해 보도하고 방송사들이 이해하기 쉽게 영상으로 편집, 정리함으로써 '대규모 투개표 조작 및 부정선거는 불가능하다'는 사실을 다시 한번 확인시켜줬다는 것이다.

그러나 여전히 음모론에 빠진 광장세력은 중국 및 북한 등 전체주의 세력의 선거개입을 대통령이 밝혀내기 위해 계엄을 단행할 수밖에 없었고, 따라서 '계몽령'이라는 주장을 되풀이 하고 있다. (조샛별 조갑제닷컴 기자)

계엄군 선관위 투입에 음모론자들 일제히 환호!

'12·3 비상계엄'에서 계엄군의 선거관리위원회 점거는 윤석열 대통령의 뜻에 따라 부정선거 증거를 찾기 위한 것으로 드러났다.

김용현 전 국방부 장관은 계엄 직후 "많은 국민이 부정선거 의혹을 제기함에 따라 향후 수사 여부를 판단하기 위해 시스템과 시설확보가 필요하다고 판단했다"고 말했다. 윤 대통령의 뜻이었다고도 덧붙였다.

계엄군은 계엄령 선포 후 불과 3분 만에 선관위로 들이닥쳤다. 과천 중앙선관위와 수원 선거연수원, 서울 관악청사에 투입된 계엄군은 300여명으로 국회에 들어온 280명보다 많았다.

계엄군은 선관위에 도착하자마자 선거정보 등의 데이터와 서버를 관리하는 정보관리국으로 향했다. 이어 야간 당직자 등 5명의 휴대전화를 압수하고 출입통제 등 경계작전을 펼치며 3시간 20분 동안 과천 청사를 점거했다.

선관위는 국회와 법원, 헌법재판소처럼 독립된 헌법기관이라 계엄법 적용대상이 아니다. 군 투입은 명백한 위헌·위법 행위다.

부정선거 음모론자들은 일제히 계엄을 옹호하고 나섰다. 대표적인 음모론자 황교안 전 국무총리는 2024년 12월4일 새벽 SNS를 통해 "나라를 망가뜨린 종북주사파 세력과 부정선거 세력을 이번에 반드시 발본색원해야 한다"며 "국민의힘은 대통령과 함께 가라"고 말했다. 그는 또 "계엄군이 과천 선관위 건물에서 들고나온 커다란 박스가 무언인지 기대된다"고 말했는데, 유튜버들은 이를 부정선거 증거를 대통령이 확보라도 한 것처럼 호도했다. 그들은 '대통령이 선관위 서버를 확보해 분석중이고 곧 부정선거 만행이 만천하에 드러날 것'이라며 정신승리를 펼쳤다.

민경욱 전 국민의힘 의원도 "反국가세력의 선거 개입에 의한 종북좌파 거대 야당의 탄생이 이 모든 사달의 근원"이라며 계엄을 옹호했다.

이준석 개혁신당 의원은 "윤 대통령이 부정선거 주장세력에 물들어 있다"며 "(선관위를 점거해) 데이터 등을 어설프게 조작해놓고 '부정선거'라고 역공작하려고 했을 것"이라고 했다. 그러면서 "깔끔하게 부정선거쟁이들이 보수진영을 절단냈다"고 덧붙였다.

"대통령이 부정선거쟁이들의 수괴가 되어 친위 쿠데타 일으켜"(이준석)

이준석이 윤석열을 아크로비스타에서 처음 만난 날

"대표님 제가 검찰에 있을 때 인천지검애들 보내가지고 선관위를 싹 털려고 했는데 못하고 나왔습니다"가 첫 대화주제였던 사람이 윤석열 대통령 아닙니까.

당 대표로 있을 때 철저하게 배척해놨던 부정선거쟁이들이 후보 주변에 꼬이고 그래서 미친짓을 할 때마다 제가 막아 세우느라 얼마나 고생했는데 결국 이 미친놈들에게 물들어서, 아니 어떻게 보면 본인이 제일 부정선거에 미친 거죠.

결국 부정선거쟁이들이 2020년부터 보수진영 절단내고 있는 겁니다.

이번에 쿠데타 세력이 선관위에 들어가려고 했던 건 아마 자기들이 가서 선관위에 있는 데이터 같은 것을 어설프게 조작해놓고 "봐라 부정선거다" 이러면서 역공작하려고 했을 겁니다.

왜냐하면 부정쟁이들은 대한민국의 선거 관리시스템이 에어갭 방식으로 구현되어있다는 대전제 자체가 무슨 소리인지 이해를 못하니까요.

대통령이 부정선거쟁이들의 수괴가 되어서 환호 받아보려다가 친위 쿠데타를 일으키고 그것으로 탄핵당하면, 깔끔하게 부정선거쟁이들이 보수진영 절단낸 겁니다.

주변에 부정선거쟁이 있으면 그냥 깔끔하게 무시하고 교류하지 마세요.

왜냐하면 이런 사람들은 아집에 물들어서 결국 나라도 절단내지 않습니까. 딱 사이비 종교가 그래요. (이준석 의원 페이스북 2024. 12.5.)

망상으로 물든 12·12 담화, 거의가 악의적 거짓말!

윤 대통령은 2024년 12월12일 對국민 담화를 통해 이재명과 민주당을 사실상 反국가세력으로 규정하면서 계엄은 불가피했고 "사법심사의 대상이 되지 않는 통치 행위"라고 강변했다.

그의 29분짜리 담화는 망상의 끝이 어디인지 고개 젓게 만들었다. 담화 내내 야당에 모든 책임을 돌리며 궤변과 거짓으로 자신을 정당화하는데 급급했다. 잇단 탄핵소추와 특검 발의, 예산 삭감까지 끌어올 수 있는 이유란 이유는 죄다 들며 "이런 사람들이야말로 反국가세력 아니냐"고 하더니 급기야 "그간 차마 밝히지 못했던 더 심각한 일"이라며 부정선거 음모론까지 꺼내들었다.

"그동안 직접 차마 밝히지 못했던 더 심각한 일들이 많이 있습니다. 작년 하반기 선거관리위원회를 비롯한 헌법기관들과 정부 기관에 대해 북한의 해킹 공격이 있었습니다. 국가정보원이 이를 발견하고 정보 유출과 전산시스템 안전성을 점검하고자 했습니다.

다른 모든 기관들은 자신들의 참관 하에 국정원이 점검하는 것에 동의하여 시스템 점검이 진행되었습니다. 그러나 선거관리위원회는 헌법기관임을 내세우며 완강히 거부하였습니다. 그러다가 선관위의 대규모 채용부정 사건이 터져 감사와 수사를 받게 되자 국정원의 점검을 받겠다고 한발 물러섰습니다."

- 대통령의 위 6문장은 온통 거짓말 투성이다. 시점부터 전혀 맞지 않다. 2023년 하반기 북한의 해킹 공격이 있었고 국정원이 전산 시스템 점검을 하려 했다고 했으나, 국정원의 선관위에 대한 보안점검은 이미 2023년 5월 결정되었고 7월에 점검이 이루어졌다. 선관위 부정 채용 사건이 대대적으로 보도된 시점도 2023년 9월로 보안점검이 완료된 이후다. 수사 때문에 점검에 응했다는 말은 거짓이다.

- 북한 해킹도 사실과 다르다. 2021~2023년 사이 선관위에 대한 해킹 시도가 일부 있었던 것은 맞지만 해킹용 이메일 발송을 통한 시도(총 8건)였고 그것도 선관위 직원들이 사용하는 인터넷용 PC였다. 폐쇄망인 선관위 선거시스템에 대한 해킹은 전혀 없었다.

- 선관위가 보안점검을 거부하다 마지못해 물러섰다는 것도 거짓이다. 국회와 대법원, 헌법재판소, 중앙선관위는 독립된 헌법기관으로 국정원의 보안점검 대상에 해당되지 않는다. 그러나 김용빈 사무총장 취임 이후 2024년 총선을 앞두고 있던 선관위는 부정선거론자들의 '서버 해킹 및 사전투표 조작' 우려를 불식시키고자 2023년 5월 국정원 측에 먼저 보안점검을 요청했고 국정원, 한국인터넷진흥원과 공동으로 보안점검을 받는

데 합의했다.

尹이 맹신한 국정원 보안점검의 실상

"시스템 장비 일부분만 점검했지만 상황은 심각했습니다. 국정원 직원이 해커로서 해킹을 시도하자 얼마든지 데이터 조작이 가능하였고 방화벽도 사실상 없는 것이나 마찬가지였습니다. 비밀번호도 아주 단순하여 '12345' 같은 식이었습니다… 저는 당시 대통령으로서 국정원의 보고를 받고 충격에 빠졌습니다. 민주주의 핵심인 선거를 관리하는 전산시스템이 이렇게 엉터리인데, 어떻게 국민들이 선거 결과를 신뢰할 수 있겠습니까? 선관위는 헌법기관이고, 사법부 관계자들이 위원으로 있어 영장에 의한 압수수색이나 강제수사가 사실상 불가능합니다."

대통령이 맹신하는 국정원 보안점검의 실체는 이렇다. 국정원은 처음 선관위 몰래 전산망 침투를 시도했으나, 선관위의 24시간 보안관제시스템에 의해 차단되어 결국 뚫을 수 없었다. 이에 국정원은 '이렇게 해서는 시스템 점검을 할 수 없다'면서 보안단계를 풀어줄 것을 요구한다. 결국 선관위가 보안의 핵심인 시스템 구성도와 소스코드, 접속 관리자 계정까지 제공한 이후 '모의해킹'이 이루어졌다. 집으로 비유하면 보안시스템도 꺼놓고, 현관 비밀번호도 알려주고, 설계도도 알려준 상태에서 침투하도록 한 것.

2023년 10월 국정원은 이런 사실은 숨긴 채 모의해킹으로 선거인 명부 조작 및 투개표 조작 등이 가능했다고 발표했는데, 음모론에 빠진 대통령을 위한 맞춤식 발표로 보인다.

압수수색이나 강제수사가 불가능했다는 주장도 거짓이다. 2020년 1월부터 검찰과 경찰의 중앙선관위 및 지역 선관위 대상 압수수색은 모두 181차례였고, 이 가운데 165건(91.2%)은 윤석열 정부에서 이뤄졌다.

"지난 24년 4월 총선을 앞두고도 문제 있는 부분에 대한 개선을 요구했지만, 제대로 개선되었는지는 알 수 없습니다. 그래서 저는 이번에 국방장관에게 선관위 전산시스템을 점검하도록 지시한 것입니다."

세계적으로 공인된 안전하고 효율적인 선관위 전산시스템을 '점검하기 위해' 계엄령을 펴고 헌법을 무시, 계엄군을 투입했다는 고백은 헛웃음만 부른다. 부정선거 망상의 정점을 찍는 코미디가 아닐 수 없다. 풍차를 괴물로 착각, 돌격한 16세기의 돈키호테가 21세기에 환생한 것이다. (조샛별 조갑제닷컴 기자)

선관위 반격
"尹, 자신이 당선된 대선 시스템에 대한 자기부정"

중앙선거관리위원회는 윤석열 대통령이 제기한 2024년 12월12일 담화에 즉각 반박했다. 선관위는 입장문을 내고 "선거 과정에서 수차례 제기된 부정선거 주장은 사법기관의 판결을 통해 모두 근거가 없다고 밝혀졌다"며 "부정선거에 대한 강한 의심으로 인한 의혹 제기는 자신이 대통령으로 당선된 선거관리 시스템에 대한 자기부정과 다름없다"고 했다.

선관위는 "대통령의 이번 담화를 통해 헌법과 법률에 근거가 없는 계엄군의 선거관리위원회 청사 무단 점거와 전산서버 탈취 시도는 위헌·위법한 행위임이 명백하게 확인됐다"며 "중앙선관위는 이에 강력히 규탄하며, 이번 사건이 민주주의를 위협하는 중대한 사안으로 관계 당국의 진실 규명과 함께 그에 따른 법적 조치를 취할 것을 다시 한번 촉구한다"고 했다.

선관위는 "윤 대통령이 부정선거 의혹 확인을 위해 국방부장관에게 중앙선거관리위원회 전산시스템을 점검하도록 지시했다는 담화 발표를 했다"며 "이는 사실과 다르거나 과장된 것"이라고 했다.

"중앙선거관리위원회, 국가정보원, 한국인터넷진흥원은 지난해 7월3일부터 9월22일까지 12주간 합동으로 선관위 정보보안시스템에 대한 보안 컨설팅을 실시했다"며 "우리 위원회는 효율적 점검을 위해 보안컨설팅 실무단을 구성하여 국정원이 요청한 각종 정보·자료를 최대한 제공·지원했다"고 말했다.

선관위는 "보안컨설팅 결과 일부 취약점이 발견되었으나, 북한의 해킹으로 인한 선거시스템 침해 흔적은 발견되지 않았다"며 "이러한 일부 취약점에 대해서는 대부분 제22대 국회의원선거 실시 전에 보안강화 조치를 완료했다"고 말했다.

이어 "설령 선거시스템에 대한 해킹 가능성이 있다고 하더라도 현실의 선거에 있어서 부정선거로 이어지는 것은 아니다"며 "기술적 가능성이 실제 부정선거로 이어지려면 다수의 내부 조력자가 조직적으로 가담하여 시스템 관련 정보를 해커에게 제공하고, 위원회 보안관제시스템을 불능 상태로 만들어야 하며, 수많은 사람들의 눈을 피해 조작한 값에 맞추어 실물 투표지를 바꿔치기해야 하므로 사실상 불가능한 시나리오"라고 했다.

이밖에 "우리나라의 투·개표는 '실물 투표'와 '공개 수작업 개표' 방식으로 진행되며, 정보시스템과 기계장치 등은 이를 보조하는 수단에 불과하다"며 "또한, 투·개표 과정에 수많은 사무원, 관계공무원, 참관인, 선거인 등이 참여하고 있고, 실물 투표지를 통해 언제든지 개표결과를 검증할 수 있다"고 했다.

체포 당일 공개된 尹 자필편지 속 부정선거 망상

부정선거를 증거가 넘치는 살인사건에 비유

윤석열 대통령이 내란 우두머리 혐의로 체포된 2025년 1월15일 윤 대통령이 자필로 쓴 '국민께 드리는 글'이 공개됐다. 새해 초 밤새 작성했다는 글을 읽고 대통령의 망상 수준에 경악했다.

글의 상당 부분을 '부정선거 음모론'에 할애했는데 "우리나라 선거에서 총체적인 부정선거 시스템이 가동됐다"며 "이 상황을 전시, 사변에 준하는 국가 비상사태라고 판단해 계엄을 선포한 것"이라고 했다.

윤 대통령은 사실상 민주당을 "선거 조작으로 국회 의석을 차지한" 反국가 세력으로 규정했다. 나아가 이들이 국제 조직과 연대하여 거대한 부정선거 시스템을 구축하고 있다고 주장했다. 음모론자들이 딥스테이트 또는 중국 및 북한 개입을 주장하는 것과 같은 맥락인데, 물론 근거는 없다.

대통령의 '부정선거' 주장은 거짓말로 가득 차 있는데, 하나하나 따져보겠다.

尹 : "칼에 찔려 사망한 시신이 다수 발견됐는데, 살인범을 특정하지 못했다 하여 살인 사건이 없었고 정상적인 자연사라고 우길 수 없는 것입니다. 정상적인 법치국가라면 수사 기관에 적극 수사 의뢰하고 모두 협력하여 범인을 찾아야 하는 것입니다"

이치에 맞는 비유를 하라. 부정선거를 살인에 비유했는데, 살인당한 피해자가 누구인가? 총선에서 떨어진 국민의힘 후보자들인가? 그들이 부정선거로 낙선되었다며 소 제기라도 한 적 있나? 2020년 총선 이후 민경욱과 황교안을 제외하고 '부정선거를 당했다'는 후보들이 한 명도 없는데 무슨 살인사건이 일어났다는 건가?

정상적인 법치국가가 아니라니? 음모론자들 때문에 수사 및 소송은 수도 없이 이어졌다. 2020년 총선 관련해서만 216건의 소송이 제기되었고 전부 기각됐다. 단 1건의 부정선거도 없었다는 것이다. 검찰, 경찰의 수사에서도 모두 무혐의 내지 불송치 결론이었다. 음모론자들이 원했던 결과가 안 나오니 법원도 검찰도 다 썩었다는 식의 극단적 부정일 뿐이다.

尹 "선거 소송에서 엄청난 가짜 투표지가 발견되었다"?

尹 : "선거 소송의 투표함 검표에서 엄청난 가짜 투표지가 발견되었고… 디지털 시스템과 가짜 투표지 투입 등으로 이루어지는 부정 선거 시스템은 한 국가의 경험 없는 정치 세력이 혼자 독자적으로 시도하고 추진할 수 있는 일이 아닙니다."

음모론자들이 주장하는 '가짜 투표지'의 존재를 그대로 맹신하는 대통령의 수준에 절망하게 된다. 2022년 7월 인천 연수구을 민경욱 전 의원

선거무효 소송 대법원 판결에서 이미 '가짜 투표지'라고 주장하는 투표지에 대한 감정이 모두 이루어졌고, 조작된 투표지가 아니라는 결론이 내려졌다.

당시 원고 측(민경욱)이 위조된 투표지라고 주장해 감정대상으로 선별된 것은 122매였는데, 접힌 흔적이 없는 빳빳한 투표지, 투표관리관인이 뭉개져 날인된 것, 투표지 좌우여백이 다른 것, 접착제가 묻은 흔적이 있는 것, 검은색으로 인쇄되어야 할 부분이 다른 색으로 인쇄된 것 등이었다.

당시 2차에 걸쳐 감정인 신문을 진행했고, 심지어 감정인은 원고가 추천한 2인 중 한 명을 선정했다. 그 결과 위조된 투표지로 판단된 사례는 단 한 건도 없었다.

'가짜 투표지'라고 주장한 사례들을 살펴보자

1) 접힌 흔적이 없는 빳빳한 투표지

- 투표지가 접힌 흔적이 없으므로 위조된 것이라고 주장한 것 자체가 황당하다. 필자도 지난 총선에서 시험 삼아 접힌 흔적이 없게끔 살짝 말아서 투입한 적이 있는데, 이것이 투표지 조작이란 말인가? 이런 황당 주장에 대해 법원은 현미경까지 동원해 확인했는데, '접힌 흔적이 없다'고 선별한 투표지 중 상당수에서 접힌 흔적이 확인되었다. 다만, 개표 완료 후 100매 단위로 묶여 상당 기간이 지나 외관상 빳빳해 보였을 뿐이다. 물론 접힌 흔적이 없는 것으로 확인된 투표지도 있었으나, 이 또한 투표자의 성향에 따른 것일 뿐 위조된 투표지로 볼 수 없다고 판단했다.

2) 일부 훼손되거나 끈적이는 이물질이 묻어있는 투표지

- 모두 관외사전투표지에서 나온 사례들이었는데, 관외사전투표는 선

거인이 투표지를 회송용 봉투에 넣어 봉함한 뒤, 투표함에 투입하면 등기우편으로 관할 위원회에 배송하고 개표과정에서 회송용 봉투를 개봉하게 된다. 이 과정에서 봉투에 도포되어 있던 접착제가 투표지에 묻을 가능성이 있고, 롤 용지 라벨 또는 개표 당시 사용된 용품 등으로부터도 이물질이 묻을 수 있다고 판단했다. 투표지가 든 봉투를 가위 등을 이용해 개봉하는 과정에서 투표지가 훼손되거나 일부 잘려나갈 수도 있다. 감정 결과 위조된 투표지가 아닌 것으로 판단됐다.

3) 인영(印影)이 뭉개진 투표지

- 투표지의 투표관리관印 인영이 뭉개진 투표지가 위조된 것이라고 주장했는데, 송도2동 제6투표소에서 이런 투표지가 발견되었다. 대부분 무효표로 처리되었는데, 이 중 일부를 현미경으로 관찰한 결과 투표관리관印이 식별되었고 투표지 또한 유효하게 발급된 정상 투표지로 확인되었다. 인감이 뭉개진 원인에 대해서는, 투표관리관印은 자체 잉크가 주입되어 있는 소위 만년도장 형태인데, 이런 도장을 적색 스탬프의 잉크를 재차 묻혀 날인하는 경우 같은 현상이 나타났다.

- 이런 투표지를 무효표로 처리할지 여부는 현장에서 각당 참관인의 합의에 따라 결정될 것이다. 그러나 행정적 실수에 따른 비정상적 날인이 있다고 해서 이것이 부정선거의 증거라는 원고 측 주장은 받아들여지지 않았다.

이 외에도 위조된 투표지라고 주장하는 여러 사례가 있었으나 대법원은 모두 정상 투표지이며 부정선거의 증거가 아니라고 판단했다.

윤 대통령은 이런 대법원의 판결문은 읽어보지도 않았나? 그저 음모론 유튜버가 올리는 선동적 영상에 홀려 저런 망상에 빠진단 말인가. 사법기관은 신뢰할 수 없고, 돈벌이 하는 유튜버의 선동은 진실하다는 건가.

尹 "증거가 부족하다 하여, 부정선거를 음모론으로 일축할 수 없다"?

尹 : "특정인을 지목해서 부정선거를 처벌할 증거가 부족하다 하여, 부정선거를 음모론으로 일축할 수 없습니다."

음모론자들은 '성명 불상의 누군가가 시스템을 해킹하고 투표지를 조작해 투표함에 몰래 집어넣었다'고 믿는다. 대통령도 같은 수준이다. 누군지도 모르고 증거도 없는데 부정선거라는 건가? 이건 그저 '의처증' 수준이다. 뭘 설명해도 믿지 않고 '너의 순결함을 증명해 봐'라는 식인데, 이런 망상의 결과가 계엄이지 않았는가? 의처증이 살인으로 이어진 사례도 많은데, 대통령이 이런 폭력적 망상이라니 어처구니가 없다.

尹 : "디지털 시스템과 가짜 투표지 투입 등으로 이루어지는 부정선거 시스템은 한 국가의 경험 없는 정치 세력이 혼자 독자적으로 시도하고 추진할 수 있는 일이 아닙니다…전시와 사변은 우리 국토 공간 위에서 벌어지는 물리적인 상황, 즉 하드웨어의 위기 상황이라면, 지금 우리의 현실은 우리나라의 운영 시스템과 소프트웨어의 위기 상황인 것입니다"

정신 차리시라! 우리나라 선거 시스템은 온라인 전자 투표, 전자 개표가 아니다. 모두 오프라인 현장에서 투표가 이루지고, 사람의 손으로 개표가 이루어진다. 전자적 방식의 투표와 개표, 집계가 아니라는 걸 대통령만 모르나?

대통령의 망상처럼 선관위 전산시스템이 다 뚫려서 설령 해킹이 되고, 유령 유권자가 만들어지고, 투표값을 조작한다 하더라도 다 적발되게 되어 있다. 실물 투표지가 존재하고, 사람의 눈과 손으로 모두 확인하는 과정이 있기 때문이다.

그리고 조작세력이 무슨 전지전능한 하나님인가? 사전에 해킹을 통해 투표값을 조작하고, 거기에 딱 맞춰 가짜 투표지를 만들어 놓았다가, 수십만 명의 눈을 피해 쥐도새도 모르게 투표함에 집어넣는다고? 이게 가능한 시나리오라고? 진짜 미친 건가 아니면 코미디인가.

부정선거에 중국과 북한이 개입?

尹 : "투·개표 부정과 여론조사 조작을 연결시키는 부정 선거 시스템은, 이를 시도하고 추진하려는 정치 세력의 국제적 연대와 협력이 필요함을 보여줍니다."

망상은 더 큰 망상을 만든다. 음모론자들은 부정선거에 중국 공산당과 북한이 개입되어 있다고 주장하는 데 대통령 주장이 딱 그 수준이다.

대표적 부정선거론자인 황교안 전 국무총리는 2024년 12월25일 페이스북에 "수원 선관위 선거연수원에 있는 90명의 중국인 해커부대가 누구인지 밝혀야 한다"며 "중국인들이 우리나라 헌법기관에 떼로 숙박하고 있다는 것이 사실이면 우리나라 자유민주주의는 숨이 끊어지고 있다고 봐야 한다"고 주장했다.

한 매체는 "계엄군이 중국 해커들을 체포해 미국 정보당국에 넘겨 조사를 받게 하고 있다"는 기사를 냈다. 이처럼 황당한 가짜 뉴스는 윤 대통령 지지자들이 모인 단체 대화방에서 처음 유포된 것으로 알려졌다.

하지만 계엄 당시 선관위 연수원에서는 선관위 공무원 총 119명을 대상으로 '5급 승진자 과정'과 '6급 보직자 과정' 등 2개의 교육 과정이 운영되고 있었다. 해당 과정에 참여한 공무원 중 88명과 외부 강사 8명 등 총 96명이 숙박을 하고 있었고, 계엄군은 선거연수원 청사 내로 진입하지도 않았다. 아무리 중국과 북한이 미워도, 아무데나 갖다붙이지 마시라.

결론

대통령이 대한민국 체제를 수호하기 위한 계엄이었다고 주장하는데 그 근거가 이런 저질의 망상적 음모론이었다니 참담하다. 그의 글을 읽으며 이 정도 기세와 맹신이라면 전쟁이라도 감행했겠다는 생각이 든다. 15일 오전 그의 체포를 보며 '이렇게까지 해야 하나' 싶었지만, 이젠 오히려 대한민국의 안전을 위해 다행이라는 생각마저 든다. (조샛별 조갑제닷컴 기자)

부정선거 증거 많다더니
"사실 확인 차원"

윤 대통령은 체포 당일 공개한 글에서 "부정선거의 증거는 너무나 많다"고 했다. 검찰총장까지 지낸 대통령이 '증거'의 의미를 모를 리 없다. 수사기관과 정보기관을 지휘해 온 대통령이 "부정선거의 증거가 너무나 많다"고 발표했다면 지금까지의 선거 결과가 모두 뒤집혀야 하는 국가적 비상사태가 된다.

그런데 윤 대통령은 이런 중대한 발언을 한 지 일주일도 되지 않아 "사실을 확인하자는 차원"이었다며 말을 바꿨다. 증거와 의혹은 유죄냐 무죄냐를 가를 정도로 하늘과 땅 차이인데, 대통령의 말이 이렇게 달라질 수 있는지 그의 정신 상태를 의심해야 할 정도다.

1월21일 헌법재판소의 탄핵심판에 직접 출석한 윤 대통령은 비상계엄 명분으로 제시했던 부정선거 주장에 대해 "계엄 선포 전 여러 선거 공정성에 대한 신뢰에 의문이 드는 것들이 있었다"며 "선거가 부정이어서 믿을 수 없다는 음모론을 제기하는 게 아니라 사실을 확인하자는 차원"이라고 말했다. 계엄을 정당화하기 위해 사후적으로 부정선거 의혹을 주장하고 있다는 지적에 반박하면서 한 말이다.

　윤 대통령은 "2023년 10월 국정원이 선관위 전산 장비의 극히 일부를 점검한 결과 문제가 많이 있었다"며 "부정선거 자체를 색출하라는 게 아니라 선관위의 전산 시스템을 전반적으로 점검할 수 있으면 해보라고 했던 것"이라고 했다.

　윤 대통령은 15일 공개한 글에서 "부정선거의 증거는 너무나 많다" "선관위의 엉터리 시스템도 다 드러났다"고 말한 바 있다. 이어 "엄청난 가짜 투표지가 발견됐다"며 "총체적인 부정선거 시스템이 가동됐다"고도 했다. 200자 원고지 44장에 달하는 분량의 글 상당 부분을 부정선거론에 할애했는데 같은 사람의 말이라곤 믿을 수 없을 정도로 말을 바꿨다.

스카이데일리의
선관위 중국 간첩 99명 체포 가짜뉴스

주한미군이 中 간첩 체포해 일본으로 압송?

12·3 비상계엄 당일 주한미군이 선관위 연수원에서 중국인 간첩 99명을 체포해 일본으로 압송했다는 황당한 '가짜뉴스'가 등장했다. 2020년부터 부정선거 음모론의 대표적 매체였던 스카이데일리가 2025년 1월16일 '[단독] 선거연수원 체포 중국인 99명 주일미군기지 압송됐다'는 제목의 기사를 낸 것.

음모론자들은 이 기사에 열광했고, 더 황당한 것은 대통령 측 변호인들까지 이 기사를 인용해 헌재 탄핵심판 변론에서 언급했다는 점이다.

망상 소설같은 기사 내용은 이렇다. 계엄 당일 주한미군와 우리 군이 합동작전을 펼쳐 선거연수원을 덮쳤고, 그곳에 있던 중국인 간첩 99명을 체포해 일본 오키나와에 있는 미군기지로 압송해 갔다는 것. '정통한 미군 소식통'을 인용한 스카이데일리는 "미군의 심문 과정에서 선거개입 혐의 일체를 자백한 것으로 드러났다"고도 썼다. 우리나라 부정선거 배후가 중국 정부라는 취지다. 중국 정부는 이를 다 알고 있으면서도 외교적 문제로 번질까 입을 다물고 있다는 내용도 덧붙였다.

황당 가짜뉴스를 스카이데일리는 반복해서 기사화 했고 음모론 유튜버들은 환호하며 확대 재생산에 열을 올렸다. 주한미군은 물론 중앙선관위·경찰까지 "근거가 전혀 없는 가짜뉴스"라며 입장을 냈다.

주한미군은 1월20일 "한국 언론 기사에 언급된 미군에 대한 묘사와 주장은 전적으로 거짓(entirely false)"이란 입장문을 냈다.

김은총 주한미군 공보관 명의의 입장문을 통해 "주한미군은 한미상호방위조약에 따라 한반도의 안정과 안보를 유지한다는 임무에 전념하고 있다"며 "대중의 신뢰를 해칠 수 있는 잘못된 정보의 확산을 방지하기 위해 책임 있는 보도와 사실 확인을 촉구한다"고 밝혔다.

중앙선관위도 가짜뉴스 확산이 심각하다고 보고 해당 언론사와 기자를 공무집행방해, 명예훼손 등 혐의로 서울경찰청에 고발하고, 언론중재위원회에 정정보도를 청구했다.

선관위는 1월17일 "계엄 당시 선거연수원에서는 선관위 공무원 총 119명을 대상으로 5급 승진자 과정과 6급 보직자 과정 등 2개의 교육 과정이 운영되고 있었다"면서 "교육 과정에 참여한 공무원 중 88명(5급 승진자 과정 36명, 6급 보직자 과정 52명)과 외부강사 8명 등 총 96명이 숙박을 하고 있었고, 계엄군은 선거연수원 청사 내로 진입하지도 않았다"고 해명했다.

음모론자들 과거에는 "미 델타포스가 독일 도미니언 시스템 급습"

2020년부터 부정선거를 주장했던 음모론자들은 2020년 미국 대선에서 부정선거로 패했다는 트럼프의 주장에 동조했다. 당시 미국에도 황당한 음모론이 난무했는데 한국의 '공병호TV', '신인균의 국방TV' 등은 이를 그대로 받아 가짜뉴스를 확산시키기도 했다.

당시 이들이 퍼날랐던 가짜뉴스 중 스카이데일리 기사와 비슷한 유형이 있다. 미국의 투개표 시스템을 관리하는 '도미니언 시스템'이 독일 프랑크푸르트 지사를 두고 있는데 미국의 델타포스가 이곳을 급습해 부정선거 증거를 확보하려 했다는 것. 서버를 확보하는 과정에서 이 시스템을 지키고 있던 전직 CIA 요원을 비롯한 5명이 죽었다는 내용도 담겨 있었다.

조금만 생각해도 말이 안 되는 가짜뉴스다. 미국 특수부대가 독일 정부 몰래 독일 영토에 침투해 교전을 벌였다는 게 얼마나 황당한 주장인가. 독일이나 다른 유럽 국가들이 가만있었겠는가?

당시 이 기사를 퍼 날랐던 공병호 전 미래한국당 공천관리위원장, 신인균 씨 등은 사과 한마디 없이 슬그머니 영상을 내렸다.

헌법재판소 탄핵심판에 등장한 '중국 간첩 체포'

1월16일 헌법재판소에서 열린 윤석열 대통령 탄핵 심판에서 대통령 측 대리인단은 부정선거 주장을 되풀이 했다.

이들은 "부정선거 증거를 확보하기 위해 계엄을 선포할 수밖에 없었다"며 선관위의 투표지 관리 부실, 해킹 및 선거 결과 조작 가능성 등을 나열하더니, 2020년 총선 기간 선관위 선거연수원에 체류했던 중국 국적의 사무원 명단 등을 확인해 달라는 요청을 하기도 했다.

이어 배진한 변호사는 "불법 선거가 중국과 관련이 있다고 생각한다"면서 선관위 연수원에서 중국인 99명을 체포해 일본 오키나와로 압송했다는 가짜뉴스까지 언급했다.

탄핵심판 변론에서 중국의 선거개입 의혹을 지속적으로 주장하던 대통령 측 변호인들은 한달이 지나서야 가짜뉴스에서 발을 뺐다. 이들은 "중국이 우리나라 선거에 얼마든지 관여할 수 있는 상황에서 야당이 '친중(親中)'인 걸 고려하면 비상계엄이 불가피했다", "중국이 (사이버 공격 등 다양한 작전 수단을 동시에 활용하는) 하이브리드전을 전개할 수 있다", "중국이 위장 사이트를 통해 거짓 정보를 퍼뜨린다"는 주장을 되풀이 해왔었다.

윤갑근 변호사는 2월20일 탄핵심판 변론기일이 끝난 뒤 '최근 그 보도가 허구라는 게 드러났다. 입장이 있느냐'는 취재진 질문에 "그런 의혹이 있다는 것이지 그것이 사실이라거나 그것을 비상계엄과 연결시켜서 변론했던 것은 아니라는 것을 이해해주시기 바란다"고 했다. 가짜뉴스를 언급하며 탄핵심판정에서 중국 간첩·해커 부정선거 음모론을 수차례 제기해 놓고 가짜뉴스로 판명나자 한 발 물러난 것이다. (조샛별 조갑제닷컴 기자)

음모론 전도사 황교안의
짜증나는 질문

'부정선거 음모론 전도사' 황교안 전 총리가 윤석열 대통령 탄핵 재판에서도 '부정선거' 주장을 반복했다. 그는 투표지의 투표관리관 도장, 빳빳한 투표용지 등 이미 헌법재판소와 대법원에서 '문제없음'으로 판단한 사항에 대해 중앙선관위 사무총장의 반박에도 불구하고 아랑곳 없이 자기 할 말만 하는 모습으로 일관했다.

2월11일 헌법재판소에서 열린 대통령 탄핵 심판 7차 변론에서 처음으로 대리인으로 참석한 황 전 총리는 "당부받은 것도 있고 해서, 한두가지 질문하겠다"며 손을 들어 발언권을 얻은 후 김용빈 중앙선거관리위원회 사무총장을 상대로 질문을 시작했다.

황 전 총리가 "공직선거법 157조, 158조에 따르면 투표용지를 교부함에 있어서 사인(私印), 즉 개인 도장을 찍도록 돼 있는데 지금 선관위에서는 투표관리관의 개인 도장을 사용하지 않고 있는 걸 아느냐"고 묻자 김 사무총장은 "규칙으로 인쇄 날인으로 갈음할 수 있도록 했다"고 답했다.

대법원이 2022년 7월 "적법한 선거사무의 관리집행에 해당한다"고 판단한 사안으로 김 총장은 "법원이나 헌재에서 이에 대해 불법이 아니라고 판단했다"고 답했으나 황 전 총리는 "법이 우선이냐, 판결이 우선이냐"며 다시 물었다. 이에 김 총장은 "법의 해석권은 법원에서 갖고 있다"고 답하자 황 전 총리는 재차 "법에 정해진 것을 규칙으로 바꿀 수 있나"라고 물었고, 김 사무총장은 답답한 듯 "법 취지 자체에 위반하지 않는다고 법원과 헌재에서 결정이 났다"고 말했다.

황 전 총리의 일방통행은 계속 이어졌다. 그는 "개정되기 전에는 법에 따라야 한다"고 하자 김 사무총장이 "대법원 판결과 헌재를 부정하는 내용이고, 실질적으로 법률 해석에 대한 최종적인 유권해석 권한은 대법원에 있다"며 "대법원과 헌재에서 유권해석을 해줬는데도 법률 해석을 개인적으로 하면서 잘못됐다고 주장하면 드릴 말씀이 없다"고 반박했다.

황 전 총리는 '빳빳한 투표용지가 가짜 투표지이며 부정선거의 증거'라는 음모론으로 옮겨 질문하기 시작했다.

그는 "한 번도 접어본 적 없는 빳빳한 투표지가 재검표나 개표 현장에서 나오는 게 가능하냐"고 물었다. 김 사무총장은 "이 역시 21대 부정선거 소송에서 다뤄진 주제고, 대법원이 검증한 결과 정상적인 투표지라고 결론을 내렸다"고 답했다.

황 전 총리는 마지막으로 "선관위가 당일 투표와 달리 사전투표에서만 폐쇄회로(CCTV)를 가린다"며 "사전 투표소에서 CCTV를 가리게 돼 있느냐"고 물었다. 역시 주로 사전투표에서 부정선거가 발생한다는 음모론에 입각한 질문이었다.

김 사무총장은 "그 부분은 가림막 설치를 안 한 상황에서 기존 건물 CCTV가 유권자들의 기표 행위 자체를 녹화할 수 있는 위험성이 있어서 그에 대한 조치로 안다"고 답했다.

황 전 총리는 "선관위 지침으로 당일 투표소에서는 CCTV를 가리지 않는다. 사전 투표소에서만 CCTV를 가린다"고 말하자, 김 사무총장은 "저는 그 지침을 그렇게 해석하지 않았고 그런 지침을 내린 적도 없다. 사전 투표와 본 투표가 다를 이유도 없고 기표하는 과정이 녹화되지 않도록 하는 조치의 일환"이라고 맞받았다. (조샛별 조갑제닷컴 기자)

윤석열·황교안을 고발한
KBS '추적 60분'은 괴기영화였다!

2월21일 KBS가 밤 10시부터 방영한 '추적 60분/선거를 믿지 않는 사람들'은 괴기 드라마 같았다. 국영방송이 현직 대통령 윤석열을 부정선거 음모론의 괴수로 고발하고 있었다. 황교안 전 대통령권한대행도 웃기는 사람으로 등장한다. 한국보수의 형식적 대표인물 두 명이 모두 저질 음모론으로 국민들을 속이고 국가를 분열시키고 법치를 부정하고 무엇보다 공정선거의 결과에 불복하는 사람으로 그려졌다.

멀쩡한 얼굴을 한 교수, 예비역 장성, 젊은이들, 노인들이 'STOP THE STEAL', 즉 "우리나라는 부정선거국입니다"란 뜻을 함축한 구호판과 함께 등장, 괴성을 지르면서 기괴한 행동을 하는데 좀비 영화의 군중 모습이었다. 한편 선관위 직원들은 약하게 보였다. 아무리 설명하고 보여줘도 "다 까!"라고 달려드는 광신도들 앞에서 속수무책인 표정이었다.

그래도 KBS는 의혹을 제기하는 이들의 주장을 다 받아들여 개표기 시연(試演)까지 하여 부정이 불가능함을 보여주었다. 추적 60분은 부정선거론자들을 반박하는 하나의 교과서로서 학교에서 상영할 만하다. 추적 60분에 등장하는 권영세 국힘당 비대위원장의 기회주의적 발언은 김근식 국힘당 당협위원장의 말에 의하여 더욱 비겁하게 보였다.

"부정선거에 빠지면 잘못을 인정할 필요가 없잖아요. '나는 잘못한 게 하나도 없는데, 저 보이지 않는 세력에 의해서, 또 보이지 않는 손에 의해서 부정선거로 조작됐기 때문에 이건 내 의원직을 도둑맞은 거다'라고 생각하면 뭐 하러 반성합니까?" (김근식 국민의힘 송파구 병 당협위원장)

윤석열 황교안 권영세는 형식상 한국보수의 지도층에 속한다. KBS는 이들을 배출한 한국보수, 국민의힘, 그리고 보수 지식층의 무능력 무모함 무책임 무지성을 폭로하고 있었다. 이 프로를 보고 나면 음모론자들 중 지도급 인사들을 형사처벌해야 대한민국이란 공동체가 살아날 수 있을 것이란 실감이 절로 든다.

부정선거 음모론자들은
친일파보다 더 엄중하게 단죄해야

부정선거 음모론자들은 몇 부류(部類)로 나눠진다.

1. 선동 유튜버 : 돈벌이 수단으로 황당무계한 음모론을 퍼뜨린다.
2. 일부 정치인들 : 보수성향 표를 얻기 위하여 음모론에 편승한다.
3. 일부 지식인들 : 우파 성향의 교수, 장성(將星), 변호사, 글쟁이들 속에 많은데 음모론이 애국이고 反共이라고 착각한다. 실제로 믿는 이들은 소수일 것이고 같은 편이니까 편들어줘야 한다는 진영논리적 생각을 하는 이들이 더 많다. 음모론자들이 그래도 이재명과 민주당 세력을 비판하니 일단 비호해야 한다는 이들이다.
4. 윤석열, 황교안 : 두 사람은 한참 있다가 음모론 대열에 합류한 특이 사례이다. 황교안 대표는 미래통합당이 2020년 4월 총선에서 참패한 뒤 1년여 침묵하다가 2021년 국힘당 대통령 후보 경선에 출마, 갑자기 부정선거론을 들고 나온 지각생이다. 尹 대통령은 자신과 국힘당이 이긴 대선과 지방선거엔 시비를 걸지 않다가 2024년 4월 총선에 지자 음모론자로

돌변, 계엄군을 동원, 선관위를 습격하기에 이르렀다. 작년 총선으로 거의 진화(鎭火)되었던 음모론을 다시 확산시켜 4000만 유권자 중 약 1500만 명을 부정선거 신봉자로 만들었다. 국민들을 저능화시킨 점에서 민족반역적 범죄이다.

5. 이들 음모론자는 SNS 시대를 맞아 음모론 설파 글과 말을 너무나 많이 남겼다. 머지 않아 하나하나가 변명 불가능의 증거가 되어 그들을 폭로하고 단죄하고 파멸시킬 것이다. 일제(日帝) 말기 총독부의 강압에 순응했던 지식인들이 남긴 글과 말 때문에 지금까지도 친일파로 매도당하는 것과는 비교가 되지 않을 정도의 비판에 직면할 것이다. 양과 질에서 친일 행위와는 비교가 되지 않을 정도로 악질이고 대량이다.

6. 친일파보다 음모론자들이 더 부도덕한 이유는 차고 넘친다. 일제 때의 친일파는 저들의 폭력에 맞서지 못하고 생존 차원에서 부역한 경우가 대부분이다. 오늘의 음모론자들은 자발적으로 거짓선동을 하고 그것으로 허명(虛名)을 누리고 돈을 번다.

7. 친일파의 부역이 가냘픈 사람들의 비자발적 협조였다면 부정선거 음모론은 공화국에 대한 정면 도전이고 반역이다. 공화국은 공정한 선거를 통해서 수립되고 유지된다. 국민들의 투표와 공정한 선거관리를 통하여 정권을 결정하는 행위는 신성한 주권행사이다. 이를 부정하고 공격하는 것은 공화국에 대한 정면도전으로 용서할 수 없는 체제파괴의 대역죄(大逆罪)인 것이다. 윤석열의 경우처럼 공명선거를 부정선거로 조작, 그것을 명분으로 삼아 불법 계엄을 선포하고 선관위를 습격, 간부들을 체포, 구금하고 서버를 무단 반출, 조작을 시도하여, 국회를 불법집단으로 몰아 무력화(無力化)시키려 한 행위는 국가반역 차원에서 엄벌해야 할 사안이다.

8. 음모론은 대한민국 현대사에 대한 부정이다. 1960년의 3·15 부정선거와 같은 과오를 되풀이하지 않기 위한 국가적 결단으로 1963년에 출범한 선관위는 그 뒤 62년 동안 조직적 부정선거에 연루된 적이 한 번도 없이 선거를 공정하게 관리, 한국이 국제사회에서 '완전한 민주주의'로 평가받도록 했다. 이런 선관위를 부정선거 조직으로 모는 것은 국제적 신인도(信認度)를 폭락시키는 國益파괴 행위이고 역사에 대한 모독이다.

9. 부정선거 음모론은 反국가적일 뿐 아니라 反인도적 범죄이다. 음모론자들은 사이비 광신도처럼 행동하면서 때로는 인간이기를 포기한다. 정상인들에겐 증오심을 품고 무례하다. 거짓말에 동조하지 않는다고 동료 시민들을 비난하고 심지어 국가기관을 공격하며 'STOP THE STEAL'이란 구호로 국제사회를 향하여 대한민국을 '부정선거 국가'로 악선전한다. 사실에 대한 상식적 합의를 부인하는 것을 출발점으로 하여 가족, 회사, 정당, 사회, 국가의 공동체 윤리를 부정하고 분열시킨다. 타인을 괴롭히다가 종국엔 자신을 파멸시킨다. 코로나보다 위험한 정신적 전염병이다.

10. 부정선거 음모론은 與野나 左右의 문제가 아니다. 법치는 사실에 기초해야 정의를 이룰 수가 있는데 이들은 자신들의 망상(妄想)을 사실이라고 우기면서 여기에 근거한 법만이 정의이고 그렇지 않으면 불법이라고 억지를 쓴다. "우리가 법이다"라는 이 수구반동적 사고 방식을 극적으로 표현한 사람이 윤석열이다. 그는 망상에 근거한 불법계엄령은 통치권 행사이므로 사법심판의 대상이 아니라고 함으로써 스스로 왕임을 선포한 셈이다. 권력자가 음모론으로 국민들을 선동한 결과가 나치의 유대인 학살이다. 부정선거 음모론 속에는 그런 파괴적 악의 씨앗이 숨겨져 있다. 윤석열이 퍼뜨린 악의 씨를 말려야 한다.

11. 민주주의를 부정하는 음모론은 언론의 자유로 치부하여 보호해선

안 된다. 자유를 파괴하는 자유를 허용하면 독일 바이마르 공화국처럼 망한다. 음모론 유포자는 형사처벌해야 하고 음모론자에 대한 반성의 기회를 주되 말을 듣지 않으면 입학과 취업에서 불이익을 받도록 해야 한다. 현대 민주주의의 가장 큰 장애물로 등장한 음모론에 넘어가지 않도록 하는 국가적 방어 시스템도 갖춰야 한다.

  12. 유권자의 37%, 보수층의 65%가 부정선거 음모론에 넘어갔다는 것은 공화국의 미래를 어둡게 하는 절대적 위기라는 의식을 공유하고 맨정신 가진 이들이 행동할 때이다.

내 주변의 부정선거 음모론자들

21대 대통령 선거가 끝났다. 여느 때와 다름없는 아침이 시작되었다.

며칠 전 사전투표가 끝난 주말, 새벽 산책을 마치고 아파트 단지 쉼터에서 스트레칭 하는데 귀가 열린다. 연세가 지긋하신 어르신들이 삼삼오오 모여 정치 얘기를 하고 계셨다.
"사전투표 했어?"
"아이고… 사전투표를 왜 해? 날을 받아놨으면 그날 해야지."
"사전투표 하면 모조리 이재명 표가 된다잖아. 그럼 안되지."
어르신들이 나누는 대화를 들으며 사람들 사이에 깊숙이 파고든 부정선거 음모론에 다시 한숨이 나왔다. 부정선거 음모론에 빠진 보수 대통령의 무모한 계엄으로 탄핵까지 당했는데 아직도 헤어나오지 못하다니….

오랜 사회생활 덕분에 모임이 많았다. 사람들과의 관계를 좋아하는 나는 모임이 즐거웠다. 일 얘기부터 시작해 유명 연예인의 가십거리까지 대화의 소재는 많았다. 그러나 한국 사람들이 정치에 대한 관심이 그렇게 많은 줄 몰랐다. 어느 순간부터 부정선거 음모론이 화제가 될 때가 많았다. 부정선거 음모론을 믿지 않는 나는 선거 시즌이 되면 무슨 몸살을 앓듯이 그들의 얘기를 들어야했다. 단체 대화방에선 그냥 조용히 알림을 끄기도 했다. 그들은 마치 사이비종교와도 같이 부정선거 음모론을 전파하느라 여념이 없었다.

12월3일 밤, 윤석열 전 대통령의 느닷없는 계엄령 선포로 단체 대화방이 뜨거웠다.

"왜 저래?"

"이유 있는 계엄이지만 지지받을지는…"

"이재명하고 뒷거래 있는 거 아냐?"

"김용현, 계엄 안 한다더니 윤통 꼬드겼나?"

"와~ 언행역치."

"석열이 형 해보고 싶은 거 다 해보는 거야?"

"석열이 형 내년에 탄핵 될지도 모르겠네요."

"이재명 테마주 사야 하나?"

모두 의아했고, 안타까웠고, 실망했다. 그때만 해도 부정선거 음모론에 대한 이야기는 없었다.

윤석열의 무모한 계엄에 대한 비판을 나열하고 단체 대화방이 잠잠해졌다. 그러나 다음날은 달랐다.

"역시 이유가 있었어!"

"드디어 올 것이 왔다! 이제 진실이 드러난다!"

"우파는 윤통을 이해하고 이번에 무너지면 안됨."

"검사 탄핵하고 감사원장 탄핵하고 예산을 제로로 만드는 저놈들이 진정 내란죄지."

나라가 온통 혼란스러웠다. 소상공인들과 자영업자들의 신음소리를 담은 기사들이 올라오고 국민의 일상도 엉망이 되었다.

부정선거 음모론자들이 좋아하는 유튜브에는 '충격', '긴급', '폭로' 등의 썸네일을 품은 영상들이 쏟아졌다. 도대체 그 유튜버들은 어떻게 그렇게 많은 정보를 알고 있는지 놀라움을 금할 수 없었다.

단체 대화방에는 음모론 유튜버들이 뱉어낸 말들과 기사를 실어날으며 한 마디씩 한다.

"한동훈 머리 굴리는 게 다 보이는 상황."

"이제는 이재명과 한동훈 중에 누가 더 사심이 없는가의 승부."

윤 대통령 탄핵안 표결이 의결정족수 미달로 무산되자 그들은 "정치권이 선거 조작 세력에 포섭되었다"며 또 그들만의 논리를 내세웠다.

이틀 뒤 윤 대통령 출국금지가 조치가 내려지자 "진실을 말하려는 대통령이 탄압을 받고 있다"며 "감히 대통령의 입을 막으려 한다"고 격분했다. 그러더니 윤 대통령의 침묵이 대해서는 갑자기 "말하지 않는 것도 메시지다!"라는 도통 이해할 수 없는 이야기를 뱉어내고 있었다. 도대체 무엇이 진실이란 말인가? 그들은 윤 대통령의 탄핵안이 국회를 통과, 대통령 직무가 정지되었을 때도 '조작'이란 말을 외쳤고 어김없이 탄핵 자체가 무효라고 주장했다.

계엄으로 또다시 광화문은 시끄러워졌다. 주말마다 전광훈 목사가 이끄는 탄핵반대 집회가 열렸으며 사람들은 태극기를 들고 모여들었다. 부천에서 광화문까지 출퇴근하는 선배는 주말에도 광화문에 나와 집회에 참석하고 헌금까지 낸다는 얘기를 자랑스럽게 하곤 했다. 그는 "지금은 사법부까지 더불어민주당에 넘어간 상태라 공정한 재판은 기대할 수 없다. 우리가 이렇게 움직여야만 한다. 집회만이 윤석열 대통령을 구해낼 수 있다"라는 말을 했다. 그러더니 나중에는 윤 대통령이 탄핵이 될 수밖에 없단다. 그들이 판을 이미 짜 놓았기 때문이란다.

또 다른 단체방 구성원 중 부정선거 음모론에 빠진 분은 선관위 서버를 들고 나왔으니 금방 모든 게 밝혀질 거라며 계엄을 두둔, 모든 것이 완전히 조작된 사건인데 움직이지 않는 보수 우파들이 문제란다. 윤석열의 무모한 계엄을 비판하는 보수를 향해선 입에 담기 민망할 정도의 욕설을 쏟아냈다. 보기도 싫었다. 그래서 대화방에 처음으로 글을 썼다. "지금 ○○님도 움직이지 않는 건 마찬가지 아닌가요? 부정선거가 있었으면 반복되지 않게 하기 위해 뭔가 움직였어야 하는 거 아닌가요? 소 잃고 외양간도 못 고치면서 매번 부정선거 때문에 졌다고 말만 하는 사람들이 우파라고 외치는 게 전 더 이상합니다."

이후 주말에 개인적 문자가 왔다. 내 말을 듣고 움직이는 사람이 되려고 광화문 집회에 나가서 'Stop the Steal' 스티커도 사고, '이재명 구속' 전단지도 받았단다. 심지어 광화문 집회에 나가게 해줘서 고맙단다. 어이가 없었다. 마치 심각한 전염병에 감염된 사람 같았다. 단체 대화방에서 감정을 참지 못하고 드러낸 나의 손놀림이 그를 광화문까지 내보낸 꼴이 되었다.

부정선거 음모론자들은 "중국 서버를 통해 투표 결과가 조작됐다"는 주장과 다수의 중국인이 동원되었다는 주장으로 객관적 증거 없는 음모론도 퍼날랐다. 미국에서 트럼프 지지자들 일부가 중국 개입설을 제기한 것과 결을 같이한다. 그러면서도 "트럼프가 취임을 하면 이 모든 게 해결된다"며 중국을 추종하는 '친중파' 정치세력을 비판하면서도 정작 본인들은 미국에 대한 사대주의를 거침없이 드러내기도 했다.

그렇게 윤석열 대통령의 탄핵 재판이 진행되는 동안 그들의 음모론은 날개를 달고 부풀려지며 퍼져갔다. 그들은 음모론자들이 신봉하는 한 인터넷 언론의 "선거연수원 체포 중국인 99명 주일미군기지 압송됐다"는 가짜뉴스에 흥분하며 관련 유튜브 영상으로 단체 대화방을 도배했다. 더 이상 단체 대화방에 있을 수 없어 조용히 대화방을 나왔다. 하지만 또 다른 모임의 단체 대화방에선 수위가 낮을 뿐 여전히 부정선거 음모론과 계엄찬성, 탄핵반대에 대한 글이 뿌려지고 있었다.

이번엔 "헌법재판소에 중국 국적의 연구관이 있다"는 주장으로 옮겨졌다. 헌재 연구관의 성이 조금만 특이하면 중국 출신이란다. 단순히 생각해도 대한민국의 법을 다스리는 판사, 검사, 변호사에 외국 국적자 임용이 가능하다고 생각하는 것일까? 도대체 이런 말을 만들어내는 사람들은 누구일까? 그들은 검증도 없이 스스로 짐작하고, 말하고, 사실로 받아들이면서 분노했다. 사실보다는 감정, 분석보다는 느낌이 먼저였다. 그들은 항상 "뭔가 이상하다"로 시작해서 '조작'으로 끝을 맺는다. 그들에게 선거란 모두 조작이고, 모든 선거에서 우리는 질 수 없고, 상대방은 이길 수 없다는 궤변만 늘어놓는다.

그들에게 왜 증거가 없냐고 물으면 안된다.

"증거는 차고 넘치는데 어떻게 된 건지 우리가 믿는 언론사 빼고는 보도를 안해."

"내가 본 유튜브에서 다 말해줬어."

"믿을 건 유튜브뿐이야. 조선일보도 좌파야."

윤석열 대통령이 헌재에서 8-0 만장일치로 파면된 이후에도 극우세력과 부정선거론자들은 강한 반발을 보였다. 오히려 민주당이 '내란당'이라며 헌재의 판결을 부정했다. 윤 대통령도 탄핵 심판 과정에서 계엄의 원인으로 부정선거 음모론을 변론 전략으로 삼았다. 대통령이 부정선거론자들에게 농락당한건지 부정선거론자들이 대통령의 부정선거 음모론에 넘어간건지 알 수 없을 정도로 한덩어리가 되었다.

처음엔 정치에 대한 관심과 의심을 가진 사람들이 필요하다고 생각했다. 그러나 그들은 어느 순간 세상을 조작과 음모로 바라보며 결국 자신들도 음모의 일부가 되어버렸다. 그들은 끊임없이 부정선거를 주장하면서도 계속되는 부정선거에 대한 대책이나 방지책을 말하는 사람은 없다. 그저 감시와 몰카 얘기만 한다.

물었다. 왜 매번 당하면서 방지책은 없냐고. 그렇게 통계에 밝고 증거를 잘 찾아내면서 당하기만 하냐고. '신의 영역'이란다. 스스로 '신의 영역'이라면 그들은 그야말로 개, 돼지처럼 살아갈 준비를 하고 있는 것은 아닌지 의심스럽다.

대선이 끝난 오늘 아침엔 단체 대화방이 조용하다. 이상하다고 느낄 때쯤 많은 메시지들이 날아오기 시작한다.

"윤통 때는 조작에 실패해서 아슬아슬하게 지더니 이번에는 완벽하게 조작했다."

"너무 명백한 부정이라 말도 안 나온다."

"이제는 일상이 된 민주당의 부정선거!"

"이제 트럼프가 한국에 대한 큰 결단을 내려줄 것이다."

"부정선거 신고는 개인도 할 수 있다. 지금 바로 신고하자!"

사무실 전화가 울린다.

"나는 이해가 안 가요. 본투표는 김문수가 이겼는데 사전투표에서는 왜 이재명이 그렇게 많은 표 차이로 이길 수 있는지 나는 도무지 이해가 안

가요."

"선생님, 사전투표 하셨어요? 본투표 하셨어요?"

"난 당연히 본투표 했지."

"선생님이 사전투표를 하셨어야 표 차이가 안 나죠. 사전투표도 안 하고 표 차이만 많이 난다고 하시면 말이 안되죠."

"아니, 통계상으로 안 맞는단 말야. 우리 가족은 네 명인데 나 빼고 모두 사전투표 했어!"

"가족이 여섯 명인 사람들은 모두 사전투표로 이재명 후보를 찍었다면 그게 통계로 말할 수 있는 셈법인가요? 김문수 후보도 사전투표 하라고 했는데 선생님이 하지 않으시고선 사전투표 득표 수가 적다고 하신다는 게 전 이해가 안 가는데요?"

"하~ 이 사람, 부정선거에 대해 도통 모르니 말이 안 통하네. 정신 차리고 유튜브를 좀 봐요!!"

툭 끊는 전화에 피식 웃음이 나온다.

끝을 모르는 부정선거 음모론자들의 말과 글은 짜증을 넘어 이제 하품만 나온다. (吳淑伊 조갑제닷컴 기자)

에필로그

全국민 회고록 쓰기 운동!

飮酒사고

나는 윤석열 계엄 사태를 취재하고 논하면서 네 가지 본질적 화두(話頭)를 갖게 되었다.

"괴물과 싸우다가 괴물이 되었다."

"김건희의 주술(呪術)과 윤석열의 폭음(暴飮)이 계엄의 진짜 이유일 것이다."

"자주국방 의지를 포기하고 한글전용으로 한국어(韓國語)를 망가뜨린 보수는 필연적으로 이렇게 될 수밖에 없었다."

"한국인의 높은 불행감과 이스라엘 사람들의 높은 행복감은 어디서 연유하나?"

2025년 7월18일 윤석열 전 대통령 구속적부 심리에서 尹 측 변호인단은 그의 간(肝) 수치를 들어 몸 상태가 수감생활을 감당할 수 없다는 주장을 했다. 간 수치는 감마-GTP 320 IU/L이었다. 남자는 이 간 수치가 11~63 사이에 분포되는 것이 정상인데 윤석열은 그 6배나 된다. 심각한 장애를 일으킬 수 있는 수치이다. 이는 그의 음주습관과 관련 있는 것이 분명하다.

  그가 폭음(暴飮)을 일삼는다는 사실은 수많은 이들의 이야기와 목격담으로 증명된다. 그가 대통령이 된 이후에도 이 습성을 버리지 않았다는 것도 확실하다. 오랜 폭음이 그의 분별력과 인지력(認知力)을 약화시켰을 것이고 정책과 행동에도 영향을 끼쳤을 것이다. 특히 부정선거음모론이란 망상과 비상계엄 선포라는 발작적 행위에 알코올 중독증세가 반영되었을 것이라고 보는 것은 합리적 추리이다.

  여기에 하나 덧붙여야 하는 요인이 있다. 유전적으로는 한민족(韓民族)이 술에 가장 약한 사람들인데 감성적 특성으로 음주량이 많아 주사(酒邪)가 심한데 사회 분위기는 그런 데 너그럽다는 점이다.

  ※ 한국인은 유전적으로 술에 가장 약한 민족이다. 한국인 일본인 몽골인이 이 그룹에 속한다. 다른 인종은 그렇지 않다. 술을 마시면 알코올은 肝을 거치면서 ADH 효소에 의하여 아세트알데히드로 변환된다. 아세트알데히드는 독성물질로서 얼굴이 붉어지거나 매스꺼움을 느끼게 한다. 2단계로 이 아세트알데히드는 ALDH2 효소에 의하여 아세트산으로 바뀌고 아세트산은 최종적으로 물과 이산화탄소로 분해되어 몸 밖으로 배출된다. 아세트산은 신체상 유해한 작용을 하지 않는다.

  ※ 한국인은 ALDH2 유전자에 변이가 있어 아세트알데히드를 잘 분해하지 못하는 이들이 30~50%나 된다. 다른 인종은 한 자리 숫자 이하이다. 술을 마시면 아세트알데히드의 독성을 오래 몸속에 지녀 괴롭게 되는 것이다.

* 그런데 한국인의 감성적 기질과 술을 권하는 사회 분위기가 결합되어 1인당 음주량은 상위권에 속한다. 2017년 통계에 따르면 한국인은 연평균 약 12리터의 음주로 세계 17위였다. 음주량이 많은 나라는 러시아 리투아니아 벨라루스 등 동구권 국가들인데 한국은 이들 바로 뒤, 아시아에선 최상위권이다.

* 체력은 안되는데 술을 많이 마시면 정신적, 육체적 장애가 생긴다. 한국에선 주정을 하는 이들이 너무 많아 너그럽게 봐주기도 한다.

* 윤석열의 폭음(暴飮) 습관에 대하여 거의 전설적인 이야기가 떠돌아도 "이건 문제다"라고 생각하는 이들보다는 "역시 남자답다"라고 여긴 이들이 많았을 것이다. 특히 그런 폭음 풍조가 만연했던 검사 사회에선 문제의식 자체가 없었을 것이다. 문제는 대통령이 되고 나서도 그런 음주습관이 고쳐지지 않았고 그 부작용은 판단력에 심각한 장애를 유발했을 것이고 망상과 발작이란 계엄선포의 두 가지 특징으로 나타났을 것이다.

* 한국 범죄통계에 따르면 약 30% 이상은 술과 관련된 것이다. 거기에 윤석열의 불법계엄 선포란 범죄가 추가되게 생겼다. 미국 범죄통계에서도 폭력범죄에서 술의 영향력은 40%, 살인에선 약 50%, 교통사고 사망 사건에선 약 30%이다.

* 3년간 윤석열과 가까웠던 인물들일수록 계엄사태의 원인을, 본인의 폭음과 부인의 주술, 그리고 김건희의 윤석열에 대한 지배적 영향력을 꼽았다.

괴물과 싸우다가 괴물이 되다

한국 현대사에 굵게 기록될 2025년 4월4일 밤 나는 MBC 텔레비전

100분 토론 시간에 유시민 前 복지부 장관과 대담을 했다. 끝날 무렵 사회자가 예고 없이 계엄상황을 정리하는 한 마디를 부탁하길래 니체의 유명한 말을 인용했다.

"괴물과 싸우는 사람은 괴물이 되지 않도록 주의해야 한다."

윤석열과 보수를 파국으로 몬 것은 부정선거 음모론이란 괴물인데, 좌파진영의 전유물이었던 음모론과 싸우다가 결국 그들이 음모론자란 괴물이 되고 말았다는 취지였다.

부정선거 음모론은 2012년 박근혜 후보에게 진 문재인 진영에서 만든 것인데, 당시 민주당은 이것이 퍼지면 투표율을 낮출 것이라고 판단, 이의 확산을 차단했다. 반면 국민의힘은 2020년 4월 총선 이후 부정선거론이 일부 당원과 보수층에서 퍼지자 거짓말임을 알고도 적극적으로 대응하지 않고 오히려 편승했다.

선관위의 부실관리를 부정선거로 몰아서 음모론자들에게 아부하는 식으로 대처하다가 윤석열까지 음모론에 넘어가 망상적 계엄에 이르게 된 것이다. 좌파는 선동을 해도 계산을 갖고 하는데 보수는 음모론에 영혼을 팔아버리고 좀비화되어버렸다. 좌파의 광우병 선동, 천안함 북한 폭침 부정에 분노한 일부 보수층은 광주사태 북한군 600명 투입설, 박원순 서울시장 아들 가짜 신검설(身檢說), 그리고 부정선거론으로 대응하다가 그야말로 선동괴물이 되어버린 것이다.

이승만, 6·25 때도 신문검열 반대

1900년대 초반에 태어나 일제와 해방, 6·25를 겪은 기자들이 당대에 활동하면서 목격한 비화를 수록한 책이 있다. 사단법인 한국신문연구소가 1978년 발간한 '언론 비사(秘史) 50편 : 원로기자들의 직필 수기(手記)'다. 한국 현대사의 대혼란기를 몸으로 부딪쳐 경험한 50여 원로(元老)기자들의 체험담 속에는 당대(當代)를 주름잡던 걸출한 인물들의 모습도 세밀하게 그려져 있다.

최흥조(崔興朝) 당시 동아일보 취재부장은 1950년 10월 국군과 미군이 인천상륙 작전 성공 후 북진을 개시하고 수도가 다시 서울로 돌아온 다음 열린 이승만 대통령 기자회견 자리에서 군대가 신문검열을 너무 심하게 한다는 불평을 했는데 〈순간 이승만 대통령은 顔面筋(안면근) 경련으로 두 볼이 실룩거리는가 하더니 엄숙한 어조로 분연히 선언하는 것이었다〉고 기록했다.

"우리가 공산당과 전쟁을 하고 있는 까닭은 민주주의를 하기 위해서야. 민주주의 국가에서는 신문을 검열한다는 것은 있을 수 없는 일이야."

대통령은 옆에 앉은 공보처장 김활란(金活蘭) 여사를 돌아보더니 말을 계속했다.

"국방부의 정훈국장이라는 사람이 누구요? 국방장관에게 훈령하여 즉시 신문검열을 중지하도록 해요."

오래 深淵을 들여다 보면 深淵도 당신을 들여다 본다

이승만의 결단은 공산당과 싸운다는 것을 명분으로 하여 독재 선동 폭력으로 흘러선 이기더라도 아무 의미가 없다는 뜻을 담은 것이다. 즉 괴물과 싸우다가 괴물 되기를 거부한 것이다. 이승만의 이런 정신에 따라 한국은 민주주의를 시작한 지 2년밖에 되지 않았는데 전쟁 중에도 언론은 자유롭게 군대와 대통령을 비판하고 최대규모의 선거도 했다(이스라엘은 평화시에도 언론검열을 한다). 이승만 대통령은 자신이 욕을 먹을 각오로써 민주주의를 지키기 위하여 민주주의를 희생시킬 수는 없다는 신념을 실천한 것이다.

냉전을 승리로 이끈 대전략가로 평가 받는 조지 F. 케넌은 소련주재 대리대사로 있던 1946년 초 '긴 電文'(Long Telegram)으로 유명해진, 스탈린의 소련에 대한 종합 분석 보고문에서 국제공산주의의 도전에 이길 수 있는 방도를 나열한 뒤 맨 마지막 문장을 이렇게 마무리했다.

〈마지막으로 우리는 인류사회에 대한 우리만의 개념과 방법을 고수할 만한 용기와 자신감을 가져야 한다. 소련 공산주의 문제에 대처하는 데 있어서 우리를 덮칠 수 있는 가장 큰 위험은 우리가 싸우는 그들처럼 되는 것이다.

(Finally we must have courage and self-confidence to cling to our own methods and conceptions of human society. After all, the greatest danger that can befall us in coping with this problem of Soviet communism, is that we shall allow ourselves to become like those with whom we are coping.)〉

공산당식으로 공산당을 이길 수 없다는 경고인데 이승만 대통령의 말과 같은 맥락이다.

프리드리히 니체는 1886년에 나온 수필집 '善惡의 저편'에서 이렇게 썼었다.

〈괴물과 싸우는 사람은 그 싸움 속에서 자신도 괴물이 되지 않도록 조심해야 한다. 그리고 당신이 오래 심연(深淵)을 들여다볼 때, 심연도 당신을 들여다 본다.〉

제도 파괴자, 문명 파괴자

군대 안간 국군통수권자 윤석열의 무도, 무책임, 무능한 비상계엄 선포는 여권의 제2인자를 체포대상으로 올린 것에서 보듯이 친위 쿠데타 성격인데 실패했다. 친위 쿠데타는 실패할 수가 없는데 실패했다. 그를 추대했던 보수세력은 '무능한 집단'이 되어버렸다. 인류사에 남을 만한 문명건설의 챔피언이 졸지에 경멸의 대상이 되었다.

한국군 장교단은 20세기 역사에서 이스라엘군과 함께 가장 위대한 국가건설의 주체세력인데 무능한 통수권자를 따르다가 줄줄이 감옥에 갔다. 건국의 초석, 호국의 간성(干城), 근대화의 기관차, 민주화의 울타리 역할을 완수하고 이제 자주 국방력을 바탕으로 자유통일을 뒷받침하여 일류국가 건설로 나아가려는 길목에서 한국군은 동네북 신세가 되었다. 1961년, 고려 무신란 이후 약 800년 만에 역사의 주역으로 등장했던 국군이 조선조 사대부의 전통을 잇는 검사출신 대통령을 만나 우스운 존재로 전락하려 한다. 이번 계엄사태가 역사 속에서 드리우게 될 가장 어두운 그림자는 대한민국이 민족사에서 재발견한 자주국방 의지의 퇴색이고 이는 한국인의 불행구조를 고착시키게 될 것이다.

어느 나라이든 보수는 좋은 제도의 건설자이다. 좋은 제도가 오래 가면 전통이 되고 전통이 강하면 인간의 삶이 안정되고 문명이 발전한다. 한국의 보수세력은 위대한 문명건설 세력이다. 윤석열은 모든 국가제도의 기본인 군대와 의료를 허물어 행복한 삶의 기초를 약화시켰다. 소설가 김성한(金聲翰)이 임진왜란을 다룬 소설 '7년 전쟁'에서 발문(跋文)으로 강조한 〈무능한 통치자는 만참(萬斬)으로도 모자랄 역사의 범죄자〉는 윤석열에게 그대로 적용된다. 그는 제도 파괴자, 문명 파괴자였다.

행복도, 이스라엘 8위, 한국 58위

어느 나라 정치이든, 특히 보수는 죽고 사는 문제인 안보를 가장 중요한 주제로 두고 정치 경제 외교를 다룬다. 한국은 한미동맹에 너무 의존하다가 자주국방 의지를 포기했다. 국방비를 줄이고 안보에 따른 희생을 최소화할 수 있다는 장점이 있지만 그 부작용은 너무나 심하여 장점을 삼킬 정도이다. 한국 보수의 타락은 실로 여기서 비롯된 것이라고 나는 입버릇처럼 주장해왔는데 윤석열 계엄사태로 실증적 뒷받침이 가능하게 되었다. 한 걸음 더 나아가서 자주국방 의지가 삶의 가치를 규정하는 결정적 요인임을 증명하여 이 책의 결론으로 삼으려 한다.

유엔이 매년 발표하는 세계 147개국 행복도 랭킹에 한국은 아무리 못해도 30등 정도는 해야 옳다. 1인당 국민소득이 세계 32위, 국민평균 수명은 84.5세로 세계 5위이다. 반면 이란 및 하마스와 격투중인 이스라엘은 가장 불행한 사람들이라야 맞다. 1인당 국민소득은 세계 16위, 평균수명은 82.6세로 세계 9위이지만 살육의 한복판에서 무슨 행복감을 느낄까?

2025년 유엔의 세계 행복도 국가 랭킹은 우리의 상식적 예상을 뒤엎었다. 이 조사의 기준은 여론조사를 통한 주관적 행복도 이외에 6개 객관적 지표를 합산한다. 1인당 GDP, 건강수명, 사회적 도움(가족과 친구), 선택의 자유, 관용(기부, 봉사 등), 부패인식(정부에 대한 신뢰도).

행복한 나라 랭킹 1위는 핀란드로 8년 연속 1위, 2위는 덴마크, 3위는 아이슬란드, 4위는 스웨덴, 5위는 네덜란드, 6위는 코스타리카, 7위는 노르웨이, 8위는 이스라엘, 9위는 룩셈부르크, 10위는 멕시코. 한국은 58

위이다. 이스라엘은 하마스 전쟁 이전엔 4위였으나 좀 떨어졌고, 한국은 전년(前年)에 비하여 여섯 계단 하락했다. 가장 행복한 10개 나라 중 네 나라는 300년 동안 유럽을 공포에 떨게 했던 해적 바이킹 국가이다. 덴마크, 아이슬란드, 스웨덴, 노르웨이. 바이킹은 유럽에서 가장 늦게 문명화된 게르만족이고, 이스라엘 사람들은 늘 전쟁의 공포 속에서 떨어야 하는데 왜 이렇게 행복하고 한국은 왜 이렇게 상대적으로 불행한가. AI(ChatGPT)에 물어보기로 했다.

유대감과 고립감의 차이

AI는 이스라엘 사람들이 한국인보다 더 행복한 이유로 '강한 사회적 유대감'을 먼저 꼽았다. 가족 친구 이웃 간의 연결망이 매우 견고하여 "도움이 필요한 순간에 의지할 사람이 있다"고 느낄 수 있는 사회적 뒷받침이 매우 강하다는 것이다. 두 번째 이유로는 '공동체 의식과 목적의식'이 견고하다는 점을 들었다. 전쟁 같은 위기 속에서도 국민들이 단결하고 '사명 의식'을 공유하며 개인이 '더 큰 역사 속의 일부'라는 정체성을 갖고 있다고 했다. 이스라엘 사람들의 높은 행복도, 그 세 번째 이유는 회복력과 낙관적 자세이다. 전쟁 등 위기를 함께 극복해 내려는 의지, 전통 종교 문화에 뿌리를 둔 낙관적 삶의 태도가 행복감을 높인다.

한국인의 행복도가 낮은 이유에 대해서 ChatGPT는 '사회적 고립감이 심하고 사회적 신뢰가 약한 점'을 먼저 꼽았다. OECD 국가 중 자살률이 가장 높고, '도움 받을 수 있는 사람이 없음'이라고 느끼는 이들이 약 19%나 되는 등 사회적 신뢰와 뒷받침이 약하다. 두 번째 이유는 '학업과 직업에서 경쟁으로 인한 스트레스'가 높다는 점이다. 사교육(私敎育) 의존이 높고 입시와 취업의 과열경쟁으로 자식과 부모가 모두 만성적 스트레스와 불안을 경험한다. 세 번째 이유는 소득과 자산의 불평등이 심하여 청년세대는 "노력해도 계층 이동이 어렵다"는 좌절감을 자주 느낀다.

한국인의 불행감, 그 네 번째 이유는 '심각한 정신건강 및 높은 자살률', 다섯 번째는 고령화 저출산, 그리고 외로움. 특히 고령층의 고독이 한국인의 삶의 만족도 전반에 악영향을 끼친다.

AI는 결론 부분에서 이렇게 요약했다.

〈이스라엘은 사회적 도움과 강한 공동체 의식을 통하여 위기를 극복하며 높은 행복도를 유지하고 있으나 한국은 경제발전은 이루었지만 경쟁과 불평등, 사회적 고립, 정신건강 문제 등이 복합적으로 작용하여 상대적으로 낮은 행복도를 보이고 있다.〉

自主국방과 事大국방

이스라엘, 특히 군대에 대하여 좀 아는 입장인 나는 이렇게 다시 물어보았다.

"이스라엘과 한국의 행복도 차이에서 자주국방 의지의 강하고 약함이 이유가 되지 않을까요?"

ChatGPT는 이렇게 응답했다.

"아주 흥미롭고 중요한 시각입니다. 이는 단순히 군과 안보 문제를 넘어서 심리적 안정감, 국민의 자존감, 공동체 의식과 깊은 관련이 있습니다."

AI는 자주국방은 안보에 대한 심리적 안정감을 준다고 했다. 이스라엘은 징병제와 고강도 훈련, 그리고 자체적 무기개발을 통하여 "우리는 우리 스스로 지킨다"는 자부심이 강하다. 이로 인해 외부 위협 속에서도 안

심하면서 공포에 덜 휘둘리는 회복 탄력성이 크다는 것이다. 위기 때에도 통제불능 상태로 빠지지 않고 "우리는 뭔가를 할 수 있다"는 통제감(locus of control)이 높아진다고 했다.

반면 한국은 미국의 핵우산과 주한미군에 의존, 자주국방의 담론은 있지만 실질적 독립성에 대하여 의문을 갖는 국민들이 많다고 예리하게 지적했다. 이런 태도는 북핵 중국 러시아 등으로부터의 지정학적 리스크가 생길 때 불안감을 키운다. "우리가 스스로 못 막으면 미국이 도와주어야 한다"는 태도는 불확실성에 기반한 의존성으로 그 자체가 불안요인이다.

ChatGPT의 AI는 자주국방 의지가 국민의 자존감과 공동체의 정체성 강화에 기여하고 이것이 행복감을 증진시킨다고 해설했다. 이스라엘은 군복무가 국민의 의무일 뿐 아니라 국민이 되기 위한 성인식(成人式)이자 공동체 의식 강화의 도구라고 했다. 병역(兵役)의 경험을 통하여 '국가의 일원'이라는 자부심을 갖고 공적(公的) 의무 수행에 대한 긍정적인 정체성을 형성하게 된다는 이야기이다. 한국은 병역의무가 사회적 갈등 요소로 작용하기도 하며, 일부에서는 병역의 형평성이나 가치에 회의적이다. AI는 아픈 지적을 했다.

〈한국에서 병역은 희생으로만 인식되거나 사회적 보상과 명예가 약하다는 불만의 소재가 되어 자존감 저하로 이어지고 있다.〉

한국에선 군복무가 이스라엘과 정반대로 국민통합이 아니라 국민분열로 작용하고 있다는 지적은 너무나 날카롭다. AI의 분석은 자존심이 행복의 근원이란 논리를 보여주고 있다. 이스라엘 사람들이 흔히 하는 말 "위험하게 사는 것이 행복하게 사는 것이다"를 뒷받침한다.

안보위기 때 분열하는 한국

AI는 자주국방 태세를 가진 이스라엘은 위기 때 국민통합과 회복 탄력성을 보인다고 평가했다. 튼튼한 자주국방 체제 덕분에 위기상황에서도 정부 군대 민간이 협력하여 신속하게 대응한다. 이는 국민들로 하여금 국가 시스템에 대한 신뢰를 갖게 하고 위기 속에서도 소속감과 목적의식을 강화한다. 총 들고 나라 지키는 보람에 산다는 뜻이다. AI의 이스라엘 군사문화 설명을 들으니 한국에도 그런 시절이 있었다는 생각이 든다. 1962년 육군본부 정훈국의 의뢰를 받아 유호가 작사하고 이흥렬이 작곡한 '진짜 사나이'는 지금은 한국보다는 이스라엘에 어울리는 군가가 되었다.

〈사나이로 태어나서 할 일도 많다만/너와 나 나라 지키는 영광에 살았다/전투와 전투 속에 맺어진 전우야/산봉우리에 해 뜨고 해가 질 적에/부모형제 나를 믿고 단잠을 이룬다.〉

AI는 한국은 안보위기 때 일치단결하기는커녕 오히려 정치적 분열과 신뢰의 결핍이 드러나 사회 전반에 불안과 냉소주의를 확산시키는 경향이 있다고 지적한다. 천안함 폭침 사건 이후 한국에서 벌어진 분열상이 대표적 사례이다. 한때 성인의 약 30%가 천안함 폭침은 북한소행이 아니란 음모론에 넘어갔다. 정치인과 언론이 이런 선동에 앞장섰다. 이스라엘에서 그런 짓을 했으면 목숨 부지하기도 힘들었을 것이다.

AI는 〈자주국방 의지는 국민 행복감에 간접적이지만 실질적인 영향을 준다〉는 결론을 냈다. 자주국방 체제가 주는 심리적 안정감, 국민 자존감, 공동체 의식이 행복도 증진에 기여한다는 것이다. 반면 잘 살면서도 미국에 의존, 자주국방 의지가 약한 한국에선 위기 때의 불안감, 병역으로 인한 갈등이 공동체의 분열과 냉소주의를 유발하고 사회에 긴장감과 불신을 확산시켜 행복을 저해한다는 것이다. 공짜 국방은 공짜가 아닌 것이다.

꼭 30년 전인 1995년 여름 텔 아비브에서 만난 국방전문 기자 지브 시프 씨는 서울 한복판에 주한미군 기지가 있는 점을 들어 "외국군이 장기 주둔하면 나라의 단합이 깨지고 국민의 정신력이 해이된다"고 경고했었다. 아셀 나임 당시 주한(駐韓) 이스라엘 대사는 이렇게 말했다.

"우리는 인간이 늘 긴장 상태 하에 있어야 자신의 능력을 최고도로 발휘하여 위대한 업적을 남기게 된다는 것을 잘 알고 있습니다. 천재(天才)는 고통 속에서 피어난 꽃이지요. 우리는 오늘이 항상 생애의 마지막 날일지 모른다, 그래서 최선을 다해서 오늘을 살아야 한다고 생각한답니다."

싸움꾼 바이킹 국가는 왜 행복한가?

한국인의 높은 불행감을 다른 측면에서 알아보기 위하여 AI에 나는 이런 질문을 던졌다.

"세계 행복도 조사에서 덴마크 노르웨이 스웨덴 아이슬란드 같은 바이킹 국가들이 늘 가장 행복한 나라로 랭킹되는데 바이킹 문화와 관계가 있는지요?"

ChatGPT는 이렇게 답했다.

"훌륭한 질문입니다. 이들 바이킹 국가가 세계 행복도 조사에서 항상 상위권에 오르는 것은 단순히 현재의 정책이나 경제 지표만으로 설명하기 어려운 측면이 있습니다. 바이킹 문화와의 연관성은 일부 학자들과 문화 비평가들이 주목하는 흥미로운 지점입니다."

바이킹 문화는 개인주의적이면서도 강한 공동체 의식을 가졌고 이것이 오늘날 北유럽 국가들의 높은 사회적 신뢰, 협력문화, 평등성향으로 이어지고 있다는 것이다. 북극권에 가까운 척박한 스칸디나비아 반도에서 살았던 바이킹은 집단으로 항해하고 마을 단위로 협력하며 중요한 문제는 팅(thing)이라는 회의체를 통하여 민주적으로 결정했다. 팅은 세계에서 가장 오랜 국회로도 불린다.

바이킹은 귀족과 평민의 차별이 크지 않았다. 무기와 자산을 가지면 누구나 지도자가 될 수 있었다. 남녀 차별도 약했다. 이런 문화는 현대의 사회민주적 시스템으로 이어져 사회적 안정감이 높고 행복도를 높였다는 것이다.

혹독한 北유럽의 자연환경은 바이킹 시대부터 사람들에게 서로 협력하고 환경에 순응하며 살아가는 태도를 심었다. 바이킹 국가들이 보여주는 친환경 정책, 삶의 균형, 자연과의 조화 추구는 만족감과 행복으로 이어진다.

바이킹은 먼 곳으로 항해하며 자신의 운명을 스스로 개척하는 기동 민족이었다. 시시각각 변화하는 환경에 적응, 생존을 도모하기 위해선 자율성과 자기 결정권을 발휘해야 했고, 이것이 오늘날 北유럽에서 개인의 자유와 선택권을 존중하는 제도로 발전했으며 자신의 삶에 대한 주인의식이 강하여 행복감을 유발한다는 논리이다.

바그너를 매료시킨 '고귀한 야만'

서기 8세기에서 11세기 300년간 유럽과 러시아, 중동, 지중해를 석권했던 바이킹은 용맹한 전사(戰士)집단이었으나 정복지를 다스릴 때는 법치를 세워 행정을 효율적으로 집행하고 개방적인 실용정책으로 무역과 경제를 진흥시켰다. 덴마크 바이킹은 프랑스 노르망디에 정착하여 살다가 프랑스 문화를 받아들여 하이브리드가 되었다. 잡종강세(雜種强勢)의 장점을 살린 이들 전사는 11~13세기 잉글랜드와 이탈리아 남부를 정복, 당시 유럽에서 가장 건실하고 번영하는 두 나라(잉글랜드와 시실리 왕국)를 만들었다.

AI는 이런 역사에 대한 자부심이 북유럽 국가의 정체성과 문화적 자긍심이 되었다고 했다. 바이킹의 고귀한 야만성(Noble Savage)은 작곡가 바그너를 매료시켜 대작 오페라 '니벨룽겐의 반지'를 통하여 예술적으로 승화되기도 했다. 바이킹 후손들은 자국(自國)의 역사를 긍정적으로 보니 미래에 대한 낙관적 신뢰를 갖게 되고 이는 안정감과 만족도를 높인다. 한때 가장 잔인했던 해적의 후예들은 오늘날 가장 평화로운 시민으로 바뀌고, 그들이 노벨 평화상을 주고 있다.

세계 어느 나라이든지 보수의 3대 가치는 사실, 법치, 자유이다. 사실 위에 세운 법치라야 자유를 지키고 그 자유의 생산성으로 문명을 건설하고 행복한 삶을 보장한다. 내가 윤석열을 보수의 배신자로 보는 이유도 여기에 있다. 그는 망상적 계엄으로 법치를, 부정선거 거짓말로 사실을 파괴하여 자유의 기반을 허문 '국민신임배반자'(헌재 판결문)이다.

Law는 바이킹 말

문명 파괴자였던 바이킹이 위대한 문명 건설자가 되어 그 후손들이 가장 행복하게 살고 있는 이유에서 법치를 뺄 수 없다. 다시 AI에 물었다. "Law는 바이킹 말에서 유래했다는데 바이킹과 법치는 어떤 관계가 있나요?"

ChatGPT는 "Law가 바이킹에서 유래했다는 이야기는 언어사적(言語史的) 근거가 있다"고 답했다. Law는 고대 노르드어 'lagu'에서 변형된 단어로서 "무언가를 정해진 자리에 놓는 것, 즉 규범을 설정한다"는 뜻이었다고 한다. 바이킹이 잉글랜드를 자주 침공, 정착하면서 이 단어가 영어 속으로 들어갔다고 한다. 바이킹 하면 무법자 이미지가 떠오르지만 실제로는 '강한 법적 전통'을 가진 민족이었다. '팅'(Thing)은 주민회의인데 의회와 법정 역할을 했다. 아이슬란드의 알팅(Althing)은 서기 930년에 설립된 세계 최초의 의회이다. 모든 자유민이 참여, 법률을 논의하고 판결을 내렸다. 바이킹은 '법률 암기자'를 두었다. 글로 쓰인 법이 없어 법률을 기억하고 낭독하는 사람이 필요했다. 9세기 바이킹은 잉글랜드의 동부에 데인로라는 자치구역을 경영, 이곳에 노르드식 법을 적용했다. 바이킹 법체계가 영국(英美法)에 영향을 주었다. 바이킹은 법의 목적을 정의의 구현이 아닌 공동체의 질서 유지에 두었다. 법의 존재 이유를 도덕성이 아닌 실용성에 둔 것이다.

그들의 법 집행은 증거와 증인(證人)을 중시(重視)하고, 매우 실용적이었다. 바이킹은 나쁜 행위가 반드시 나쁜 사람에 의하여 저질러지는 것은 아니라는 생각을 했다. 그래서 살인에 대한 처벌도 슬기롭게 했다.

사람을 죽여 놓고도 일정한 시한(時限)에 자수하면 정상을 참작하였다. 바이킹 법은 살인한 자는 행위를 한 뒤 만나는 첫 번째 사람에게나 세 집을 지나치기 전에 자수를 해야 한다고 규정했다. 살인을 한 뒤 적절한 조치를 취하였을 경우엔 추장이 재판장 역할을 하는 주민회의에서 피살자 가족에 대한 배상을 하는 조건으로 사형(死刑)을 면제해주기도 했다. 사람을 죽이고도 신고하지 않거나 밤에 몰래 죽이는 행위는 용서하지 않았다. 정정당당한 행동을 했느냐가 유무죄를 판단하는 데 잣대가 되었다.

예컨대 누군가가 사고를 만나 죽어가는 것을 보고도 가족에게 알리지 않은 행위는 살인죄에 준하여 처벌했다. 회식 장소에서 살인이 벌어지면 모든 참석자들은 가해자를 체포해야 할 의무가 있다. 그런 의무를 다하지 않은 자는 피살자 유족들에게 배상해야 했다. 도둑질을 하다가 발각된 절도범은 죽여도 죄가 되지 않지만 강도를 죽여선 안 된다. 절도는 피해자 몰래 하지만 강도는 면전(面前)에서 이뤄지므로 최소한의 방어 수단은 보장되었다고 판단한 결과이다. 사소한 절도에 대한 처벌법은 통로를 만들어 지나가게 해놓고 마을사람들이 돌을 던지는 것이었다. 이 집단 폭행에서 빠지는 주민에겐 벌금을 물렸다. 범죄자 처벌을 공동체의 의무로 규정한 것이다.

바이킹 법정이 이재명 대통령 관련 재판을 했다면 공직선거법 허위사실 유포 혐의엔 무죄, 위증교사 혐의에는 유죄를 선고했을 것 같다. 윤석열 후보도 허위사실 유포혐의가 있는데 대통령에 당선되었으므로 처벌이 불가능하다면 낙선한 후보에 대해서도 처벌을 하지 않아야 하고, 위증교사 혐의는 공동체의 유지에 위험요인이므로 처벌하지 않았을까?

피의 독수리

법치엔 왕도 예외가 될 수 없었다. 천재지변이 잦고 농사를 망치고 바다에서 물고기가 잡히지 않아 주민들이 굶게 되면 신(神)에게 황소를 잡아 바쳤다. 효과가 없으면 산 사람을 제물(祭物)로 올렸다. 이것도 소용이 없으면 왕을 죽여 제물로 삼았다.

바이킹은 '피의 독수리'라는 잔인한 사형(死刑) 집행 의식을 가졌다. 히스토리 채널 시리즈 '바이킹'에선 그 장면이 생생하게(처참하게) 방영되었다. 이 사형 방식은 왕이나 주교, 또는 추장과 같은 자가 중죄(重罪)를 범했을 때 적용하였던 것 같다.

사형수의 등을 칼로 갈라 가죽을 벗기고, 등뼈를 드러낸다. 갈비뼈를 부러뜨려 날개처럼 펼친다. 상처엔 소금을 뿌린다. 허파를 등 뒤로 잡아당겨 어깨 위에 얹어 놓는다. 이 모습이 '피로 그린 독수리'와 비슷하다고 한다. 이렇게 칼질을 해도 사형수는 비명을 지르지 않아야 한다. 입을 다물고 침묵으로 버티면서 죽어야 바이킹 신화에 나오는 오딘 신(神)을 만날 수 있다. 한번이라도 소리를 질렀다가는 죽어서 좋은 데를 갈 수 없다는 것이다. 잉글랜드의 캔터베리 대주교, 잉글랜드의 노섬브리아 왕, 노르웨이의 왕자가 이런 형을 받아 죽었다고 전한다.

노르만 전사 집단의 이탈리아 남부 정복 역사를 다룬 책 '南의 北人'(The Normans in the South, 1016-1130) 저자(著者) 존 율리우스 노르위치(John Julius Norwich)는 〈노르만은 법을 주인이 아니라 노예로 여겼다〉고 했다. 노예는 튼튼할수록 도움이 된다. 법치도 튼튼하게 만들어야 지배자와 공동체에 유리하다고 본 것이다. 야만의 바이킹이 유럽 문명의 위대한 유산인 법치(法治)의 한 건설자가 된 것은 세계사에서 가끔 발견되는 경이로운 역전극(逆轉劇)의 명장면이다.

정정당당한 이름을 위한 獻身

11세기까지 바이킹은 기독교를 믿지 않았다. 거창한 우주관과 용맹한 인생관을 지닌 원시(原始)종교를 따랐다. 그들이 가장 소중하게 여긴 덕목은 '남자의 미학(美學)', 그리고 명예였다. 바이킹의 인생관을 엿보게 하는, 돌에 새긴 시(詩) 한 수를 소개한다.

가축들이 죽는다.
친척들도 죽는다.
너도 죽어야 한다.
내가 아는 한 영원히 살아남을 것은
죽은 이들 하나 하나의 정정당당한 이름이다.

미국의 南일리노이 대학 출판부에서 펴낸 '스웨덴의 역사' 저자(著者) 프랭클린 D. 스콧은 이 시에 담긴 바이킹의 윤리를 이렇게 요약하였다.
〈그들은 영웅적 신념의 소유자들이었다. 사람은 자신에게 주어진 운명을 살아가야 한다. 중요한 것은 궁극적 결과물이 아니라 어떻게 이 운명적 게임을 감당하였는가였다. 고통은 참아내야 한다. 남을 위해서나 원칙을 위해서가 아니라 운명의 실천을 위하여, 미리 주어진 삶의 목적을 구현하기 위하여. 폭력과 잔인한 행동도 예사로 했다. 이 또한 변명이 필요 없다. 운명이니까.
그들은 사회적 의무나 도덕적 금기 따위는 무시하였다. 그들은 자신의 안전과 경제적 이해득실(利害得失) 같은 것들은 경멸하였다. 그러나 그들은 무엇이 나쁘고 옳다는 것에 대해선 확실한 기준이 있었다. 그것은 미학(美學)이었다. 그들이 한 일들이 다른 이들을 기쁘게 할 정도의 이야기 꺼리가 된다면 그것은 멋진 것, 그래서 옳은 것이 된다.〉
바이킹 언어에서 유래하는 영어 단어로 버서크(berserk)라는 형용사가 있다. '광폭(狂暴)한'이란 뜻이다. 명사형으로 berserker는 광전사(狂戰

士)로 번역된다. 늑대처럼, 곰처럼, 미친 듯이, 신들린 듯 싸우는 전사(戰士)들이다. 미칠 정도로 신나게 싸우다가 죽어서 이름을 남기는 것, 이를 멋진 인생으로 여겼던 이들이 11세기를 전후(前後)하여 기독교를 받아들이면서 문명화되었고 지금은 사회복지 제도를 발전시켜 세계에서 삶의 질이 가장 높은 행복국가群을 만들었다.

신라인의 행복

남자의 미학(美學)이 실종된 곳이 요사이 한국이다. 막말, 떼쓰기, 폭로, 배신, 저질, 거짓말, 사기, 무례가 배운 층에서 더 기승을 부린다. 특히 미풍양속의 수호자여야 할 보수 지도층에서. 이순신의 절대고독, 박정희의 초인적 결단, 김유신의 장엄한 자주정신, 계백의 결전(決戰)의지, 이승만의 자존과 자유, 성삼문의 절개, 안중근의 인의(仁義) 같은 남자의 미학이 우리에게도 있긴 했었다. 지난 대선 TV 토론에서 극적으로 드러난 요즈음 한국 정치인들의 교양 없음은 계급투쟁적 행동양식에다가 한글전용(專用)으로 한국어가 반신불수가 되어 사고(思考)체계가 흐트러진 데다가 자주국방을 포기한 가짜보수의 무능과 무책임이 더해진 결과일 것이다. 이스라엘과 바이킹 국가들의 예에서 보듯이 행복의 근원은 자유인으로서의 자존심과 그것을 가능하게 하는 힘에 대한 존중심, 그리고 멋지게 사는 것에 대한 자부심이다.

"영원히 살아남을 것은 죽은 이들 하나 하나의 정정당당한 이름이다."

국민의 행복은 궁극적으로 "우리가 우리를 지킨다"는 생각, 즉 총구와 칼에서 나온다.

한국보수의 파산

한국 역사학계의 원로학자인 신형식(申瀅植) 교수가 쓴 '新羅通史'(주류성 출판사)에는 삼국시대의 전쟁통계가 소개되어 있다. 전쟁을 가장 많이 한 나라는 신라로서 총 174회이다. 다음이 고구려로서 145회, 백제는 141회이다. 신라는 고구려, 백제, 가야, 왜(倭)와 싸웠다. 고구려는 중국 및 북방민족과 가장 많이 싸웠고 백제와는 다음으로 많이 싸웠다. 백제는 신라와 가장 자주 싸웠다.

신라는 지진, 가뭄, 태풍과 같은 천재지변에서도 삼국중 가장 많은 피해를 보았다. 申교수가 三國史記를 분석하여 통계를 냈다. 삼국시대에 한정해보면 신라는 322회의 천재지변을 겪었다. 백제는 191회, 고구려는 153회였다. 申교수는 천재지변이 가장 많다는 것이 오히려 신라를 강하게 만들었을 것이라고 해석했다.

삼국사기의 기사(記事) 내용을 분석해보면 신라는 정치에 관한 기술이 가장 많다고 한다. 정치란 권력승계를 평화적으로 하는 기술이고 지배층 내부, 그리고 백성들과 지배층 사이의 단합을 도모하는 예술이다. 신라는 왕위 계승이 가장 안정적으로 된 나라이다. 지배층과 백성 사이의 단합도 삼국 중 가장 성공적이었다. 신라의 삼국통일은 군사적 승리 이전에 정치와 외교의 승리였다.

申교수는 신라가 수행한 수많은 전쟁의 긍정적 면을 이렇게 분석했다.

〈전쟁은 제도개혁이나 정치반성의 계기를 제공했고, 이것이 사회발전의 전기(轉機)를 가져왔다. 특히 신라는 통일전쟁을 수행하는 과정에서 백성들이 정치에 참여할 수 있는 길을 확장시켰으며, 대당(對唐)전쟁을 통해서 백제 고구려의 잔민(殘民)을 하나의 민족대열에 융합했다. 신라는

대외(對外)전쟁을 민족적 자각(自覺)과 융합의 수단으로 삼은 것이다.〉

전쟁과 천재지변은 국가가 당면하는 가장 어려운 과제이다. 이 난관을 성공적으로 돌파한 나라나 인간은 강건한 체질을 터득하게 된다. 신라의 삼국통일은 역경(逆境)을 극복한 결과였다. 역사에 공짜는 없는 것이다. 하물며 국가로서 가장 하기 어려운 것이 통일인데 남북통일이 요행수나 공짜로 이뤄질 것이라고 생각하는 것은 과학이 아닌 미신이다.

정치를 잘한 신라가 삼국통일을 했다는 것은 오늘을 사는 보수세력에 중대한 교훈을 던진다. 한국의 보수는 부국강병(富國强兵)엔 성공했으나 정치세력화엔 실패했다. 세력화에 필요한 이념무장·청년교육·선전·당원 모집·대중조직 건설에 나태했다. 박근혜, 윤석열, 전두환, 노태우가 감옥에 간 것은 국정(國政) 운영의 실패 때문이라기보다는 그들을 지켜줄 수 있는 투쟁 정당 건설에 실패한 탓이다. 모택동이 말한대로 "정치는 피를 흘리지 않는 전쟁이고 전쟁은 피를 흘리는 정치"인데 한국보수는 정치를 사교나 파티 정도로 생각하다가 계급투쟁론으로 무장한 좌파세력에 당하고 있는 것이다. 정치의 본질이 권력투쟁임을 애써 자각하지 않으려 하고 하루하루를 행복하게 사는 데 전념하였던 한국보수는 살찐 돼지가 되어 야윈 늑대에 잡혀 먹히고 있다. 안보를 포기한 껍데기 보수의 파산인 것이다.

역사에 이름을 새기는 일

후보 시절과 대선(大選) 이후 두 번 만난 이재명 대통령에게 나는 全국민회고록 쓰기 운동을 제안했고 그는 메모를 하는 등 관심을 보였다. 이 책의 결론 부분에 이 이야기를 하는 이유가 있다. 바이킹이 돌에 새겨 남긴 詩의 한 대목 "내가 아는 한 영원히 살아남을 것은 죽은 이들 하나하나의 정정당당한 이름이다"는 한국인들에게 역사에 이름 새기기를 권하는 것처럼 들린다. 1945년 이후 대한민국 영토에서 살다가 죽었거나 살고 있는 이들은 약 1억명이다. 이들이 피 땀 눈물로 쌓아 올린 문명건설의 역사를 나는 가장 위대한 이야기(The Greatest Story Ever Told)라고 한다. 문제는 후손들의 나태로 이 위대한 이야기가 'The Greatest Story Never Told'가 되어버렸다는 점이다.

그런데 요사이 회고록 쓰기가 저명(著名) 인사에서 보통사람들 사이로 확대되고 있다. 고령화에 따른 좋은 현상 중 하나이다. 자신의 삶을 돌아보고 이런 이야기는 반드시 기록으로 남기고 떠나야 한다는 본능적 충동의 확산일 것이다. 지구에서 살다 간 자취는 기록으로 남겨야 증명된다. 돌에 이름을 새기듯 회고록을 쓰는 것은 존재의 증명이다. 살아 있는 5000만 한국인들이 죽은 5000만의 몫까지 대신하여 기록을 남기는 일에 참여한다면 質과 量에서 세계에서 유례없는 위대한 문화유산이 될 것이다.

순수의 순간들

1. 지난 80년의 한국 현대사는 수천 년 인류역사를 압축적으로 거친 逆轉드라마인데 다행히 좋은 결말을 향하여 나아가고 있다. 이 역사 만들기에 참여했던 사람들, 고위직과 전문가들뿐 아니라 보통사람들이 생생한 체험기를 남기고 국가가 이런 기록을 모아서 활용 가능하도록 하면 수많은 파생상품이 생길 것이다. 영화, 소설, 논문, 어떤 원리, 교훈은 물론이고 특히 개발도상국에 대한 참고자료, 무엇보다도 세계사람들에게

"한국인은 이렇게 살았다'는 증언이 될 것이다. 감동과 지혜의 보고(寶庫)!

2. 흔히 집단지성이라고 하지만 대통령부터 기능공 출신까지 수백 만, 수천 만이 남긴 기록만큼 위대한 정보의 창고는 달리 없을 것이다. 숟국민 회고록 쓰기운동의 핵심은 기록의 양과 질이다. 이런 방대한 데이터베이스가 AI와 연동된다면?

3. 회고록을 쓰는 과정이 또 하나의 이야기 거리가 된다. 할아버지의 쓰기를 돕기 위하여 아들 딸 손자들이 오손도손 이야기를 나누고 자료를 정리하고 사진을 찍고 편집하는 일들, 책을 만들고 나눠주고 자랑하고 출판 기념회를 하는 일, 이런 게 사회 분위기를 밝게 만들 것이다.

4. 회고록을 쓸 때는 순수해지고 선조 선배 조국 이웃나라에 고마워하는 마음이 절로 생긴다. 감사의 기록일 뿐 아니라 반성문이 되기도 한다. 자신을 돌아보는 눈으로 역사의 아픔도 이해하게 된다. 이게 진정한 국민통합 아닌가?

5. 숟국민 회고록 쓰기 운동은 국민들이 자발적으로 주도적으로 하도록 정부는 뒤에서 도와주되 기록의 수집 관리를 책임져야 할 것이다.

6. 회고록 쓰기 운동은 저절로 도서관 및 출판업을 활성화시킬 것이다. 회고록 쓰기를 가르치는 학원, 대필업(代筆業)도 번창할 것이다. 특히 회고록 쓰기를 통하여 기성세대와 함께 사라지고 있는 漢字-한글混用의 정상적 글쓰기를 부활시킬 수도 있을 것이다. 한국어 정상화에 의한 국민교양 강화 이상의 국가적 숙제는 없는데 회고록 쓰기가 자연스러운 해답을 줄지 모른다.

7. 숟국민회고록 쓰기 운동은 기한을 정해서 할 일이 아니고 습관화하여 역사 만들기의 참여자인 국민이 역사기록에도 참여하는 항구적 시스

템으로 유지하면 세계적 제도 하나를 만드는 셈이 된다. 문명은 좋은 제도의 종합 아니겠는가? 어마어마한 데이터 베이스가 AI와 연동될 때 무슨 일이 벌어질지 상상만으로도 가슴이 뛴다.

노인이 죽는 일은 도서관 하나가 불타는 것과 같다!

서영아 동아일보 기자는 지난 7월 〈전국민 회고록 쓰기 운동〉이란 제목의 칼럼에서 민중사(民衆史)로서의 회고록을 이야기했다.

〈개인의 역사는 하나하나 모여 한국 현대사가 된다. 개개인의 자서전이 살아 있는 민중사의 데이터베이스가 될 수도 있다. 인류가 지금의 인류일 수 있었던 힘은 후세에게 기록을 남기고 기억을 전수한 것에서 나왔다. 문자와 인쇄술은 그 힘을 폭발적으로 키워 줬다.〉

나는 2022년 10월 김진현 전 과학기술처 장관 회고록 '대한민국 성찰의 기록'을 읽고 월간조선에 쓴 글 말미에서 회고록 이야기를 한 적이 있다. 徐 기자는 〈김 전 장관은 사회지도층으로 살며 겪은 일들을 650여 쪽 분량에 담은 회고록 머리말서부터 기록에 소홀한 한국 지도층 인사들을, '역사적 의무를 포기했다'고 비판했다〉면서 〈조갑제 씨는 이를 받아 "기성세대는 연륜에 새긴 저마다의 회고록, 피가 흐르는 진짜 교과서들을 다 토해 놓고 사라져야 한다"고 썼다〉고 소개했다.

서영아 기자는 이렇게 마무리 했다.

〈당시 두 사람의 초점은 사회지도층 회고록을 통해 대한민국 정체성과 정통성을 찾는 일에 맞춰져 있었다. 그만큼 거창하지 않더라도 無名人들의 민중사는 만들어질 수 있다. 다만 국가가 주도하는 '汎국민 운동' 형태가 도움이 될지 모르겠다. 개인의 자발적인 회고록 정리가 먼저이고, 국가는 도움이 될 만한 정보나 플랫폼을 제공해 주는 정도가 바람직하지 않을까 싶다.〉

"노인이 죽는 일은 도서관 하나가 불타는 것과 같다"고 한다. 全국민 회고록 쓰기 운동은 불타지 않는 수천만 개의 도서관을 짓는 것이고 영원히 살아남을 하나하나의 정정당당한 이름을 새기는 일이다.

윤석열 몰락의 기록
대통령이 대한민국을 공격했다!

지은이 | 趙甲濟
펴낸이 | 趙甲濟
펴낸곳 | 조갑제닷컴
초판 1쇄 | 2025년 8월 25일

주소 | 서울 종로구 새문안로3길 36, 1423호
전화 | 02-722-9411~3
팩스 | 02-722-9414
이메일 | webmaster@chogabje.com
홈페이지 | chogabje.com

등록번호 | 2005년 12월2일(제300-2005-202호)
ISBN 979-11-85701-80-6 (03300)

값 26,000원

*파손된 책은 교환해 드립니다.